2010

云岭楷模

风采录

中共云南省委宣传部　编

云南出版集团公司

云南人民出版社

《云岭楷模风采录》编委会

总策划　张田欣

主　编　吴贵荣

副主编　刘　荣

编　务　江云华　陈卫东　伍建军

　　　　李　宏　苏海琳　贾晓坤

云岭楷模　榜样力量（代序）

中共云南省委常委、宣传部部长　张田欣

近年来，云南省把加大典型宣传作为弘扬正气、凝聚人心、鼓舞斗志的有力手段，按照"三贴近"的要求，精心培育典型，拓宽宣传渠道，创新学习机制，先后推出了禁毒英雄罗金勇罗映珍夫妇、"校园妈妈"张桂梅、"红衣信使"尼玛拉木、优秀村支书普发兴、见义勇为优秀大学生杨继斌、"防艾天使"王春、爱民固边模范朱绍平、模范检察官杨竹芳等一批重大先进典型，在教育引导全省广大干部群众方面发挥了积极作用。特别是今年以来，我省先进典型宣传取得了重大突破，推出了促进民族团结进步的优秀干部龚曲此里、基层宣传干部的楷模郑垧靖、优秀纪检监察干部刀会祥三个全国重大先进典型，在社会上引起了强烈反响，极大地提升了云南在全国的良好形象。

先进典型是群众的榜样、社会的楷模、时代的先锋。在全面建设小康社会、开创中国特色社会主义事业新局面、实现中华民族伟大复兴的奋斗进程中，迫切需要以弘扬先进典型的崇高精神为导向，在全社会营造崇尚先进、学习先进的浓厚氛围。先进典型的宣传，是时代的需要，人民的需要，社会的需要。当前，在市场经济条件下，在思想多元、生活多样、社会矛盾与问题凸显、一些社会不良行为和现象十分多的情况下，尤其需要大量正面的先进的典型，形成先进典型不断涌现的良好局面，反映时代主流，鼓舞人

心，凝聚力量，体现核心价值观，以榜样的力量引领社会风气，激励全省各族人民为实现"两强一堡"战略目标、建设富裕民主文明开放和谐云南而努力奋斗。

要精心培育典型，打牢典型宣传基础。云岭大地是一块英雄辈出、先进典型众多的热土。典型选树得准确与否，是能否很好地推广和发挥典型作用的基础。为更好地实现典型宣传工作常态化，我们要将精心培育典型摆上重要位置，注重在社会不同层面选树可信、可亲、可敬、可学的先进典型。一是要坚持典型的广泛性，依靠群众推典型。要着重培育表彰在助人为乐、见义勇为、诚实守信、敬业奉献等方面表现突出、社会形象好、群众公认度高、在引领社会文明风尚中发挥重大影响的公民。选树过程中先由群众初推，接受群众评议，随后，根据群众的反馈情况，进行再评议、再推荐，整个过程真正让群众成为主角，让他们自己去发现身边典型，推荐心目中的榜样。二是要坚持典型的多样性，分门别类做好储备。要积极拓宽挖掘、推荐典型的渠道，形成各级宣传部门与县、乡各级党组织之间的纵向互动，行业与地方之间的横向互动以及全社会联动的机制。同时在社会各方面推选的基础上，宣传部门要认真审阅典型事迹材料，本着突出事迹、重在示范的原则，对那些时代气息浓郁、事迹过硬的先进典型进行分类，建立先进典型信息库。对入库的典型实行动态管理，及时了解掌握新情况，对不符合条件的及时去除，对新发现的典型及时入库，确保典型的多样性，为搞好常态化的典型宣传奠定基础。三是要坚持典型的真实性，准确把握精神实质。在典型推出之前，要本着尊重事实、客观准确的原则，专门组织人员，深入基层，充分调研论证，确保推出的典型经得起历史的考验和时间的检验，使其更具生命力。

要拓宽宣传渠道，提高典型宣传质量。宣传一个先进典型就是在社会上树起一个标杆，就是在群众中提倡一种导向、一种追求。我们充分运用各种新闻宣传和社会宣传手段，使典型宣传既有声势又有深度。一是要利用媒体宣传，提高典型宣传的影响力。充分发挥广播、电视、报纸和网络的宣传主渠道作用，有计划、有步骤、有重点地组织先进典型宣传战役，形成宣传合力和强大舆论声势。要做到平面、视听、网络等新闻形式并重并行，相得益彰。同时开辟手机短信互动等新载体，在各类先进典型的评选中加入短信、网络互动环节，形成典型宣传的立体化格局，提高广大群众的关注度。二是要借助文艺宣传，增强典型宣传的吸引力。要以先进典型的事迹为素材，用群众喜闻乐见的演唱、舞蹈、诗歌、独幕剧、小品甚至电影、电视剧等形式，艺术地再现典型的先进事迹和时代精神，让典型生动鲜活地走入千家万户，增强典型宣传的吸引力和感染力。三是要依托社会宣传，扩大典型宣传的覆盖面。以一系列有声势、有影响、形式多样的社会宣传活动，进一步发挥先进典型的示范引导作用。要组织机关、学校、企事业单位充分利用黑板报、宣传橱窗、户外电子显示屏、公交站台广告栏、手机短信宣传载体，通过举办座谈会、报告会、现场会等活动，扩大典型宣传的影响力。

要健全工作机制，巩固典型宣传效果。完善工作机制，是推进先进典型宣传常态化的保障。要探索建立长效机制，确保先进典型宣传工作不断推进。一是要完善推荐宣传机制。全省重大先进典型由各州市委宣传部或省级有关部门向省委宣传部推荐，由省委宣传部组织在全省范围的学习宣传活动，事迹特别突出的先进典型，及时向中宣部推荐为全国重大先进典型。二是要建立媒体联动机制。要建立中央与地方媒体的联动机制，实现资源共享，地方媒体报道为中央媒体的深入挖掘提供基础性资料，依靠中央媒体的功能将云南的典型推向全国。同时都市类媒体也要与主流媒体互联互动，注重创新，发挥其大众媒体的作用。三是要完善表彰奖励机制。根据先进典型的事迹特点和社会反响，各级党委、政府或有关部门要适时对先进典型授予相应的荣誉称号或作出学习决定。要坚持精神鼓励与物质鼓励相结合的原则，通过对先进典型的表彰和奖励，体现党和政府对先进典型的关心，激励先进，引领群众。四是要完善评价反馈机制。要定期不定期地采取问卷调查、座谈了解、网络征询等方式，及时掌握社会各界对所推出的先进典型的反响，获取广大群众对先进典型宣传工作的意见和建议，建构科学的信息反馈和评价系统。五是要完善经费保障机制。各级党委宣传部门要把先进典型宣传工作摆上重要议事日程，安排专项经费，以保证核实先进典型事迹材料、组织新闻媒体集中采访、组织先进事迹报告会以及调研督查等工作的顺利开展。

省八次党代会以来，在省委的高度重视和各地各有关部门的共同努力下，我省的先进典型培育、选树、学习和宣传工作成效显著，为全省经济社会又好又快发展提供了强大的舆论支持和思想支撑。我们要再接再厉，努力推进我省先进典型工作常态化，将一个个具有强烈时代气息、践行社会主义核心价值观的"云岭楷模"推向全省、推向全国！

（本文为作者2010年9月2日在云南省先进典型新闻宣传座谈会上的讲话摘要）

云岭楷模
风采录
目录

龚曲此里

爱洒香格里拉
　　——追记献身民族团结进步事业的优秀藏族干部龚曲此里
　　………………………………………………………朱思雄　002

香格里拉之子
　　——追记云南省迪庆州原人大常委会委员、迪庆军分区
　　　　原副司令员龚曲此里……贾　永　白瑞雪　刘永华　徐壮志　013

促进民族团结进步的楷模
　　——追记优秀藏族干部、迪庆军分区原副司令员龚曲此里
　　………………………欧　灿　姜兴华　杨　彪　蔡云骜　025

忠诚，镌刻在梅里雪山
　　——追记迪庆军分区原副司令员龚曲此里（一）
　　………………………蔡汉银　崔持瑜　朱发江　张雪飞　037

民族团结铸丰碑
　　——追记迪庆军分区原副司令员龚曲此里（二）
　　………………………张雪飞　蔡汉银　孙启元　李林帅　044

使命，在忠诚履职中彰显
　　——追记迪庆军分区原副司令员龚曲此里（三）
　　………………………蔡汉银　朱发江　谭明忠　张雪飞　050

大爱，播撒在迪庆高原
　　——追记迪庆军分区原副司令员龚曲此里（四）
　　………………………蔡汉银　朱发江　严　浩　张雪飞　057

郑垧靖

把党的声音传到田间地头

    ——追记云南省龙陵县平达乡党委宣传委员郑垧靖（上）

    …………………………………… 宣宇才　徐元锋　胡洪江　065

把党的声音传到田间地头

    ——追记云南省龙陵县平达乡党委宣传委员郑垧靖（下）

    …………………………………… 宣宇才　徐元锋　胡洪江　069

激情燃烧的青春

    ——追记云南省龙陵县平达乡党委宣传委员郑垧靖

    …………………………………………………… 王长山　李　倩　072

追寻百姓心中的郑垧靖………………………………… 王长山　李　倩　077

特写：播种者的大写人生…………………………………………… 陈鸿燕　081

永远的坚守：乡村宣传委员短暂生命绽放光辉………………… 陈鸿燕　084

一个最"板扎"的人………………… 中央电视台《焦点访谈》　085

永远的坚守

    ——追记龙陵县平达乡党委宣传委员郑垧靖

    …………………………………………… 雍明虹　贾云巍　崔仁璘　090

刀会祥

真水无香

    ——追记云南景谷纪检监察干部刀会祥………………… 徐元锋　102

虽铁面无私　但有情有义

    ——追记云南省景谷县纪检干部刀会祥………………… 伍晓阳　104

奉献·忠诚·大爱

    ——追记云南景谷纪检监察干部刀会祥………… 杨清心　周　斌　109

刀会祥从事纪检监察工作17年　殉职在工作岗位上…… 王茂盛　陈鸿燕　111

勐乃河的好儿子

　　——追记景谷傣族彝族自治县纪委原案件审理室主任刀会祥

···陈　鹏　尚涛清　112

赤胆忠心写真诚

　　——追记景谷县原纪委常委、案件审理室主任刀会祥

···高　铭　120

丹心似火　至爱如歌

　　——记优秀纪检监察干部刀会祥·········程三娟　李汉勇　杨旻昊　126

杨善洲

让荒山都绿起来

　　——老党员杨善洲的绿色情怀·················胡梓盟　关桂峰　134

坚守信念绿染大亮山

　　——记保山市人大代表、原保山地委书记杨善洲（上）

···程三娟　137

穷尽一生书写为民情

　　——记保山市人大代表、原保山地委书记杨善洲（下）

···程三娟　143

杨善洲的为官之道·················程三娟　贾云巍　蔡侯友　148

杨善洲的农业情结·················程三娟　贾云巍　蔡侯友　154

杨善洲的工作作风·················程三娟　贾云巍　蔡侯友　159

杨善洲的人格魅力·········程三娟　蔡侯友　高丽明　贾云巍　165

徐永清

爱在彩云之南

　　——记成都军区昆明总医院骨科主任徐永清

···赵丕聪　李　梅　于鸿涛　173

名医大德大爱　造福千里边关

　　——记成都军区昆明总医院骨科主任徐永清

　……………………………刘道国　于鸿涛　李　梅　176

大爱撒边关

　　——成都军区昆明总医院骨科主任徐永清服务边疆军民纪事

　……………………………刘道国　于　李　杨　彪　179

情注千里边陲　爱洒雪山哨卡

　……………刘道国　于鸿涛　李　梅　朱　磊　182

热血播洒边关情

　　——成都军区昆明总医院骨科主任徐永清模范践行科学发展观纪实

　……………………………刘道国　于鸿涛　李　梅　187

胸怀大爱　追求卓越………………………………刘　熙　191

杨竹芳

铁肩担道义　柔肠爱人民

　　——记云南女检察官杨竹芳………………李　倩　吉哲鹏　197

铁肩柔肠为人民（上）

　　——昆明市西山区检察院检察官杨竹芳的故事…………任维东　201

铁肩柔肠为人民（下）

　　——昆明市西山区检察院检察官杨竹芳的故事…………任维东　205

执著的追求　无悔的人生

　　——记昆明市西山区检察院检察官杨竹芳…………许跃芝　209

严谨勤勉办铁案

　　——记西山区人民检察院检察官杨竹芳（上）

　……………………………………………谢　炜　季　征　212

真爱感化迷路人

　　——记西山区人民检察院检察官杨竹芳（中）

　……………………………………………季　征　谢　炜　216

铁骨柔情终不悔
　　——记西山区人民检察院检察官杨竹芳（下）
　　…………………………………………………… 谢 炜 季 征 221

铁飞燕

铁飞燕：做个快乐而普通的人 ……………………… 张馨云 杨 雨 227
收费员铁飞燕：寻常女儿心，侠义救人情……………………… 方 民 230
铁飞燕先进事迹激励无数90后　要追就追这样的星 ………… 申时勋 234
飞燕惊巴蜀　真爱暖云岭……………………………………… 徐 宁 237

梅阳林

为了群众的生命安全
　　——追记寻甸县江格村委会党总支书记梅阳林…………… 徐向良 243
用生命点亮理想之路
　　——记优秀共产党员、寻甸县七星镇江格村党总支书记梅阳林
　　………………… 王雪飞 李竞立 顾 然 李瑞莹 247
江边大树上　梅阳林走了………………………………………… 李 荣 252
他放弃了"先进个人"　"公务员"也失之交臂 ………汝海霞 常 乐 254

龙进品

扎根基层守护一方平安
　　——记南涧县人民法院公郎人民法庭庭长龙进品
　　………………………………………………… 李 辉 杨政林 259
龙进品：17年来承办上千案件零改判………………… 秦蒙琳 陈继文 263
"案子有输有赢　我力争感情上没输家" ……………………… 周定兵 265

刘永全

一个没有兑现的约定
　　——追记陇川县章凤镇党委书记刘永全………李绍明　曾　滨　269
累倒在工作岗位上的党委书记…………………………………李海玲　274

宋培芝

真情付出无悔人生
　　——记思茅区思茅镇平原村党支部书记宋培芝……………李汉勇　277
"自己富了，不能忘了集体"……………………………………黄兴鸿　280

李光全

为了广播电视进万家
　　——记永胜县大梨园电视转播台台长李光全…………………李秀春　284
"跑片"24年　能绕地球3圈半………………………………………王　法　287

肖国昆

炼钢工人肖国昆及其五顶"桂冠"………………………………陈昌云　290
"我想当一个好炉长"
　　——记全国劳模肖国昆………………………………………吴清泉　291

王元富

挑起技术开发的大梁
　　——记玉溪市国税局信息中心主任王元富………………蒋贵友　296

王元富：他开发的软件价值不止千万……………………李继升 299

彭永新

名扬警界的"养犬人"
　　——记海关总署缉私局瑞丽缉毒犬基地教研室主任彭永新
………………………………………………………李绍明 303
上过央视的"养狗人"……………………………………李宣璇 305

苏贵平

用生命铸就绿色丰碑
　　——追记迪庆森林防火指挥部办公室主任苏贵平…………李银发 308
20余年仅回家过年两次……………………………………寸霏霏 311

陶莎莎

80后的军中绿花
　　——记红河边防支队勐桥边防派出所女民警村官陶莎莎
………………………………………………………自建丽 314
若陶警官要走　派个和她一样好的来………………………杨燕明 319

张艺钟

领飞"火凤凰"
　　——记昆明市公安消防支队特勤大队副大队长张艺钟
………………………………………………………孙　伟 323
有他，有他，危险救援都有他………………………………张　扬 326

陈自华

爱洒边境的好园丁
　　——记荣获全国教书育人楷模提名奖教师陈自华…………杨　春　330
陈校长上课要用3种语言……………………………………戴振华　337

吕朝林

一生辛劳为乡亲
　　——记通海县四街镇大营村调解主任吕朝林……………蒋贵友　341
吕朝林：村民遇到麻烦最先想到他……………………………李继升　343

徐成东

走上国际讲台的中国工人
　　——记云南驰宏锌锗股份有限公司曲靖分公司铅厂工序长徐成东
　　……………………………………………………晋立红　蔡荣均　347
世界第一座艾萨炉铅冶炼成功运行的领跑者
　　——记云南驰宏锌锗股份有限公司曲靖铅厂熔炼车间艾萨炉
　　二工序长徐成东…………………………………………曾　苑　349

匡娥高

木棉花为什么这样红
　　——记云南省五一劳动奖章获得者、中国移动云南公司
　　福贡分公司工程师匡娥高……………王毅辉　曹玉昌　和晓刚　354
一月走破六双鞋…………………………………………………陈　辉　363

张文勋

沧海求珠五十载　博学笃志育桃李
　　——记云南大学教授张文勋……………………………陈云芬　366
育人表率　治学楷模……………………………………………敢　心　369
云大启动"张文勋奖学金"………………………………………姚　宇　370

　　龚曲此里，男，藏族，1954年7月出生，云南省德钦县人，1970年12月入伍，1974年5月加入中国共产党，生前任云南省迪庆军分区副司令员，2009年2月5日不幸去世。

　　龚曲此里同志是我军优秀藏族干部，具有强烈的事业心和责任感，在39年的军旅生涯中，历任战士、排长、副连长、部队医院管理员、县人武部副科长、人武部副部长、迪庆军分区后勤部部长、迪庆军分区副司令员等职，先后参加了1979年对越自卫还击作战、藏区维稳等重大军事活动，多次带领部队出色完成了多样化军事任务，15次被各级表彰为"优秀共产党员"、"先进个人"。2009年11月，中共云南省委追授其"维护民族团结的好干部"荣誉称号。2010年8月，中央军委追授其"促进民族团结进步的优秀干部"荣誉称号。

爱洒香格里拉

——追记献身民族团结进步事业的优秀藏族干部龚曲此里

朱思雄

迪庆，有传说中的香格里拉，13个世居民族在这里繁衍生息。

龚曲此里，云南省迪庆军分区原副司令员，藏族共产党员，将自己毕生的心血和智慧，融入到促进民族团结进步、维护藏区和谐稳定的伟大事业之中。

2009年2月5日，怀着对党和军队的无限热爱、对各族群众的深深眷恋，55岁的龚曲此里倒在他心爱的工作岗位上，永远地离开了他挚爱的这片土地。

香格里拉街头，上万藏汉群众垂首含泪，自发走上街头，举着花圈，捧着哈达，转着经筒，为他送行。

龚曲此里去世一年多来，来自云岭高原各族各界的悼念者从四面八方纷至沓来，追寻他的足迹，缅怀他的伟业，寄托无尽哀思……

"高原儿女最珍惜阳光的温暖，翻身农奴最能体会党的恩情。党和少数民族群众血肉相连，我要成为一座桥梁，把党的温暖送到千家万户！"

1954年7月，龚曲此里出生在迪庆藏族自治州德钦县佛山乡一个贫苦的藏族家庭，他的祖辈世世代代都是农奴。龚曲此里从小就听阿爸阿妈讲旧社会受压迫、受剥削的悲惨往事，讲共产党、"金珠玛米"（藏语：解放军）带领翻身农奴建设美好生活的历程。

1970年，年仅16岁的龚曲此里在父母的支持下报名参军，很快由一名普通的藏族青年成长为一名合格的革命军人。1974年5月，龚曲此里光荣地加入中国共产党。

他说："我是一名翻身农奴的儿子，站在党旗下庄严地向党宣誓的时候，我感到无比自豪。没有党的培养，就没有我的今天，我以我们藏族人特有的虔诚向党保证：永远跟党走，终生不言悔！"

维护民族团结的"守护神"

由于特殊的地理环境，迪庆藏族自治州经济基础薄弱，所辖三个县有两个是国家级特困县，一个是国家级贫困县。

2001年6月，龚曲此里到德钦县佛山乡调研，发现纳古村党员结构老化，导致党组织凝聚力和党员模范带头作用不强。他语重心长地对当地干部说："基层党组织是维护民族团结的基石，不把基石打牢固，就经不起风吹雨打，藏区的和谐发展就会受影响。"

他主动把纳古村作为党建联系点，加强对村里年轻人的帮助培养。35岁的村委会会计格茸此里成为他的第一个帮带对象，经过培养和严格考察，格茸此里当年底就加入了党组织，第二年高票当选为村委会主任。

"党员作用发挥好了，群众奔小康就有了'主心骨'。你们入党后，一定要记住龚曲副司令员的话，当好团结发展的带头人。"2009年7月1日，龚曲此里去世后的第一个党的生日，在鲜艳的党旗前，德钦县佛山乡纳古村党支部书记尼布庄重告诫两位新党员。

"是谁让我们住新房哎"

过去，香格里拉县角玉各社村民住的房子多为木板搭建，低矮潮湿、光线昏暗，而且人畜混居，卫生条件极差，既不利于森林资源保护，使用寿命又短。

2002年，龚曲此里到这里看到这种情况，心情十分沉重。他对军分区的同志说："当年，藏族群众是通过解放军认识共产党的。今天，我们不让他们尽快住上宽敞明亮的新房，就有愧'金珠玛米'这个称呼。"

经龚曲此里向军分区党委汇报并考察论证，决定帮助村民改建通风明亮、结实耐用的彩钢瓦房。很短时间，12万元援建资金筹集到位。

为买到最便宜的建材，龚曲此里亲自组织人员带车直接到丽江、大理的货物集散地采购。那段时间，龚曲此里一有空就往乡下跑，既监督施工，又带头和泥搬瓦，忙得不亦乐乎。经过两个多月的紧张建设，角玉各社22户人家全部搬进了新家。

"为信教群众创造好的佛事环境，我们有义务"

"加强民族团结要具备广泛的群众基础，包括团结与我们信仰不同的僧侣和信教群众。"这是龚曲此里独到的见解。

2002年，在龚曲此里的倡议下，军分区提出了"营院和寺院"、"军人和僧人"共建结对思路。他经常和军分区其他领导一起，进寺庙，讲政策，送温暖。天长日久，活佛、喇嘛被他们打动了，感动地说："共产党的官心是热的，'金珠玛米'的情我们记在心里。"迪庆州最大的两座寺庙里的住持活佛都成了龚曲此里的朋友。

德钦县佛山乡纳古村西里同、的小拉宫两座寺庙，年久失修，透风漏雨，僧人生活环境很差，信教群众开展宗教活动受到影响。龚曲此里了解到这一情况，在县里和州里多方协调，争取和筹措到8万多元资金，在当地政府组织下，对两座寺庙进行维修。

经过3个多月的努力，寺庙和僧人宿舍修整一新，龚曲此里前前后后已经自己"贴"进去两万多块钱。

有人问龚曲此里："你是'金珠玛米'，管寺庙的事干啥？"

他说："尊重各族群众的宗教信仰自由，是我们党的一贯政策。我是党的干部，为信教群众创造好的佛事环境，我们有义务。"

"德钦弦子"放光彩

龚曲此里家乡的"德钦弦子"，集歌、舞、乐于一体，被誉为藏族优秀文化的杰出代表。随着一代代老艺人离世，许多年轻人赶"时髦"不愿意学，"德钦弦子"处于濒临失传的境地。

"藏文化是中华文化的重要组成部分，如果'德钦弦子'在我们手中消亡，我们就是历史的罪人。"龚曲此里不管是担任后勤部长，还是副司令员，每次到地方开会、联系工作，都利用一切机会，反复宣讲抢救和发扬"德钦弦子"的重要性。

在他的奔走呼吁下，"德钦弦子"被德钦县列为重点抢救的民间艺术，专门组织人员进行了全面系统的搜集整理，并于1998年出版了"德钦弦子"乐谱，实现了"德钦弦子"由"口口相传"向文本传承的历史转变。

2003年，担任省人大代表、州人大常委会委员的龚曲此里，与其他代表又联名提出了全面加强迪庆少数民族文化遗产保护的倡议。2005年，"德钦弦子"被云南省批准为"省级非物质文化遗产"。

"德钦弦子"重现"青春"，成为展示民族团结进步的一道亮丽风景。

"作为民族地区的党员领导干部，只有真正为民解难事、办实事、做好事，才会让老百姓对党更信服、感情更深。"

几十年来，在广袤的迪庆高原，龚曲此里那一串串扶贫帮困的感人故事，像格桑花一样散发着芬芳。

在各族群众心目中，龚曲此里就是"穿军装的菩萨"，是共产党专门派来帮助他们的。

龚曲此里就是这样，始终饱含深情，践行宗旨，服务人民。

他说："要像爱护眼睛一样爱护民族团结，像珍惜生命一样珍惜民族团结。"

"山顶部落"笑开颜

"申它卡，山高路又远，爬坡走得两腿软……"这句流传在香格里拉县五境乡的民谣，是对泽通村申它卡社的真实写照。

2005年9月，龚曲此里到这里检查民兵工作，村民围住他，你一言我一语地"诉苦"：金沙江把村子堵在半山腰，大家出山只有一条"羊肠路"；山里土特产多，要运出山，人背马驮得走四五个小时，才能到达离村最近的集市；村民的人均年收入还不到400元……申它卡社被戏称为与世隔绝的"山顶部落"。

老乡们期盼的眼神、恳切的话语，让龚曲此里夜不能寐：不摆脱贫困，要谈民族团结进步，只能是句空话。

回到军分区，他立即向分区领导作了汇报，建议将申它卡社作为扶贫点挂钩帮带。经过4个多月的筹划，2006年刚开春，分区政委瞿云福和龚曲此里就带领民兵进了村。

隆隆的"开山炮"，震醒了"猫冬"的乡亲们。龚曲此里与大家同吃住、同劳动，白天黑夜连轴转，经过近半年苦战，耗资90多万元、长20公里的乡村公路，硬是在崇山峻岭和悬崖峭壁间被他们一锤一锹凿了出来。

公路修通后，龚曲此里等分区领导又为村民引来自来水、建起沼气池，组织民兵农技服务队定期走村串户传授科学种养技术，推广种植起了山核桃、白云豆等新品种，申它卡社村民的日子一天天好起来，去年人均年收入已达1300元。

吃蔬菜有营养

龚曲此里走到哪里，就把文明新风带到哪里。

由于大山阻隔，迪庆州许多偏远乡村的群众仍然沿袭着一些原始的生活方式。

"过去，我们一直不吃蔬菜，也没种菜。"德钦县奔子栏镇73岁的洛桑老人说："前些年，迪庆军分区的官兵走村串户，动员我们种蔬菜、吃蔬菜，说吃蔬菜有营养。等他们一出门我们就把菜扔了。"

土生土长在藏区的龚曲此里想，要让乡亲们学会吃菜，首先要教会他们种菜。1986年5月，时任德钦县人武部副部长的龚曲此里，不仅自己给奔子栏镇的村民购买了20多包菜种，还让后勤科采购物资时多买些菜种，有村民需要就送给他们。

然而，当他们主动把菜种送给村民时，村民并不接受，龚曲此里耐心地说："你们先拿去种着试试，即使不吃，也可以喂鸡喂猪。"村民领走菜种后，他又打着背包住进村里，从平整菜畦、播撒菜种，到浇水施肥、搭设菜架，手把手地教他们种菜，包括教他们如何做菜吃。

文明带来进步，也带来了富裕。在龚曲此里的努力下，迪庆的街头破天荒出现了卖菜的藏族村民，还涌现出藏族人经营的蔬菜专业化生产村。

藏族"阿爸"

龚曲此里有一双已经参加工作的儿女，可无论在他生前还是去世后，叫他"阿爸"的人有好几个，有藏族，有彝族，有白族，有汉族——一些受他帮助的孩子们出于最本能的感恩这样叫他。

"我想读书……"1997年8月，时任迪庆军分区后勤部部长的龚曲此里收到一封写在练习本上的求援信，信封上写着"迪庆军分区大门转龚曲此里收"。

写信的是香格里拉县虎跳峡镇土官村刚小学毕业的彝族女学生吉心梅。一个多月前，吉心梅考取香格里拉县第三中学。但由于父母长期患病，家里还有3个弟妹需要照料，无力供她上初中了。

一天，她随阿妈到镇上申请回销粮指标，看到《迪庆日报》刊登了一则龚曲此里帮助贫困学生的消息，便鼓足勇气给龚曲此里写了这封信。

龚曲此里收到信后，辗转打听了七八个村子，走了10多公里山路，找到吉心梅家。吉心梅"扑通"一声给龚曲此里跪下，说不出一句话。龚曲此里把带来的2床被褥和3套衣服送给吉心梅家，并留下第一学期300元学费，叮嘱她："只要好好学习，就是读高中、读大学，我也供你！"

在龚曲此里的资助下，吉心梅如愿考上高中、大学，如期完成学业。2007年7月，吉心梅从云南民族大学毕业，学校推荐她到昆明工作，她却告诉龚曲"阿爸"一个"惊人决定"：家乡土官村小学因缺教师，100多名学生面临辍学，她决定回到家乡当教师。

龚曲此里去世后，一直想像女儿一样尽尽孝心的吉心梅，再也没有机会报答她最崇敬的人了。她说："我要追随阿爸的足迹，沿着阿爸未竟的事业，做一个像阿爸一样一辈子不讲回报、奉献毕生的好人……"

"天空中最美的风景是彩虹，高原上最美的风景是和谐。我愿化作彩虹，搭起民族的团结桥，为藏区的和谐安宁贡献力量。"

迪庆州少数民族人口占总人口的84%，藏传佛教、天主教、伊斯兰教并存，维护民族团结和社会稳定任务艰巨。目前迪庆藏族人口14万余人，在外藏族4000多人，顽固的"藏独"分子利用宗教、民族等问题制造分裂，千方百计进行拉拢、煽动和渗透活动。

在迪庆工作24年，每次下乡，龚曲此里都利用自己藏族干部的身份，与藏区的僧俗群众广交朋友，抓住一切机会宣传党的方针政策和民族宗教政策，加深了藏区群众对民族团结的认识、对共产党的拥护和爱戴。

藏区的僧俗群众敬重他、信任他。

"这样的事，决不允许在迪庆发生！"

龚曲此里深知自己是藏汉一家、民族团结的受益者，是党的民族政策让他有了今天。

2008年3月13日早晨，龚曲此里的母亲不幸病逝，正忙于民兵训练的他请假回德钦县老家奔丧，600多名亲朋好友从四面八方赶来吊唁。第二天，拉萨"3·14"事件发生了。

"这样的事，决不允许在迪庆发生！"当看到部分不明真相的群众思想有波动，龚曲此里强压失去母亲的悲痛，立即把前来吊唁的群众召拢起来，动情地说："是共产党让我们翻了身，做了主人，现在国家对藏区政策越来越好，建设、扶持力度愈来愈大，家家户户的生活都有了翻天覆地的变化，大家要珍惜这来之不易的幸福生活，不要听信别有用心的人造谣诬蔑。要相信党，相信政府！"

一席话，说得一些原本有"想法"的群众低下了头。

当得知附近有座寺庙的僧人准备进藏时，龚曲此里立即前去做工作。

他请寺庙的住持当着围观群众的面把僧人召集起来，推心置腹地和他们交流："现在的政府，连你们亲戚朋友家养老母猪都发补贴了，你们还有什么不知足的？解放前老百姓吃的是啥？过的是啥日子？你们去问问那些老人，他们心里最有数！"

龚曲此里的一番话，让在场的僧人和群众豁然开朗，纷纷打消了去西藏的念头。

"不要听信谣言"

"阿爸阿妈，拉萨市发生的极少数不法分子打、砸、抢、烧暴力事件，是达赖集团有组织、有预谋、精心策划的。他们看不得我们穷人过上好日子。你们一定要认清达赖的真面目，告诉亲戚和乡亲，不要听信谣言，安心放牧，安心生活……"这是迪庆军分区独立营藏族战士扎西罗布写给家里的一封信。

拉萨"3·14"事件发生后，匆匆办完母亲丧事赶回分区的龚曲此里，把某营51名藏族战士召集在一起，进行座谈交流，帮助他们解开思想疙瘩。随后，他又挨个找藏族战士谈心，耐心细致地对他们进行引导。

在龚曲此里的教育帮助下，51名藏族战士主动拿起笔给家人和亲戚朋友写信，告诉他们事件的真相，分析新、旧社会的发展变化，劝说亲友珍惜团结、维护稳定。全营51名藏族战士以及他们的亲友，没有一个人出现问题。

与分裂势力划清界线

香格里拉县松赞林寺是云南省最大的藏传佛教寺院，目前在寺院学习、生活的僧侣有800多人。崩主活佛是该寺藏传佛教修行造诣较深的活佛之一，在云南藏区信教群众中有较高威望。

2008年6月，经过龚曲此里沟通协调，迪庆军分区派出10名官兵来到松赞林寺，与僧侣们座谈交流，宣传党的方针政策和法律法规，讲清"3·14"

事件的真相，同时还派出医务人员，深入寺庙给广大僧人送医送药。

2008年8月15日，在龚曲此里的再次协调下，崩主活佛一行8人应邀到迪庆军分区做客，与分区领导和数十名藏族官兵座谈，表示要带领广大僧侣发扬爱国爱教的优良传统，坚决与达赖分裂势力划清界线。"不管是僧人还是群众，都是社会的一分子，都有促进社会安定繁荣的义务……"崩主活佛的发言，赢得僧人和官兵阵阵掌声。

"'3·14'事件以后，龚曲此里不到4个月就跑遍了迪庆州所辖的3个县29个乡镇，行程5000多公里，作报告46场次，为7.3万名群众宣讲党的民族和宗教政策。"迪庆州委书记齐扎拉说："全国五大藏区中，只有迪庆没有出现一条反动标语，没有人喊一句反动口号，更没有发生一起群体性事件，迪庆州39座寺庙无一名僧人闹事，这其中，龚曲此里功不可没！"

"军人的本职就是保家卫国，随时准备为国家利益而流血牺牲，在祖国需要时，勇敢地去战斗。"

龚曲此里过生日选在8月1日，他父母只记得他是哪年出生的，没有记下生日。

"我是军人，'八一'建军节就是我的生日。这个日子好记，又有特殊的含义，我和所有的中国军人一起过生日。"

入伍39年，无论是在浴血奋战的战场上，还是在日常工作和生活中；无论是在基层工作，还是领导岗位上，他始终牢记自己是一名革命军人，是藏族党员领导干部，始终视使命重于生命，把民族团结进步看得比什么都重。

"群众还没转移完，我不能走！"

和平年代，遂行多样化军事任务，是对军队和军人的重要考验。

2005年8月下旬，金沙江上游连降暴雨。沿江的香格里拉县五境乡、上江乡、虎跳峡镇已有部分房屋被淹。

"那几个乡镇的情况我都熟，我又是分管军事工作的副司令，理应打头阵。那点小毛病，耽误不了事！"说完，龚曲此里揣上"速效救心丸"，带领百余名官兵率先奔赴灾区。

"责任到人，分片承包，决不让一个群众留在危险区！"为尽快把群众转移到安全地带，他把民兵分成9个小组，冒着随时都可能逼来的洪水，挨家挨户搜寻，或背或揽，把老弱病残迅速送到临时安置点，当天就安全转移群众360余人。

第二天，他们又赶往灾情最重的士旺村。一段地势较低的沿江公路被洪水淹没，前行受阻。龚曲此里把绳子往腰间一捆，第一个跳进水里为队员们探路，由于长时间劳累和泡在水中，他两次摔倒，险些被洪水卷走。

看见他扛着一个装满群众衣物的大麻袋，脸色苍白，脚步踉跄，一个战士硬要抢过麻袋，被他一把推开。刚走出不远，龚曲此里脚下一滑，栽倒在地。

正在现场指挥救灾的迪庆州委书记齐扎拉赶紧叫人把龚曲此里扶上车，准备送医院，他清醒后却跳下车对书记说："群众还没转移完，我不能走！"

经过3天3夜的奋战，群众最终安全转移了，龚曲此里却在医院病床上躺了9天。

四天五夜降"火魔"

"灾情就是命令，在自然灾害和突发事件面前，军人要敢啃骨头。"龚曲此里这样说。

迪庆高原气候干燥、森林覆盖率高，是森林火险的高发区。

2006年1月6日晚上，一场突如其来的森林大火，转瞬间向虎跳峡镇土官村袭来。火场植被为灌木林、针叶林和混交林，火借风势，熊熊烈焰蹿起10多米高，染红了半边天空，直接威胁着附近30多户村民的生命财产安全。

接到求救电话后，迪庆军分区政委瞿云福和副司令员龚曲此里率领官兵迅速奔赴火场。午夜时分，200余名官兵终于赶到火场，龚曲此里查看火情后，迅即兵分两路带人与"火魔"展开了搏斗。

为了不让大火向村子蔓延，龚曲此里和官兵们一起冒着零下10摄氏度的严寒，不顾生命危险，用锯子、斧头、柴刀等工具奋力开设隔离带，几次被石头、树枝绊倒，手上被划了几道血口子，身上伤痕累累，始终战斗在第一线。

20米宽的隔离带开设好后，龚曲此里又带领官兵昼夜轮班扑灭明火。他饿了咬几口压缩饼干，渴了喝几口雪水，头晕心慌赶紧含几颗丹参滴丸，痛风发作贴几片膏药，一天下来也睡不上个囫囵觉，身上的迷彩服湿了又干、干了又湿……

整整四天五夜过后，看到明火终于被彻底扑灭，极度虚弱疲劳，忍着病痛的龚曲此里一下子晕了过去。

"藏区需要我"

长期在高原工作，使龚曲此里昔日健康的身体患上了多种高原疾病：冠心病、高血压1级、肾功能不全、高尿酸血症、高原风湿病……

本来有好几次机会，他可以不去高原工作，也可以调离，但每次他都选择舍弃。

1985年12月，按当时的规定，在边防工作了15年的龚曲此里，可以调到省城昆明工作，但当他得知迪庆正急需藏族干部时，便主动要求调到迪庆。

迪庆军分区政委姚世忠告诉记者："后来，组织上几次想把他调离迪庆，他总是以'党的事业比个人的身体更重要，藏区需要我'为由婉言谢绝。"

2007年12月，龚曲此里在副师职岗位上任职满10年，按有关规定可以离职，到海拔低的地方休养。

云南省军区政委郎友良找他谈话时，他却提出，作为一名藏族军人，考虑到迪庆藏区的稳定和发展，我想离职不离岗，继续为党工作，为民族团结进步事业作贡献。

经过研究，省军区党委接受并上报成都军区，批准了龚曲此里的留任申请。

郎友良政委再次找龚曲此里谈话，并代表省军区党委交代他三项任务：多进寺庙，团结好广大僧侣；多到乡村，开展好群众工作；多下基层，搞好传帮带。

组织上的信任，让龚曲此里干劲倍增。每天工作超负荷运转，对患严重高原综合征的龚曲此里来说，已是对生命极限的挑战。

他没有退却，无怨无悔。

2008年11月2日，龚曲此里正在给维西县人武部部长和志钢打电话，询问征兵工作开展情况时，突然晕倒在办公桌前……

手术后住院期间，龚曲此里仍然惦记着工作，牵挂着藏区的和谐稳定，直至生命的最后一息。

2009年1月，郎友良去昆明总医院看望龚曲此里，躺在病床上的他强打精神说："政委，你交给我的三项任务，我还没完成呢！"

郎友良哽咽着告诉记者："人都病成这样了，心里想着的，还是使命、任务和民族团结工作。"

这，就是一名共产党员、一名当代革命军人的境界和追求。

龚曲此里虽然走了，他的崇高形象在迪庆各族人民心中，依然像梅里雪山一样，那么挺拔，那么巍峨！

（原载《人民日报》2010年3月31日）

香格里拉之子

——追记云南省迪庆州原人大常委会委员、迪庆军分区原副司令员龚曲此里

贾 永 白瑞雪 刘永华 徐壮志

浓浓的红晕凝结在黝黑的双颊，高原印记伴了他一生。

他的眼睛像纳帕湖水一样清澈，含笑的嘴唇仿佛在哼一曲家乡的德钦弦子。

我们来晚了。当我们匆匆来到香格里拉、想聆听他深情的歌声时，他的坟头已是绿草茵茵，无名小花向着远方的梅里雪山静静绽放。

那是滇西北高原最圣洁最迷人的地方——梅里雪山太子十三峰，姿态各

异而又峰峰相连。那蓝天阳光下的景色，如同生活在这里的26个民族共同绘就的和谐画卷。

"香格里拉"，藏语"心中的日月"，佛经中的理想国。

只要人人和睦相处，传说中的神仙居住之地就能变成人间天堂。

为了这个梦想，他在离开高原15年之后重回高原。24年间，他用从不停歇的脚步丈量滇西北高原每一寸土地，直到过度劳累击倒他山一样的躯体。

他，就是云南省迪庆藏族自治州原人大常委会委员、迪庆军分区原副司令员龚曲此里，殉职时54岁。

这个春天，他曾多次帮助过的藏族老人江楚，还在盼望着与他的下一次相见。老人家的门柱上，小女儿刻下的歪歪斜斜的几个字依然醒目——"共产党好！"

他爱香格里拉的雪山，高洁挺拔峰峰相连

阳光，顺着海拔6740米的卡瓦格博峰之巅向下流淌，把整片梅里雪山染成一幅金色的长卷。

圣洁的梅里雪山，是藏族人民心中保佑平安的神山。

在龚曲此里心中，这峰峰相依的梅里雪山，更是矗立在天地之间的和谐的标志。

2008年3月13日夜，母亲此里白追去世。第二天，当龚曲此里带着家人赶到家乡的时候，拉萨发生了打砸抢烧严重暴力犯罪事件。

参加母亲葬礼的几百名藏族群众议论纷纷。龚曲此里感到事态严重。他含泪召集起亲朋好友："你们来为我阿妈送葬，我很感激。拉萨发生的事，肯定是有人在搞破坏，咱们可不能听信谣言啊！"

见几个年轻人情绪激动，龚曲此里接着说："大家都是穷苦人出身，请阿尼（当地藏语：老人）们说说，民主改革前咱们过的是什么生活？不用说摩托车、电视机，连饭都吃不饱。这些年，咱这日子越来越好。在这个时候，大家可要擦亮眼睛，不要被一堆牛粪绊了跟头啊！"

老人们连连点头，人们的情绪渐渐平息下来。

整整一夜，龚曲此里一趟趟找村干部谈话，与喇嘛交流，安排民兵守护

交通要道……晨光初露,龚曲此里决定马上赶回军分区。他知道,他这个藏族副司令员此刻应该出现在什么样的地方!

妻子急了:"家里就你这么一个儿子,你这一走,怎么给阿妈送葬啊!"

按照当地风俗,守灵最短也要7天7夜。在这期间,后人要点上千盏酥油灯,做满7天法事。

母亲一生疼爱儿子。每逢龚曲此里回家,年迈的母亲一大早就把酥油茶端到他床头。临睡前,又在枕头边放好他喜欢的青稞酒。老人临终前还一遍遍呼唤着儿子的名字,却不让家人打电话——不要告诉龚曲了,到明天,我这病说不定就好了……

跪在母亲的遗体旁,龚曲此里热泪长流。

父亲理解儿子的心思。老人轻轻扶起儿子,猛地将他推出门外……

"太阳与月亮,是一个妈妈的女儿,她们的妈妈叫光明;藏族与汉族,是一个妈妈的女儿,她们的妈妈叫中国……"这是龚曲此里最爱唱的歌。

在雪山与湖泊相映、草甸与花海共荣的香格里拉,在多民族、多宗教、多元文化并肩延续千年的香格里拉,龚曲此里真切地感受着人与自然、人与人之间的和谐之美,更深知这一切的起点,就是民族之间的相互友爱、僧俗之间的彼此尊重。

2008年5月17日,在龚曲此里的盛情邀请下,云南最大的藏传佛教寺庙的崩主活佛,从佛屏山麓的松赞林寺走进了独克宗古城旁的军分区大院,与高原官兵促膝相谈。

醇香的酥油茶,洁白的哈达,多少年来,红袈裟与绿军装就是这样在香格里拉紧紧相连。

1936年4月,长征途中的红二、六军团经过香格里拉,秋毫无犯。松赞林寺为大军开仓筹粮,贺龙将军题赠锦幛——"兴盛番族"。

14年后,还是那个高山杜鹃绽放的季节,满城的僧侣和各族群众一起涌出城外,献哈达、设香案,迎接当年的红军入城……

崩主活佛的一席肺腑之言,被龚曲此里珍藏在当天的日记里——

"过去我们和红军是一家人,现在我们和金珠玛米也是一家人,在我们藏族同胞的心里，共产党就是解放军，解放军就是共产党，我们迪庆有今天，是共产党、金珠玛米给我们造的福。在祖国大家庭中，大家应该相互团结、和睦相处，共同维护迪庆稳定发展的大好局面。"

翠绿的林海簇拥着洁白的雪山，五彩的经幡映衬着鲜红的国旗。在香格里拉绚丽怀抱中长大的龚曲此里，用自己全部的精力和热情，呵护着这美丽和谐的民族大家庭。

翻雪山、进牧场、入村社、访寺庙，"3·14"事件发生后，龚曲此里参加了州委、州政府组织的"进村入户促稳定"宣讲队。整整4个月，他跑遍了全州3个县29个乡镇，宣传党的民族政策和宗教政策，听众达7万多人。

然而，不时发作的心脏病，也伴随了他这5000多公里的匆匆行程。

7月28日，当他作完第46场报告，虚脱得瘫坐在了草地上。

就在这一天，医生的警告也送到了龚曲此里手里——

"速下高原治疗"。

他爱香格里拉的阳光，宁静和煦洒满大地

上个世纪30年代，美国作家詹姆斯·希尔顿在小说《消失的地平线》中描绘了一处宁静祥和的绝尘净土——香格里拉。今天，人们认为，位于青藏高原东南缘、横断山脉西南腹地的迪庆高原，就是那个令人神往的地方。

进入新世纪，随着迪庆州委、州政府实施"生态立州、文化兴州、产业强州"战略，古老的高原开始了跨越式发展的新征程。

落后的交通，制约了香格里拉走向世界的步伐。

香格里拉县五境乡泽通村，就是高原上众多的"山顶部落"之一。"人背马驮"，是祖祖辈辈的交通方式。

2002年4月，打通泽通村出山公路的重任，落到了善打硬仗的军分区官兵身上。龚曲此里主动请缨，担任修路副总指挥。

望着云端里的"猴见愁"，民工无人敢上。年近半百的龚曲此里勒紧安全帽、系上保险绳，像荡秋千一样攀上峭壁，炸响了开山第一炮。

路，在悬崖和云层中艰难拓进。每一道山梁，都是一个难关；每一处拐弯，都充满险情。一米，两米……一公里，两公里，就在脚下的路快要伸到

山顶的时候，龚曲此里突然一个趔趄，倒在了乱石堆里……

通车那天，龚曲此里把全村70岁以上的老人轮流请到自己车上，"检阅"这条15公里的"天路"。这条历经127天风雨筑就的出山公路，是龚曲此里和官兵们送给父老乡亲们的最美的哈达。

雪山还是那片雪山，草场还是那片草场。随着一条条"哈达"披上高原，多少像泽通村一样的古老山乡，终于打开了面向外界的窗口。

但，在封闭的山乡，迈向现代文明的进程同样不是坦途。

重返高原的第二年，龚曲此里发现，自己老家所在的德钦佛山乡，8000多亩青稞地，亩产从未超过200斤，而自然条件相近的香格里拉县格咱乡，每亩青稞的收成却在500斤以上。

把两个乡的青稞一对比，原来是种子不同。龚曲此里专程赶到昆明向专家请教，从农科院带回了400斤优良的青稞种子。

试点户确定了，良种也发了下去。半个月后检查播种情况，令他哭笑不得的是，发下去的种子竟被酿成了青稞酒。

"啥时种，用什么种子，那都是菩萨安排的，咋能说改就改？"几位老人振振有词。

龚曲此里只好动员二妹家拿了一块地，播下了剩余的种子。

雪融春到。乡亲们还在翻地下种，二妹家的青稞地已开始泛新绿。那一季，这一亩二分地的收成，超过了当地青稞产量的一倍。脱粒的时候，乡亲们像看藏戏一样围满了青稞架……第二年，佛山乡大部分耕地种上了良种青稞。

这些年来，龚曲此里带来的家兔养殖技术、土豆新品种，使5万多名藏族群众受益。他为家乡那片祖祖辈辈只种过青稞的土地引来的葡萄林，已成为高原阳光下一道鲜亮的风景。

香格里拉的阳光，和煦而透明。龚曲此里热爱这高原的阳光，更关注那些阳光难以照亮的大山角落。

1995年夏天，一封来自香格里拉县虎跳峡镇土官村的信辗转送到了他的手中。信封上是一行稚嫩的字——"迪庆军分区大门转龚曲此里叔叔"。

寄信人是个彝族女孩，叫吉心梅。

小女孩刚刚考上初中，可捧着录取通知书，她犯难了：父母疾病缠身，弟妹都还年幼，家里所有的钱只有十几元……

就在这时，她从村委会糊窗户的报纸上看到了龚曲此里帮助贫困学生的报道。在龚曲此里资助的17个孩子中，有藏族、汉族，也有纳西族、傈僳族的。

从作业本上撕了一页纸写下自己的愿望，又跑了20公里山路来到镇上，11岁的吉心梅寄出了平生第一封信。

信的落款日期是50天前。吉心梅的境遇，令龚曲此里心酸。那一夜，他辗转难眠，眼前始终晃动着那个渴望走出大山的女孩的影子。

第二天一早，他带上分区独立营3名官兵，驱车前往土官村。

投出求救信，吉心梅不敢抱太多的希望，但那封信又是她全部的希望！

那些日子，她总是把羊群赶到同一个山坡，一个能够望见村口的地方，期盼邮递员或是解放军叔叔走进村里。

一天又一天过去。母亲劝她，不要有非分之想了，过几年找个人家嫁了吧。父亲心疼：寄信的那一块钱如果买盐，能吃好些天呢。

吉心梅几乎绝望的时候，几个绿色的身影远远地出现在她的视野里。她撇下羊群就冲下山去。

龚曲此里一把将跌跌撞撞跑来的吉心梅抱在怀里："孩子，让你久等了。"

这场景，吉心梅不知在梦里经历了多少次。她小心翼翼地拉住龚曲此里的手。那是一双温暖的大手，这不是梦……

龚曲此里和独立营二连一起，与吉心梅结成了助学对子。从此，龚曲此里那慈父般的笑容，就像高原阳光一样温暖着她、激励着她。

刚进大学，山里来的吉心梅不敢走近城里的同学们。龚曲此里鼓励她：我们农村孩子要有傲骨，但不要有傲气，多跟别人沟通，心里就会慢慢开始装着别人。

吉心梅得了急性胰腺炎，当医院发出病危通知书时，又是龚曲此里微笑着出现在她的病床前。付清医疗费，他留了下来日夜陪护。

见龚曲此里给吉心梅喂饭、洗脸、倒尿，前来探视的同学投来惊奇的目光：这是你的——

吉心梅刚要摇头，龚曲此里抢着说：我是心梅的舅舅……

从初中、高中到云南民族大学，10年间，吉心梅成长为一名两次获得挪威国王奖学金的优秀大学生。大学毕业，她放弃留省城当记者的机会，主动来到龚曲此里家乡工作，只希望离自己的恩人近一些，再近一些。直到今天，她的耳边，还常常响起龚曲此里暖人的话语——

"一个人心里只要有阳光，在哪里都不会觉得苦；心里只要有爱，就要把爱传递给更多的人。"

他爱香格里拉的雄鹰，展翅蓝天守望家园

一侧是峥嵘的山石，一侧是万丈深渊，用了整整一天，我们翻过海拔4200多米的白马雪山垭口，来到澜沧江边龚曲此里的家乡，追寻这位藏族军人的成长足迹。

高天之上，几只雄鹰在雪山之巅盘旋。

古朴的土楼里，77岁的此里都吉念着卓玛经，为儿子的来世祈祷——祈祷下一世的龚曲此里，还是像雄鹰那样高飞的金珠玛米。

云南版图宛如张开翅膀的雄鹰，德钦县佛山乡纳古村恰似鹰的一枚尾羽。江对岸，是西藏自治区芒康县。

半个多世纪前，人民解放军从这里过江入藏。和平解放、民主改革……仿佛一夜之间，迪庆高原告别了奴隶制、封建农奴制、封建地主制并存的历史。和村里的穷苦人一样，此里都吉第一次拥有了自己的土地和牛羊。

当解放军的一个连队在村外驻扎下来，乡亲们也曾担心：这些扛着枪杆子的汉族人好不好打交道？很快，此里都吉发现，这些"菩萨兵"头上的红星，把儿子的心都带走了。

1970年底，16岁的龚曲此里实现了他少年时的梦想。

初到怒江江畔边防团时，龚曲此里还听不懂汉语。指导员特意送来新华字典，教他从"中国""共产党""解放军"这些词句开始，一笔一画地学习汉字。

然而，真正明白这些词汇的含义，是在两年之后的一次边境巡逻。

那天，龚曲此里不小心滑进江中。用尽全力把他救上岸的连长，险些被湍急的江水卷走。

"连长，我的命是你救的，从今往后，你让我干什么我就干什么。"

"我是党员，又是干部，救你是应该的。"连长拍拍龚曲此里的肩膀，"不是要听我的话，而是要听党的话，做一名优秀的解放军战士！"

连长的话，刻在了龚曲此里的心里。他在入党当天的日记中写道："被连长从江水中救起的那一天起，我就发誓要像连长一样成为一名党员。对党立下的誓言，我将用自己的一生去履行。"

绿色军营把矮小的龚曲此里锤炼成了1.73米的壮实汉子，也为这只来自高原的雄鹰开辟了振翅翱翔的天地。

参军第三年，龚曲此里当上了班长；第七年，龚曲此里与一名同样优秀的汉族战友入围提干人选，连队却把唯一的名额给了他。

1985年底，当历经战火考验和边关风雨洗礼的龚曲此里回到高原，在家乡人的眼中——这只从澜沧江谷飞出的雏鹰，早已拥有了一双搏击长空的翅膀。

这一年，龚曲此里31岁。他说：如果我是雄鹰，党和军队就是托举我高飞的翅膀。

本来，戍守边关15年的龚曲此里有到省城昆明工作的机会。但，得知迪庆军分区急需藏族干部，他主动要求回到全省海拔最高、条件最艰苦的德钦县武装部任职。

雪山，森林，湖泊，草甸，香格里拉美如油画。然而，高原就是高原。缺氧带来的伤害，并没有因为龚曲此里流淌着高原的血液而有所减少。他患上了高原综合征，心脏损伤尤其严重。

2000年夏天，龚曲此里在下乡途中突然晕倒。组织安排他到昆明工作，以利于身体康复。

龚曲此里谢绝了组织的照顾。一双儿女，也随他在高原留了下来。

儿子建平学习成绩好。2002年春天，即将初中毕业的建平一心要上重点高中，以便将来考名牌大学。父亲却为他选择了昆明陆军学院的附属藏族中学。这意味着，建平将来也只能从军。

"你当了一辈子兵，落下一身的病，我为什么还要走你的路？"儿子不服。

"当兵怎么啦？没有共产党，没有解放军，哪有我们的今天？"

儿子被迫服从了父亲的决定，但心里的疙瘩并没有解开，学习成绩一落千丈。

那年暑假，父亲带着儿子来到边境线上的烈士陵园。

一排排墓碑宛如整齐的军阵，这里长眠着龚曲此里的战友。墓碑上，是一个个年轻得不能再年轻的名字。

敬上的香烟一点点在风中燃尽。父亲轻轻擦拭着一块块墓碑，仿佛在悄悄说着什么。

那一刻，儿子突然发现，站在面前的，是他从未见过的父亲：他的声音低沉如耳语，脚步像耄耋老人一样缓慢。

也正是从那一刻起，儿子读懂了父亲。

军校毕业，作为全军优秀学员的龚建平可以在成都军区范围内选择单位，但他做出的唯一选择，就是像父亲那样成为一名高原军人。

2007年12月，重返高原22年、在分区副司令员岗位上已届10年的龚曲此里，到了规定的最高任职年限。妻子斯那拉姆收拾好行李，心想，这下总算能到昆明安家了。

怎料，丈夫第三次选择留下——他向上级提出，迪庆州经济社会发展到了攻坚阶段，希望能留在高原，发挥一名藏族干部的作用。

云南省军区党委批准了他的请求。龚曲此里继续以军分区副司令员和迪庆州人大常委会委员的身份参与军地领导工作。

这一次，向来对丈夫百依百顺的斯那拉姆，终于忍不住了——

"你把孩子留下来我没意见，可你的身体还能撑得住吗？再说，这里也不缺你这一个人！"

龚曲此里当然清楚自己的身体。还在七八年前，心脏就出现明显不适。这个冬天，丹参滴丸似乎都不太管用了。

"谁说我身体不行了？我这身板，再当一次兵都没问题！"龚曲此里笑了笑，"再说，不是还有你照顾吗？"

妻子没再言语。她知道，就像雄鹰离不开蓝天，丈夫这辈子，已经离不开高原了。

从此，斯那拉姆每天都把包好的药片放进丈夫的口袋，默默祈祷丈夫的身体能扛得住高原的风雪……

他爱香格里拉这方土地，高原之子大爱永恒

电话那头"扑通"一声，连喊两声不见应答，和志钢慌了。他连忙把电话打到军分区值班室。

眼前的情景，惊呆了急急赶来的值班参谋沈自军：龚曲此里倒在地上——话筒，还在手中捏着。

2008年11月2日下午3时许，正在电话中听取维西县武装部部长和志钢汇报民族乡镇征兵情况的龚曲此里，重重地倒下了。

救护车长鸣着拉走了昏迷中的龚曲此里，也把人们的牵挂带走了。

　　成都军区昆明总医院全力抢救这位优秀的藏族领导干部。检查结果击碎了所有人的心：大面积心梗导致多种并发症，每个器官几乎都到了衰竭的中末期。

　　这样的结果，让熟悉龚曲此里的人难以接受。这些年来，在救火现场、在筑路工地、在扶贫路上，龚曲此里几次晕倒，但每次站起来，他都会精神抖擞地再度投入工作。人们无法相信，像高原牦牛一样不知疲倦的龚曲此里，已经将生命透支到了这种地步？！

　　沈自军痛不欲生。发病的前一天早上，陪同龚曲此里参加民兵应急营战术训练的他，就发现龚曲此里有些站立不稳，大冷天还冒着虚汗，"早知道这样，我当时就该把副司令员送进医院。"

　　"这样严重的病例，多年来少见。"主治医生刘丹说，"如果早几年离开高原，病情也许不会拖到这种地步。"

　　"离开高原？"妻子斯那拉姆苦笑着摇头。自从丈夫第三次选择留下来，"离开高原"已经成了家里不能讨论的话题。丈夫宠爱女儿雪琳，可即使与父亲撒娇，女儿也不敢涉及这个话题。

　　向来乐观的龚曲此里，显然不清楚自己病情严重到了什么程度。做完第一次心脏搭桥手术，他对病友们大喊："我回来了！"

　　他对妻子谈论自己的计划："这个春节回老家和阿爸一起过，顺便也看看乡亲们的大棚。"他向医生护士们发出邀请："香格里拉美啊，再过两个月，大片的花就开成海了，你们一定来看……"

　　他几次嚷着要求出院，还总把从高原上来看望的人拉在床边长谈。护士只好在房门上贴上"谢绝探视"。

　　人在病榻，他的心却一刻也没有离开高原。他一遍遍地打电话询问：刚上高原的新兵生活和身体是否适应？忠木家住进新房了吗？春节到了，给那几家傈僳族群众准备的年货送去了没有……

　　每次妻子抢他的电话，他就会嘟囔："让我闲在这儿，还不如让我死呢！"

　　两个星期后，他的心脏衰竭频率越来越密，满头黑发变得灰白。此时的他，仿佛意识到了什么。

那些日子，儿子建平一直守护在父亲身边。一个深夜，醒来的龚曲此里摸到了儿子脸上的泪痕。他叫醒儿子，平静地说，可不能让爷爷和妈妈看到你的眼泪，今后，他们需要你照顾，家里资助的那些学生也要靠你帮助了。

女儿龚雪琳哭喊着找到医生，说什么也要把自己的心和肺换给父亲。

妻子斯那拉姆的心都碎了。每天天不亮，她就朝远方的高原长跪，祈求高高的雪山保佑丈夫平安……

2009年1月23日，去世前两周。已戴上氧气面罩的龚曲此里连呼吸都十分困难。拉着前来探望的松赞林寺喇嘛扎里的手，龚曲此里一字一顿："迪庆今天的……安宁和谐来之不易……一定要维护好……"

2009年2月4日，龚曲此里的病情再度恶化。新任迪庆军分区政委姚世忠来到了他的床前。龚曲此里艰难地张了张嘴，没能说出话来。妻子明白丈夫的眼神，从口袋里掏出一张他清醒时写下的纸条："你刚来，下乡时要多到寺庙走访……"

2009年2月5日下午5时许，龚曲此里再也没有醒来。

妻子含泪为又要回到高原的丈夫穿上崭新的军装。这是这位把建军节定为自己生日的赤子的心愿。

……

3天后，在漫天的雪花和无尽的泪水中，香格里拉张开怀抱，迎接龚曲此里魂归高原。

他太累了——静静地，静静地，两万多人的送葬队伍陪着他走上高高的山坡，生怕惊醒了刚刚熟睡的龚曲此里。

儿子龚建平和养子洛桑顿珠手捧父亲的遗像，徐徐转过身来——泪眼望去，那人流织就的"哈达"仿佛没有尽头。

一朵剔透的雪花，凝在龚曲此里定格的眉宇间。

那是香格里拉给她的骄子的最后的吻。

（新华社，2010年3月30日）

促进民族团结进步的楷模

——追记优秀藏族干部、迪庆军分区原副司令员龚曲此里

欧　灿　姜兴华　杨　彪　蔡云骜

蔚蓝纯净的天空下，雪山闪银光，雄鹰在翱翔。蜿蜒起伏的草原上，杜鹃已发芽，牛羊正撒欢。一曲优美的"德钦弦子"飘然而至，在天地间悠扬回荡——

远古传来一首吉祥的歌

歌的名字叫龚曲活佛

你是我见过最洁白的哈达

你是我心中不落的日月……

"德钦弦子"被当地藏族群众誉为音乐之母。歌中颂扬的"龚曲活佛"，就是云南迪庆军分区已故副司令员龚曲此里。生前，他为促进民族团结进步殚精竭虑；死后，他被迪庆26个民族同胞广为传唱！

他怀揣"救心丸"，半年内跑遍迪庆藏族自治州3县29个乡镇，作维护民族团结报告46场。弥留之际，依然牵挂着那"3件事"

云南省军区政委郎友良至今忘不了他与龚曲此里最后3次见面时的情景。2007年11月，已满最高任职年限的龚曲此里，向组织提了个要求，希望能给他保留一个普通军人的岗位。郎友良代表省军区党委找他谈话时，他再次诚恳表示："我在迪庆高原工作了24年，情况熟、语言通、懂风俗。我只想以一个老兵的身份，再为部队、为藏区、为老百姓做点事。"交谈中，郎友良向他交待了3件事：多进寺庙，团结好广大僧侣；多到乡村，开展好群众工作；多下基层，搞好传帮带。"注意安全，当心身体"，临别前，郎友良又特意嘱咐他。

龚曲此里时刻牢记省军区党委、首长的嘱托，从继续留任到病重住院的

306天里，有近200天下部队或在牧区协助地方做群众工作。特别是2008年3月至9月的半年中，他强忍身体不适，在崎岖缺氧的高原行程5000多公里，跑遍迪庆3县29个乡镇，作维护民族团结报告46场次，受教育的僧人、群众达7.3万多人。

2009年1月，郎友良到昆明总医院看望龚曲此里，躺在病床上的他强打精神："政委，出院回去后，我一定继续做好那3件事！"

2月3日，龚曲此里病危，郎友良马上赶到病房。弥留之际，全身插满管子的他依然断断续续地表示："政委，那3件事……我还要做下去……"两天后，这位对党赤胆忠心的藏族汉子，带着对迪庆高原和各族群众的深深眷恋，永远离开了心爱的岗位。

时光倒流到2008年3月，那是一个注定让龚曲此里心痛的日子。

3月13日，母亲去世，令他悲痛万分。

3月14日，拉萨发生的打砸抢烧严重暴力犯罪事件，更让他痛心疾首、义愤填膺。

当时，迪庆藏区也有股暗流在涌动。受个别人挑唆，从西藏芒康赶来的部分藏族群众，几个重点人准备借吊唁他母亲搞点"动作"声援拉萨。

龚曲此里当即动员前来悼念他母亲的乡镇干部："你们马上返回，抓紧做好一村一户和各个寺庙的教育引导工作，决不能让分裂分子的图谋得逞，决不能让不明真相的群众被利用。"旋即，他又布置各人武部组织民兵在各交通要道巡逻，守护桥梁和道路隘口，防止分裂分子搞破坏。

紧接着，龚曲此里把前来吊唁的600余名群众召集起来，动情地说："你们来为我阿妈送葬，我很感激！"龚曲此里边说边走到院坝中的一块石头上，指着身边的几位老人高声说："请这几位阿尼（藏语意为：老人）说说，解放前穷苦人过的是什么日子。你们再摸着自己的胸口问问，现在的日子到底好不好？以前连饭都吃不饱，现在想吃啥就有啥；以前住'石窝子'，现在住的是砖瓦房，还看上了电视，用上了沼气、太阳能；以前出行只有骡马道，去趟县城要走好几天，现在出门乘汽车、骑摩托……我们要珍惜今天的好日子，千万别被乌云迷了双眼啊！"一席话，说得一些原本有些

"想法"的人低下了头。

前来吊唁的群众很快平静了下来，龚曲此里又找几个重点人分别谈话，教育他们珍惜来之不易的和谐美好幸福生活，"不要让牛粪给绊倒"。

这些举措让当地风平浪静，然而龚曲此里知道，此刻迪庆正是最需要他这个藏族干部发挥作用的时候。

按照藏族习俗，父母去世后，儿女至少要守灵7天。但龚曲此里深知忠孝难两全，他对父亲说："阿爸，儿子得走了，不能给阿妈守孝了……"

"推一两天不行吗？"年迈的父亲颤抖地抓着他的手。

"不行啊，阿爸，您我都是党的人，迪庆的天空不能被乌鸦搞得不安宁！"说完，他"扑通"跪在母亲的灵柩前，含泪重重磕了3个头……

第二天一早，他就驱车直返军分区。回到机关，龚曲此里立即把老家德钦县的情况向党委作了汇报，并建议防止境外分裂分子渗入寺庙，挑唆闹事。

当晚，龚曲此里来到军分区独立营，把51名藏族战士召集起来，对他们进行教育引导，并挨个指导他们给家人写信，教育亲友认清达赖的真面目，

自觉反对分裂、维护团结。

随后，龚曲此里又深入迪庆州最大的两座寺庙——松赞林寺和东竹林寺走访，与两寺庙的住持活佛沟通交流。

松赞林寺的僧侣对人民子弟兵一直有着特殊的感情，当年红军第二、六军团路过中甸时，曾留下了一段松赞林寺僧人开仓售粮给红军，贺龙回赠"兴盛番族"锦幛的佳话。东竹林寺也在长期的共建活动中，与迪庆军分区官兵结下了深厚的友谊。非常时期，龚曲此里倾吐的每一句肺腑之言，都让两寺活佛听来倍感亲切，他们纷纷表示，坚决反对达赖集团分裂活动，一旦发现分裂分子，立即逐出寺庙，并马上报告政府。

"我是藏族人，人熟地熟，进村入户做稳定工作最合适！"当得知迪庆州州委、州府要开展"千名干部进村入户"促稳定的活动时，已身患冠心病、高血压等10多种疾病的龚曲此里悄悄藏起住院通知书，又第一个报名参加工作队。他那忙碌的身影，不停地穿梭在街道、寺庙、牧区、林场。

在神奇壮美的梅里雪山脚下，他和群众细数生活变化；在蜿蜒曲折的澜沧江畔，他用民族歌舞展示惠农政策；在风光秀丽的高原湖泊纳帕海旁，他为群众描绘发展生态旅游的美好图景……

5月下旬的一天下午，龚曲此里徒步20余公里，赶到了香格里拉县五境乡的一个村。那天晚上，已连续多日感冒的龚曲此里又发烧，咳嗽不止，呼吸特别困难。他感觉自己快要扛不住了，神情凝重地把五境乡武装部长和玉光叫到身边，一字一顿地交待说："万一我熬不到明天，你要代我把这个报告作下去。我死后，希望能把我埋在军分区旁边的山坡上，我要永远与亲人和战友在一起。"

苍天有眼，龚曲此里终于挺过了那个晚上。第二天，他又强打精神走上了宣讲台。作完报告，他已脸色苍白，豆大的汗珠不停地往下掉……

帮建基层党组织，强化民兵队伍，军营寺院共建。他24年呕心沥血打基础，只为民族团结大厦更牢固

雄奇神秘的梅里雪山，广袤古朴的布达拉原始森林，"茶马古道"上的建塘古镇，都让游人流连忘返。但最令记者难忘的，还是那一面面飘扬在藏家民居上的鲜艳党旗，那是蓝天白云下最美的景观。

云南省军区司令员邱型柏告诉我们，挂党旗表明这家有党员，在迪庆藏区，这是一种荣耀。

迪庆，藏语意为"吉祥如意的地方"。这个美丽的名字，寄托着全州26个民族对美好生活的向往。然而，达赖集团对这里的分裂破坏活动一刻也没有停息，国际上各种势力也频频向这里渗透。州内各民族混居，多种宗教信仰并存，矛盾和冲突在所难免。

"藏区要稳固，建好党支部。只有反复打基础，民族团结的大厦才能更牢固。"富有战略眼光的龚曲此里向军分区党委提出上述建议后，决定把德钦县佛山乡纳古村作为自己的结对帮扶对象。

2001年早春，龚曲此里深入村里调研后发现，村里的党员不是白头发就是白胡子，朝气不足，影响了模范带头作用的发挥。他及时提出建议，抓紧发展一些思想好、文化程度高、见识广的年轻党员，多吸收一些优秀退伍军人，以增加党的新鲜血液，增强基层党组织活力。

村党支部"一班人"欣然接受了他的建议，培养新生力量的工作很快展开。近9年中，该村新发展了21名年轻党员，吸收了28名退伍战士，其中大学生党员就有4人。这些年轻党员文化程度高、眼界宽、思路活，成了贯彻执行党的路线方针政策的得力骨干，成了维护民族团结的坚强基石，成了带领群众转变落后生产方式、脱贫致富的"领头雁"。

龚曲此里乘势而上，又帮村党支部建起了党员活动中心，完善了党员教育和活动机制，并身体力行督促落实，有效地强化了战斗堡垒作用。

纳古村严重缺水，村里的藏族、纳西族群众经常为用水问题发生纠纷。龚曲此里把村党支部"一班人"带到年久失修的水渠边，研究确定了修渠方案。工程展开后，他起早摸黑领着党员带头干。清淤泥，最先跳下去的是党员；扛水泥，冲在头里的是党员；拌砂浆，加班最多的还是党员。当喷涌的甘泉流进纳古村时，党支部也随之声誉鹊起。

在龚曲此里眼里，民兵是维护民族团结、维护藏区稳定的一支重要骨干力量。据此，他在军分区党委的大力支持和帮助下，指导全州普遍组建了民兵应急分队，并经常亲自组织民兵军训，开展应急处突演练，使这支队伍很快成为维护民族团结的"带头队"、保证社会平安的"守护队"、乡亲脱贫致富的"示范队"。"3·14"事件发生后，各地应急民兵分队迅速行动，收集反馈各种情报信息370余条，为确保迪庆藏区稳定作出了突出贡献。

"加强民族团结要具备广泛的群众基础，包括团结与我们信仰不同的僧侣和信教群众。"这是龚曲此里独到的见解。在他的倡议下，2002年，军分区作出了"营院和寺院"共建结对的决定。龚曲此里经常和军分区其他领导一起，讲寺庙，讲政策，送温暖。

天长日久，迪庆州许多寺庙里的活佛和喇嘛，都成了龚曲此里的好朋友。他们说："共产党的官没有架子，金珠玛米的心和我们连在一起。"拉萨发生"3·14"事件后，许多寺院的喇嘛都真诚地向他表示：一定听政府的，做到出家守法戒，修行利国民！

他走村串户传授的160多条致富信息，使5万多名藏族群众直接受益。青稞良种，首次播进了佛山乡

迪庆州位于金沙江、澜沧江、怒江"三江并流"地区，山川异常秀美，却很闭塞落后，全州3个县，有两个是国家级特困县，一个是国家级贫困县。

24年前，龚曲此里出任德钦县人武部副部长不久，就发现了一个耐人寻味的现象——越是贫困的村寨，"藏独"势力活动越猖獗；越是富裕的村寨，"藏独"势力越没有市场。

国富方能民安！沉思中，龚曲此里感到一种从未有过的责任和压力。他主动找到部长、政委："作为党员干部，群众一天不脱贫，我一天寝食不安！"

打那起，龚曲此里开始了为改变家乡贫穷面貌的艰辛奔波。梅里雪山脚下的佛山乡，是他选择的第一个扶贫对象。当时全乡8000多亩青稞，亩产都不到200斤，而香格里拉县的格咱乡与这里条件相近，产量却超过500斤。龚曲此里风尘仆仆赶到格咱乡调研，又到昆明向农科院专家请教了整整一星期。随后，他带着400斤良种青稞，兴高采烈回到佛山乡。

试点户很快确定，种子也分发了下去。孰料，半个月后他去检查播种情况时，却发现分发下去的种子已被酿成了青稞酒……几位藏族老人还振振有词地说："种什么，啥时种，用什么种子，都是活佛安排的，咋能说改就改？"

万般无奈之下，龚曲此里只好动员二妹家拿出一亩二分地，他亲自一锄一锄地挖，用两天时间播下了剩余的种子。雪融春到，乡亲们还在翻地下种，龚曲此里的示范田已是一片新绿。那一季，这一亩二分地打了600多斤青稞。脱粒时，乡亲们像看藏戏一样围满了青稞架……

第二年，佛山乡大部分耕地种上了良种青稞。很快，该乡历史性地告别了救济粮，全乡人均年收入由207元增至1200元，家家户户粮满仓。

引进青稞良种，仿佛是打开了一扇通向现代文明的窗户，古老土地上的人们开始慢慢接受新鲜事物。过去认为蔬菜上浇过有机肥，吃了会生病的藏族群众，现在也建起了蔬菜大棚；昔日生了病就拜佛、喝香灰水的僧侣，如今也知道找金珠玛米"神医"最管用。这些年来，龚曲此里跑遍了迪庆州的所有乡镇，先后向3万多名群众传授了致富信息，帮助13个村社制订了脱贫计划。仅他为藏族群众传授的160多条种兔养殖、土豆新品种种植等信息，就使5万多名藏族群众受益。

45岁的德钦县佛山乡农民此里卓玛终于脱贫了，去年，她靠种植葡萄，收入1万余元。"应该把这个好消息告诉龚曲。"当她坐了一天车赶到迪庆军分区时，却怎么也不相信：龚曲半年前已经去世。

此里卓玛惊愕地站在原地，手中的葡萄和脸上的泪水不知不觉滑落到地上。"你还没吃到我家的葡萄，我欠你的化肥钱还没还，你咋就走了呢……"

2007年，龚曲此里下乡搞调研，此里卓玛第一次见到了他。此里卓玛家有两亩地，过去种苞谷、青稞，收成一直不好，两口子不得不抽空到西藏去打短工，才勉强养家糊口。龚曲此里劝她种葡萄，她很惊讶："本来种的粮食就不够吃，改种葡萄一家人吃啥子？"

"种葡萄可以卖钱啊，有了钱再买粮食吃嘛。"

"万一卖不到钱呐？"

"你先拿一亩地试种，亏了我赔你！"

此里卓玛将信将疑，葡萄熟了的时候，龚曲此里如约而至，听说葡萄卖了2000元，虽然已比种青稞多收入3倍，但他还是皱起了眉头。他到地里转了转，回来告诉此里卓玛应该施点尿素。"明年再说吧，家里正在盖房子，哪里还有钱买化肥哟。"此里卓玛有些不好意思。

"我这里有300块钱，你先拿去买化肥，啥时有困难就到军分区来找我。"龚曲此里一脸真诚。

果然，2009年此里卓玛家的葡萄丰收，一亩地挣了5000多元。遗憾的是，龚曲此里已经分享不到她家丰收的喜悦了。

一条金沙江，把香格里拉五境乡泽通村拦在了半山腰，被称为"山顶部落"的村民们出山只有一条羊肠小道。大山里的土特产很丰富，但要卖掉一筐核桃、板栗，得人背马驮，走四五个小时，才能赶到离村子最近的集市。因为交通闭塞，村民的人均年收入还不到400元。2002年初，龚曲此里前去调研时发现这一情况后，马上萌发出一个强烈念头：要致富，先修路！同年4月，迪庆军分区党委决定帮助泽通村修建出山公路，由龚曲此里担任修路副总指挥。

悬崖峭壁"猴见愁"，一抬头，帽子就掉到地上。炸石开路，民工无人敢上。龚曲此里不信邪，勒紧安全帽爬了上去，炸响了第一炮。此后127天，他吃住在山上，饿了，啃干粮；渴了，喝溪水；头晕，吃颗"救心丸"。

有天中午，龚曲此里因劳累过度，突然晕倒在半山的岩石上，幸好腰里系着保险绳，他才幸免于难。醒来后，官兵们坚决要他休息："副司令，再这样干下去，你会把命都搭上的！"

"群众对这条路望眼欲穿，我怎么能躺得住！"说完，他又拄着拐杖上了工地。在他的鼓舞下，官兵们昼夜挥汗苦干，爆破岩石6.6万余立方米，挖掘土石7万余立方米，硬是在10多处山梁、20多道弯的峭壁上，"凿"出了一条长达15公里的公路来。公路修通后，龚曲此里又率领官兵为村民引来自来水，建起沼气池，定期传授科学种养技术，推广种植了山核桃、白云豆等新品种，村民的生活日渐好转。去年，该村人均年收入达到了1300多元。这条路似纽带，既使几个村庄连成一片共同富裕，又把少数民族群众的心与党连得更近更紧。

龚曲此里家乡的"德钦弦子"，是集歌、舞、乐于一体的音乐套曲，被当地藏族群众誉为音乐之母。可在上个世纪90年代，"德钦弦子"已濒临失传。在一次州人大会议上，身为人大常委会委员的龚曲此里就此提出提案，希望抢救这些优秀历史文化遗产，引起了各级政府的高度重视。迪庆州有组织地对25个少数民族文化遗产进行搜集、整理、翻译和出版，保护了90多处少数民族名胜古迹和重要历史文化遗产。

"德钦弦子"被列为重点抢救的民间艺术，政府组织专门力量进行了较为全面的搜集和整理，先后完成了录音、记谱和歌词整理工作，并于1998年出版了"德钦弦子"乐谱，实现了由口头传承向文本传承的历史转折。时隔不久，"德钦弦子"被云南省批准为"非物质文化遗产代表作"。

2003年，龚曲此里又筹资帮助德钦县成立了"德钦弦子"艺术团，3年后该团走出高原，远赴美国、日本、新加坡等国表演，引起巨大轰动。"德钦弦子"重现"青春"，也带动了其他优秀民族艺术的蓬勃发展。维西塔城的热巴舞、纳西族的阿卡巴拉舞、彝族的芦笙舞、傈僳族的对脚舞……又在高原风靡开来，成为吸引国内外游客的靓丽风景。仅民族文化艺术表演一项，每年就为当地创收200多万元。

他掏钱让26位老人登上了天安门，他捐款让200多名贫困群众改变了命运。群众称他是穿军装的活菩萨

"龚副司令嘛，脸方方的，鼻子高高的，眼睛长长的……"维西傈僳族自治县兰永村年逾古稀的老阿爸王保顺、老阿妈何明香，抢着向记者描述龚曲此里的模样。

其实，两位老人早已双目失明，龚曲此里的脸部轮廓，他们是用手摸出来的。老人虽然看不见长年累月照料、接济他们的恩人，却老远就能分辨出他说话的声音，每次都会迎出门来，捧着他的脸细细抚摩……

这些年来，龚曲此里一直用他那颗滚烫的心，温暖着那些急需要帮助的人。在许多老人眼里，这个金珠玛米像菩萨一样善良。

1994年初春的一个上午，龚曲此里带着一辆解放牌卡车到察隅送货。路过白马雪山垭口时，遭遇漫天风雪。突然，他发现路边躺着个老阿爸，一个老阿妈正跪在旁边不停地磕头。

"不好！快停车，我去看看！"龚曲此里抱起老人一看，发现他嘴唇乌紫，已昏迷多时。龚曲此里赶紧脱下大衣为老人盖上，接着用大拇指使劲掐他的人中，但老人毫无反应。

龚曲此里知道，高原缺氧，昏迷时间过长就很难再醒过来。情急之中，他俯下身去，嘴对嘴给老阿爸做人工呼吸。老阿爸一定是抽了几十年土烟，满口烟味呛得他差一点吐了出来。他深吸一口气，强忍着继续做人工呼吸。垭口海拔太高，做人工呼吸特别吃力，几分钟下来，龚曲此里的脸憋得发紫。足足10多分钟后，老人终于慢慢睁开眼睛。

老阿妈一看，赶忙跪下给龚曲此里磕头，连连说："菩萨显灵了，菩萨显灵了！"

"老阿妈，我不是菩萨，是金珠玛米！"龚曲此里摇摇头，笑着说。老阿妈流着泪说："你就是穿军装的活菩萨啊！"

得知两位老人要去转神山，正好同路，龚曲此里便将他们搀扶到驾驶室坐，自己和战士区披爬上了货车的大车厢。

雪花飘舞，寒气透骨。坐在车厢里的区披，冻得直打哆嗦，不禁问道："为这两个素不相识的老人坐大车厢，我一个年轻人都受不了，你又何必要吃这个苦？"

"天这么冷，难道让老人坐大车厢？将心比心想想看，要是我们自己的阿爸阿妈，你忍心吗？"龚曲此里动情地说，"我们是人民的子弟兵，对人民就要像对父母一样啊！"

妻子斯那拉姆告诉记者，龚曲每次下基层都找她要钱，碰到有难的人就给个一百两百，经常带上千儿八百地去，一分不剩地回。

2003年5月，龚曲此里回老家与村里的老人尼布交谈时，老人无限神往地说："藏族人都爱唱《北京的金山上》，天安门到底有多高啊？要是能去北京看看，这辈子就值了！"

看到满头银发的老人像孩子般渴望的眼神，龚曲此里的眼睛湿润了。聊天中，龚曲此里得知村里还有25个70岁以上的老人，都想到北京去看看。

回到迪庆后，龚曲此里把家里仅有的8000元存款取出来，又到县民政局协调了一笔经费，一起交给尼布大叔，让他带着村里的25个老人到北京观光。半个月后，尼布拿着自己在天安门前照的相片，逢人就说："北京好啊，就像歌里唱的那样。龚曲真是共产党派来的好'本布拉'（大官）……"

龚曲此里只有一对亲生儿女，可喊他"阿爸"的人却不少——那些受他帮助过的孩子们出于感恩，都这样叫他。

德钦县委办公室秘书吉心梅就是其中的一位。1997年7月，香格里拉县虎跳峡镇土官村的彝族小姑娘吉心梅接到了初中录取通知书。可由于父母长期疾病缠身，阿妈把家里能卖的东西都卖了，也只凑够70多元，距300元学费还相差甚远。

几天后，吉心梅路过村委会时，看到用来糊窗子的《迪庆日报》上，有一篇迪庆军分区领导龚曲此里帮助贫困学生的报道，不禁怦然心动。绝望中的吉心梅似乎看到了救星，连夜给龚曲此里写了一封求助信。她跑了9公里山路到镇上去寄信，可是到了邮局才发现没有地址，只好写上"迪庆军分区门卫室转龚曲此里收"。此后，她天天守在能看见村口的山上放羊，一有陌生面孔出现，就赶紧跑下去看。

一个阳光灿烂的下午，她正在山上放羊，突然看见3名解放军走进村口。"一定是来找我的！"吉心梅扔下羊鞭就往家跑，果然，一帮人已经等在家里了，村干部把她拉到一个面孔黝黑的军官面前说："这就是你写信要找的龚曲此里叔叔。"

忍了多少天的眼泪啊，终于夺眶而出。吉心梅"扑通"一声跪了下去。龚曲此里把她拉起来紧紧搂在怀里："闺女，你的信昨天才转到我手上，我来迟了，让你等久了。"他给吉心梅家送了两床被子、5套衣服，还有300元学费。临走时，他对小吉说："闺女，贫穷不是你的错，人穷志不能短，要不然一二十年后你的命运还是改变不了。相信党和政府，你会有书读的，只要你争气，以后读高中、读大学、读博士，都由解放军来资助你。"龚曲此里说到做到，他带领军分区二连官兵长期资助吉心梅，帮助她读完初中读高中，直到大学毕业。

2005年3月，吉心梅患上急性胰腺炎，医院下了病危通知书。就在她万念俱焚的时候，龚曲此里带着一大包东西满头大汗地出现在病床前。他一边轻声询问着吉心梅的病情，一边用棉签蘸水轻柔地给她润润嘴唇，还亲自把床下的尿盆端到卫生间倒掉……

一个大校军官这样细心地照料吉心梅，小吉的同学看着好生奇怪。龚曲此里呵呵一笑："你们没见过我吧，我是心梅的舅舅，谢谢你们来看她哟！"

同学们走后，吉心梅拉着龚曲此里的手，哽咽着一句话也说不出来。龚曲此里拍拍她的手，动情地说："闺女啊，我说是你舅舅，是希望你不要因为贫困而自卑。你要振作起来，将来做一个对社会有用的人。"伴着满眼热泪，吉心梅脱口喊出了埋藏心底多年的两个字——"阿爸！"

龚曲此里经常对身边的人说："越是贫困的孩子越需要靠读书改变命运。"像吉心梅这样幸运的孩子，还有多少？妻子斯那拉姆说她不知道，"他长期资助的学生，我知道的有4个，但那些一次性给几百块钱的学生，我估计他自己也记不清了。"丈夫资助的贫困学生中，斯那拉姆最熟悉的是藏族女孩康秀英。1995年9月，康秀英小学毕业刚考入迪庆州民族中学，其父亲就因长年劳累不幸病故。家中的顶梁柱垮了，体弱多病的母亲东拼西凑筹到100多元钱，把她送进了学校。

康秀英报到时，只预留一个星期的生活费，其他的钱都交了学费。即便这样，还欠学校460元钱，而且必须在当月底缴清。一个12岁的小女孩，第一次来到人生地不熟的县城，吃了上顿愁下顿，又欠着学费，康秀英觉得天都要塌下来了，常常一个人偷偷落泪。和康秀英同班同宿舍的龚雪琳，回家后把这事告诉了阿爸龚曲此里。一个周末，龚曲此里叫女儿把康秀英带到家里吃饭，并将500元钱交给她，让她把学费补上。

康秀英的母亲听说女儿遇上了好心人，赶紧从家里抓了一只还在下蛋的母鸡，让女儿提着去感谢龚曲此里。谁想到没过几天，龚雪琳把100元钱塞给康秀英，对她说："你提来的鸡我爸叫我妈拿去卖了，这钱就是卖鸡的钱，我爸说给你零用。"康秀英的泪水又一次流了下来……

从那以后，龚曲此里干脆让康秀英吃住在他家里，整整6年，直到大学毕业，在迪庆一家旅游公司上了班，小康仍然没搬走。在小康心里，这里就是她的家，龚曲此里就是她的阿爸。

龚曲此里去世后，康秀英决定留下来好好照顾阿妈。刚办完丧事的那段日子，懂事的秀英担心阿妈悲痛过度，每隔两个小时就从单位跑回来，趴在窗户外悄悄看看阿妈……

（原载《解放军报》2010年3月31日）

忠诚，镌刻在梅里雪山

——追记迪庆军分区原副司令员龚曲此里（一）

蔡汉银　崔持瑜　朱发江　张雪飞

梅里雪山含泪，金沙江水呜咽。

2009年2月5日，迪庆军分区副司令员龚曲此里怀着对党和军队的无限热爱，带着对雪域高原的深深眷恋，永远地走了。

噩耗传来，从部队官兵到地方群众，从雪域高原到金沙江畔，人们无不悲痛万分。大家清楚地记得，2008年11月2日龚曲此里因高原综合症倒在了办公桌上，可谁也没有想到，他会走得如此匆忙。走的那一天，他迷糊中拉着主治医生的手，口齿含糊地说："让我出院……我回去……还有好多事……"

逝者长已矣。他的身影，化作了高原雄鹰；他的名字，留在藏汉人民心中；他的忠诚，镌刻在梅里雪山。

"我是一名翻身农奴的儿子，没有党的培养，就没有我的今天。"

党恩比天高　军情似海深

龚曲此里的家乡迪庆藏族自治州是全国五大藏区之一。解放前长期处在不到总人口百分之一的土司和贵族联合专政的统治之下，占绝大多数人口的农奴一无所有，被当作会说话的工具，长期过着牛马不如的生活。

红星照耀雪域高原，翻身农奴获得解放。从此，在藏族同胞的眼里，共产党就是圣洁的太阳、解放军就是吉祥的福星。

1954年7月，龚曲此里出生在迪庆州德钦县佛山乡一个贫苦的藏族家庭，这里与西藏芒康县仅一江之隔。他的祖辈世世代代都是农奴，他的父亲是迪庆解放之后的第一批共产党员，解放初期担任村支书。

从记事起，龚曲此里就经常听阿爸阿妈讲旧社会受压迫、受剥削的悲惨往事，讲共产党、"金珠玛米"带领翻身农奴把歌唱的幸福历程。阿妈常对他说，喜马拉雅山再高也有顶，雅鲁藏布江再长也有源，我们是翻身农奴的后代，永远不能忘了共产党和"金珠玛米"的恩情。在父辈们的教育熏陶下，儿时的龚曲此里就对共产党和解放军产生了朴素的感情。

1970年，年仅16岁的龚曲此里在父母的支持下报名参军，来到了怒江边防某团一连。当时龚曲此里不识汉字，听不懂汉话。班长下达口令，别人都能迅速做出动作，而他却无所适从。为了让他尽快适应部队的生活，班长专门为他创造了一套"手势训练法"，手掌向右，表示向右看齐；跺脚表明是立正……

在连队党支部和战友们的关怀帮助下，龚曲此里很快由一名普通藏族青年成长为一名合格军人。入伍第二年，他便脱颖而出，当上了副班长。1972年4月的一天，边防巡逻经过一段绝壁时，龚曲此里不慎滑下了滚滚怒江。生死关头，连长眼疾手快，纵身跳入激流汹涌的江中，拼尽全力将他托上岸来。面对舍身相救的连长，龚曲此里感激涕零。而连长只是淡淡地说了一句话："我是一名党员。"从此，这句话在龚曲此里心里扎下了根，他暗暗下定决心，要像连长一样成为一名党员。经过不懈努力，1974年5月，龚曲此里光荣地加入了党组织。后来，他多次谈道："当我站在党旗下庄严地向党宣誓的时候，我感到无比自豪。从那一刻起，我以我们藏族人特有的虔诚向党保证：永远跟党走，终生不言悔！"

让人梦寐以求的一次次机遇，总是"幸运"地降临到龚曲此里身上。1976年，连队分到一个提干名额。当时，符合条件的战士有4个，因为龚曲此里是藏族，在政策上有照顾，再加上他的个人素质非常过硬，被作为第一人选提拔为干部，当上了营部通信排排长。

梅里雪山的宽广胸怀，加上农奴后代的勤劳质朴，龚曲此里军事考核门门优秀，带出了一个先进排。上级领导惊喜地发现这棵好苗。就在这时，边境上有战事发生，为了报效祖国他申请上前线参战。炮火硝烟中，龚曲此里经受住了考验，他带领全排出色地完成了开辟通道的任务，荣立集体三等功，当组织上决定要给他记功时，他却跑去找营长把自己的功让给了排里的一名战士。

从千里边防到雪域高原，党的真情，始终伴龚曲此里一路走来。军旅生涯的39年间，他历任排长、副连长、人武部副部长、后勤部部长等职。1996年，组织为了培养锻炼他，安排他到文山军分区代职副参谋长，让他熟悉边防和部队管理。组织的关怀，使他不断成长进步。

1997年，龚曲此里被提拔为迪庆军分区副司令员，走上了中高级领导干部岗位。他常说："我是一名翻身农奴的儿子，没有党的培养，就没有我的今天。"

"我在任何时候、任何情况下，都会做到始终维护党的权威，始终拥护党的领导，始终听党的话，跟党走。"

时刻听党话一生跟党走

近年来，由于达赖分裂势力的蛊惑，迪庆的维稳任务异常繁重。目前迪庆藏族人口14万余人，在外藏族4000多人，顽固的"藏独"分子利用宗教、民族等问题制造分裂，千方百计进行拉拢、煽动和渗透活动。

龚曲此里深知自己是藏汉一家、民族团结的受益者，是党的民族政策让他有了今天。为此，他把民族团结看得比什么都重。他利用自己是一名军队藏族领导干部和州人大常委、省人大代表的身份，经常向藏族同胞宣传党的民族政策，加深了藏区群众对共产党的拥护和爱戴。

2004年10月，龚曲此里在德钦县乡下搞调研。村民七林培楚说："你当了大官，工资那么高，待遇那么好，当然说共产党好，而我们普通老百姓生活还不富裕，心里自然就有想法了。"其他群众也纷纷附和。龚曲此里不慌不忙地用藏语说："现在，国家大力发展经济，我们的日子一定一天比一天好，生活也一天比一天富，你们大多数家庭住进了新房。这些，在解放前做得到吗？这一切都归功于谁？都归功于共产党！"浅显的道理，亲切的口吻，让在场的藏族群众频频点头，七林培楚也深受教育。在龚曲此里的言传身教下，2005年，七林培楚光荣地加入了党组织。

拉萨"3·14"事件发生时，正是龚曲此里母亲去世的第二天，母亲的后事还没处理完他就火速返回岗位。在军分区党委会上，他说："党的恩情伴随我成为一名领导干部，在任何时候、任何情况下，我都会做到始终维护党的权威，始终拥护党的领导，始终听党的话，跟党走。"接着，他分析"3·14"事件可能波及到迪庆藏区的安全稳定，向党委建议派出人员到寺庙走访，并邀请部分僧侣到军分区参观，沟通思想，增进友谊。

此后大半年的时间里，龚曲此里按照军分区党委的部署，奔波在维稳第一线，深入重点地区、寺庙、村社，宣讲民族团结的重要。每到一处，他就以新旧两个社会的对比和自己的成长经历为例证，宣传党的民族宗教政策，揭露达赖集团的政治阴谋。迪庆州委书记齐扎拉感动地说："去年'3·14'事件以来，龚曲此里不到4个月就跑遍了迪庆州所辖的3个县29个乡镇，为7.3万群众宣讲党的民族和宗教政策。迪庆能成为全国五大藏区中最稳定的地区，龚曲此里功不可没。"

"我始终牢记立党为公、执政为民的思想，深知权力就是义务，权力就是职责，权力就是为党负责，为群众做事。"

播撒党的温暖　为党旗添光彩

在迪庆军分区的历史上，一般由司令员担任州人大常委，而龚曲此里是唯一一个破例的。时任军分区司令员陈云川主动让贤："龚曲此里是藏族，用本民族的语言同群众沟通，比我有优势，担任人大常委比我起的作用大。"

龚曲此里常对身边的藏族官兵说，没有共产党，就没有藏族人民的今天，离开祖国大家庭，藏族儿女就不可能有美好的明天。在这种信念的支配下，他始终以自己的忠诚回报党的培养，用如火的热情对待群众，他心里深藏着一个心愿："要用自己的言行，为党旗添光彩。"

二连战士扎西次仁的一本日记里记着这样两句话：高原冬夜寒彻骨，知心司令暖兵心。这是扎西次仁2008年藏历新年之夜写下的。那天，龚曲此里和军分区原政委瞿云福一起去参加藏族官兵藏历新年团年会，龚曲此里和扎西碰杯时，看到扎西满脸的愁容，一问才知道他是想家。龚曲此里一把把他拉到怀里勉励说："奶茶的精华是酥油，军人的精华是忠诚。作为军人，我们无法与家人团聚失去的只是很少的一部分亲情，换来的却是千千万万个家庭团聚和祖国边防的巩固。"龚曲此里回到家后，让妻子准备3包酥油饼和一些糖果，给扎西等3名新兵各送了一份。

记者在龚曲此里的档案里，找到一份他在2007年底的述职报告，里面有这样一段话：作为一名受党培育多年的领导干部，我知道自己的成长进步来之不易，要始终牢记立党为公、执政为民的思想，深知权力就是义务，权力就是职责，权力就是为党负责，为群众做事。

30多年来，他始终把党的恩情化作对群众的关爱，每当遇到有困难的群众，不管是否相识，他都会解囊相助。50多岁的老尼姑卓玛，出生在拉萨，出家到了迪庆，自从家中唯一的哥哥去世后，她对生活丧失了信心。龚曲此里在走访中得知她的事后，先后13次资助她，光现金就达4000多元。卓玛后来逢人就说，龚曲此里是个好人，是共产党派来帮助她的。

今年10月退休的陈云川说："我与龚曲此里在迪庆共事6年多，总觉得他24年在迪庆所做的事，是一座丰碑，这就是大家所说的一座属于高原军人特有的牺牲精神的丰碑：苦其肌肤，劳其心志，缩其寿命，忘其家室，献其青春。而他正在建的这座碑，就是我们常讲的共产党员的奉献精神。龚曲此里的事迹告诉我们，一名党员只有真正实践党的宗旨，用言行去播撒党的温情，为党旗增光彩，才能得到群众的信任和拥护。"

"作为一名藏族军人，考虑到迪庆藏区的稳定和发展，我想继续为党工作，直到生命最后一刻。"

铁心铆高原　矢志报党恩

2008年11月15日，昆明43医院心内科手术室的无影灯下异常紧张。龚曲此里40%的心肌梗死，大面积肺部感染，心脏泵接近衰竭。专家当机立断，安放一个泵，作球浪反博。8个小时后，龚曲此里终于转危为安。10天后，医生又在他的心脏上安装了10个冠状动脉搭桥支架。

43医院某病房主任余德文说："我们在抢救龚曲此里的过程中，请省内专家会诊就达6次，打开龚曲此里的胸腔，内脏器官没有一个是健康的，6种重症任何一种都能要他的命，这样的病人罕见。"

是怎样的信念支撑体内没有一个健康器官的龚曲此里，在迪庆高原坚守24年？今年10月才到迪庆军分区担任司令员的李旭光说："我在军区机关工作时就与龚曲此里打过交道，后来又在文山共过事，他做事很认真很踏实，干啥事都有股使不完的劲。在迪庆这个特殊环境里工作，就需要那股劲，我认为他的这股劲就是对党对国家的忠诚，离开了这股子劲在这里别说干24年，就是一天也呆不下去。"

住院期间，维西县人武部藏族政委海鸿到医院看望他。龚曲此里以老大哥的口气说："我们都是党培养出来的藏族干部，思想上要站得高一些，眼光要看得远一些，要坚决跟党走、听党的话。"海鸿是上世纪90年代从地方入伍到迪庆的大学生干部，有好几次机会调离高原，但龚曲此里总是教育他："党培养我们这么多年为了啥？为的是为党为人民做点事，现在迪庆藏区正需要我们，哪能说走就走？"最终，海鸿一次次放弃调离高原的机会，安心迪庆，成为维护藏区民族团结稳定的重要骨干。

迪庆军分区政委姚世忠说："1985年12月，按当时的规定，在边防工作了15年的龚曲此里，本可以调到省城昆明去工作的，但当他得知迪庆正急需藏族干部时，便主动要求调到迪庆，这一干就是24年。昔日健康的身体患上了多种疾病。组织曾想把他调离迪庆，但他总是以'党的事业比个人的身体更重要，藏区需要我'为由，婉言谢绝。这就是对党对组织最忠诚的表现。"

去年，龚曲此里的儿子龚建平军校毕业时本来可以留在昆明，龚曲此里说："要是所有战士都留在城市，还有谁上高原？"按照父亲的要求，龚建平最终申请分配回到了迪庆。

2007年12月，龚曲此里在副师职岗位上任职满10年，按规定到了任职年限，可以下山休养了。但为了迪庆的稳定和建设，他主动向分区党委写出报告，请求继续留在高原工作。他在报告中说："是党的各级组织培养我，让我成长为一名中高级领导干部，作为一名藏族军人，考虑到迪庆藏区的稳定和发展，我想继续为党工作，直到生命最后一刻。"

省军区党委根据军分区党委的意见，批准了龚曲此里继续工作的请求。同时，根据迪庆军分区党委的建议，同意让龚曲此里继续担任迪庆州人大常委。组织的信任让龚曲此里干劲倍增，每天工作超负荷运转。

在高原连续超负荷的工作，对患严重高原综合征的龚曲此里来说，那是对生命极限的挑战。2008年11月2日上午，通信科科长李明去给龚曲此里报告工作。他看到龚曲此里不停地用手捶胸口，豆大的汗珠从额头上滚落下来，当即要送龚曲此里去卫生队，龚曲此里忍痛说："老毛病了，不用大惊小怪的，吃点药就好了。"说着，从衣兜里掏出"速效救心丸"吞了下去。

　　中午回到家，龚曲此里草草地吃了两口饭，又要往办公室赶。妻子看他脸色不太好，劝他午休一下。龚曲此里安慰她说："现在工作太忙，过段时间等老兵退伍了，我就休假，好好陪陪你，也顺便检查一次身体。"说着就出了家门。

　　下午3点，龚曲此里正在给维西人武部部长和志钢打电话，询问征兵工作开展情况时，突然晕倒在办公桌上。和部长在电话中听到异常，赶紧给分区值班室打电话，官兵们立即将龚曲此里送到州医院。因为病情严重，第二天一早，分区派专人用救护车护送龚曲此里到昆明43医院。

　　住院期间，龚曲此里仍然不忘藏区的稳定。松赞林寺的喇嘛专程到昆明去看他时，他语重心长地说："香格里拉在我们藏语里是和谐的意思，你们是香格里拉的活佛，要给香格里拉带来和谐的福音。我们大家都要做维护团结稳定的工作，让香格里拉永远成为世界的明珠。"在住院的95天里，龚曲此里先后与47名军地领导通过电话，了解迪庆的维稳情况，直到生命最后一刻。

（原载《云南日报》2009年11月10日）

民族团结铸丰碑

——追记迪庆军分区原副司令员龚曲此里（二）

张雪飞　蔡汉银　孙启元　李林帅

　　山聚成峰，和谐生福。

　　神奇迷人的香格里拉，13个世居民族团结友爱、和睦相处，成为了令人向往的"世外桃源"。

　　出生在梅里雪山脚下、工作在香格里拉的龚曲此里深谙这样的道理：没有群山的烘托，就没有主峰的巍峨；没有民族的团结，就没有人民的幸福生活。为此，他将自己毕生的心血融入到了维护祖国统一和民族团结的伟大事业之中。

"像爱护眼睛一样爱护民族团结，像珍惜生命一样珍惜民族团结。"

肩负维护团结的使命

"只要有龚副司令员在，就没有解决不了的纠纷难题。"这是迪庆藏族自治州干部群众对龚曲此里的一致评价。迪庆州境内有许多自然村的草场、牧场、森林等地界、边界不明，在放牧、土地使用、采摘松茸和冬季砍柴中，有时会发生群体性事件。每次龚曲此里总是冲在最前头，去做化解矛盾的工作。

香格里拉县尼西乡江东村的西厅阁、落它、美厅3个社在10多年前是一个社，后来因自然环境和行政区规划需要分了"家"。3个社之间有两座山林，由于分社时未划明，导致"分家"后3个社之间为了采摘松茸、挖草药、砍伐林木纠纷频发，乡村工作组多次调解都未达成协议，这事一闹就是9年。9年来，这片山林成了村民们的"出气筒"，乱砍滥伐现象十分严重。

2004年8月，市场上松茸价格猛涨，为了拥有松茸采摘权，三方剑拔弩张，村民们拿着锄头、棍棒相互对峙，扬言誓死也要讨回林权。得到民兵信息员的报告后，龚曲此里带着香格里拉县人武部的藏族参谋阿金刚和尼西乡的民兵连长火速赶到现场。当时群众情绪激动，龚曲此里嗓子都喊哑了仍无济于事。情急之下，他突然想到了几个退伍的老兵，便对阿金刚说："走，我们去把去年才退伍的培楚找来，让他去把村子里的退伍老兵请来，分头下去做群众的工作。"他们穿梭在人群中，很快就把培楚找到，在培楚的联络下9名退伍战士很快就被召集起来。龚曲此里对大家说："你们都是当过兵的人，有7个还是党员，这个时候大伙一定要发挥好带头作用。要告诉大家械斗解决不了任何问题，只有让老乡们选出代表，坐下来谈才能解决问题。"

在龚曲此里的带领下，9名退伍老兵通过亲戚朋友和左邻右舍做工作，用满腔真诚赢得了群众的信任，群众纷纷放下了锄头、棍棒。在龚曲此里的提议下，经3个社的群众大会表决，同意山林纠纷解决权由3个社的退伍老兵全权代表进行解决。龚曲此里带着他们实地察看山林面积，找各个村里的老人了解历史资料，很快便制定出了公平合理的划分方案。退伍老兵们拿着方案，回村里召开村民代表会议和村民大会，进行讨论和协商。最终，山林划分方案得到了3社群众的一致认可。

2008年3月13日早晨，龚曲此里母亲去世，他请假回家奔丧。第二天，西藏发生"3·14"事件，个别亲戚产生了思想波动。那些天，龚曲此里强忍失去亲人的悲痛，四处奔走做亲戚朋友和乡亲的工作："是共产党让我们翻了身，当了主人，现在国家对藏区政策越来越好，建设、扶持力度很大，我们家家户户的生活都有了翻天覆地的变化，大家要珍惜这来之不易的幸福生活，不要听信那些别有用心的人的谎言。"通过他的反复劝导，乡亲们很快就认清了达赖集团分裂祖国的图谋，纷纷表示要远离达赖分裂分子，坚决维护藏区的稳定。

当得知附近有座寺庙的僧人准备进藏时，龚曲此里立即前去做工作，有个别僧人劝他说："你年龄也不小了，趁早退了算了，少来管我们的事。"龚曲此里义正词严地说："退不退是我的事，谁想破坏我们藏区的稳定，搞分裂祖国的事，我都要管。"接着他请主持当着围观群众的面把僧人召集起来，推心置腹地进行交谈，通过种地不用交粮、上学不交学费还领补贴等事例感化大家。他讲道："现在的政府，连你们亲戚朋友家养老母猪都发'工资'（养猪补贴）了，你们还有什么不知足的？达赖给了我们什么？解放前老百姓吃的是啥？过的是啥日子？你们去问问那些老人，他们心里最有数！"龚曲此里的一番话，让在场的僧人和群众豁然开朗，纷纷打消了去西藏的念头。

近年来，龚曲此里利用节假日、拉练驻训、下乡调研、休假探亲等时机，充分发挥自己是本地藏族人的优势，向各族同胞宣传党的民族宗教政策和富民政策。他还先后与军分区党委"一班人"一起，协调投入资金6万余元，对香格里拉县五境乡的3个村委会进行整治改造，建立了党员活动中心，并为每个活动中心捐赠图书1000册。

2009年年初，病重住院的龚曲此里还一直牵挂着迪庆各县乡的社会稳定情况。1月23日，龚曲此里躺在病床上连翻身都很困难，还不忘对前来医院探望他的松赞林寺喇嘛扎里说："迪庆各族群众今天的幸福生活来之不易，我们一定要起好带头作用，维护好现在安宁和谐的局面！"扎里喇嘛感动得热泪盈眶："您安心养病，我们迪庆的僧侣永远都会听党和政府的，不会去做有损于国家和人民的事，维护好团结和谐的局面，让乡亲们安居乐业！"

"天空中最美的风景是彩虹，高原上最美的风景是和谐。我愿化作彩虹，搭起民族的团结桥，为藏区的和谐安宁贡献力量。"

架设团结的桥梁

香格里拉县松赞林寺是云南省最大的藏传佛教寺院，目前在寺院学习、生活的僧侣有800多人。崩主活佛是该寺藏传佛教修行造诣较深的活佛之一，在云南藏区信教群众中有较高威望。

2008年6月，经过龚曲此里沟通协调，迪庆军分区派出10名官兵来到松赞林寺，与僧侣们座谈交流，宣传党的方针政策和法律法规，讲清"3·14"事件的真相，同时还派出医务人员，深入寺庙给广大僧人送医送药品。

2008年8月15日，在龚曲此里的再次协调下，崩主活佛一行8人应邀到迪庆军分区作客，他们参观了红军过中甸浮雕，追忆了当年红二、六军团过中甸时松赞林寺僧侣开仓售粮给红军，贺龙赠送"兴盛番族"锦幛等传统佳话，品尝了基层官兵打的酥油茶，并与分区领导和数十名藏族官兵座谈，表示要带领广大僧侣发扬爱国爱教的优良传统，坚决与达赖分裂势力划清界线，为维护藏区稳定积极发挥作用。崩主活佛感慨地说："在祖国大家庭中，各民族儿女应该相互团结，和睦相处，这样才能实现社会稳定，老百姓才能安居乐业，国家才能走向繁荣富强。"

"他就像一座桥梁，不断密切军地之间的联系和沟通。"这是迪庆军分区官兵对龚曲此里的评价。

2003年，德钦县人武部干部职工高兴地搬进了新办公楼。喜悦的背后，凝聚着龚曲此里的汗水。过去，德钦县人武部的营房建设十分落后，办公楼是上世纪50年代建的土坯房，外面下大雨，里面下小雨；人武部弹药仓库远离住宿和办公区，管理不便，安全隐患多；营区内没有一个厕所。这样的环境给官兵工作、生活带来了极大的不便。2000年10月，龚曲此里开始挂钩帮带德钦县人武部后，决心改变该部的落后面貌。

要想搞建设，就要筹资金。德钦县是国家级贫困县拿不出钱来，龚曲此里便带着人到州上、省里协调建设经费，一次次的奔波，一次次的协调，最终为德钦县人武部筹集到130余万元建设经费。经过两年的努力，德钦县人武部新建了办公楼、民兵武器弹药库、车库、洗澡室、厕所等，使该部硬件建设上了新台阶，为人武部正规化建设打下了坚实的基础。

随军家属安置和下岗军嫂再就业是困扰军分区官兵的一件"挠头事"，龚曲此里对此倾注了大量心血。

德钦县人武部后勤科科长李彬的家属谢莉2003年随军，一直没有工作。李科长一个人的工资既要赡养父母，又要供儿子读书，生活很困难。龚曲此里得知这一情况后，心里很不是滋味。为帮助李科长的家属安排工作，他亲自出面找地方领导，并多次到相关部门协调。2004年6月，在龚曲此里的帮助下，谢莉终于找到了称心如意的工作。很多人不解地问："作为分区副司令员，你为别人的工作去求人，究竟图啥？"龚曲此里动情地说："为随军家属找工作去求人，不丢脸。我们的干部在高原献了青春献子孙，为他们解决一点后顾之忧是我应尽的义务，我啥也不图。"近5年来，在龚曲此里的协调下，先后有6名随军家属找到了满意的工作。

任分区副司令员后，他发挥自己是本地藏族干部和州人大常委、省人大代表的优势，多次提案加强民族团结教育，助推"双拥"工作。在他的提议下，迪庆州党政机关、企事业单位、中小学等都把加强民族团结教育摆上重要位置，落到了实处。军分区还在驻地建起了"双拥一条街"，先后与十多所学校结成了共建对子。

"茫茫伊拉草原当纸，滔滔澜沧江水作墨，写不完你的恩情，唱不完对你的赞美，龚曲此里亚咕嘟……"这是一名汉族战士唱给龚曲此里的赞歌

凝聚向上的力量

广袤的草原、静谧的湖水、皑皑的雪山，与人们梦想的伊甸园——香格里拉风光相比，迪庆军分区官兵心中的"伊甸园"风光更美，那就是龚曲此

里带领战士们亲手植成的"民族团结林"。

初冬的迪庆高原，寒风凛冽，在"民族团结林"里一棵高原红柳正迎风傲立，十分显眼，上面系着的一条条洁白哈达，在风中飘拂。官兵们给这棵柳树起名叫"同心树"，它的背后藏着一段龚曲此里关爱士兵的生动的故事。

一次体能训练，独立营一连战士黄远飞负责保护进行器械训练的战友，轮到藏族战士扎西顿珠时，由于过于紧张，扎西顿珠手一滑从杠上掉了下来，而负责保护的黄远飞因一时疏忽没能接住，扎西顿珠被重重地摔到了地上。扎西顿珠以为黄远飞是故意捉弄自己，对此事一直耿耿于怀。连队得知此事后，及时进行调解，两人虽然表面上和好了，可心里始终结着一个疙瘩。在龚曲此里的建议下，连队把扎西顿珠和黄远飞编在一个班，还让他俩住上下铺，学习同桌，训练同组。扎西顿珠得了阑尾炎，黄远飞主动要求去陪护，打饭、换药、入厕，照顾得无微不至。两个人终于冰释前嫌，龚曲此里得知后十分高兴，这天他带着扎西顿珠和黄远飞来到分区一块绿化地上，3人一起植下了这棵"同心树"。

在龚曲此里的提议下，军分区来自汉、藏、回、白、瑶、布依、傣、彝等11个民族的官兵，共同在这里栽下"同心树"，建起了"民族团结林"。大家始终团结互助，亲密无间。

高原雪松根连根，各族官兵心连心。在迪庆军分区，不管哪个民族的战士到了这里，都像到了家一样。这里面凝聚着龚曲此里的一份关爱。为充分尊重少数民族官兵的风俗习惯，龚曲此里经常给官兵们上民风民俗课，编印《民风民俗知识》小册子。指导连队开起清真灶，方便回族战士就餐；让人从家里带来酥油茶，亲手送给藏族战士。

在分区副参谋长杨文华的记忆中，有一件事至今让他十分感动。1995年11月，杨文华跟随时任后勤部长的龚曲此里去德钦县检查征兵工作。同车乘坐的4人中，除杨文华外都是藏族。出发后，驾驶员吉称与助理员海鸿一直在用藏语聊天，杨文华听着他们不时发出的笑声，而自己却什么也听不懂。就在这时，坐在前排的龚曲此里说话了："这次下工作组我们都说汉话，不准说藏语，不然小杨听不懂。"此后，一路上大家没有再说一句藏话。在德钦县各乡、镇、村社了解情况时，龚曲此里经常把与当地藏族群众交谈的藏语翻译给杨文华听。杨文华深情地说："直到现在，回想起那次下乡，我心里都暖融融的。没想到外表那么粗犷的一位领导，在这些细小环节上心那么细，那么体贴关心人。"

龚曲此里关爱各族官兵的故事不胜枚举。迪庆军分区独立营战士吴立民，至今珍藏着一副手套。他说："这是我今生最珍贵的礼物。"去年春节前夕，迪庆军分区组织官兵抗雪救灾。救灾中，龚曲此里看到吴立民的手套磨烂了，脱下自己的手套送给了他。望着这双手套，吴立民一直没舍得戴，把他深深藏在了自己的行李箱中，退伍后，他把这双手套带回了家。

（原载《云南日报》2009年11月12日）

使命，在忠诚履职中彰显

——追记迪庆军分区原副司令员龚曲此里（三）

蔡汉银　朱发江　谭明忠　张雪飞

初冬的迪庆高原，风雪呼号，寒江呜咽。

香格里拉烈士陵园一座墓碑前，一排香烟滋滋冒着红光，酒香阵阵飘散，花圈上一副字迹遒劲的挽联迎风飘扬：

战火硝烟高原风雪炼就铮铮铁骨

鞠躬尽瘁沧海横流彰显军人本色

"副司令员，我们来看你了！"迪庆军分区后勤部长谭涛带着9名即将退伍返乡的老兵献上花圈，在坟冢前肃立半小时后才默默离去。悼念者已消失在暮色中，但弥漫在空气中的哀思仍挥之不去。

龚曲此里离开战友们已经9个多月了，来自迪庆各界各地的悼念者仍纷至沓来，在寄托无限思念的同时，追忆这名优秀藏族军人在硝烟和风雪中履行使命的串串足迹。

军人的本职就是保家卫国，随时准备为国家利益而流血牺牲，在祖国需要时，勇敢地去战斗——

战火硝烟染亮血色青春

不平凡的经历，造就不平凡的人生。一场边境战火，在龚曲此里年轻的血液里植下了英雄的基因。

1979年春，十一届三中全会的春风刚吹融迪庆高原的积雪，25岁的龚曲此里也在这时定下了与斯那拉姆的婚期。

边关烽烟起，战鼓催征急。龚曲此里从部队发来的一纸电报，使结婚遥遥无期：阿爸阿妈，我要执行任务，暂时不能回来结婚。

翘首以盼的父亲看完电报，一口气跑到邮局给龚曲此里回电："亲戚都来了，你要不回来结婚，我这老脸往哪搁？"几天后，龚曲此里给父亲回了电报："我是党培养起来的干部，在国家和人民需要的时候，不能为了个人的事向组织提要求。"

父亲没办法，只好送走亲戚，通知其他亲朋婚礼取消了。

斯那拉姆后来才知道，参战的名单里开始并没有龚曲此里。在部队向前线开拔的前一天夜里，龚曲此里闯进营长的宿舍间："为什么不让我上前线？"营长解释："上了战场就生死难料，党培养一个少数民族干部不容易，再说你是个通信排长，让你留守后方是对你的保护。"

"让我上前线吧！我虽然是通信排长，但也是步兵出身，还当过战斗班长！"龚曲此里央求营长，"我阿爸阿妈都是农奴，是党让他们翻身过上好日子，也让我这个农奴的儿子当上了军官，现在报答党恩的时候到了，我不能临阵退缩！"经过多次请战，龚曲此里终于争取到了上战场的机会。他后来对斯那拉姆解释说："之所以推迟婚礼，还有一个重要的原因——战场上子弹不长眼睛，万一有个三长两短，那不是害了你。"

当年的战火硝烟渐渐消散在人们的记忆里，而龚曲此里浑身上下随着天气变化而疼痛难忍的5处伤疤，以及家里那个长期装得满满的药箱，静静地讲述着那段峥嵘岁月。

保家卫国中，冲锋陷阵是家常便饭；为国戍边时，龚曲此里也经常遇到没有硝烟的战斗。

1980年6月的一天，时任副连长的龚曲此里带领战士们巡逻，在离边境线不远的地方遇到几个边民正开山炸石，已平整过的一块地上还种植了一些罂粟。当龚曲此里上前准备制止时，发现边民里面有一张熟悉的面孔。原来，1年前龚曲此里有一次奉命在边境上搞侦察时，这位姓张的边民曾给他当过向导。

"老张，在边境线上开山炸石违反了边境管理规定，种植罂粟更是违法的！"老朋友相见的喜悦并没有让龚曲此里忘了自己的职责，他果断地让战士们将边民的劳动工具没收。

"大哥，当年要不是我帮你，你能有今天吗？你可不要忘恩负义！"老张见龚曲此里不讲情面，开始发起火来。

龚曲此里耐心地给他们讲解了边境管理有关规定。但这些边民还是不肯让步，气氛变得紧张起来。"我们也是为了混口饭吃！逼急了，兔子还咬人呢！"几位边民扛着锄头、钢钎站在那里，一副拼命的架势。

龚曲此里掏出身上所有的钱分别塞在几位边民的口袋里，并拉着老张的手情真意切地说："兄弟，咱们私人感情应该讲，但是国家的边境法规也得遵守，我们过去打仗不就是为了国家利益吗？现在怎能为了个人的一点私利损害国家利益呢？以后生活有困难找我就是了。"

边民们没料到龚曲此里会这样做，态度不由得软了下来。老张带头向龚曲此里赔礼道歉："我们知错了！你的工资收入也不高，我们怎么忍心要你的钱？"

后来，这些边民成了龚曲此里所在连队的边情信息员，经常给龚曲此里提供边境地区的重要情况，连队的边防管控工作一直走在全团前列。

没有文化的军人，只能在现代战场上打败仗，所以要拿出攻山头的劲头去学习和锻炼自己——

宝剑锋利源自千锤百炼

2007年10月的一天，在德钦县城区的一个礼堂里，一名中年男子正在给地方干部群众讲授《如何统筹国防建设与经济发展》。精彩的授课赢得如潮掌声。

授课人是时任迪庆军分区副司令员的龚曲此里。类似的报告,他每年都会作10余场。台下听得十分"解渴"的各级干部,哪知道课讲得如此精彩的龚曲此里入伍时仅有高小文化。

战火硝烟的洗礼,让龚曲此里深深感受到了科学文化知识在现代战争中的重要作用。他暗暗下定决心:必须攻下文化知识这块高地!他办公室的灯每晚都亮到很晚,除了加班处理业务外,他很多时候都在学习科学文化知识。遇到不懂的问题,还经常四处求教,甚至向基层官兵和子女请教。

正是凭着这股锲而不舍的钻劲,龚曲此里的文化素质不断提高,到走上迪庆军分区副司令员岗位时,已取得了陆军步兵指挥专业大学本科文凭,并在经济管理、现代科技等领域都有了比较深入的研究。

20世纪末全球发生的几场信息化战争,更增强了龚曲此里学习的紧迫感。1997年,他向军分区党委提出加强信息化建设的建议,很快得到同意。他第一个购买了电脑,从操作办公软件开始练起,逐渐掌握了计算机硬件维护技术、局域网构建等知识,成为分区第一批顺利通过国家计算机等级考试的领导干部。

在他的影响带动下,迪庆军分区形成了一股学习信息化知识的热潮。全分区90%以上的官兵通过国家计算机等级考试,涌现出一批信息化建设能人。按照军分区党委的分工,龚曲此里带领课题攻关组,对将信息化知识学习的成果运用于部队和民兵预备役建设的课题进行研究。2007年,在龚曲此里的主抓下,军分区开展了"机上学理论、网上练指挥、远程抓管理"等活动,仅用两个月时间,就建成了具有数据处理、潜力分析、辅助决策等功能的国防综合信息网络,实现了"网络到乡镇,信息到民兵",使迪庆州的国防动员水平走在全省前列。

纸上得来终觉浅,龚曲此里始终将提高实践能力作为理论学习的目的。每次分区党委中心组学习前,他都要带着理论学习的主题和内容沉到基层调研,认真梳理分区全面建设面临的问题和困难,回来后向党委提交具有较强建设性和操作性的调研报告。在担任军分区党委常委的16年间,他向党委提交了20多份调研报告，帮助分区破解了多个建设难题。

作为理论学习转化的实践成果，龚曲此里针对在藏区独特的社会形势下防区稳定面临的新情况、新问题，带领官兵探索出了军警民联训联防管理模式，大大提高了军警民快速反应能力。

灾情就是命令，在自然灾害和突发事件面前，军人要敢啃硬骨头——

危急关头彰显军人本色

"冬天风雪弥漫，夏季洪水连天；雪崩滑坡大火，一年四季不断。"这是对迪庆高原气候灾害情景的真实描述。频发的自然灾害给各族群众的生产生活带来了极大危害。

2005年8月下旬，金沙江上游连降暴雨，致使沿江的香格里拉县五境乡、上江乡、虎跳峡镇的部分地势较低的村镇房屋被淹。灾情发生后，军分区党委迅速组织虎跳峡镇、五境乡、上江乡的1000多名民兵投入到抗洪抢险战斗中。

"责任到人、分片承包，决不让一个群众留在危险区！"8月25日上午，香格里拉县上江乡灾情告急，龚曲此里带领民兵火速驰援，转移受灾群众。他们冒着随时都会呼啸而来的洪水，挨家挨户搜救。遇到老弱病残行走不便者，他们就赶紧上前，或背或挽，将其送到临时安置点。在前往受灾最为严重的土旺村时，一段地势较低的沿江公路上积起了齐腰深的洪水，龚曲此里行走在最前面，一步步为身后的民兵探路。为了不漏掉一个受灾群众，他将民兵分成9个小组，冒险深入重灾区组织疏散和转移群众，在洪灾发生的当天就转移群众360余人。

在整个转移工作中，龚曲此里带领1000多名民兵与当地政府组织的转移队伍密切配合，最终使五境乡、上江乡、虎跳峡镇3个乡镇的遇险群众全部转移到了安全地带。

洪水退去，当龚曲此里带着官兵撤出灾区时，乡亲们举着毛主席的画像，排起长长的队伍，夹道欢送"金珠玛米"。

"着火了！"2006年1月4日傍晚，一场突如其来的森林大火染红了虎跳峡镇土官村的上空。火势快速向村庄"包围"，30多户村民被迫逃离家园。

接到求救电话，时任迪庆军分区司令员陈云川和副司令员龚曲此里率领200余官兵于23时55分到达火场。龚曲此里根据严峻的火情当机立断，兵分两路，与"火魔"展开了一场争夺国家森林资源和人民群众生命财产的竞赛。在山势险峻、地形复杂的环境里，官兵们用锯子、斧头、柴刀等工具奋力开设隔离带。许多战士的身上脸上都被树枝、荆棘刮得鲜血淋漓，龚曲此里也几次被石头、树枝绊倒，身上伤痕累累。

连续几天，龚曲此里带领官兵们始终坚守在防火阵地一线，一次次将火头逼退。1月7日16时，明火被彻底扑灭。当他们走下山时，看到了这样一幅场景：村民们端着浓郁清香的青稞酒，捧着洁白的哈达，前来迎接凯旋的灭火英雄们。村民格桑丁争将一条洁白的哈达挂到龚曲此里的脖子上："你们几天几夜都没有吃上一口热乎饭，喝上一口干净水……你们真是降伏'火魔'的'活菩萨'！"

近年来，龚曲此里带领的民兵扑火队伍，扑灭森林大火13起，被当地干部群众誉为"灭火神兵"、"森林扑火专业队"。他根据森林火灾发生规律和扑火特点，总结出扑救森林火灾必须遵循的"清、准、快、精"四字诀，在高原森林扑火中被广泛应用。

只有心中装着战斗力，把战备训练摆上中心位置，部队和民兵预备役才能随时"拉得出，用得上，打得赢"——

鞠躬尽瘁打造高原铁军

2008年初冬，香格里拉寒风凛冽。龚曲此里在病倒的前一天，还穿着迷彩服与香格里拉民兵应急营的官兵一同进行战术训练。

"副司令员，您怎么了？"随行的作训参谋沈自军见龚曲此里额头上直冒虚汗，身体在颤抖，上前关切地询问道。

"没事，老毛病了，吃点药就好了。"龚曲此里掏出几粒药吞下，又走到了正在训练的民兵中间。可没过一会儿，沈自军发现龚曲此里的双腿又站不稳了。

"副司令员，咱们先回去休息一下吧！"见龚曲此里丝毫没有好转的迹象，沈自军强行扶着他回到了军分区。龚曲此里边走边对沈自军说，刚才在训练场上指出的几个问题，你再去督促一下，一定要反复演练，切实纠正。

　　迪庆高原高寒缺氧，缺氧量在28%左右，每年有240多天温度低于10℃，条件十分艰苦。有人认为，在这样恶劣的气候下，官兵躺着也是作奉献，确保部队安全稳定就已经不错了，军事训练标准低一点也情有可原。

　　"气温低，部队的训练标准不能低。没有过硬的军事本领，怎么遂行维稳任务？"作为分管军事训练的副司令员，龚曲此里始终认为，部队要提高核心军事能力，恶劣气候正是练兵的磨刀石。

　　为此，在每年冬天老兵退伍前，龚曲此里都会沿着当年红军长征经过的路线，组织一次长途冬季野营拉练。他坚持与官兵同吃、同住、同训练，从没有一次坐过指挥车、开过小灶。在拉练途中，龚曲此里还给部队随机布置反恐维稳、保交护路等演练科目，全面提高部队高原作战能力。迪庆军分区原司令员陈云川说，龚曲此里患上那么多高原病，和他抓军事训练"太卖命"有着直接关系。

　　在龚曲此里主抓下成立的香格里拉民兵应急营以及德钦县和维西县民兵应急连，是迪庆军分区民兵预备役的骨干力量。龚曲此里为此付出了太多太多的心血。每年，他都要带领民兵开赴深山峡谷，用野战部队的训练标准来要求他们，设置多种突发情况，"逼"着民兵分队成员临时处置。

　　恶劣气候下的摔打磨炼，换来的是部队完成多样化军事任务能力的提高。2007年，云南省军区组织"爱军精武"比武竞赛，在龚曲此里的带领下，迪庆军分区比武分队取得了团体第二名的好成绩。在云南省军区认定的20名神枪手中，迪庆军分区就占了5名，其中1人还获得了手枪射击个人第一名。

　　奥运圣火在香格里拉传递期间，迪庆州维稳指挥部、奥组委将香格里拉古城区、城中心的广场和城区7个油库的安全保卫工作交给迪庆军分区负责。龚曲此里带领机关和独立营200多名官兵，昼夜守卫在重点目标周边执勤巡逻，并组建了一个100人组成的民兵处突预备队随时待命，确保了重点目标无丝毫闪失，在迪庆州奥运维稳工作中发挥了铁拳头作用。官兵们表现出的严明纪律和顽强作风，受到奥组委和驻地群众的高度评价。

（原载《云南日报》2009年11月14日）

大爱，播撒在迪庆高原

——追记迪庆军分区原副司令员龚曲此里（四）

蔡汉银　朱发江　严　浩　张雪飞

"为什么我的眼里常含泪水？只因为我对这片土地爱得深沉。即便是离去，也要把怀念留在这片土地上……"在龚曲此里生前随身携带的笔记本里，记者发现这句诗赫然醒目。

熟悉龚曲此里的人都知道，这是他平时最喜爱阅读的诗句，因为诗里既寄托着他热爱祖国、热爱家乡、热爱人民的真挚情感，也饱含着他竭尽全力服务人民群众的点点滴滴。

"让人民过上好日子，老百姓才会说共产党好。作为一名党员，要时刻把人民的利益装在心窝里"

群众不脱贫，寝食难安

"今晚就住这里。"

"这是牛棚，地上还有牛粪，怎么能住？"

"没事，将就着眯眯眼养养神就行了。"

"这里又脏又臭，还是下山去乡里住吧。"

"我一个土生土长的本地人，难道连这点苦都不能吃？"……

2002年3月的一个夜晚，在距离香格里拉县五境乡泽通村4公里的密林中，响起了这段对话。说话者，一个是迪庆军分区政治部的干事谢勇，一个是龚曲此里。

这天下午，龚曲此里根据军分区党委的安排，带着谢勇到泽通村圣达卡社对扶贫项目进行调研。从泽通村出发后不久，天色逐渐暗了下来。当他看到路边有一个村民夏季放牧临时搭建的牛棚后，放下肩上的背包，准备在牛棚里宿营。尽管随行的谢勇苦苦相劝，仍然无济于事。

　　位于金沙江大峡谷中的贫困乡五境乡，许多村社不通公路、电，乡亲们至今还不能看电视。2002年，迪庆军分区将五境乡确定为挂钩扶贫点后，龚曲此里便带领民兵甩开膀子干开了。

　　要想富，先修路。泽通村争归、登高龙水、登高龙叶古3个社的村民，对拥有一条进村公路期盼了几辈人。因为没有公路，村民下山都要在崎岖的岩道上绕行10多公里。2002年4月，迪庆军分区帮扶3个社的盘山公路破土动工。为使有限的资金发挥最大的效益，龚曲此里带着由民兵组成的突击队，开山炸石、垒坎、推路，战斗在最前沿。

　　为炸断15处被称为"猴见愁"的山崖，龚曲此里和军分区原政委瞿云福等分区领导轮流担任爆破手和安全员，腰系麻绳，17次爬上数十米高的悬崖，打炮眼、装炸药，成功爆破岩石6.6万余立方米，挖掘土石7万余立方米，仅用半年时间就修通了这条长达15公里的盘山公路。在高原修公路，每公里造价近40万元，而这条路总共仅用了97万元。

通车那天，龚曲此里和瞿云福将全村70岁以上的老人轮流请到他们的车上，沿着新修好的公路来回"领略"了一圈。平生第一次坐上汽车的藏族老人洛安感慨不已："没有共产党，没有'金珠玛米'来帮咱修路，这一辈子我恐怕连汽车是啥样都不知道，更不要说坐上汽车走出大山看风景！"

2003年3月，军分区党委了解到香格里拉县尼西乡新阳村、腊仁村村民吃水难，决定帮助他们。瞿云福和龚曲此里来到村里，发现全村靠天吃水，遇到干旱季节，村里规定任何人不准洗澡、洗衣服，用水都是按瓢分。逢哪家办红白喜事，全村人都出动，要爬坡上坎走1个多小时到山下的金沙江边去背水。为了水，村民们先后请来了3支打井队，找遍了附近的几座大山都没解决。

向村民说明来意后，龚曲此里和瞿云福动员村里人跟他们一起去找水，可由于前几次找水都没成功，乡亲们都不愿意去。最后，龚曲此里把村里的8名民兵召集起来随他们上了路。经过9天的艰难寻找，他们最终在28公里外的崩池山下找到了一处水源。施工中，为了防止钢管冬天结冻，龚曲此里和瞿云福又跑回县里，协调来包管用的保温布。为了不让泥沙堵住蓄水池的出水管，他们让施工人员增加了蓄水池的深度，抬高了出水管的位置，在蓄水池里留出沉积泥沙的位置。3个多月后，一条长达28公里的引水管道架设完毕。望着从水龙头里"哗哗"流出的清泉，村里的扎西老人把珍藏了很久的两条哈达取来献给了龚曲此里和瞿云福，哽咽着说："托'金珠玛米'的福，全村人祖祖辈辈没解决的困难终于解决了，就凭这，我都要多活几年。"

后来，扎西老人带着乡亲们在蓄水池旁立了一块石碑，上面镌刻着："清泉进藏家，党恩暖人心。"

"我们的扶贫能这么深得民心，龚曲此里功不可没！"回首在迪庆州开展扶贫工作的一幕幕，刚刚走下领导岗位的瞿云福感慨万千："龚曲此里与藏族群众语言相通，熟悉民情，不管是在城里还是在田间地头，他都能与群众打成一片。工作中碰到啥难事，只要他一到，用藏语与乡亲们一沟通，问题就解决了。"

近年来，在迪庆军分区的努力下，迪庆州委、州政府分给分区的扶贫点都发生了翻天覆地的变化，实现了村村通路、户户通水、家家通电、广播电视入村入户，太阳能和沼气池也进入了大小村寨。

"孩子是祖国的未来，学生是藏区的希望。作为一名藏族领导干部，要让适龄儿童都能上学读书"

再苦不能苦孩子，再穷不能穷教育

"阿爸，每次给您写信，我都流着激动的泪水。您虽不是我的亲阿爸，但您那胜过亲人的大爱一直伴随我成长，我为有您这样一位'金珠玛米'阿爸而骄傲，毕业后我一定要好好报答社会！"

2002年3月19日，一封发自大理学院的信寄到了龚曲此里的手中。写信者，是龚曲此里一直资助着的贫困学生康秀英。

康秀英是香格里拉县小中甸镇团结村人，父亲早逝，两个哥哥成家后独立门户，家里只有年迈多病的母亲和一个姐姐。1995年9月，龚曲此里从女儿龚雪琳的口中得知，刚考入迪庆州民族中学的康秀英家里特别困难，学费无法筹齐。龚曲此里让女儿放学后把康秀英带到家里来。一见面，龚曲此里就拿了500元钱给康秀英，并叮嘱她以后到家里来吃饭，学费他帮她交。从此之后，龚曲此里每个学期都按时为康秀英交上学费，给她买学习和生活用品，每个月还给她50元零花钱。

当康秀英把龚曲此里资助她上学的事告诉母亲时，她母亲被龚曲此里的好心感动得泪流满面。她从亲戚家借来500元钱，让康秀英拿了还给龚曲此里，龚曲此里说："你家的情况我很清楚，我帮你交学费的钱就算是我借给你的，等你以后工作了，再还也不迟。"康秀英的母亲又让康秀英从家里抓了一只鸡送到龚曲此里家，龚曲此里说："你现在的任务是好好学习，别的都不要考虑。你妈妈的身体不好，你把鸡带回去给她补补身子。"

在龚曲此里的资助下，康秀英3年后考上了大理学院。去学校报到的前一天，龚曲此里为她买好了车票，还给她买了3套新衣服、塞给她400元生活费。在康秀英上大学的3年里，龚曲此里继续帮助她顺利完成了学业。

康秀英大学毕业后，在龚曲此里的帮助下，进入迪庆州旅游投资公司工作。去年11月，龚曲此里生病住进了州医院，康秀英赶到医院去看望。病床前，平时十分要强的康秀英再也忍不住自己的眼泪，扑上前紧紧抱住龚曲此里，满怀深情地连喊3声"阿爸！"此情此景令所有在场的人都热泪盈眶。

龚曲此里病重转到解放军昆明总医院后，康秀英每天都打电话问候，并要求上昆明来看望他，但被龚曲此里拒绝了："你妈妈的身体不好，你把她照顾好就是对我的最好报答。"康秀英没有想到在州医院的一别，竟是诀别。她对记者说："我没想到，阿爸的几次拒绝，竟成了我一生的遗憾！我一定牢记他的嘱托，把对他的思念化作干好工作的动力，做一名爱党爱国爱家的好青年。"

在西藏日喀则公安局工作的洛桑顿珠，是龚曲此里收养的孤儿。洛桑顿珠出生在德钦县奔子栏镇，还没出世父母就离异。患有心脏病的母亲在他7岁那年撒手而去。当时，还在德钦县人武部工作的龚曲此里得知此情后，就与爱人斯那拉姆商定收养洛桑顿珠。龚曲此里像对待亲儿子一样对待洛桑顿珠。给儿子、女儿买啥，都有洛桑顿珠的一份。洛桑顿珠到上学的年龄后，龚曲此里把他送进了学校，并为他请来家教辅导。

2001年9月，洛桑顿珠以优异的成绩考取了昆明陆军学院的藏族班攻读高中课程。开学那天，龚曲此里专程将他送到昆明。2004年7月，高中毕业的洛桑顿珠考上了浙江公安大学。去学校报到的那天，龚曲此里把2000元钱悄悄装进了洛桑顿珠的行囊中。

2007年7月，学校向洛桑顿珠征求分配去向时，他说："我出生在高原，从小深受阿爸的关爱。毕业了，我去条件最苦的西藏日喀则。"如今，在西藏日喀则地区公安局工作的洛桑顿珠，始终像龚曲此里生前一样勤奋敬业。他说："我的血管里虽然没有流着他的血液，但我的人生之路是他铺垫的，没有阿爸，就没有我的今天。我要用勤奋工作来回报他！"

"信科学不信迷信，讲科学更要讲文明。作为军人，走到哪里就应该把文明新风带到哪里"

贫穷导致落后　文明才能富裕

在迪庆州的城市和乡村，有一道靓丽的风景：每当军车开过、军人走来，戴着红领巾的小学生们总会自觉地站在路边举手敬礼。

对这道独特的风景，州委书记齐扎拉说："这是国防教育、爱国主义教育的结果，若不是龚曲此里和分区党委'一班人'不遗余力地向群众传播文明知识，这道风景便只是遥不可及的梦想。学生们的这个少先队队礼，是他们由衷感谢解放军的最好礼物。"

由于大山阻隔，迪庆州许多偏远乡村的群众仍然沿袭着一些不文明的生活方式，如乱倒垃圾、生病了靠祈祷等。为了帮助藏族群众，以龚曲此里为代表的一代代迪庆军分区的官兵坚持不懈地努力着。

德钦县奔子栏镇73岁的洛桑老人说："过去，我们一直不吃蔬菜，也没有种菜。前些年，迪庆军分区的官兵走村串户，动员我们种蔬菜、吃蔬菜，说蔬菜有营养。等他们一出门我们就把菜扔了。"

土生土长在藏区的龚曲此里想，要让乡亲们学会吃菜，首先要教会他们种菜。1986年5月，时任德钦县人武部副部长的龚曲此里，不仅自己给奔子栏镇的村民购买了20多包菜种，还让后勤科采购物资时多买些菜种，有村民需要就送给他们。然而，当他们主动把菜种送给村民时，村民并不接受，龚曲此里耐心地说："你们先拿去种着试试，即使不吃，也可以喂鸡喂猪。"村民领走菜种后，他又打着背包住进村里，从平整菜畦、播撒菜种，到浇水施肥、搭设菜架，手把手地教他们种菜。

龚曲此里还教他们如何做菜吃。他在村中的一块空地上支起了锅炒菜。菜做好后，他又带头吃，以让村民们打消吃蔬菜会生病的疑虑。村民们看到龚曲此里天天吃蔬菜，不仅没有生病，反而精神抖擞时，都学着他吃起了蔬菜。就连开始反对得最厉害的洛桑，也让儿子在自家地里建起了蔬菜大棚。在龚曲此里的努力下，迪庆的街头破天荒出现了卖菜的藏族村民，还涌现出了蔬菜专业化生产村。

"'金珠玛米'，我这几天咳嗽厉害，你帮我看看。"

"有没有痰？"

1997年春节刚过，时任后勤部长的龚曲此里就带着医疗所的医生来到香格里拉县小中甸镇巡诊。刚下车，闻讯而来的村民就里三层外三层将他们围得水泄不通，争相找他们看病。医生们逐一给村民量体温、测血压，详细询问病情后，对症送上了药品。

　　了解迪庆的人都知道，过去藏族同胞没有到医院看病的习惯。生病了，就到寺院里讨点"神水"、"神药"。1995年3月，龚曲此里第一次带着军医到小中甸镇巡诊时，不仅没有一个人来看病，还有人嚷着要赶他们走。就在这时，龚曲此里看到街边有一个小伙子用手捂着右脸颊，痛苦地蹲在地上。龚曲此里走上去问："你哪里不舒服？"小伙子头也不抬，低低地说："牙痛。"龚曲此里立即让军医帮他检查，原来这个名叫米玛的小伙子的一颗牙被蛀了。

　　找到病根后，龚曲此里耐心地对米玛说："你的一颗牙坏了，我们先帮你拔了，过几天再给你安一颗好的。"一个月后，龚曲此里又带着军医找到米玛，帮他安上了一颗假牙。牙不再疼痛后，米玛在乡里到处对人讲："'金珠玛米'帮我治好了牙痛，他们说的话最可信，生病了就要去找医生看。"大家这才相信龚曲此里带来的医疗分队，生病了就会去找他看。

　　1995年3月，龚曲此里到德钦县调研，发现村民种植的土豆个小，产量低。第二天，龚曲此里就到迪庆买了一麻袋新品种土豆发动村民种植。但无论怎么宣传、动员，群众就是不相信他说的新品种土豆能高产。无奈之下，他只好去找被称作"秀才"的鲁布，递上500元钱说："你先种着试试，收成好了归你，如果不好，这500元钱就算赔偿。"鲁布被龚曲此里的举动深深感动了，同意不收钱带头干。第一年，他的收成就翻了一番。村民见种新品种土豆很实惠，第二年全都主动更换了土豆品种。

　　龚曲此里不遗余力地传播文明、传递文化，让深居大山中的藏族同胞过上了富裕幸福的生活。吃水不忘挖井人，如今一步步走上文明幸福路的乡亲们到处传颂着龚曲此里真心为民的动人故事。2009年2月5日，当他们听到龚曲此里因病去世的消息后，争相赶到龚曲此里在德钦的老家、在香格里拉的住所和迪庆军分区，挥泪悼念他们的恩人。

（原载《云南日报》2009年11月15日）

　　郑垧靖，男，汉族，1971年8月出生，云南省龙陵县人，1992年7月参加工作，2001年6月加入中国共产党，生前任中共龙陵县平达乡党委委员、宣传委员、乡党校教员，2009年12月14日因公殉职。

　　郑垧靖是基层宣传干部的楷模，生前多次受到县、市表彰奖励，曾被评为2003年度保山市"优秀乡镇宣传干部"、龙陵县"对外宣传先进个人"，2004年度龙陵县"对外宣传先进个人"，2006年度保山市"党报党刊发行工作先进个人"、龙陵县"对外宣传先进个人"，2009年度保山市"优秀乡镇宣传干部"、龙陵县"宣传思想工作先进个人"。2009年12月龙陵县委追授郑垧靖同志"优秀共产党员"称号，2010年1月保山市委追授郑垧靖同志"优秀共产党员"称号，2010年2月云南省委追授郑垧靖同志"优秀共产党员"称号。2010年6月，中共中央宣传部作出《关于开展向郑垧靖同志学习活动的决定》。

把党的声音传到田间地头

——追记云南省龙陵县平达乡党委宣传委员郑垧靖（上）

宣宇才　徐元锋　胡洪江

"一个小小的村庄，能谈科学发展观吗？能运用科学发展观指导工作吗？章赛村党支部的回答是：用积极的工作态度和创新的工作理念与村民共同学习并运用科学发展观……建立'民情走访活动联系卡'，排查民忧民难，记录民情民意，集中民智民计解决实际困难……"

2009年12月22日，《保山日报》头版刊发了这条千字小通讯。稿件作者的名字被郑重地加了一个黑框。

稿件作者郑垧靖，云南省保山市龙陵县平达乡党委委员、宣传委员、乡党校教员。2009年12月13日，在河尾村学习实践科学发展观活动专题组织生活会上作指导讲话时，郑垧靖突发大面积脑溢血，不幸去世，年仅38岁。

近7年时间，在祖国西南边疆的山间田头，他把党的方针政策传送到千家万户，把宣传思想工作做到乡亲们的心坎上。

"门外汉"成了"多面手"，"土记者"做出大文章

平达乡政府办公楼三层的宣传办公室不足10平方米，简陋的电脑桌、书架和沙发是全部陈设——那是郑垧靖担任乡党委宣传委员期间工作的地方。同事郭进才告诉记者，"郑老师有个习惯，当天采访的内容当天完稿。他这间屋子的灯经常亮到很晚很晚。"

"郑垧靖是个勤奋创作的基层通讯员，是个熟悉农村、思维活跃、不怕吃苦的基层宣传干部。"保山市委宣传部部长蔺斯鹰流着泪说。

在龙陵县宣传系统，郑垧靖是出了名的"多面手"：提笔可以写文稿；走进广播室就能播报；拿起相机能拍照片；他还能拍摄视频，并独立完成后期制作……

其实，2003年才从教育战线转行从事宣传工作的郑垧靖有过迷茫。但他总是说，"学习是干好一切工作的源泉。"不会摄影、摄像，他就对照说明书琢磨；不会电脑，他就买来资料钻研；平日里大量阅读报纸杂志，上网浏览新闻学习写作。

刻苦自学，让郑垧靖迅速从一个"门外汉"成长为能说会写的宣传干部，随后又成了全乡第一个熟练掌握了电视新闻采编制播和平面设计技术的人。

辛勤耕耘结硕果。从事宣传工作近7年，这个"土记者"采写的新闻稿件先后被省、市、县级媒体采用200多篇。平达乡的外宣成绩名列全县前茅，郑垧靖也先后被评为"保山市优秀乡镇宣传干部"、"龙陵县对外宣传先进个人"、"龙陵县宣传思想工作先进个人"。

"平达之声"建阵地，视频对话解心结

每天清晨7点，"平达之声"广播总会准时响起，把党的惠农政策、科技法制知识、乡间新闻趣事，传递到偏远山乡70个村民小组3000多户群众的耳畔。

广播员陈平凤还记得，2008年1月15日中午，郑垧靖搬回一堆高音喇叭，皮鞋没脱就爬上梯子安装设备，他兴奋地喊着，"我们有阵地了。"

当"平达之声"广播回荡在平达坝子上空，陈平凤看到了"阵地"的威力：有了"广播会议"，村社干部不用跑乡里就能开会；邀请本地致富能手现身说技，群众致富有了奔头；开通热线电话，乡政府分管领导直接为群众解惑释疑；河尾村、黄连河村、安乐村的傈僳语与汉语双语广播，让民族之间更亲近……

小广播派上大用场。2009年，平达乡成为龙陵县推广"党的声音进万家"试点。

记者在平达乡采访时，碰上河尾村村民莫再明到乡政府会议室与远在广东打工的儿子视频通话。

乡长廖书发说，外出务工人员与家里沟通少，会带来很多问题。征得乡领导同意后，2005年9月，郑垧靖利用视频会议系统，开通QQ聊天视频电

话，目前全乡已有1000多人次到乡政府与在外的亲人视频通话。"视频对话解心结，千里亲情一线牵"一时传为美谈。

利用视频网络，郑垧靖还让外地姬松茸种植收购大户陈波了解了平达。2008年，陈波来到平达发展姬松茸产业，每年平达农民因此创收200多万元。

平安村党支部书记熊国光拿出一堆VCD光盘说，"这些是郑垧靖搜集的烤烟种植、茶叶管理、畜牧养殖资料，送给各村观摩的。"

"他总能找到切入点、创新点，让宣传推动工作。"龙陵县委宣传部部长杨魁说，郑垧靖和同事们运用现代传播理念和手段宣传科学发展观、推动农村工作的创新做法，在全县独树一帜。

宣传不光看稿子发没发，更要看对群众有没有帮助

5月中旬，在黄连河村，成片绿油油的山葵已经齐腰高了。

地处冷凉山区的黄连河村是距离乡政府最远的傈僳族聚居村，过去村民常年靠卖木料和生猪过活，生活水平居于全乡下游。

2003年，村里开始引种山葵。但群众一没技术，二不懂市场，不敢试，山葵产业面临流产。2006年，郑垧靖来到黄连河村作宣传动员。

"刚来的时候，他对山葵也不熟。"村党支部书记曹大云回忆，郑垧靖买来一大堆书自学种植技术，又与干部群众反复研究，然后耐心细致地向群众宣传。在他的指导下，2007年底，黄连河村的山葵种植面积从不足100亩增加到300多亩，种植户发展到200多户。第二年，山葵产业实现产值50多万元，全村农民人均纯收入达到2100元，比过去翻了一番。

傈僳族村民曹祖凤告诉记者，靠种植山葵，这两年，家里建起了洗澡间，装上了太阳能，添置了彩电、摩托车，"是郑老师让我们的生活发生了改变。"

河尾村村民李从富的生活也因为郑垧靖发生了改变。在为种植、养殖业都不成功而苦恼时，郑垧靖来了，帮他家贷款搞起三七种植。淘到第一桶金后，郑垧靖又引导他，"你应该带动更多的农户致富"。当20多户农民种植三七增收致富时，郑垧靖又看到了中低产林改造苗木紧缺的商机，建议李从富发展经济林苗木。

李从富真的"富"了。郑垧靖把他请进"平达之声"，讲述发家致富的经历，鼓舞带动更多群众发展新产业。后来，郑垧靖把李从富的事迹拍成电视片，刻录成光盘，免费赠送给各村农户，在乡内外广泛宣传。

"郑老师不会满足于自己有多少稿件被报纸、电视采纳，他更关心宣传工作对群众有没有帮助。"郭进才说。

2007年，郑垧靖借云天化集团挂钩平达乡的机遇，制作反映平达发展变化的光碟送到集团总部。后来，集团决定再投50多万元，扶持平达乡中学运动场、周家寨人畜饮水等4个项目建设。

2008年初，郑垧靖通过视频系统和制作宣传光碟，向深圳市电信公司争取到小田坝希望小学25万元教学楼建设资金和8万元设备资金，公司职工至今还资助着该校50多名贫困学生……

（原载《人民日报》2010年5月25日）

把党的声音传到田间地头

——追记云南省龙陵县平达乡党委宣传委员郑垧靖（下）

宣宇才　徐元锋　胡洪江

5月的平达田间，烤烟已经一人多高了。"要是郑老师能看到，他一定很高兴。"河尾村村民余云才指着一大片烟田说，"这都是他帮助我们发展起来的。"

乡亲们口中亲切的"郑老师"，原名郑尚敬。1992年从保山师范学校毕业后，被分配到距县城100多公里的木城乡鱼塘垭口小学任教——他找到当时在县里当领导的堂兄郑尚强，希望能换个好地方。

"当时，我跟他讲，你要先学会写'人'字。一撇一捺就像人的两只脚，扎扎实实站立在大地上才叫'人'。"堂兄没给他面子。

不久，郑尚敬就把名字改成了郑垧靖：垧是土地面积单位，靖有安定之意。一个农家孩子扎根脚下厚土、大写人生的志向跃然可见。

"只要他真心为老百姓办实事，我们就认他"

"要是当时没有郑老师在……"事隔近两年，54岁的小河村村民杨进德依然难掩激动。

2008年8月11日，小河村委会周边突降暴雨，造成山体大面积滑坡，整条河尾大沟16公里全线坍塌。平达乡党委宣传委员郑垧靖冒着生命危险，急速赶赴现场报道灾情。刚到村里，听说沟下还有3户人家尚未撤离，他一边打电话向上级报告，一边往沟下跑去。

杨进德回忆说，"那天雨下得好大，出不了门，我们一家子就在屋里看电视，突然就听到郑老师在院坝里喊。喊完我们，他又跑去喊另外两家。"

3户人家，12口人，前脚刚出门，就听"轰"一声巨响，山体整个儿坍塌下来，将房屋全部掩埋。

抢险救灾结束后，郑垧靖留下来与村民们一起生产自救、恢复重建。他吃住在阴冷潮湿的帐篷里，连续奋战了45个昼夜。

2009年4、5月间，正是烤烟移栽的时节，郑垧靖也是忙得40多天没在家里住一晚。

"郑老师连村上哪家的牛下了小牛犊，哪家新买了几头小猪都清楚，他比我这个支书知道的还多、还细。"平安村老支书张家茂感慨地说。

"当干部的就要情系百姓，爱民护民……"在2009年8月13日的一篇文章中，郑垧靖这样写道。他用38岁的年轻生命践行着这句话。

"一个手中没有人、钱、权的宣传委员，凭什么赢得乡亲们的信赖和爱戴？"河尾村原主任陈开能说，"我们看人不看他官大官小、有钱没钱，只要他真心为老百姓办实事，我们就认他！"

"乡里有什么难事交给郑委员，我们都放心"

2009年，在动员指导平安村李家寨群众种植烤烟时，郑垧靖提出的墒高墒面要求，比烟草公司标准化管理规定分别少了5厘米和10厘米。大家不理解，他就给群众解释：平安村的土地属于旱地、沙粘土，旱季墒不能高、沟不能深才能保水保湿。村民们按照他的办法来，果然奏效。当地群众钦佩地将这套技术要求称为"郑氏标准"。

张家茂说："郑老师不是学农的，但他对农民有感情，喜欢钻研农业科技知识，才成了远近闻名的'土专家'。"

平达乡党委书记黄生留说："乡里有什么难事，交给郑委员，我们都放心。班子中，他是很有主见和办法的人。"

2008年是集体林权制度改革的关键时期，矛盾纠纷不断，信访维稳形势严峻。郑垧靖这一年开始兼任乡信访办主任和综治专干。

一到任，他就抓紧学习有关信访维稳的政策法规，并将信访办的工作制度印成宣传单，连同自己的手机号码一起发放到群众手中。那段时间，来信访办的上访群众很多，大家都愿意找郑垧靖反映问题，请他出主意。平安村匡家寨一位上访群众，每天打来几次电话，郑垧靖都耐心接听和解释，直到对方满意为止。

2009年3月，"淘金河—龙拱山"山林权属纠纷摆在了郑垧靖的面前。这起涉及8个村民小组、6800多亩林地的纠纷，在过去34年里，经过县、乡、村各级多次调解，均没有结果，其间还差点引发械斗。

面对这个烫手的山芋，郑垧靖和工作队员多次翻山越岭，深入纠纷林地调查取证，耐心细致地向群众宣讲政策和法律依据，与群众一起研究化解方法。经过3个多月的艰苦努力，纠纷各方终于握手言和。

在担任乡信访办主任和综治专干两年多的时间里，郑垧靖共接待群众来访500多人次，直接办理信访案件120件，办结110件。

"要学会脚踏实地、知足常乐"

扎根基层17年，郑垧靖总是很忙。

2009年7月的一个星期六，郑垧靖的母亲去世。那天他和往常一样在办公室加班赶稿，等得到母亲生命垂危的消息赶回家时，老人已不能讲话；

去年12月7日，岳母到相邻的州治病，正在龙陵县城制作基层党建展板的郑垧靖到最后也无暇前去陪伴老人；

上初中的女儿最大的心愿是能与爸爸、妈妈一起过个生日，但在她的记忆中，每年的生日都只有妈妈陪在身边……

到他殉职，郑垧靖一直都拿着小学教师初级职称工资，每月1000多元，比新招的公务员工资还要少400多元。县乡领导在2006年就考虑将郑垧靖转为公务员，但由于他只有中专文凭，当时未能解决。等取得所需文凭后，他的年龄又"超标"了。

郑垧靖委屈吗？

委屈！他也不只一次向身边的亲人、朋友诉苦。

但是，人生毕竟还有其他内容。妻子杨翠芝说："他是个有工作干就开心的人。干成一件事情，他高兴得走路都能飘起来。"

乡党委书记黄生留说："这么多年来，郑垧靖从来没有因为生活、待遇等问题向组织提过要求。"

在家人和同事眼中，郑垧靖是个不讲究吃穿的人，生活上从来是过得去就行。一身迷彩服是他多年来下乡的工作服。在他生前的办公室里，一台单位配的摄像机、一台数码照相机，还有一个装着新华字典、钢笔、笔记本和钢卷尺的绿色军用挎包，是他下乡工作的全部装备。

2009年，郑垧靖在述职报告中写道："一个快40岁的人再学不会把握自己，是对人生的极大不负责任，所以我时常提醒自己：我给自己的定位准确吗？我做的还可以吗？"

郑垧靖家里，至今还挂着他生前拍摄的平达乡风景照。"爸爸是个热爱生活的人，喜欢摄影、唱歌、弹琴、去河里捡石头。"女儿说，"爸爸说，那一块块可爱的石头多像人的脚啊，看到那么多'脚'，就要学会脚踏实地、知足常乐。"

如今，那些大大小小的石头静静地躺在地上。郑垧靖走了，却把他对人生的领悟和追求留了下来。

（原载《人民日报》2010年5月26日）

激情燃烧的青春

——追记云南省龙陵县平达乡党委宣传委员郑垧靖

王长山　李　倩

2009年12月13日，云南省保山市龙陵县平达乡河尾村村干部召开组织生活会，时任平达乡党委宣传委员、党校教员的郑垧靖作指导讲话时突发大面积脑溢血，倒在他工作、生活了10多年的土地上，年仅38岁。

虽时隔半年，每每想起那个笑容可掬、性格率真、脾气倔强的郑垧靖，人们无不热泪盈眶、悲伤叹息。在父老乡亲心里，英年早逝的郑垧靖有一颗纯朴善良的心，视群众为父母兄弟，扎根基层、服务基层，真心实意地为群众谋福利，是他们永远怀念的好党员，好宣传干部。

把党的方针政策送进千家万户

1971年8月，郑垧靖出生在龙陵县象达乡。2003年8月，郑垧靖从原平达乡教办借调到乡党校工作，先后担任乡党校教员、宣传干事、党委宣传委员，并在平达乡黄连河、平安村、河尾村等5个村委会当过工作队员。

郑垧靖生活俭朴，一身迷彩服是多年的工作服。在他的办公室里，一台摄像机和数码照相机，一个洗得发白的绿色军用背包，里面装着新华字典、钢笔、笔记本和钢卷尺，这是他下乡的必备工具。

郑垧靖在调研走访中了解到有的群众因家庭贫困、忙于劳作、地处盲区等原因看不到电视，听不到广播，便开始探索改善全乡广播覆盖模式的途径。2008年初，他得知县广电局计划建设智能调频大广播覆盖系统试点工程，便主动联系积极争取。2009年，试点工程落户平达。之后他牵头开办了平达新闻、实用生产技术、致富经等8个栏目，其中民情热线栏目被群众称为平达的"焦点访谈"。每天早晚，平达乡的各村定时响起广播声，全乡2.6万多人中有近2万人听到广播。

平达乡的群众说："小广播真管用！传递了党的声音，宣传了法律法规，提供了致富信息，丰富了我们的生活。"河尾村一户农家起火，广播里刚播出，数百人提着水桶从四面八方赶到现场；有个孩子走丢了，广播播出后，所有路口就被村民守住。2009年，龙陵县委将其命名为"党的声音进万家"工程并在县内逐步推广。

2003年起，平达乡把劳务输出作为一项产业重点来抓。一些农民向郑垧靖反映，孩子外出打工，虽可以通电话，但看不到人，心里总觉得不踏实。郑垧靖记下了乡亲们的愿望。2005年9月，郑垧靖征得乡领导同意后，利用视频会议设备，与广东惠州锦多玩具公司和保山市工商联合会开通了QQ聊天视频电话。目前，全乡已经有1000多人次到乡政府使用视频电话。

老百姓的"保护神"

郑垧靖常说："作为乡干部，在群众的眼里，你就代表政府，关心他们的疾苦，解决好他们的困难，你就是维护了党委政府的形象。"

2008年8月11日，平达乡小河村委会周边降下暴雨，山体大面积滑坡，河尾大沟16公里全线坍塌。郑垧靖和村"两委"及工作人员冒着大雨和山体随时可能坍塌的危险赶赴现场。当他听说沟下村民已经撤离20多户，还有3户人家尚未撤离，便焦急地踩着陷到膝盖的泥泞，迅速赶往村民家。12个村民刚刚转移，就听见"轰隆隆"的巨响，山体坍塌下来，3座房屋全部被掩埋在泥土里。郑垧靖挽救了12条生命的故事在当地广为传颂，人们亲切地称他为"保护神"。随后，他一边指导农户开展生产自救，一边带人投入恢复重建工作，在救灾抢险第一线奋战了40多天，直到受灾沟渠通水后才撤离现场。

2008年是集体林权制度改革的关键时期，矛盾纠纷渐多，积案旧案突显，信访维稳形势严峻。郑垧靖毫不犹豫地承担了乡信访办主任和综治专干一职，他把信访办的工作制度印成宣传单发到群众手中，并公布了自己的手机号码。此后，他的手机就成了与群众沟通的热线。

2009年3月，一起拖了34年的"淘金河—龙拱山"山林权属纠纷摆在了郑垧靖的案头。这起纠纷涉及8个村民小组，面积6800多亩。在过去的30多年里，曾发生过多次群众争吵，县、乡、村各级曾多次组织调解均无结果。1998年，县法院和原地区中级法院作出终审判决，仍未得到妥善解决和执行。3个多月里，郑垧靖和工作人员多次深入纠纷林地调查取证，耐心向群众宣讲政策，进行劝导。通过数十次的调解，最终形成了一个令纠纷双方满意的调解方案。

郑垧靖担任乡信访办主任、综治专干近两年多的时间里，共接待群众来访500多人次，直接办理信访案件120件，办结110件。

群众致富的领路人

2005年，郑垧靖到小河村当工作队员，发现当地产业以茶叶为主，茶园老化，管理落后。小河村有茶地1000亩，平均亩产却只有40多斤。他便动员村民规范化种植，实施"低改"700亩，请来技术员指导种植和管理，自己从挖地开始，领着村民种茶。第二年，茶叶每亩产量增1倍，村里全部完成"低改"目标，还引来果树大户投资，在荒坡新开了300亩茶园。现在该村的茶叶产业持续发展。

2007年底，郑垧靖被派往黄连河村抓山葵产业，他买来书籍自学山葵的种植技术，千方百计向傈僳族群众宣传农村发展形势、产业政策。在他的带动下，村里的山葵面积从原来不足100亩增加到312亩，种植户200多户。2008年，山葵产业实现产值50多万元，全村农民人均纯收入达到2100元，比以前翻了一番。很多村民购买了电视、电饭煲等家用电器，还在院里建起了洗澡间，安装了太阳能。

2008年，郑垧靖挂钩平安村要在村里发展200亩烤烟。平安村1991年至1999年就种过烤烟，种植面积曾达1000余亩，但由于种植技术跟不上、经济效益低下等，到了1999年，种植面积只剩22亩。郑垧靖首先做通寺坡蒋组小组长蒋朝周的思想工作，在他家的3.38亩田上搞了早植烟试点，半年后早植烟获得成功，亩产值实现1800多元。村民看到了盼头，纷纷要求种植，1年后，平安村共发展烤烟300.9亩，超过计划100亩，实现产值48万多元。2009年，全村又种了212亩早植烟。中断近10年的烤烟在平安村重新发展起来。

优秀乡镇宣传干部

为了做好宣传工作，郑垧靖努力提高自己的素质。他先后就读中央广播电视大学（函授）公共事业管理专业、云南省委党校函授学院法律专业本科班，有空就阅读报纸杂志、上网浏览新闻、查阅资料。

郑垧靖白天扛着摄像机和数码相机翻山越岭，走村串寨，在田间地头和乡亲们座谈采访；晚上拖着疲惫的身躯回到办公室，打开电脑就写稿，完成当天采访的稿件。他的新闻作品先后被龙陵电视台、县政府网站、《保山日报》、保山人民广播电台、《云南日报》等媒体采用200多篇。由他采写的《傈僳山寨办起产业科技培训班》2004年获"科技兴保"征文活动三等奖；《引进产业需慎重　致富希望不落空》2005年2月荣获"树立和落实科学发展观、解放思想加快保山发展大讨论"征文活动优秀奖；《视频对话解心结　千里亲情一线牵》2005年荣获中国地市报新闻三等奖。

郑垧靖自学了新闻采编制播和平面设计技术，徒步拍摄了全乡10个村委会121个村民小组的影像资料，编写了《平达乡宣传画册》《东大沟工程简介》等宣传资料。他还搜集整理、拍摄制作了烤烟种植技术、茶叶管理技术标准、稻田养鱼、畜牧养殖等影像资料，刻录成VCD光盘，组织群众观看学习。

郑垧靖还利用业余时间对抗战遗址、历史文物以及园子话、傈僳族婚礼等民族民间文化进行收集整理，并抓住一切机会宣传平达，推介平达的汉族龙灯舞狮、傈僳族的"嘟哒哒"等特色文化，"嘟哒哒"表演在2004年还荣获了国家专利。

长期的学习和实践，使郑垧靖成为一名既懂宣传工作又懂农村产业的复合型基层干部，曾多次被评为全市优秀乡镇宣传干部。

淡泊名利的"工作狂"

郑垧靖在基层岗位上一干就是17年，即便10年来都拿着1600元的工资、住在20平方米的房子里，他都没有因此向组织提过要求。为出行方便，他借钱买了一辆二手微型车，下村指导工作、进城办事经常"私车公用"，还顺路接送烟农，帮他们拉运化肥、农药和农膜，从不收一分钱。

10年前，郑垧靖的脑部就曾出现过轻微出血，由于工作繁重，生活没有规律，还落下了严重的胃病。可他从没把自己的病情当作一回事，工作不分上下班、节假日，每天不是在办公室加班，就是在乡下奔波，被同事称为"工作狂"。

郑垧靖也有愧疚和伤感。去年7月的一个周末，正在办公室加班的他接到母亲病重的电话赶回家时，老人已经不能讲话

了，内疚的他亲手制作了一盘光碟以表达对母亲的追思。有时他会拿着母亲生前用过的梳子偷偷地流眼泪。他很少有时间陪家人，女儿庆祝14岁生日时，他接到村民的求助电话又匆匆走了，懂事乖巧的女儿哭了，这可是一家人难得的相聚啊；在2009年烤烟移栽期间，他40多天没在家里住过一晚，仅有一次，他到平达街帮助烟农拉水管，抽空回家换了换衣服……

2009年末，他在述职报告中这样写道："40岁的人如果还不会把握自己，是对人生的极大不负责任，所以我时常提醒自己，我给自己的定位准确吗，我做得还可以吗？"

郑垧靖走了。他的生命虽然短暂，但在平达的热土上，他一串串跋涉的足印都辉映着青春燃烧的激情；他身穿迷彩服，脚穿黄胶鞋，身背军用挎包，肩扛摄像机走村串寨的形象永远铭记在平达百姓的心里……

（新华社，2010年5月24日）

追寻百姓心中的郑垧靖

王长山　李　倩

带着亲友、群众的无限伤感和眷恋，正值盛年的郑垧靖就这样静静地走了。

"郑垧靖虽然离我们而去，但他工作的认真、干事的热情、不怕吃苦的闯劲、接受新事物敏捷的思维，为老百姓脱贫致富无怨无悔的付出，时时让我想起他。"

"在人生前进的路上，郑垧靖同志的精神将成为我前行的长明灯……"

这些都是亲人、同事们思念郑垧靖时的心语。日前记者来到郑垧靖生前工作过的云南省保山市龙陵县平达乡，沿着他的足迹追寻着每一个人的记忆，细细品味着他短暂而闪亮的人生。

——1998年9月：小河小学的学生都是来自本村的，都是地道的农村孩子，求学意识不强，并且家长对孩子的教育重视程度也不够，得知这一情况，我很心痛。下一步我要组织召开家长会，经常走村串寨做家访开导他们的思想，让他们重视孩子的教育，多与学生及其家长交心谈心，了解他们的内心世界。（摘自郑垧靖的工作笔记）

记者采访手记：从龙陵县到平达乡坐车只要两个多小时，但山路坎坷弯曲，从乡里到黄连河村、河尾村等村委会，狭窄崎岖的沙石路颠簸得只能死死抓住扶手和座位，似乎随时都会被甩出车窗外——这些地方，郑垧靖是用脚一步一步走过去的。一些村干部说，郑垧靖熟悉每一条路，只要是他挂钩的村子，哪家母猪生产，哪家有几头小牛，哪家种了几亩烤烟，哪家遇到了什么问题，他都说得很清楚。

平达乡麦寨小学校长郑发东告诉记者，即使调离了学校，郑垧靖始终关注着农村学校的发展。2007年12月，中心学校给麦寨小学配备了14台计算机，可学校没有专业老师，无法教授学生。郑垧靖得知消息后骑着摩托车来到学校，和全校老师一起研究，制定了老师计算机使用培训计划，自己主动担任起培训辅导员。

"我记得那段时间，每天下班后在平达乡政府到麦寨小学的路上总能看到郑垧靖匆忙而疲惫的身影。在麦寨小学的计算机室里总能听到他和蔼可亲的讲解声，投影机前总留下他反复演示的画面。在郑老师的热心帮助下，麦寨小学的老师学会了计算机的应用。"郑发东说。

——2005年3月15日：我到县城参加全县宣传思想工作会，通过上午听领导讲话，下午听老师作专题辅导，感觉收获很大。作为宣传工作者，如果不把身边发生的事迹报道出去，我就觉得过意不去。今后，我更要努力发挥宣传的作用，让外界了解我们乡的社情民意。（摘自郑垧靖的工作笔记）

记者采访手记：走进郑垧靖的办公室，书架上摆放着新闻写作、实用技术等相关的书籍，电脑里还存着他采写的稿件：《引进产业须慎重　致富希望不落空》、《平达农民争请收割机"老师傅"》、《傈僳山寨中日友谊之花梅开二度》……稿件从农民的生产生活到平达乡经济社会发展，涉及了多方面的新事。

碧寨乡宣传干事孙家贵说："郑垧靖去世后，我想找几张他的照片留念，从各种渠道搜寻，只有10多张。在他电脑文件夹存贮的抗旱救灾、抗洪抢险、产业培训等上万张照片中，没有几张属于他的镜头，因为他的镜头永远对着百姓。同事们给他编了个顺口溜：一身迷彩正合身，长枪短炮不离身，白天狠命拍镜头，晚上通宵写新闻。这就是一个乡镇宣传干事的真实写照。"

孙家贵回忆起2008年那场大暴雨引发山体滑坡，为了拍摄干部群众抢险的镜头，郑垧靖站在被泥石流淹没的沟埂上，突然感到脚下的淤泥在移动，脚越陷越深，可他镇定自如，按下照相机快门后，右手举着摄像机，左手举着照相机边撤边拍。到了安全的地方，才发现有一只鞋已经陷在淤泥里，脚板也在流血。可他略加整理便继续投入工作。

——在工作中，本人坚持做到万事民为先，时刻把人民的利益放在首位，一切工作围绕群众的利益来开展，把群众满意不满意、答应不答应作为政绩标准。（摘自2007年郑垧靖民主生活会的发言提纲）

记者采访手记：每天早上7点到7点半，下午6点到7点，平达乡上空就响起悦耳的音乐和广播声，除了播报国内外的重大新闻、国家出台的政策法规、生活常识外，粮食直补、农村新型合作医疗、农作物的丰产增收技术、村务财务民主管理、干群对话会和村务监事会召开情况等涉及村民切身利益的事情，都是广播的内容。记者看到，每当广播声响起，一些村民就习惯性地停下脚步认真地听。

平达乡文化站的陈平凤想起郑垧靖这位恩师就泣不成声。她说，郑老师真的是把群众的事放在心上。在县里还没有建设智能调频大广播覆盖系统之前，他下乡调研时了解到群众收听广播、收看电视难，就把创建平达乡广播站的想法报告了乡领导。征得领导同意后，他亲自买了一套广播设备，用摩托3次把设备运到广播站，自己爬上20多米高的花杆拴喇叭、拉线，再把内部设备安装好。"郑老师要求我们深入乡村各角落去了解民情、采集信息。"陈平凤说，"播报的大量信息也应是群众需要的。"

河尾村大沙寨组上社村民李从富告诉记者一件"小事"："2005年的

一天，郑垧靖到小河村指导烤烟生产。出门时，他从农业中心买了一大堆农药。我问他买那么多农药干吗？他说是帮烟农买的。我们刚看完一半烟地，天色已晚还下起了雨。我劝他明天接着看，他说，烟农们正等着用农药，心里肯定很着急，今晚一定要送到。看完烟地，农药也逐一送到烟农手里，这时已是晚上11点了，我们满身泥水，又累又饿，可他的脸上却是舒心的笑容。后来大家才知道农药是他用自己微薄的工资买的。"

——2009年8月23日："民以食为天"，没有粮食那是农民最大的痛苦，但是如果依靠原始的耕作方式，就是有再多的农田，大部分农民种不好粮食，也一样会饿肚子，所以推广科技，走科技兴农的道路，一直是我的心愿。（摘自郑垧靖的工作笔记）

记者采访手记：从黄连河村、小河村、平安村到河尾村，凡是接触过郑垧靖的干部群众一谈起他的事情，话匣子就收不住。

郑垧靖是个"土专家"，无论茶叶、核桃、烤烟、三七、石斛、山葵、红花油茶的种植都难不倒他。许多村民谈到，郑垧靖对大家的指导不只动嘴还动手，例如在烤烟种植中，他从找场地、烟站拉物资、插洞、放苗、培土、浇水、测量棚内温度和湿度、施肥、剪叶、理墒、盖膜、防治病虫害、封顶、打杈、采摘烟叶等每个环节都亲自带着群众干。

"他自己不懂就先学，学会后才来教我们。""他比技术员还像技术员。""我们的郑老师能干实事。"这是记者听到村民们对郑垧靖的评价和赞美。看着地里一片片绿油油的烟叶，黑色遮阴网下长势喜人的山葵，一种对郑垧靖的敬佩之情油然而生。

李从富感慨地说："2000年，郑垧靖知道我在扩大规模种植上缺少资金和技术，多次给我分析市场前景和发展思路，还想办法协调资金和技术。他要我发展产业时一要因地制宜，二要与时代同步，三要有科学技术，四要有一定的规模和品牌效应，五是做事要认真，胆大心细。"

在郑垧靖的指导下，李从富贷款2万元种植7.5亩三七，3年采挖毛收入有9万多元。他很感激郑垧靖，而郑垧靖则对他说："你致富了，不要忘了乡亲们！"李从富记住了郑垧靖的话，手把手教乡亲们三七种植技术。3年后，七八户村民种植三七都有了丰厚的收入。

结束语：几天的采访中，记者追寻到郑垧靖太多的感人故事，也追寻到一个真实鲜活的郑垧靖。

"郑老师的工作主动性强，但脾气急，看到我们工作拖延或没干好，就不顾情面大声批评。刚开始，我们都不习惯，觉得乡里乡亲的，何必那么较真，但看到村里的发展后，我们明白了他的良苦用心，慢慢也适应了。"河尾村一名干部说，"从老百姓的角度，我们很需要这样的干部，但从家人的角度，可能还是有所忽略，他和我们私聊时也常常流露出对家人的歉意。但无论怎样，郑老师都在用心对待工作和生活。"

记者离开之前，专门看望了郑垧靖的妻子杨翠芝，她忧伤而坚强地说："虽然过去我对他有些埋怨，可这次对他的宣传却让我全面深刻地了解到他的努力和付出。以后我不会再哭了，我会每天想着他，坚强活着，带大我们的女儿。"

（新华社，2010年5月25日）

特写：播种者的大写人生

陈鸿燕

据中国之声《新闻和报纸摘要》6时54分消息，云南省龙陵县平达乡宣传员郑垧靖扎根农村，把党的声音传入千家万户。因劳累过度，在工作时突发大面积脑出血，不幸去世。

在云南省龙陵县平达乡，每天早上7：00至7：30 和下午18：00至19：00，都能准时听到乡广播站为群众播送的新闻、政策法规、生活百科等栏目内容。

记者：你觉得有用吗？

百姓： 有用，太好了。

记者： 怎么好法？

百姓： 让我们听到党的声音了。

百姓： 除了新闻节目……

百姓： 还有科技、技术，党的知识啊这些都听。

从争取项目、购买器材、到物色播音员，在乡里一手"架起大喇叭"的是刚刚去世的乡宣传员郑坰靖。

记者： 他这人怎么样？

百姓： 相当不错的。对他的不幸逝世，老百姓都非常悲痛。

郑坰靖生前长期在最基层采访调研，知道农村贫困家庭买不起收音机、电视机，不能及时听到党的声音。在他的争取下，县广电局智能调频大广播覆盖系统落户到了平达乡，设立了13个调频广播收扩点，覆盖70个村民小组、3000户群众。郑坰靖一手带出来的播音员陈平凤："平时我播音结束，就有很多群众到这个地方，就说我家是这个情况，你能不能帮我播一下、或者是解决一下。"

这个小小的乡广播站，自办的节目都是跟广大农民密切相关的农村低保、婚姻登记办理方法、农业科技知识等内容。"大喇叭"成为了老百姓的贴心伙伴。

陈开能： 你看，这个展板就是他倒下的前三天，自己垫钱根据我们河尾村的概况和一些产业发展的思路，到龙陵去帮我们制作的。

在郑坰靖生前挂钩的河尾村委会，两块基层党建展板静静地立在围墙边，展板上"丹心为民"四个大字格外醒目。这些年，无论是产业发展、信访维稳工作还是抢险救灾工作，郑坰靖总是全力以赴。

村委书记郑再留： 村里的所有工作他都管。历来的挂钩队员，都没有他这么细心过。

村主任陈开能说，直到殉职，郑坰靖的身份还是事业编制人员。六年来，他从未向组织提过任何要求。

记者： 你们都知道他不是公务员吗？

　　陈开能：都知道的，他是这样说，我们拿着国家发给我们的钱，我们就要为民办事。

　　因突发大面积脑出血，工作中的郑垧靖就这样走了。他以自己对党的事业的无限忠诚，书写了一个乡镇宣传干部的大写人生。

（中央人民广播电台，2010年5月25日）

永远的坚守：
乡村宣传委员短暂生命绽放光辉

陈鸿燕

"个人形象一面旗，工作热情一团火，谋事布局一盘棋"，云南省龙陵县平达乡党委宣传委员郑垧靖，用38岁的短暂生命之光照亮了一片天空，用无悔青春书就大写的人生。

郑垧靖，生前任龙陵县平达乡党委委员、宣传委员、乡党校教员。2009年12月13日，他在河尾村村干部民主评议会暨学习实践科学发展观活动专题组织生活会上作指导讲话时，突发大面积脑出血，经抢救无效，以身殉职，年仅38岁。

郑垧靖原名叫郑尚敬，师范学校毕业后，被分配到条件艰苦的一所中学去教书。21岁的郑尚敬找到当时在县里担任领导的堂兄郑尚强，希望换个条件好的地方工作。堂兄一口回绝了他。半年后郑尚敬告诉他："哥，我把名字改了，叫郑垧靖。我会用两只脚写好'人'字的。"

回想往事，郑尚强感慨万分：他这一生上对得起祖宗、下对得起子女、左右对得起弟兄姊妹。

一身迷彩服、一双黄胶鞋、肩扛摄像机、身挎军用挎包走村串寨。这就是郑垧靖生前定格。在平达乡老百姓中的形象。在他简陋的家里，妻子妻子杨翠芝把他身前的东西都珍藏起来了。

记者：家里摆这么多石头你烦不烦？

杨翠芝：爱屋及乌，他爱的东西我也会喜欢。

记者：有没有什么石头比较特别？

杨翠芝：有一块"知足常乐"，做人要学会知足常乐。

郑垧靖由于是以教师身份到政府部门，直到殉职，工作18年了只有初级职称。六年来，他从未向组织提过任何要求。干成一件事得到群众支持是他最大的快乐。

群众： 他是一个工作非常认真负责的一个人，责任感极强，工作热情很高，对待同事很厚道，很诚恳。

群众： 很朴实，相当不错的，对他的不幸逝世，老百姓非常悲痛。

在河尾村永平寨，郑垧靖手把手教会村民种烤烟。

记者： 觉得他是怎么样一个人？

村民余永平： 心直口快。特别是他在工作方面很认真。他三番五次来这里强调烤烟生产在各个环节方面都很重要。

记者： 之前你们都不太愿意种？

余永平： 少数民族没有接触过烤烟，思想观念下子转变不过来。最初我也不愿意种。他算了一下划算。在农村，主要看收入。

作为乡党委宣传委员的郑垧靖把传播党的声音视为神圣使命，把党的宣传工作融入到老百姓生产生活的点点滴滴；只要有工作就高兴，只要有担子挑就满足，始终以党员领导干部标准严格要求自己，真正成为干部群众心中的一面旗帜。

（中央人民广播电台，2010年5月24日）

一个最"板扎"的人

中央电视台《焦点访谈》

主持人： 大家好，欢迎收看今天的焦点访谈。这位年轻的朋友叫郑垧靖，是云南省龙陵县平达乡党委的宣传委员。2009年12月13日，在参加一个村的民主测评会时，突发脑溢血，不幸以身殉职，年仅38岁。噩耗让十里八乡的群众洒泪惋惜。这样一位最基层的、年轻的宣传委员，他在这样的岗位上做了些什么，能让乡亲们如此的牵肠挂肚呢？

播音员：这段录像是郑垧靖生前拍摄的。2008年8月11日，平达乡小河村下起了大雨，山体大面积滑坡。郑垧靖在第一时间赶到了那里，迅速成立了抢险指挥部，冒着山体坍塌的危险还将没有撤离的村民，及时疏散到安全的地方。作为一名基层的宣传干部，他不仅要能写，还要会用摄像机和照相机。同时，哪里有新闻，有危险，他就会出现在哪里。平时，郑垧靖总是一身迷彩服，一双黄胶鞋，身挎军用书包和摄影包，手里拿着照相机。这，就是他曾经穿过的迷彩服和黄胶鞋。

记者：他为什么会喜欢穿迷彩服啊？

杨翠芝（郑垧靖的妻子）：迷彩服，它不会像穿其他衣服一样，会挂线，尤其是在山上爬，穿着很方便，还有，也耐脏。黄胶鞋是穿着脚不会疼。

记者：穿了几身了，这种迷彩服？

杨翠芝：这个迷彩服有四套。

记者：有四套了？

杨翠芝：嗯。以前的都穿烂了。

记者：这是第四套了？

杨翠芝：嗯。

记者：鞋呢？

杨翠芝：鞋记不清了，鞋更多。

播音员：从2006年1月开始，郑垧靖被选为平达乡的宣传委员。四年中，他就是穿着这样一身装束，走遍了平达乡的山山水水。

陈必寿（龙陵县平达乡小河村党支部书记）：郑垧靖在我心目中，是最板扎的人了。工作一抓到底，有始有终，平时老百姓对他的评价是，他是一个好人，体贴民心，平常在小河工作期间，了解民意，又办实事，相当板扎了。

播音员："板扎"是当地百姓对一个人的最高评价，说明这个人优秀而且办事踏实。平达乡原来没有广播站，郑垧靖担任宣传委员后，在和村民们聊天中发现，很多村民家里没有电视机，也没有收音机。就是有，很多人也不知道乡里发生的事情。郑垧靖觉得有必要办一个广播站，不仅能及时上情下达，也能反映百姓的心声。他建广播站的想法，得到了乡党委的支持。2008年1月15日，"平达之声"开始广播了。

陈平凤（龙陵县平达乡广播站播音员）：所以他就知道，老百姓最需要什么，最想知道的是什么，最想让我们政府，这些相关部门，为他们解决些什么。然后，让他们有一个最自由的发言权。

播音员："平达之声"不仅转播中央台和云南台的新闻联播，更可贵的是一开始就以自办节目为主，特别是设立了"民情热线面对面"这种倾听百姓呼声的节目。广播站有一个热线电话，听众有什么问题，可以直接拨打这个电话来反映。

陈平凤：他就要求我，和办公室的人员一样，随时收听、收集百姓的来信。有些是来信来访，还有电话来访。这些，我们都给记录下来，记录下来后，隔一段时间，原来我们是每个月梳理一次，把群众这一段时间，反映最强烈的，热点、难点的问题，梳理出来之后，就交给相应的分管领导，或者相关的部门负责人。

播音员：有一段时间，村民反映农村低保的问题比较多，徐春焕老人去年就到75岁了，她听别人说60岁以上就有低保了，她不知道为什么自己没有。

徐春焕（龙陵县平达乡平达村村民）：帮我问这个，我现在75岁了，怎么还没有拿到（低保）？

播音员：她找到郑垧靖，郑垧靖给她解释，平达乡领低保的标准之一是75岁，不是60岁。当时乡里正在给她申报。

徐春焕：我领到低保钱了，我75岁才领到，我说（我领了）我请你们吃烧烤，他们就说我，这个老奶奶太开心了。

播音员：老人的问题解决了，但郑垧靖意识到，低保关系到村民的切身利益，他就请负责分管的乡领导，到广播室做了一期节目，详细解释平达乡的低保政策。可以说，"平达之声"这个小广播在边远山区的平达乡做出了大文章。它不仅让党和政府的声音走进千家万户，而且是农民朋友的指南针，是社会稳定的调节剂。在平达乡就很少有到上级部门上访的村民。

黄生留（云南省龙陵县平达乡党委书记）： 上访的群众很少，因为老百姓通过这个平台，能及时了解一些政策，有一些政策不了解，就产生了一些矛盾，一些纠纷。但是通过我们的广播，他们听了以后，这个矛盾就化解在了基层，化解在了萌芽状态。

播音员： "平达之声"在老百姓和政府之间搭建了一个上传下达的平台，见证了一个基层党委宣传干部的务实和创新，见证了一个年轻人的事业心和责任感。在郑坰靖的书包里有三样东西是他常带的。一本翻旧的新华字典，一个笔记本，这是他作为一名宣传干部常用的工具。除此之外，还有一个钢卷尺。那么这个尺子是干什么用的呢？原来，作为一名基层党委的委员，往往要身兼数职。在平达乡，郑坰靖不仅分管宣传，同时，还负责信访、维稳和产业发展。另外，每年还要挂钩一个村子。2008年，郑坰靖挂钩的是平安村。按照乡党委的部署，指导这个村子发展烤烟产业。这把尺子就是种植烤烟离不开的工具。

张家茂（龙陵县平达乡平安村村民）： 因为光是用嘴讲给农户，农户还看不懂。每到一家农户家，每到地头，他都拿出尺子，这样，这样几个尺寸，量给烟农看。

播音员： 张家茂的这把尺子，就是郑坰靖当年到这里指导村民种烤烟时送给他的。郑坰靖到这里指导村民种烤烟时，村民当时并不买账。因为几年前，这个村子就有人种过烤烟，但是失败了。而郑坰靖并没有退缩，他到处拜师求艺，认真钻研烤烟的种植技术。终于发现平安村当年种烟失败的原因，主要是因为这里地势较高，易旱，不能简单地照搬普通的技术标准。按要求栽种烟苗时，这个土堆起来要35公分高。但是在这里，就不能超过25公分，否则，水分上不来，苗会旱死。

李家润（龙陵县平达乡平安村村民）： 如果说没有他指导，我们按照一般的搞法，是确实没有收入的。今年又干旱，相当感谢他。

播音员： 这里的村民，将郑坰靖的标准称为"郑氏标准"，今年虽然云南大旱，但是，这里的烤烟仍然长势喜人。

李家润：他不在世了，我们感到相当可惜，年轻有为，是真正地做出了一个做人的道德，良心相当好。

播音员：郑垧靖走了，他不仅留下了这把钢卷尺，还竖起了一个党的基层干部的新标杆。在平达乡担任党委委员的四年中，他连续挂钩了5个村，在不同的村子根据不同的特点，带动村民发展不同的产业。从烤烟、茶叶、山葵、核桃到石斛，郑垧靖也成了这些产业发展的"土专家"。

郭进才（龙陵县平达乡宣传干事）：郑老师一般到田间地头，认识他的人，都称他为"郑老师"，不认识他的人，都称呼他为"郑技术"。

播音员：老师，是郑垧靖最初的职业，而"技术"是村民对这个"土专家"的认可。郑垧靖原来是平达乡的一个小学的老师。2003年，被借调到乡政府工作，从老师到宣传委员再到"土专家"，可以看出他的勤奋刻苦，他的知难而进。更可贵的是，他至今都不是公务员，那么是什么力量让他这么兢兢业业，任劳任怨呢？也许，能从郑垧靖家里这个南瓜找到答案。这个南瓜是郑垧靖去世前一个村民送给他的，他很开心地把它抱回了家。

记者：他为什么这么开心呢？

杨翠芝（郑垧靖妻子）：因为我觉得他为这些老百姓做事，老百姓虽然给他个普通的南瓜，但他觉得很满足很高兴，比给他什么东西都还珍贵。

播音员：从沉甸甸的南瓜可以看出，老百姓在郑垧靖心中的位置，百姓的信任和爱戴，就是他最大的幸福。而心中有了这份幸福，就是无职无权无编制，也能在平凡的工作中，做出不平凡的事情。

陈开能（龙陵县平达乡河尾村村委会主任）：老百姓看一个干部，我们不看他的官大官小，只是认他能不能够真心为民做事。郑垧靖，一个基层干部来到河尾村以后，能够真心地为我们办事，我们就喜欢这样的干部。

主持人：一本新华字典，一把钢卷尺，一个南瓜，这都是最平常的东西，但表达的是真心和真情。郑垧靖的故事很平凡，但平凡的背后，是一位优秀共产党员的执著追求。他，来自基层，扎根基层，服务基层，用一颗爱民、亲民、淳朴善良的心，真心实意地为人民群众谋利益，直到生命的最后一刻，这样一个视事业如生命，待群众如亲人的好人，赢得了百姓的信任和爱戴。

（中央电视台，2010年5月24日）

永远的坚守

——追记龙陵县平达乡党委宣传委员郑坰靖

雍明虹　贾云巍　崔仁璘

● 他坚守一方阵地：让党的声音进万家

● 他坚守一腔赤诚：全心全意服务群众

● 他坚守一种境界：不图名利踏实工作

年仅38岁的郑坰靖匆匆走了，迅疾而过的生命之光划亮了一片天空。

面对农村基层发展的新形势，作为乡党委宣传委员的郑坰靖把传播党的声音视为神圣使命，寻找切入点、开辟创新点，把党的宣传工作融入到老百姓生产生活的点点滴滴；作为乡镇党委委员，他始终保持昂扬向上、开拓进取的良好精神，他想干事，有着强烈的事业心和责任感，只要有工作就高兴，只要有担子挑就满足，工作热情一团火；他能干事，在不断战胜困难中磨炼自己，从一名文字摄像采编制作行家成长为烤烟、核桃、山葵、茶叶种植能手，以及掌握群众工作方法与艺术的优秀基层干部，切实做到了谋事布局一盘棋；他不计个人得失，始终以党员领导干部标准严格要求自己，坚定理想、坚守阵地、坚持操守，充分发挥表率作用，真正成为干部群众心中的一面旗帜。

"个人形象一面旗，工作热情一团火，谋事布局一盘棋"。郑坰靖用短暂生命之光照亮了一片天空，用无悔青春践行了"三个一"的要求。

我们没有见过他，但是总能感觉到他的存在——

1月9日18时30分，平达乡广播站"平达之声"节目准时开播。广播员陈平凤把一页通知平达乡平安村委会村民加快冬季早植烟移栽的书稿完整地播报了8遍后，才踏实地关上麦克风。"我再连续播两天，大家就能牢牢记住移栽时间了。郑老师当年创办广播站时曾说，我们要坚守好这片阵地。想起他的话，我就充满自信与力量。"陈平凤说。

我们没有见过他，但他的气息是那么鲜明而深刻地牵引着我们——

1月上旬，我们在平达乡村村寨寨中走访，每天都会听到"郑垧靖走得太早了"这样的惋惜……人们追忆起郑垧靖生前的点点滴滴，或垂泪叹息，或跷起大拇指，或激动激昂，在还原一幕一幕动人场景中，我们一步一步地向他走近，我们可以感知到一位坚定宗旨信念的共产党人心中奔涌的激情之火，可以感知到一位胸怀一盘棋意识的共产党人心中天地之广阔，可以感知到一位把个人形象与党的旗帜紧密联系起来的共产党人心中的无畏和坚

守……

郑坰靖，生前任龙陵县平达乡党委委员、宣传委员、乡党校教员。2009年12月13日，他在河尾村村干部民主评议会暨学习实践科学发展观活动专题组织生活会上作指导讲话时，突发大面积脑出血，经抢救无效，不幸以身殉职，年仅38岁。

他坚守一方阵地　让党的声音进万家

郑老师不会满足于自己有多少稿件被报纸、电视采纳刊播，而是更关心宣传工作对群众有没有帮助。

——平达乡宣传干事郭进才

"一个小小的村庄，能谈科学发展观吗？能运用科学发展观指导工作吗？张赛村党支部的回答是：用积极的工作态度和创新的工作理念与村民共同学习并运用科学发展观。一张卡生动地诠释了这个问题……"

这段凝练畅达的文字，让武汉科技大学毕业的占伟眼前一亮，打心底佩服："怪不得郑老师搞宣传工作名气很大，他果真有两下子。"殊不知，这份于去年12月10日交给小占上报县委的第三批学习实践活动综合信息是郑坰靖生前完成的最后一份宣传稿件——《链接党群一张卡　丹心为民解万难》。

"眼前一亮"，这是大多数人初识郑坰靖时的印象。据说，龙陵县10个乡镇宣传委员有"四大金刚"，郑坰靖就在其列。曾在县委宣传部工作的副乡长杨荣周认识郑坰靖是先闻其声、后见其人，几年前听说平达乡新来了一位宣传委员后，平达乡宣传稿件在省市党报党刊和电视台的刊播率在10个乡镇中排名"数一数二"。

翻阅郑坰靖留存下的宣传稿件，我们发现这位"高产"的宣传委员，有着记者般敏锐的洞察力和广博的人文情怀，他总能找到平达乡——龙陵县最偏远的一个山区乡发展道路上那些闪光的时刻：

——2007年7月22日，云南省农户家庭建档整乡推进第一乡在平达建成。别小看了这些家庭档案，各种"证"本讲述了农户家庭生产生活变迁史，一本档案就是一部社会发展史；

——2009年8月7日，平达乡党委政府带领农民走出去开眼界，人们更加坚定了开辟新烟区、加快调整产业结构步伐的信心与决心；

甚至，通过郑垧靖的指引，生于斯、长于斯的两个"徒弟"郭进才、陈平凤也逐渐从身边过去熟视无睹的事物中找到新奇与快乐。郭进才刚到乡政府跟随郑垧靖搞"数字乡村"工作时还抱怨过"长这么大，没干过这么苦的活"，两个月里的每一天，郑垧靖带着他扛着相机、摄像机，背着干粮，天亮出发徒步拍摄全乡10个村委会121个村民小组原始景貌。累得不行时小郭曾向师傅建议："个个村都差不多，拍几个做'代表'就行啦！"郑垧靖没答应。121个村民小组全部跑完后，郭进才不埋怨了：那些看似差不多的村子其实人不同、情不同，人家递过来一杯热水、一个水烟筒，再搭伙冲一阵嗑子（聊天），和家乡父老乡亲之间最朴实最真挚的情感联系就不知不觉落了地、生了根。如今，镜头里拍摄的山还是那座山、人还是那些人，但是郭进才眼睛闪闪发亮，"郑老师教我找到搞宣传工作的快乐"。

2008年1月15日，陈平凤今生难忘。

那天中午，陈平凤被郑垧靖叫出来帮忙，她看到了一张兴奋的面孔和一堆高音喇叭、音箱，"我们找到一块阵地坚守了"，兴冲冲的郑垧靖穿着皮鞋就迫不及待地爬上梯子安装设备。小陈回忆，"当时我'蒙'了，办个广播站是啥阵地哟。"

可是，当"平达之声"在平达坝子上空飘荡的时候，陈平凤看到"阵地"显示出了巨大"威力"：通过"广播会议"，村社干部不用跑乡里就能"开会"；邀请本地致富能手现身说技后，群众勤劳致富有方向有动力有信心；开通热线电话，乡政府分管领导及相关人员现场为群众解惑释疑，干部与群众距离拉近了；在河尾村、黄连河及安乐村实现傈僳语和汉语双语广播后，民族之间沟通增多；播放自创广播小品时，听众笑得前仰后合。

每天第一缕晨曦照进窗户时、黄昏炊烟袅袅时，耳畔如期响起"平达之声"，党的惠农政策、科技法制知识、乡间新闻和趣事随风而来，这已成为平达人生产生活中不可或缺的一部分——两只脚牢牢站在群众中的郑垧靖让我们更加深刻理解了党的宣传工作要义：把党的声音传播到群众中。

"郑垧靖拓宽了乡镇宣传干部的活动舞台。"县委宣传部部长杨奎评价，"他总能找到切入点、创新点，让宣传推动工作。"在乡党委政府的支持下，郑垧靖和同事们运用现代传播理念和手段学习宣传科学发展观、推动农村工作的创新做法在全县独树一帜。

——平达乡在全县率先用小广播做出了大文章，2009年成为龙陵县推广"党的声音进万家"的试点。

——建立外出打工青年与家乡沟通联系的视频桥梁。2005年7月，平达乡利用会议视频系统帮助家乡亲人与外出务工青年见面、联系，街子天成了亲人们相会的日子，"视频对话解心结，千里亲情一线牵"一时传为美谈。

——利用视频网络招商引资。平达对外开通网络视频交流，让姬松茸种植收购大户陈波由此了解了平达。2008年，陈波只身来到平达乡发展姬松茸产业，带动全乡姬松茸产业发展遍及10个村，种植200余棚，实现了种植、加工、销售一条龙产业链。

——自制"土教材"发挥党员干部现代远程教育网络资源作用。郑垧靖搜集烤烟种植技术、茶叶管理技术标准、稻田养鱼、畜牧养殖资料刻录成VCD光盘，赠送给各村，观看这些节目成为各村召开户主会、群众大会、党员民主生活会的重要内容之一。

他坚守一腔赤诚　全心全意服务群众

领导干部要树立想做事、能做事、做成事的信心，对分配和下达的任务要认真分析研究，多做几套方案进行对比，做到心中有底，要以猛虎出林的势头出现……

——郑垧靖学习践行"三个一"要求体会

2006年1月，郑垧靖成为平达乡党委班子成员。

2006年至2009年，短短4年，在人生的长河中也许只能掀起一朵小小浪花，但是，郑垧靖却用生命中的最后4年实现了人生的跨越。

6年前，他是一介书生。年轻时代的他头发蓬蓬松松，身着整洁的白色衬衣，这个琴棋书画样样拿手的英俊书生走到哪儿都是一道风景。

但是，这位年轻人生命中最后的形象已和过去迥异，一张工作照——他脸膛黑红，目光炯炯，身上的迷彩服、脚蹬的黄胶鞋沾满红泥，裤脚高一只低一只，手持喇叭站在田埂上的形象在我们记忆中怎么也挥之不去。

书生气，这是人们对基层实际缺乏了解，不掌握基层工作方法的人的一种婉转评介。郑垧靖就曾经是一个很书生气的人，大家公认他好学上进，工作热情高，视野宽、点子多，但是也说到他提出的建议经常脱离实际。一位老师还记得，8年前，郑垧靖参加平达乡中小学校危房调查时，曾建议对乡镇数所危房面积较大的学校进行整体搬迁，合并集中办学。这个建议现在看来是从根子上解决问题，但是从当时由省、市、县可投入改造危房的财力而言则是根本不可能。

然而时至今日，乡党委书记黄生留诚恳地对记者言道："在我们班子中，郑委员是很能'拿刻子'的人了！"

"拿刻子"，是当地人对最有主见和办法的人的一种高度评价。从一介意气书生成长为最能"拿刻子"的人、成长为一位深受百姓爱戴的优秀基层党员干部，郑垧靖的生命之光在突破自我中迸发！

"历朝历代颁布实施政策，能让百分之八九十的老百姓满意就可以称为盛世啦！哪里会有绝对公平，这台事如果双方不做出一点让步，就不只会纠葛你们一辈子，还会纠葛到你们下一辈……"就是郑垧靖这番平和、充满义理的话平息了河尾村委会中麦村村民小组杨德全心中的怒火。2008年，平达乡全面推进集体林权制度改革工作时，河尾村龙拱山一场历时34年、在全县争议时间最长、面积最大、涉及农户最多的山林纠纷如冰山一样横亘于前。64岁的杨德全半辈子都与这场纠纷，纠葛在一起，2008年夏天，郑垧靖就守在他家院中与他谈了一整天，杨德全打心里不服气"为什么县法院、市中院都判决了，还执行不下去"，但是同时想到自己一生人就和这起纠纷绑在一起，连亲戚都不走动了，心里就堵得慌。郑垧靖疏通老人心中的疙瘩就从谈人生开始、谈历史开始，"唉，郑委员说得对，人一生顺当不顺当是与社会稳不稳定、和不和谐牢牢联系在一起的啊，我已经感到累了，不能让后辈也像我们这样活着。"

郑垧靖多次上龙拱山实地勘查林木情况，听取多种意见后拿出一个既尊重历史也遵循林改政策普惠原则的解决方案，为了能让双方坐到一起对话，郑垧靖重点突破村中有威望老人、村组干部的心理障碍，这是他"拿刻子"拿得最有力的一招。

"他做工作做到什么程度，你们想不出吧，夜里12点还赶到我家里，和我谈到夜里两点才离开。"下麦村村民小组组长姜自华叹服。那时正是北京奥运会举办前夕，肩负维稳重任的郑垧靖慎重地叮嘱他，林权制度改革涉及到家家户户的切身利益，村民有什么要求、有什么想法一定要引导他们从正常渠道反映，"看得出这件事在他心里坠得很沉，他是个真为我们老百姓做事的人。"一个不辞辛劳深夜还去和村组干部、群众交心谈心的人怎么能不让大伙儿信赖依赖呢？一场涉及8个社848户1969人的林权纠纷在半年后终于化解。

大战告捷，郑垧靖幸福了好久。

有一腔为党工作的赤诚，有一颗扎根群众的恒心，郑垧靖开始懂得棋局与棋子的关系。胸怀大局，当好棋子，他成为班子中最能啃硬骨头的人。4年时间，他成功调解处理的大小纠纷有120起；4年时间，他连续挂钩黄连河、橄榄寨、小河村、平安村、河尾村等5个村委会，带领大伙一块一块啃下产业调整硬骨头。

2008年动员烤烟生产时，郑垧靖40天没有回家，在平安村挨家挨户做工作，让大家从10年前种植烤烟失败的阴影中解脱出来，他保证："种不好烟拿我是问。"他首先组织几户人家种13亩样板烟，亲自搭建育苗棚，教大家掌握过去视为畏途的"漂浮育苗"技术，教导村组干部掌握育苗棚管理规程降低成本。一户离水源较远的人家想种烟，郑垧靖给他打气，"只要你有勇气有决心种，再难我都支持你。"这个10年前曾发誓"再不碰烟"的村子再次掀起了种植烤烟的热潮，原来种植100多亩"烤烟样本"的计划一下子突破300多亩，户均增收4000元。

理想、热诚、坚韧的种子经过成长的磨砺，开出了艳丽的花朵。郑垧靖努力为党工作、为民办事的身影深深地印进人们的心里。

在傈僳族村寨黄连河村，被大家亲切称为"郑老师"的郑垧靖白天黑夜都和农户在一起采收山葵，分级、打包、装车，为保持山葵新鲜深夜亲自押车送进保山市。2008年，黄连河村的山葵产业实现产值50多万元，全村农民人均纯收入达到2100元。

小河村委会村民杨进德家6亩茶园今年收入1万多元。他记得一年前，是郑技术员手把手教他改造中低产茶园。当年郑垧靖以典型示范，化解了茶农心中的困惑，小河村委会151户茶农由原来户均收入1000元转眼变成人均收入1000元。

河尾村一年要落实烤烟种植3100亩、建设基层党建工作示范点等六七个重要项目，善啃"硬骨头"的郑垧靖又被派往河尾。围绕这些工作，他和村"两委"研究把第三批深入学习实践科学发展观活动与边疆党建长廊建设活动相结合，提出了"五个重点"，抓思想打基础、抓思路谋发展、抓制度强措施、抓队伍重落实、抓典型齐奋进的工作思路，统筹抓好学习实践活动和基层党建工作……

文质彬彬的郭进才说郑老师有一样本事他学不到，郑老师走到哪儿就跟哪儿的百姓"自来熟，能冲（聊）得起来，大家喜欢他豪爽"。长年与群众一起摸爬滚打的郑垧靖外形变得更加粗犷豁达，同时他的内心世界也正向更高要求攀升——2009年8月13日，郑垧靖在学习省委书记白恩培《努力做一名党和人民满意的领导干部》著名文章体会中写道：领导干部要树立想做事、能做事、做成事的信心，对分配和下达的任务要认真分析研究，多做几套方案进行对比，做到心中有底。

他坚守一种境界　不图名利踏实工作

爸爸喜欢收集奇石，他说那一块块可爱的石头多像人的一只脚，看到这么多的"脚"，就要学会"知足常乐"。

——郑垧靖女儿郑汶璐

乡党委书记黄生留为解决郑垧靖个人问题曾三次进县城找到分管领导汇报。

"不能让想干事、能干事、干成事的同志受委屈了啊！"乡长廖书发和其他班子成员也共同为郑垧靖鸣不平。

时刻以党员领导干部身份严格要求自己的郑垧靖至今还是一名普通的乡党校教员，工作18年了只有初级职称。年龄超过35岁、只有大专文凭的他不符合公务员报考条件。

尴尬的是，教育系统涨工资时，他没份；公务员系统涨工资时，他也没份，10年来他的工资收入没什么变化，1600元，比刚刚考进公务员系统的占伟还少了460多元。

郑垧靖委屈吗？

委屈。

但是人的生活里毕竟还有其他内容。

和郑垧靖一起借调乡政府、也是至今没有改变身份的乡办公室主任李正钦常用郑哥的话宽慰自己："委屈也没办法，我们月月拿稳定收入，比起靠天吃饭的老百姓强多了。"

知足者常乐。

"爸爸喜欢收集奇石，他说那一块块可爱的石头多像人的一只脚，看到这么多的'脚',就要学会'知足常乐'。"具有丰富想象力的郑垧靖把人生快乐传授给了女儿郑汶璐。

郑垧靖最满足的事是什么?

妻子杨翠芝最清楚:"干成一件事得到群众支持、领导肯定,他高兴得走路都飘起来。"

郑垧靖最搞笑的事是什么?

女儿璐璐一点面子也不留:"他给一些村上老人拍照送过去,人家答谢他一个大南瓜,他都能高兴得'不远千里'扛回来。"

郑垧靖很少有不快乐的时候,风趣豪爽的他让家里充满欢笑。

有工作干就高兴,有担子挑就满足,郑垧靖不管何时接到电话请求帮忙,"马上就飞着去了",女儿总结爸爸在家的时间除了睡觉以外,一般不会超过两小时。

去年12月11日,郑汶璐14岁生日。璐璐约上几位同学好友到家里吃晚饭,但是不到7点半,郑垧靖接到电话又匆匆走了,原本懂事乖巧的璐璐委屈得跑出家门:"有哪家的爸爸跟他一样的?"

一届党委任期不长,即将跨入不惑之年的郑垧靖为平达乡发展穷尽自己人生最精华的岁月。2009年年末他在述职报告中这样问自己"40岁的人如果还不会把握自己,是对人生的极大不负责任,所以我时常提醒自己,我给自己的定位准确吗,我做的还可以吗?"

这个问题,世人给出了答案。

"一位手中没有人、财、物、权,没有担任实职的干部能为你们做些什么?"我们提出的一个问题险些触怒了河尾村委会主任陈开能。他着急地冲口而出:"我们看人不看他官大官小,只要他能真心为我们办事,我们就认他!"

陈开能就认他有一颗牵挂群众、与群众灵犀相通的心。2008年8月11日早上,大雨飘泼,小河村杨进德一家不能出门干活就在家里看电视。早上9点的时候,家里电话突然响起,话筒那边传来郑垧靖急促的声音,"老杨,带上全家人赶快走,你那里在不成了。"迟疑了一会,杨进德带一家5口离开了家，前脚才走，只听"轰"的一声，山上的泥土全塌下来了，整幢房屋全埋土里了。除了杨进德家，还有两户邻居也因为郑垧靖通知及时，安全撤离，3户、12人安然无恙。2个小时后，郑垧靖一身泥水的从乡上赶来了。他安慰大家："人没事就好，其他的都好办。"郑垧靖马上拍照、向县、乡党委汇报情况，积极争取救援资金，而且率领灾民疏挖沟渠、重建家园。2009年5月，杨进德一家喜迁新居。村民杨文学一直觉得奇怪："我们祖祖辈辈住在这里，从没发生过什么事，但是郑老师怎么就想得到这里有危险呢？"

在任何一级党委领导集体中，综治维稳、发展产业都属于由主要领导负责的重要工作，平达乡党委为何要把这些牵系广泛的重要职责交给一位没有担任实职的宣传委员？黄生留解释："我们班子分工与担不担任实职没多大关系，最关键是看他有没有一颗责任心，有没有一颗为老百姓做事的心，只要有这样的心，啥工作交给他都放心！"

世界上没有什么比获得信任和爱戴更幸福的了。郑垧靖宽厚的心灵是沐浴着党委班子的信任与群众的爱戴成长丰满起来的。

（原载《云南日报》2010年1月28日）

刀会祥，男，傣族，1965年11月出生，云南省景谷县人，1984年10月参加工作，1987年3月加入中国共产党，生前任普洱市景谷县纪委常委、案件审理室主任，2010年3月15日不幸因公殉职。

刀会祥是优秀纪检监察干部。在部队服役期间，由于成绩突出，荣立三等功一次。复员地方工作后，于1990年、1991年连续两年被景谷县正兴乡党委评为"优秀共产党员"，1995年被景谷县委办公室评为"优秀信息员"；1995～1996学年被中共云南省委党校评为"优秀学员"，1996～1997学年被中共思茅地委党校评为"优秀学员"；1998年3月被县政协评为县政协第四届委员会提案"先进个人"。在景谷县纪委监察局工作期间，于2008年、2009年连续两年被评为"优秀公务员"。2010年6月，中共云南省委追授其"优秀共产党员"荣誉称号。

真水无香

——追记云南景谷纪检监察干部刀会祥

徐元锋

一条不知名的小河，蜿蜒曲折，穿村过坝。因为临近傣族村落勐乃，乡亲们便称她勐乃河。

刀会祥就出生在勐乃河边的勐乃大寨。今年3月15日，45岁的他积劳成疾，突发脑干大出血，倒在了挚爱的岗位上。

刀会祥，云南省景谷傣族彝族自治县纪检监察干部，一辆脚踏单车，一身廉价的衣服，一张腼腆真诚的脸庞，是不少人对他的印象。这个形象虽普通，却深深地印在当地群众心里。

如水之德——"我不求做多大的官，能在纪委的岗位上做好工作，就满足了"

从1993年当选景谷县正兴镇党委副书记、纪委委员算起，17年的基层纪检监察工作，忙和苦，伴随刀会祥始终。

刀会祥生前任职的县纪委案件审理室，算上他就两个人。妻子说，除了老母亲去年病逝，想不起他请过假；女儿说，对父亲最深的印象是他伏案工作的身影；同事说，刀会祥经常加班，去世前的那个周末，还在办公室查阅档案、整理材料。

1988年退伍返乡后，刀会祥被招进正兴镇广播电视站当临时工，全站只有他一个人，他一干就是4年多。1993年，刀会祥破格当选正兴镇党委副书记、纪委委员。2005年，从镇纪委书记的位置上，调到景谷县纪委工作。17年的纪检监察生涯，他办理的案子没有出现任何差错。

县纪委同事陶坤回忆，刀会祥有一股钻劲。他刚调来案件审理室工作时，对办案流程及法规运用并不熟悉。他查看之前的案件材料，学习相关业务知识以及政策法规，不到一年时间，就成为办案骨干。

刀会祥常说："我不求做多大的官，能在纪委的岗位上做好工作，就满足了。"

如水之义——"搞一次特殊，就失去一份威信；破一次规矩，就留下一个污点；谋一次私利，就失去一片民心"

做人温良敦厚的刀会祥，工作中却极有性格。

他很较真。刀会祥在正兴镇工作时，一个村子里发生了一起恶性命案，一名党员杀死两人后自杀。他多次到村子里走访调查，把这名党员开除党籍。有人质疑："人都死了，还要开除党籍，是不是太过了？"刀会祥板起脸："他给党抹了黑，不把案子办清楚，别人会以为党员不党员的无所谓。"

他很硬气。2006年，半坡乡中心小学发生重大安全责任事故，涉及人员多，情况复杂。刀会祥说："案审不是捏软柿子，而是要啃硬骨头，要查个水落石出。"

他很"绝情"。2003年，他刚担任正兴镇纪委书记，时任村党支部书记的弟弟违反了党纪。回忆起当时的情景，弟弟刀会光记忆犹新："他专门打电话对我说，'就算是父母违了纪，也要处理'。"

县城是个"熟人社会"，纪委办案之难之苦，个中人心里最清楚。刀会祥好几次有机会调整工作，到待遇更好的地方当领导。前年，县纪委组建纪工委，县纪委书记兰璋迪再次征求他的意见。刀会祥诚恳地答复："让我留在案审室吧，这个岗位很重要，好多人不愿做、也不会做，就让我来把这道关。"

刀会祥的日记中写道："搞一次特殊，就失去了一份威信；破一次规矩，就留下了一个污点；谋一次私利，就失去了一片民心。"

如水之质——"清楚自己的需要，化解过分的想要，就能知足常乐"

2006年，刀会祥在景谷县城贷款买了房子。13.6万元的房款，个人自筹2万元，信用社借款9.6万元，向亲戚借了2万元。

刀会祥去世后，留下几件遗物：一辆自行车，一条3.5元一盒的烟，5本家庭账本。他的账本显示，2007年，家里有7个月超支。

阳台上，摆着刀会祥给妻子李恒仙扎好的扫帚：妻子在环卫上做临时工，每天凌晨4点起床，月收入650元。同事李其兴感慨："凭老刀的地位和为人，给妻子找份好点的工作没问题。"

女儿刀倩考上了普洱市一中。刀会祥在日记里写道："姑娘一到外面生活，家里就相当于多开了两份伙食，钱用不过来；姑娘很争气，我这个当爹的却争不了气。"

刀倩最终在景谷县一中读书，她是班上唯一一个没有手机的女生。"怨不怨爸爸？"刀倩含泪摇头说，"爸爸常说，靠劳动吃饭，堂堂正正做人。"

刀会祥在日记中说："人生需要的不多，想要的太多；清楚自己的需要，化解过分的想要，就能知足常乐。"

8月18日，记者来到刀会祥安葬的芒果山公墓。四围青山，环抱着一片明净的天地。耳边又响起一些人对刀会祥的议论：人家当领导有车坐，你整天就骑辆破自行车，官算是白当了！

他们哪里懂得，青山有情，真水无香。

（原载《人民日报》2010年8月24日）

虽铁面无私　但有情有义

——追记云南省景谷县纪检干部刀会祥

伍晓阳

他走了，倒在一生热爱的纪检工作岗位上。

他走得匆忙，竟未留下一句遗言，来不及看妻儿最后一眼。

但他的精神仍然活着，永远活在人们心里。有人说他鞠躬尽瘁、任劳任怨，有人说他铁面无私、公正廉洁，有人说他忠厚朴实、有情有义……

他的名字叫"刀会祥"，傣族，生前是云南省普洱市景谷傣族彝族自治县纪委常委、案件审理室主任。今年3月15日，他因过度劳累引发脑溢血去世，年仅45岁。

鞠躬尽瘁，甘于奉献写忠诚

那个周一的早晨，8时不到，案件审理室的门开着。陶智兰经过这间办公室时，看到刀会祥正在伏案工作，便打了个招呼："刀主任，这么早，你又在忙什么？"

"有一个信访件涉及以前的档案，我再查看一下。"刀会祥应声回答。

陶智兰万万想不到这次对话竟成为永诀。8时15分，她再路过案件审理室时，看到刀会祥奇怪地趴在桌子上。她急忙上前一看，发现刀会祥已经不省人事……到医院后，刀会祥被诊断为脑溢血，4个小时后，他永远地停止了呼吸。

记者近日来到景谷县追寻刀会祥的足迹，听他的亲人和同事含泪诉说，在一双双红肿的眼睛里，在一次次深情的追忆中，一名优秀纪检干部的形象渐渐清晰起来……

"去世前的周末，他一直在加班。星期天晚上回来，他靠在沙发上眼睛都睁不开了，看起来精神很不好。"刀会祥的妻子李恒英忆起丈夫来，眼中闪着泪花。她说，丈夫工作很认真，经常加班，虽然每年体检都说他血压偏高，但他从来不去医院。为此，她常常陷入深深的自责，怪自己没有照顾好丈夫。

他们结婚17年了，恰好在他们结婚的那一年，刀会祥从景谷县正兴乡广播站临时工的岗位上被破格提拔为乡党委副书记、纪委委员。17年来，刀会祥从来没有离开过纪检工作岗位，直到为之献出自己的生命。

17年来，刀会祥始终兢兢业业，把大部分精力都放在了工作上。早在结婚的第二年，女儿刚刚出生，刀会祥没有在家享受初为人父的喜悦，而是依旧为工作奔波在外。如今，他当上了县纪委领导，工作更加以身作则。

景谷县委常委、纪委书记兰璋迪说："审理工作涉及对党员干部的处分，既要严格执纪，又要慎之又慎。为了熟悉案情，每个案子到法院开庭时，老刀都去旁听。"

做事认真踏实，是同事对老刀的评价。县纪委办公室的杨蕊嘉眼睛湿润着说："老刀的字写得很好，办公室档案都是他整理的。每次看到这些整齐的档案，我就觉得他并没有离开我们。"景谷县威远镇纪委书记李其兴说："一次，我就一个案子适用什么纪律条款向老刀请教，他马上告诉我其处理的依据是第几条第几款。我们都知道他业务扎实，但熟悉到这个程度，还是让我大吃一惊。"

兰璋迪介绍，刀会祥担任县纪委案件审理室主任期间，共受理审结案件60件，涉及党员干部69人。这些案件没有一件出现差错，件件都办成了铁案。

公正廉洁，不为亲友徇私情

纪检工作在很多人看来是个苦差儿，办案的时候可能会受到各种压力，容易得罪人。刀会祥也有这样的苦恼，有人通过各种渠道来施压，有人想方设法找关系说情，甚至还有人恐吓和威胁，但他顶住了压力，做到了执纪如

山、不徇私情。

兰璋迪介绍，一次，某乡中心学校发生了一起安全生产事故，造成2名施工人员死亡，4名干部职工为此受到党纪政纪处分。其中1人后来到了工资晋级的时候，因有处分在身不能晋级，便找到刀会祥要求提前结束处分，被刀会祥拒绝。当事人后来向普洱市纪委申诉，普洱市纪委通过调查，维持了县纪委作出的决定。

还有一次，一名农村党员受到刑事处罚，按照纪律应当开除党籍，但是当事人多处活动，村党支部决定只给予他党内警告处分。这事让刀会祥知道后，他对这个党支部提出了严肃批评，坚决对当事人作出开除党籍处分。有人说老刀"不通人情"，他说："党的纪律岂能儿戏，老百姓会怎么看我们？！"

刀会祥的铁面无私，在景谷县有口皆碑，有人称他为"黑包公"。他在正兴乡当纪委书记时，其弟弟刀会光是一个村的党支部书记，并当选为景谷县党代会代表，但因违反纪律被举报，县纪委指派刀会祥查处。一面是手足情深的弟弟，一面是党的纪律和群众的眼睛，刀会祥核实了解情况后，对自己的弟弟予以党内严重警告处分，并报请县纪委撤销了其弟弟的县党代会代表资格。

2009年的一个案件，再次让刀会祥陷入痛苦之中。这次被处分的人是他的恩人、老大哥陶坤。陶坤原为景谷县纪委案件检察室主任，刀会祥调到县纪委就是由陶坤向领导推荐的，他俩还长期在一个办公室共事，情同兄弟。去年4月，陶坤因在一起交通事故中负有责任，被县纪委撤销职务，刀会祥含泪投下了赞成的一票。陶坤回忆说："老刀开完会回到办公室，就坐下来抱着水烟筒猛抽。我俩对望了很久，没有说话，我看到他的脸上淌着泪水。"

重情厚义，唯留真爱在人间

刀会祥一生公正廉洁，问心无愧，唯一遗憾的是他觉得自己对不起妻子和女儿。他没有给妻子找个体面的工作，没有给女儿买几件漂亮的衣服，甚至临走之前，也没有看上心爱的妻子和女儿最后一眼。

李恒英和刀会祥是在正兴乡当临时工时认识的。后来刀会祥当了乡党委副书记，而李恒英仍在卫生院当临时会计，一次她听说有个转正机会，便满怀希望地写了申请，并请卫生院领导签了字。她交给丈夫让他去找关系，没想到被丈夫一口拒绝。老刀说："做我这个工作，不能去求人。"

再后来，刀会祥调到县纪委工作，妻子的工作仍然没有着落，让他想想办法，他还是那句话。李恒英不得已，在县环卫站做了清扫街道的临时工，刚开始每月工资只有400元钱，后来增加到650元钱。李恒英的心里很难受，白天清扫街道时都不敢和熟人打招呼，晚上回到家里常常以泪洗面。

"凭劳动挣钱，有什么不光彩的？！"刀会祥总是这样安慰妻子，他还帮妻子买扫把，送茶水、手套和帽子，有时下班了还去帮妻子扫地。最让李恒英感动的，是她每次清扫完街道回来，丈夫一定给她倒好了一杯温开水。这样过了两个月，李恒英的心结终于打开了。如今，在老刀家的阳台上，还整齐地摆着19个扫把，那是刀会祥在去世前的两天给妻子买回来绑扎好的。

"爸爸是慈祥和蔼的……"女儿刀倩想起父亲泣不成声，懂事的她知道父母工作很辛苦，因此从来不向父母多要什么，学习也不用父母多操心，去年她以优异成绩考上了县一中。当时，老刀问女儿想要什么礼物时，她心里很想要一个新书包但没说出口。让她惊喜的是，第二天爸爸就给她买回来了新书包。

在刀会祥的办公室里，记者看到了他生前留下的17本工作日记和5个生活账本，里面记载了他的工作点滴和生活收支。其中，2006年的账本上记录着："买房花费13.6万元，自筹2万元，亲戚借2万元，农信社贷款1.5万元，银行按揭8.1万元。"

妻子李恒英说，房子贷款现在还欠着5万多元。虽然经济困难，刀会祥却经常接济更加困难的群众，他最后给李恒英买的19个扫把，就多付给了卖扫把的人100元钱。

刀会祥走了，他的许多事迹依然被人们传颂着。今年6月，云南省委追授刀会祥"优秀共产党员"荣誉称号。

（新华社，2010年8月23日）

奉献·忠诚·大爱

——追记云南景谷纪检监察干部刀会祥

杨清心　周　斌

在工作岗位上17年如一日，刚直不阿，公正廉明，无私奉献，云南省普洱市景谷傣族彝族自治县纪委原常委、案件审理室主任刀会祥用自己踏踏实实的行动，诠释了一名共产党员对党的忠诚、对人民的爱。

一生平凡　一生奉献

今年3月15日，早晨7点刚过，刀会祥就和往常一样提前来到办公室，开始了一天的工作。景谷县纪委宣教室主任陶智兰跟他打招呼："刀主任，上班时间还没到，你又在忙什么？"刀会祥抬头说，"有一个信访件涉及多年以前的档案，今天得再查一下。"谁想到，这竟是刀会祥的最后一句话。8点15分，他突发脑溢血，手握卷宗倒在办公桌上，永远地走了。

连日来，记者在景谷县采访，接触过的很多人都不约而同地说，刀会祥身上最突出的特点就是：一生平凡，一生奉献。

1984年，刀会祥参军入伍，退伍后到广播电视站工作，1993年当选为正兴镇党委副书记，之后担任纪委书记，2005年调任县纪委常委、案件审理室主任。刀会祥的妻子李恒英没有正式工作，至今在打零工，每月收入600多元。2005年，李恒英辞去正兴镇卫生院的临时工作跟随刀会祥来到县城，在亲戚的帮助下找了一份清洁工的临时工作。很多人劝刀会祥帮妻子换一份工作，他一直不肯。刀会祥说，"我是纪检干部，搞一次特殊，就失去了一份威信；破一次规矩，就留下一个污点；谋一次私利，就失去一片民心。"

曾有人对刀会祥说"你这个岗位容易得罪人，以后怎么生活？"刀会祥说，"纪委的工作有时不被人理解，但我还是喜欢这项工作，我这辈子不求做多大的官，有多少钱，能在这个岗位上认真工作就知足了。"

信仰坚定　对党忠诚

8月18日，在刀会祥家中，刀会祥的弟弟刀会光含着眼泪给我们讲了一件往事。

2003年，刀会祥担任正兴镇纪委书记期间，担任该镇勐乃村党支部书记的刀会光违反了党的纪律，镇党委讨论决定此事由镇纪委调查处理。因为刀会光是自己的亲弟弟，按相关规定刀会祥可以申请回避，但由于镇纪委其他成员都是兼职，不太熟悉业务和办案程序，为维护党纪的严肃性，报经上级同意，刀会祥接案着手调查处理。有人劝刀会祥说，"这么多年都是你弟弟操心帮助照顾老人不容易，你兄弟犯的错误不算大，不要处理了。"刀会祥含着眼泪说，"我是纪委书记，是维护党的纪律的，会光虽然是我的兄弟，但他更是一名共产党员。"最终，他秉公处理了弟弟的案件。随着时间的推移，刀会光体会到"哥哥那么做是真的为我好"。

自担任县纪委案件审理室主任以来，刀会祥共受理审结案件60件，涉及党员干部69人，经受住了时间及群众的检验。

廉洁奉公　大爱无声

刀会祥一生公正廉洁，问心无愧，唯一遗憾的是他觉得自己对不起妻子和女儿。他没有给妻子找个合适的工作，没有给女儿买几件漂亮的衣服，甚至临走之前，也没有看上心爱的妻子和女儿最后一眼。

刀会祥经常帮妻子买扫把，送茶水、手套和帽子，有时下班了还去帮妻子扫地。最让妻子李恒英感动的，是她每次清扫完街道回来，丈夫一定给她倒好了一杯温开水。如今，在刀会祥家的阳台上，还整齐地摆着19个扫把，那是刀会祥在去世前的两天给妻子买回来绑扎好的。

在刀会祥的办公室里，刀会祥留下了17本工作日记和5个生活账本，里面记载了他的工作点滴和生活收支。其中，2006年的账本上记录着："买房花费13.6万元，自筹2万元，亲戚借2万元，农信社贷款1.5万元，银行按揭8.1万元。"

妻子李恒英说，房子贷款现在还欠着5万多元。虽然经济困难，刀会祥却经常接济更加困难的群众，他最后给李恒英买的19个扫把，就多付给了卖扫把的人100元钱。

刀会祥走了，他的许多事迹依然被人们传颂着。今年6月，云南省委追授刀会祥"优秀共产党员"荣誉称号。

（原载《经济日报》2010年8月24日）

刀会祥从事纪检监察工作17年
殉职在工作岗位上

王茂盛　陈鸿燕

据中国之声《新闻和报纸摘要》6时54分报道，云南景谷县傣族纪检干部刀会祥从事纪检监察工作17年，受理审结的案件无一冤错。因劳累过度，刀会祥突发脑溢血，殉职在工作岗位上。

"这是刀会祥生前的办公室，办公桌……"如今刀会祥办公桌上一尘不染。同事们都说，就像他的为人，清清白白。弟弟违反了党纪，他不徇情亲秉公执法。刀会祥的弟弟："我哥亲自处理的。"记者："他处理了之后周围的人服不服？""都说虽然是亲兄弟，还是坚持原则。"刀会祥"铁杆老哥"原县纪委案件检查室主任陶坤涉及交通肇事，刀会祥亲自查办处理，记者："这么多年应该说你也看到他处理你，怎么样的？"陶坤："还是比较坚持原则，按照党、政纪相关规定，该处理的处理，处理一个、教育一片。"

会祥凭着公心赢得了民心，捍卫了法纪。随刀会祥从镇上到县城，原本在镇医院做财务工作的妻子却只能自己找了个扫大街的临时工作：刀会祥女儿刀倩："妈妈上来的时候，我就说他委屈妈妈了，让她去扫地、很辛苦。当时他说纪检工作首先要以身作则，自己做到正值这个工作没办法儿求人、没办法去给她找工作。"

临时工一个月只有600元的工资，生活因此很拮据，刀会祥女儿考上好学校，但为了节约只能就近入学。因公殉职后，刀会祥留给家人的是5万多元的房子贷款，22本工作笔记和家庭收支账本；而留给世人的，则是一个清清白白的工作记录。

（中央人民广播电台，2010年8月25日）

勐乃河的好儿子

——追记景谷傣族彝族自治县纪委原案件审理室主任刀会祥

陈 鹏 尚涛清

生是刀刃，逝为韶音。

生是鞠躬尽瘁，逝为默默丰碑。

怀揣对亲人们无限的思念，他悄然离去。

他是勐乃河的好儿子，走过的一生就像那清澈的河水一样纯净、平凡而又坚韧。

纯净的他，一生清廉，从未搞过特权，就算兄弟和好友违纪也未曾网开一面。

平凡的他，就像我们身边的一位普通人，骑着自行车上下班，认认真真地做工作，看到有困难的人就出手相助，温暖如同一抹阳光。

坚韧的他，始终把工作放在第一位，长期加班加点，就连离开也是倒在他挚爱的纪检监察岗位上。

谁都不愿意相信他就这样走了，朝夕相处的同事们说，他那连日加班忙碌的身影依然浮现在眼前；当环卫工人的妻子说，头天晚上他还在帮我绑扫帛；乖巧懂事的女儿说，每次回家都能看见他在伏案工作……

勐乃河的水如泣地流淌，这位好儿子悄然走完了45岁的短暂人生。因为长期高强度地加班加点工作，劳累过度引发脑溢血，他倒在工作岗位上，一颗立志为纪检监察事业奋斗终生而呕心沥血、殚精竭虑的心脏停止了跳动，永远地离开了自己所热爱并从事了17年的纪检监察工作。

他就是云南省普洱市景谷傣族彝族自治县纪委原常委、案件审理室主任刀会祥。

心怀使命　无私奉献

2010年3月13日、14日，普通的双休日。

刀会祥又在加班工作，连日来的疲惫，没能消减他执著的工作热情。

15日凌晨7时许，像往常一样，刀会祥提前来到办公室，开始了一天的工作。

县纪委宣教室主任陶智兰看到他又在埋头工作，问了一句："刀主任，上班时间还没有到，你又在忙什么？"刀会祥平静地回答："有一个信访件涉及到多年以前的档案，今天得再查看一下。"

让所有人想不到的是，这句话成为刀会祥留在这个世界的最后声音。

8时15分，刀会祥昏倒在了他的办公桌前。虽经过医生的全力抢救，但没能挽留住他的生命。

事情发生突然，但绝非偶然。"春节以后，就感觉他很疲惫，经常用双手按太阳穴，问他，他总是笑着回答'没事，休息不够'。"给记者描述着，刀会祥的同事周强顿时热泪盈眶。

是的，他太累了，同事们多希望他只是趴在办公桌上休息一下啊！

1965年11月5日，刀会祥出生在景谷傣族彝族自治县正兴镇勐乃村一户傣族农家。涓流不息的勐乃河水孕育了勤劳、善良、淳朴的傣族儿女。

刀会祥的父亲勤劳俭朴，母亲善良温和，在父母的影响下，刀会祥从小就懂得了做事要认真，不贪玩，生活上要勤俭节约，知足常乐的道理。

能够走出大山到外面工作，一直是刀会祥儿时的梦想。

高中毕业后，他在家乡正兴镇税务所当了一年的助征员。1984年，刀会祥应征入伍。四年的部队生活，让他从一名少数民族青年很快成为一名组织纪律性很强的战士。退伍回乡以后，刀会祥进入景谷县正兴镇广播电视站工作。由于热爱学习，工作扎实，群众基础好，1993年2月，刀会祥当选为景谷县正兴镇党委副书记、镇纪委委员。1995年8月任正兴镇纪委书记，2002年2月至2005年8月任正兴镇党委副书记、纪委书记，2005年8月调任景谷县纪委常委、案件审理室主任。

每到一个新的工作岗位，刀会祥都把自己当成一个初学者，向书本学习，向同事学习。他始终以饱满的精神状态和工作热情，求真务实、锐意进取、扎实工作，即使身患高血压多年，也不愿意占用工作时间住院治疗，仍心系事业，忘我工作。

翻开刀会祥遗留的18本工作笔记，他对工作的认真和负责跃然纸上。

"作为一名纪检监察干部，执纪执法是职责所在，这是党交给我的工作，我责无旁贷，要做好这项工作。"笔记中的一页清晰地表达了刀会祥的

心迹。

2009年8月，刀会祥的母亲因心脏病复发到县医院住院。其间有一天，他与同事到乡下，给一个受处分人员送达处分决定。当事人却避而不见，其家属也有抵触情绪，不在送达证上签字。就在做工作时，刀会祥接到了妻子打来的电话：医院给他母亲下了病危通知书，要他立即返回。

刀会祥一直耐心地做受处分人家属的工作，直到天黑才得以办妥。一起去的同事对他说："刀大哥，为什么不马上返回，我们可以改天再来，如果你母亲出了事，你一定会后悔终生的。"他却对同事说："送达处分决定是有时限的，母亲有医生救，我去了也帮不上忙。"

还有什么比母亲的安危更令儿子揪心的？刀会祥为了工作，却把对母亲的牵挂深深地埋在了心底。

在常人眼里，纪检监察工作是个清贫而又"得罪人"的苦差事。

曾经有人对刀会祥说："你在县纪委当个主任实在没有多大意义，还不如一些单位的股级干部有'油水'，尤其是你这个岗位容易让人恨，你这样把人都得罪完了，以后怎么生活？"

刀会祥当即严肃地表示："每一个岗位都是党和人民的需要，组织提拔我到这个岗位是对我的极大信任，我不觉得有什么不好，一个岗位一份责任，岗位就是责任，而不是利用岗位上的权力捞好处，做'好人'。"

刀会祥曾不止一次有机会到待遇更好的单位去担任领导职务，但他舍不得离开为之奋斗了多年的纪检监察岗位，始终表现出了对纪检监察工作无怨无悔的追求和热爱。

在刀会祥的办公桌上，有一本信笺，上面留下了他生前最后的字迹："处分时间1990至1991年"、"开始不认，后来认了"、"态度不端正"等寥寥几字，直到昏倒前他还在想着办案工作……

情义无价　原则更重

"纪委的工作有时会不被别人理解，但我还是喜欢这项工作，我这辈子不求做多大的官，有多少钱，能在这个岗位上认真做好工作就满足了。"

刀会祥平时默默工作，一般很少讲话，但他讲出的话常常铿锵有力。

他常说："作为纪检干部不但要有正气，还要有勇气，我们决不能让腐败分子有藏身之地。"他是这么说的，也是这么做的。

调到县纪委案件审理室工作后，刀会祥为了使自己尽快掌握办案程序，熟悉业务知识，认真查看了之前的所有案件资料，学习了许多相关的业务知识和政策法规。不到一年时间，他就成为查办案件的骨干。

2006年6月，景谷县某乡中心小学发生一起重大安全责任事故，此案案情复杂，涉及人员多，牵扯面广。刀会祥放弃休息时间，深入研究案情，仔细查阅相关法规，报请组织批准后在较短时间内对相关责任人员作出了处理决定。个别被处分人员不服处分决定，提出一些不合理的要求，甚至对刀会祥进行恐吓，还有人直接向普洱市纪委监察局提出申诉。市纪委监察局在审查后作出了维持原处分意见的决定。

刀会祥一直以来恪守严把案件事实关、证据关和定性处理关的工作态度，这一次他又经受住了上级纪检监察机关和人民的检验。

"刀会祥是个'黑脸包公'，连亲弟弟都不放过。"他办事认真、公正廉明的工作作风人人皆知。

2003年，刀会祥在任镇纪委书记期间，县纪委向镇党委批转了一封举报他弟弟（时任村党支部书记）违纪的举报信。镇党委研究后，决定由镇纪委查处这件事情。而当时镇纪委除了刀会祥以外，其他委员都是兼职，如果刀会祥不出面，这件事情又没有合适的人去做。

一边是党组织的信任和严肃的党纪，一边是一直支持自己、代自己赡养老母亲的亲弟弟，两难中的刀会祥没有退缩，他说："如果这件事情只能由镇纪委去做，那我就无法回避，也请上级纪委放心，我不会因为他是我的亲弟弟而袒护他。"

有的亲戚对他说："你弟弟犯的错误不算大，他这么多年操持一个家，赡养老人很不容易，你在镇上当领导，熟人多，就帮他说说情，不要处理他了。"

刀会祥含着眼泪说："我是镇纪委书记，是维护党的纪律的，我弟弟是党员，犯了错就应该受到处罚。"

刀会祥的弟弟刀会光回忆说，当时哥哥告诉他，就算是父母，违纪也要查处。"我不恨哥哥，我理解他的工作。"

2009年，刀会祥的一位好友因交通事故被免职，同时要接受党纪处分。在按程序进行案件审理、提出处分意见的时候，刀会祥对同事说："我的心像刀割一样疼，但是党纪摆在那里，再难过也得这样做。"

"既然人民群众把我推到这个位置，我就要尽职尽责。"这个傣族汉子的话，句句都是从心窝里淌出来的。

"在县纪委案件审理室工作期间，刀会祥共受理审结案件60件69人，包括他在正兴镇担任纪委书记期间所办的案件，涉及到方方面面，到目前没发现任何差错。"景谷县纪委书记兰璋迪说。

"办案就要办成铁案。"刀会祥用扎实的工作切实履行了一名纪检监察干部的职责。

铁骨柔情　大爱如歌

在刀会祥家的阳台上，19把绑好的扫把，整整齐齐地摆放着。这是刀会祥去世前夜最后一次帮妻子干的活。

在家人眼里，刀会祥是一位正直而又有责任心的人。

2006年，刀会祥在县城买了一套房子，根据他留下的笔记本记录显示：购房款总计13.6万元钱，其中，个人自筹2万元，正兴信用社贷款1.5万元，景谷县信用社贷款8.1万元，向亲戚借了2万元。

买了房子，每月要还款，刀会祥家的生活过得很节俭，据他的日记显示，2007年，他们家有7个月超支。

刀会祥一家三口，家庭的主要经济来源就是他每月2400多元的工资和妻子做临时工600元的工资，扣除每月按揭还款900多元、女儿300元的上学费用和老人的赡养费用，一家三口人每月吃饭穿衣的费用剩下不到1500元。

但刀会祥毅然挑起生活的重担，精打细算，量入为出，和妻子一起苦心操持这个家。

刀会祥的妻子李恒英高中毕业，在好几个单位做过临时工，但刀会祥从来没有为妻子转正的事找过任何人，直到他去世，他的妻子也只是县环卫站的一名临时工。

为什么不能给妻子找份好一些的工作？很多人无法理解刀会祥的行为。

对此，相濡以沫的妻子最能理解："老刀说他是纪检监察干部，自己搞一次特殊，就失去了一份威信；破一次规矩，就留下了一个污点；谋一次私利，就失去了一片民心。再说，求人办事必然要请客送礼，老刀做不出来。"

刀会祥很体贴妻子，在认真做好工作的同时，回家后尽量多做一些家务，承担起照顾女儿的事。有时在上班前和下班后还会绕道去妻子工作的地方，为妻子送去热水；有时看着妻子很辛苦，他会接过扫把帮妻子扫大街。

"每天下班回家，都能喝到老刀为我准备好的一杯凉白开。"回忆起丈夫的点点滴滴，妻子李恒英潸然泪下。

对妻子和女儿，刀会祥除了爱，还有一份愧疚。他生前曾对同事说："我这辈子最对不起的人是我的妻子和女儿，为了家，妻子身体不好还要起早贪黑地去扫大街，女儿很为我争气，别人的孩子穿得五彩缤纷，可我姑娘最好的衣服就是校服。"

妻子身体不好，刀会祥答应带妻子去普洱检查一次，并已经进行了相关咨询。他历来是信守承诺的，但这一次却永远无法兑现了。

女儿刀倩是一个懂事好学的孩子，在成长中体会了父母太多的不易，她学习刻苦，在生活上从来不向父母提过高的要求。因为家境贫寒，考上普洱一中的女儿，为了减轻父母的负担，最终选择了花费较少的景谷县一中。

面对前来慰问的云南省委常委、省纪委书记李汉柏，刀倩坚定地说："我一定会努力学习，长大后我要去做爸爸做的工作。"

在女儿心中，父亲是一位正直、清白、默默坚守一切，并给了她最深沉的爱的人。

"当干部，做公仆，为民谋利不怕苦。生有限，情无限，百姓疾苦心中留。"《两袖清风为人民》是刀会祥最喜欢，也是唱出他心声的一首歌。

刀会祥生在农村，长在农村，22年乡镇工作经历，培养了他对基层群众的深厚感情。

在乡镇工作期间，他挂钩联系的村组交通不便，他就带领村组干部，多方协调筹措资金和物资，带领群众挖通了3.5公里的村组道路；虽然家境拮据，但看见村里正在修建木桥，他当即捐款100元；在汶川地震发生后，他毅然从薄薄的钱夹中拿出了300元；每次到农户家中，他都会顺便买一些食品带去……

他热情接待来访群众，积极为群众排忧解难，在群众的心目中，他是一位和蔼可亲的"贴心人"。

与对工作、对群众的热情相比，生活中的刀会祥对自己更显苛刻。

同事记忆中的刀会祥，吃，精打细算；穿，朴素整洁；行，靠一辆自行车……更令人心酸的是，刀会祥逝世的时候，身上那件白衬衫已经穿了五年，衣领上还破了道口子。

有一种平凡叫做奉献，有一种离开叫做永恒。斯人已去，精神永在。刀会祥虽然走了，但他用忠诚、奉献、大爱浇灌出的生命之花将在人们心中永远绽放。

（原载《中国纪检监察报》2010年5月10日）

赤胆忠心写真诚

——追记景谷县原纪委常委、案件审理室主任刀会祥

高 铭

8时不到，案审室的门开着，路过门前的陶智兰看到坐在办公室的刀会祥，便打了个招呼："刀主任，这么早，你在忙什么？"

"有一个信访件涉及以前的档案，我再查一下。"刀会祥应声。

8时10分左右，会议室里，会议后勤服务的女同志把茶水泡好，等着到会人员，并准备了一杯白开水。这杯水是为案审室主任刀会祥特意准备的，他向来只喝白开水。

约8时15分，陶智兰又路过案审室的门时，看到刀会祥趴在桌子上，像是睡着了一样，感觉情况异常，急忙走近一看，发现他已经不省人事……

刀会祥被紧急送往医院，诊断为脑溢血，医生全力抢救，最终也没有把他唤醒。就在这天中午12时20分，刀会祥走了，年仅45岁。他走了，来不及参加局里的会议，来不及喝那杯白开水，来不及告诉他扫大街的妻子……

刀会祥走了，永远离开了自己所热爱并从事了17年的纪检监察工作岗位。他走了，留下了3件遗物：一辆女式自行车，19本工作笔记，5本家庭经济账本。

这一天是3月15日，星期一，之前的双休日刀会祥没有休息，其实，他已经好几个星期没有休息了。

4月13日，记者来到林海明珠的景谷傣族彝族自治县，来到孕育刀会祥出生的勐乃河畔，来到马鬃山脚下，追寻他一路走过的足迹。

杯水透明、纯净且清澈，那是刀会祥喜欢的液态

3月15日晚，在景谷县委大院的单车棚里停放着一辆女式自行车，它静静地等待着主人，可它的主人刀会祥永远不会再来了。

这辆自行车，是刀会祥留下的第一件遗物，也是刀会祥上班多年的交通工具，是他女儿用过的。

沿着自行车驶出的轨迹，我们去追忆刀会祥一路走过的人生。

刀会祥出生在景谷县正兴镇勐乃村风光旖旎的勐乃河畔，一个竹林掩映的傣家寨子里。温润、清纯的勐乃河孕育了刀会祥这位朴实的傣家汉子。

1965年11月，刀会祥出生。出生之前，家里已有4个哥哥先后夭折，只有一个大他10多岁的姐姐刀会琼。为了不遭几个哥哥的厄运，父母给他取了个小名叫"二囡"。或许借助这个姑娘"小名"的吉祥愿望，刀会祥健康地活了下来。

为了让刀会祥能够上学，姐姐刀会琼被迫辍学。刀会祥也知道家人的用心，刻苦学习。后来，父母又把他送进部队培养锻炼。在部队里，刀会祥立三等功一次，还光荣地加入了中国共产党。

退伍后，刀会祥在正兴广播电视站打零工。"虽然是临时工，但刀会祥很刻苦，很用心，有一次为了工作，还得了胃出血……"原正兴镇党委书记李发正说。

由于刀会祥成绩突出，1990年、1991年连续两年被评为优秀共产党员。1993年2月，正兴镇党委换届选举，他被破格选为镇党委副书记、镇纪委委员。

从一名临时工到乡镇领导干部，刀会祥的身份变了，可他服务老百姓的本质没有变。"下乡挎着一个军用水壶，随时灌满山泉水，和老百姓同吃住，还不让老百姓杀鸡招待。"刀会祥生前的同事回忆，"在刀会祥的办公桌上，随时有一杯白开水，刀会祥曾说，他喜欢玻璃杯的透明，喜欢水的液态。"

刀会祥下乡，能搭顺风车就搭，搭不上就走路。在正兴镇开车的罗师傅说："刀会祥是我接送最少的领导，他担任领导10多年，公务用车很少，从没有因私事用过公车。"

1997年的一个雨天，刀会祥去距镇里60多公里远的黄草坝村测量公路，期间风湿病发作，双脚肿胀，行走困难。回镇里就医时，他头戴一顶笋叶帽，身背一个袋子，手拄一根木棒，一瘸一拐地往镇里走。途经勐乃村他家附近时，遇到了正在路边放牛的老母亲。他叫了声："妈，下雨你还来看牛？"母亲看到儿子这模样，失声叫道："哎呀，我的儿，你一个政府干部，怎么成了这个样子！"

2005年9月，刀会祥被调到了县纪委监察局任案件审理室主任。

杯水是平的，刀会祥告诫自己"执法须平直"

19本大大小小的工作笔记本，是刀会祥留下的第二件遗物。从事纪检工作17年，刀会祥参与办过的案子很多，但人们知道最多的还是他在正兴镇任纪委书记时办理的两件案子。

有一年，在正兴镇的一个村子里，发生了一件恶性命案，村里的一名党员杀死两人后自杀身亡。因案件涉及到中共党员，为了更进一步查清楚事情的真相，刀会祥先后几次深入村子，对情况进行了认真的核实，最后作出了给这名已经死了的党员开除党籍的纪律处分。

在办理该案的过程中，很多人不理解。他们说："刀纪委，人都死了，有什么事就算了，你还要开除他的党籍，是不是太认真了？"

刀会祥认真严肃地说："虽然人已经死了，但他的影响太坏了，给党丢了脸、抹了黑，不把这事办清楚，以后别人还以为他一直是一名共产党员。"

2003年，刀会祥担任正兴镇纪委书记期间，其担任该镇某村党支部书记的亲弟弟刀会光违反了党的纪律。群众反映后，镇党委讨论决定，由镇纪委具体负责调查处理。因为是调查处理亲弟弟的违纪问题，按相关法律规定可以申请回避。但由于乡镇纪委班子其他成员都是兼职人员，不熟悉业务，不懂办案程序。为维护党纪的严肃性，纯净党的组织，报经上级同意，刀会祥毅然决然地着手调查处理。最终，刀会祥严格按照办案程序，报经镇党委批准后，给弟弟作出党纪处分。

在刀会祥的心里，执法就如那杯里的水一样，必须公平公正。刀会祥在笔记本里写道："案审工作并不是捏软柿子，而是啃硬骨头的差事。查案就要查个水落石出，办案就要办个板上钉钉。"担任县纪委案审室主任以来，刀会祥共受理审结案件60件69人，涉及乡科级干部30人，一般干部27人，其他人员12人。

现任威远镇的纪委书记李其兴曾问刀会祥："刀主任，你从事纪检工作10多年，顶着的压力又那么大，是什么力量让你坚持下来的？"

刀会祥给出的答案是："党的需要和人民群众的支持是我战胜各种困难的力量源泉。"

2009年8月，刀会祥的母亲因心脏病复发到县医院住院。期间的一天，他带着一名同事到乡下，给一个受处分人员送达处分决定。当事人却避而不见，其家属也有抵触情绪，不予在送达证上签字。就在做工作期间，刀会祥接到了妻子打来的电话说："医院对母亲下了病危通知书，要他立即返回。"

刀会祥强忍着，一直耐心地做受处分人家属的工作，直到天黑才得以办妥。趁着夜色赶回的途中，他才和一起去的同事讲。同事抱怨他说："刀大哥，为什么不马上返回，我们可以改天再来，如果你母亲出了事，你定会后悔终身的。"他却对同事说："送达处分决定是有时限的，没事，母亲有医生救……"

还有什么比人命更重要的？还有什么比母亲的生死更令儿子揪心的？刀会祥为了工作，却把对母亲的牵挂深深地埋在了心底。后来他母亲病情恶化，没过多久，就去世了。

杯子是有度的，杯水注入的冷暖，刀会祥自知

刀会祥的第三件遗物是5本家庭经济账本，记录着他家近年来的经济收入和支出情况。

"鸡脚12元，5号电池5元，小计17元。"这一笔支出的记录时间是2010年3月13日，这是刀会祥在世间的最后一次生活记录。

2月4日："橘子9元，鸡蛋7元，小菜8元，小计24元。"

1月25日："未做客的人家：刀永和的儿子结婚、王华长子结婚、赵菊建新房……"

翻开刀会祥的经济账本，清楚地记录着哪一次给岳父买了什么营养品，给姐夫买了一条烟，哪一天还了多少银行住房贷款；记录着哪一个亲戚结婚送了多少贺礼，哪一个朋友请自己，由于一时困难自己没法去，记录下方便以后补上。大到上千元的住房贷款，小到一把青菜、一瓶酱油的开支。

之所以记录、之所以精打细算，是为了做到量入为出，计划好全家的生计。刀会祥一家三口，家庭的主要经济来源就是他每月2400多元的工资和妻子做临时工600元的工资，扣除每月按揭还款900多元、女儿每月300元的上学费用和老人的赡养费用，一家三口人每月吃饭穿衣的费用还剩不到1500元。

"物性从来各一家，谁贪寒瘦厌年华？菊花自择风霜国，不是春光外菊花。"这是记者在翻阅刀会祥笔记本时，看到其中一本的封面印有宋人杨万里的《咏菊》诗句。不管有意无意，刀会祥都在取舍着人生。他知道，杯子是有度的，自己注入的杯水，冷暖自己知道。

刀会祥的妻子一直没有正式工作，在县环卫站做清洁工，每月600元钱。在每一次发现有招女工的信息时，他也曾想找领导帮帮忙，可一想到自己是一个纪检干部，一名共产党员，一切的想法就成为了永远的想法，从未向组织提过任何要求。

刀会祥爱抽烟，可他抽的是3元钱一包的白壳红梅，这种烟在县城很难买到，只能托人到乡下批发购买。

刀会祥也时常觉得亏欠妻子，他上街买来扫帚，根据妻子的身高，重新制作。有时他会和妻子一起早起，帮她扫段大街，让自己心里觉得好受些。

其实，刀会祥愧对的何止是妻子，他女儿初中毕业时以优异的成绩考上普洱市一中，由于家庭经济条件不好，只能选择在县一中就读，为此他把保障女儿的学习用具作为最大的补偿，给女儿订了许多教辅资料。

刀会祥精打细算、一分一厘地经营着他的一家。可有些时候，他却出手大方，毫不吝啬。在汶川地震捐款中，他毫不犹豫地拿出了300元缴纳了特殊党费……逢年过节回家，他不忘给家乡困难老人买糖果、买面条。

刀会祥爱着他人，也给自己带来了经济负担。从他的经济支出账本中看到，他经常借钱。在他的账本里记着："因13日工资未发，跟刀会安借1000元……"

人生如杯水，刀会祥的那杯水名叫"真水无香"

"人生，需要的不多。"这句话，刀会祥把它写在笔记本上，更刻在他的心里。712案审室里，刀会祥办公桌上的那杯水已经喝完。可会议室里，同事们给他准备的白开水还在；家里，妻子和女儿给他倒好的白开水还在。

"大哥，记得你对我说过，我们都从农村出来，有这样一份工作不容易，工作要认真，不然，对不起国家发给的工资。"陶智兰哽咽不已。

刀会祥走后，纪委书记兰璋迪不知流过多少泪。他忘不了2007年普洱"6.03"地震发生时，第一个打来电话的是刀会祥："书记，你出差在外，孩子在哪里……"他忘不了2009年4月1日下乡病倒在乡卫生院输液时，刀会祥那天有力有情地"握手"："书记，你瘦多了，要注意身体啊！"

"这个从不善多言的同事、老哥，在关键时刻却牵挂着我。"兰璋迪拭着泪说。

阳台上，17把扎好的扫帚整齐地放在小凳上，还有一些没扎好的放在阳台的一角。"扫把没扎的等我下班回来扎。"这是刀会祥在3月15日那天清晨出门时，留给妻子李恒英的话，想不到这竟成了最后的"遗言"。

"老刀啊！你说过等孩子毕业后，要带我去坐趟火车，去贵州看弟弟……"李恒英泣不成声。

"自己的路自己走，自己的未来掌握在自己的手中。"这是刀会祥生前教导女儿刀倩最多的一句话。

刀会祥去世后，女儿刀倩在给父亲的一篇文章中写道：

"父亲，您知道吗？我一直舍不得穿您给我买的新衣服，那是因为，我看到父亲身上一穿就是3年的那件外衣。父亲，你的皮带用了5年多了，您总是说，还是以前的东西耐用……"

"父亲，在别人眼里，您是当官的，女儿要什么有什么。可我的父亲是安于清贫，不以权谋私，妈妈至今都还是环卫站的临时工……"

"父亲，您是一杯水，您的那杯水叫'真水无香'。"

"父亲是好人，上班骑的是我用过的自行车，下乡坐的是班车；父亲是好人，从不多花国家的一分钱，笔记本里记录的好几笔费用都没有报销；父亲铁面无私，亲手查处了自己的弟弟……"

……

　　记者寻访刀会祥足迹的期间，正值傣家儿女欢庆一年一度的泼水节。在水花溅起的祝福中，傣家人民听到了山那边传来的一首歌：

　　"水，点点滴滴。水，年年月月。因为有你，月亮才能看到自己的美。彩虹因你而出现，故乡因你而美丽。是你谱写了神奇，是你把吉祥传给四方……"

（原载《党的生活》2010年第5期）

丹心似火　至爱如歌
——记优秀纪检监察干部刀会祥

程三娟　李汉勇　杨旻昊

　　4月15日，傣族新年泼水节。这本是个举城狂欢的日子，可人们却神情凝重地向着一个地方汇聚。

　　风静静地吹过，树叶一阵颤抖，更有一种悲痛隆隆地滚过人们心头——因为，傣族人民的好儿子刀会祥长眠于此。

　　就在1个月前的这天，刀会祥悄无声息地走了。走得那样宁静，走得那样匆忙。

　　谁也未曾想到，"有一个信访件涉及到以前的档案，我提前来查找一下材料。"竟成了刀会祥留下的最后一句话。

　　还没到上班时间，他就早早地来到办公室，找来了档案查阅，可材料还捏在手里，他却趴在办公桌上永远地离去了。

　　刀会祥，这位景谷傣族彝族自治县纪委常委、案件审理室主任，因为长期高强度地加班加点工作，劳累过度引发脑干大出血，生命的时钟停摆在45岁。

这里已没有你　却处处都是你

直到今天，很多人对他念念不忘，刻骨铭心地记着他，始终不肯相信他已离去。妻子说，他正在阳台上帮自己扎扫把；女儿说，他正在银行为自己存学费；好友说，他正在被人指着鼻子破口大骂；同事说，他正骑着自行车奔波在下乡调研的路上……

直到今天，很多人不知道他的名字，记不起他的模样。居民小区里的人说，不知道刀会祥是谁；办公大楼的门卫说，想不起刀会祥长什么样子；和他在同一层楼工作的其他部门的人说，在他过世后，才知道那个整天穿着廉价旧衣服的人就是刀会祥……

那么，刀会祥到底是怎样一个人呢？追寻刀会祥的生命足迹，就是找到答案的最佳途径。

这些天，我们在景谷县抓住几乎所有遇见的人，聊他们心中、眼中和接触过的刀会祥。短短几天，说不尽刀会祥17年的纪检监察生涯……

每天，都有无数人流泪念着刀会祥，是他的同事和领导；是他的至爱家人；是他结对帮扶的贫困群众；还有被他处罚过的人。

大家都说他严肃，但许多人见过他开心大笑；有人说他铁石心肠，可他时时表现出细腻情感；有人说他为人小气抠门，但他常常慷慨地资助他人；有人说他粗心，也有人说他细心；有人赞他，有人贬他……

这些看似矛盾的现象，全部集中在同一个人身上。透过这些浮现在我们面前的刀会祥——真实、鲜明、丰满，有儿女情长，更有义无反顾。

"他还在阳台上扎扫把呢。"情到深处人迷离，刀会祥离世已1月，他的妻子却每每如是说。

在刀会祥家的阳台上，我们看到了一大堆码放得整整齐齐的扫把。"那是老刀去世前一晚帮我弄好的。"站在阳台上看着这19把价值150元，却用250元买回来的扫把，妻子李恒英的眼泪吧嗒吧嗒往下掉。那天，刀会祥去帮妻子买扫大街的扫把，看到卖扫把的那家人生活实在困难，就多给了100元钱。回家后，怕妻子怪他，一个劲地解释。每当提及此事，李恒英总是喃喃地说：我怎么会怪你，我们家虽不富裕，但能帮多少就帮多少。

妻子在环卫站打零工的这些年，帮她扎扫把成为刀会祥生活中很重要的一件事。2005年，刀会祥从正兴镇调到县城工作后，妻子便辞去了在乡卫生院财务室的活计，和他一起来到了县城。为了挣钱养家，妻子不止一次央求他给自己找个工作，可他一直不肯。后来，妻子自己拜托亲友，找到了这份在环卫站打零工的活计。近5年的时间里，妻子几乎每天都会在凌晨4时起床，清扫那条叫永平路的大街，换回每月650元微薄的收入补贴家用。而他，总是默默地帮她把扫街的大扫把扎好，还会在周六、周日的凌晨帮她一道扫街。妻子说，你大小是县纪委的一个领导，扫大街被别人看见不好。他总是笑笑说，不怕，天还没亮呢，没人看得见。

很多人无法理解刀会祥的行为：为什么不能给妻子找份好一些的工作。对此，相濡以沫的妻子最能理解："老刀说他是纪检监察干部，自己搞一次特殊，就失去了一份威信；破一次规矩，就留下了一个污点；谋一次私利，就失去了一片民心。"李恒英说，"再说，求人办事必然要请客送礼，老刀做不出来。"熟悉刀会祥的人都说，"从没见过刀主任为了办私事请别人吃饭、给别人送礼。"

他是不是正坐着班车颠簸在回家探望亲人的路上？刀会祥81岁的老母亲病重到县医院住院，一段时间后病情恶化，按照家乡风俗，老人要在去世前送回家。刀会祥因工作忙就让妻子搭乘客车将母亲送回乡下。几天后母亲病逝，刀会祥依然悄悄一个人坐着班车回到乡下料理后事。在正兴镇政府担任了20多年驾驶员的罗师傅说："工作那么多年，刀会祥是我接送最少的领导，他的公务用车很少，从来没有因为私事用过公车。"正兴镇勐乃村的乡亲们说，从没看到过刀会祥坐公家的车回家。

他又在为从捉襟见肘的收入中挤出帮扶贫困户的费用精打细算吗？还是在星期天专门到乡镇去批发3.5元一包的白壳红梅烟……

在刀会祥的笔记中，我们看到了重重勾画着的"正人先正己"的几个大字。这就是他给出的答案。

送去一缕阳光　留下一抹温暖

他是不是又在被人指着鼻子破口大骂了？2009年5月，民乐镇嘎胡村1

名党员因非法收受他人贿赂被判处有期徒刑1年，缓刑1年零6个月，所在支部大会决定给予其党内严重警告处分。前去指导工作的刀会祥得知这一情况后，提出应按照规定给予开除党籍处分。其家属气愤不已，破口大骂是他故意整人。担任县纪委案审室主任以来，经常会有当事人指着他的鼻子破口大骂，可是，他说自己不怕得罪人："只要不冤枉一个好人，不放过一个坏人，我不怕被骂，这是我的职责。如果我怕得罪人，那就得罪了纪检监察干部这个称谓！"

对被处分的干部，他格外关心。2004年2月至2006年9月，一名罗姓党员在担任村级电工期间贪污公款4万多元，其间还租赁了一辆皮卡车用于抵押贷款，并欲将租赁车辆出售。刀会祥严肃、谨慎地查处了这起涉嫌贪污罪、合同诈骗罪的违法违纪案件，给予当事人开除党籍的处分。违纪人员服刑期间，他建议党组织到监狱去看望当事人，教导他扎实改造，重新做人。对此，有人不解，他说："惩处不是我们的最终目的，教育和挽救干部才是我们的天职。"

他还在为处分了至亲好友五味杂陈吗？2003年，他担任正兴镇纪委书记伊始，时任村党支部书记的弟弟违反了党纪，镇党委讨论决定，由镇纪委具体负责调查处理。当时乡镇纪委班子其他成员都是兼职人员，不熟悉业务，因调查处理的是自己的亲弟弟，按相关规定刀会祥应申请回避，可这样的话，谁来查处这起违纪行为呢？两难之下，刀会祥选择了亲自调查处理。其间，有亲戚劝他："老七（指他弟弟）犯的错误不算大，你帮他说说情，不要处理了。"他含泪说："老七是我兄弟，更是一名共产党员，犯了错就应该受到处罚。"顶住亲情的压力，严格按照程序对弟弟作出党纪处分后，刀会祥有了个外号——"黑包公"。这是刀会祥走上纪检领导岗位后处理的第一个案子，当事人竟是自己的亲弟弟。2009年，刀会祥再次被推到为难的境地，和他同屋办公的好搭档因交通事故被免职，同时要进行党纪处分。按程序进行案件审理、提出处分意见后，他对好搭档说："我的心就像刀割一样疼。"

他正在复杂的关系网中苦苦坚守么？谈到在纪委办案的体会时，他说最让他喘不过气的是各种各样的关系网，每一次办案，自己的心灵都会经历一次痛苦的煎熬，可他还是顶着巨大的压力坚持了17年。

在查办一名正科级干部严重违纪违法案件时，说情者踏破了门槛，最终刀会祥都一一回绝："不是不想帮他，而是不能帮，这一帮不知有多少老百姓的利益要受到侵害，不知有多少国家财产要遭受损失，不知要给党的形象造成多大的损害？"

"刀大哥做官多年，手中的权力始终一尘不染。"同事们感慨。

无私才能无畏。在刀会祥眼里，权力是一种责任，党性原则不能做交易，只能用来为人民谋利益。如果拿这个来做交易，就不配当纪检人员。因为替百姓解难分忧，才能得到群众的认可，这是对纪检干部最大的褒奖。

世间有一种爱，看似无情却最有情，它是对党的忠诚，对人民的守护。这是大爱，无形无边却境界高远。

捧着真诚而来　带着澄净而去

忘不了，景谷县纪委书记兰璋迪一遍遍说着刀会祥生前的点点滴滴，一次次地泪流满面。

忘不了，被他处罚过的亲弟弟抱着他的遗像泣不成声地说：我哥走前，正赶上我们村两委换届，他叮嘱我"如果没选上不要难过，选上了一定要为老百姓多做点实事、好事。"哥，我已第四次连任村支书，一定不辜负你的期望，好好做人、好好做事。

忘不了，女儿手中紧紧攥着自己用积攒了很久的零花钱为爸爸买的49元的剃须刀，呢喃地说，他只用过两三次就舍不得用了。

忘不了，认识他、不认识他的人们的声声哽咽。

"纪委的工作有时会不被别人理解，但我还是很喜欢这项工作。我这辈子不求做多大的官、有多少钱，能在这个岗位上认真做好自己的工作也就满足了。"担任县纪委案审室主任以来，刀会祥共受理审结案件60件69人，涉及乡科级干部30人、一般干部27人、其他人员12人，涉及到景谷县经济社会发展的方方面面，至今没有出现过差错，经受了时间、历史和群众的检验。

"办案就要办成铁案"，刀会祥用扎实的工作切实履行了一名纪检监察干部的职责。

他还在刻苦钻研提高自己的业务水平吗？刀会祥的办公桌上至今还定格在他离去时的样子。打开的《中国共产党纪律处分条例》和《行政机关公务员处分条例》反扣在桌子上，面前的纸签写满了字迹，拔开笔帽的笔贴着纸签静静地躺着，仿佛在等着主人再次将它握起。

"我很热爱纪检监察工作，我不希望当什么领导，只希望学习掌握更多的纪检监察业务知识，为党的纪检监察事业做贡献。"在刀会祥的遗物中，人们找到了18本工作笔记，摘抄着许多党纪条例、纪检监察工作职责，摘录着"八个坚持、八个反对"和"八荣八耻"、"三个一"要求、"三增强"要求等内容。由于经常翻阅的缘故，刀会祥的党章册子和业务书籍也比别人的陈旧很多。提起刀会祥，威远镇纪委书记李其兴至今叹服不已："有一次我就某个案子适用何种纪律条款电话请教刀大哥，我刚说完他就立马告诉我处分依据的法规在哪本书的第几页第几条第几款。知道刀大哥业务扎实，可熟悉到这种程度，我还是大为吃惊。"

"案审工作业务性很强，掌握不好哪行？"一个人坐在办公室，看着对面刀大哥的办公桌，耳旁仿佛又听到了他的谆谆教诲，想到自己到来后的几个月里刀大哥的指点叮嘱，同事周强一时间红了眼圈。

他又骑车奔波在下乡调研的路上吗？刀会祥不喜欢坐在办公室听汇报，只要一有空，就会下乡调研，指导基层的党风廉政建设工作，每次总是轻车简从，不惊动乡镇主要领导，一个人悄悄地来、悄悄地去。刀会祥有一辆玫红色的女式自行车，那原是他买给女儿的，可后来却成了他自己的交通工具。到近一点的地方办事，这辆车往往就担负起了"私车公用"的使命。2009年5月，威远镇纪委邀请他前去指导办案工作，镇办公室要安排车去接他，他说什么也不同意，坚持自己骑车前往。"人家当干部都有车坐，你整天就骑那辆破自行车，你这个领导算是白当了。"有好友曾这样开玩笑，刀会祥当即正色说道："岗位是责任，不是谋私利的工具。纪检干部的责任是维护党的肌体健康，不能追求个人享乐。"

朋友们说，刀会祥的生命如同家乡勐乃河里一泓清冽的水，淡泊，澄清，一如他澄澈的人生；同事们说，刀会祥是案头上的一杯白开水，无味却最解渴，一如他平凡无华的人格，浸润着我们的心灵。

结束采访时，我们再次来到刀会祥那间两人合用的小办公室，还是那样的整洁、清爽，窗帘在微风吹拂下轻轻摆动，物是人已非，欲语泪先流。

默默伫立中，刀会祥的身影再次闪回，亲切而爽朗的面容，沧桑而坚毅的目光，拨动着每个人的心弦。他曾经的一件件感人肺腑的事迹，他短暂而灿烂的生命，撞击着每个人的心灵。"人，生而为何，为何而生？"这是刀会祥在笔记本里写的一句话。他用自己的生命生动地诠释着大爱和忠诚。

（原载《云南日报》2010年4月20日）

杨善洲，男，汉族，1927年1月出生，云南省施甸县人，1951年参加工作，1952年11月加入中国共产党，生前历任施甸区、县主要领导，中共保山地委副书记、书记，云南省第六届人大常务委员会委员，2010年10月10日逝世。

在领导岗位上，杨善洲始终全心为民，忘我工作，艰苦朴素，两袖清风。1988年3月，他光荣退休，为实践"帮家乡办点实事"和"只要生命不结束，服务人民不停止"的诺言，回到家乡施甸县义务植树造林，带领职工艰苦创业20余年，使5.6万亩昔日山秃水枯的大亮山林场重披绿装，成为当地群众重要的水源林，活立木蓄积量经济价值超过3亿元。2009年4月，他将大亮山林场经营管理权无偿移交给施甸县人民政府。杨善洲生前多次受到表彰奖励，曾被评为"云南省绿化先进个人"、"云南省优秀共产党员"、"云南省造林绿化先进个人"、云南省"老有所为先进个人"、云南省"离退休干部老有所为先进个人"、全国"老干部先进个人"、云南省"老干部老有所为先进个人"，并曾获得全国绿化奖章、全国十大绿化标兵提名奖、全国环境保护杰出贡献奖、中华环境奖提名等。2010年10月，中共云南省委作出《关于开展向杨善洲同志学习活动的决定》。

让荒山都绿起来

——老党员杨善洲的绿色情怀

胡梓盟　关桂峰

记者见到杨善洲时，他精神很好，身着蓝色咔叽布中山装，头戴蓝色布帽。难以想象，这位淳朴的"老农"曾是保山地委书记。自1988年退休后，就回到家乡云南省保山市施甸县，在荒山上植树造林，一干就是二十年。

"终于有时间了却我种树的心愿了"

杨善洲1927年出生，1988年3月，他从云南省保山地委书记职位上退休。当时，云南省委领导找他谈话说："你辛苦了一辈子了，退下来后到昆明来吧。"

"我在保山工作了一辈子，退休前就有改造荒山的愿望，现在终于有时间了却我种树的心愿了。"杨善洲婉言谢绝。

杨善洲的决定遭到了全家人的反对，说他辛苦了几十年，终于可以过上清闲的日子了，却要自讨苦吃。杨善洲宽慰家人说："在大亮山上白天栽树，晚上烤火，不也是一种很好的生活方式吗？"看到杨善洲态度坚决，家人也不再反对了。

杨善洲的家乡就在施甸县城东南大亮山脚下的姚关镇陡坡村，平均海拔2600多米。上世纪六七十年代，由于大规模的乱砍滥伐，毁林造田，原本翠绿的大亮山变得山光水枯，生态环境急剧恶化。提起这些，杨善洲心里很难过，他说："山不绿，地瘦薄，这是山里穷困的根子。我们不能不种树呀！"

1988年，山林已承包到户，经过深思熟虑之后，杨善洲提出"国社合作"建场的方案，得到了县委，县政府和周边群众的一致赞同。同年3月3

日，杨善洲的退休座谈会刚结束，当晚他就赶到离大亮山最近的黄泥沟，和县里抽调的同志会合。

次日，大亮山国社联营林场正式挂牌成立了。

"不相信这山绿不起来"

"栽下一棵树，山就会绿一小块，栽下几棵树就会绿一片。我不相信这山绿不起来。"杨善洲说。

林场成立之初，请来帮忙的工人没有房子住，杨善洲边造林边修建几间油毛毡房，解决办公和住宿用房；没有肥料，他和工人们就提着粪箕到村寨道路上捡牛马猪粪作底肥。为了节约资金，他还到集贸市场上捡过果核。他说："不花钱又能发展生产，何乐而不为呢？"见到的人说，你一个地委书记在大街上捡果核，多不光彩。杨善洲则告诉他们，我弯弯腰，林场就有树苗了，有什么不光彩，等果子成熟了，我就光彩了。

如今，果核长成了果树，结出了果实。杨善洲看着眼前郁郁葱葱的山林，欣慰地笑了。

多年来，他坚持与工人同吃同住，长期住在油毛毡房里，床是用木桩和

树枝搭的，门是荆条编的。住在这样的房子里，夏天热，冬天冷，下雨天被子常被淋湿。偶尔下山几天，老鼠就会将被子咬得到处是窟窿。但每次有新房，这个执拗的老人都会让给新来的技术员。

1999年11月，手提砍刀给树修枝时，杨善洲不小心一下子滑倒了，一只手严重划伤，左腿粉碎性骨折。他说："当时我心急啊，觉得我恐怕再也上不了大亮山，看不到亲手栽起来的森林了。"

小女儿杨惠琴说，林场每月给你的100元我来给你，你别上山了。结果，小女儿被杨善洲教训了一顿："我要钱做什么？我种树几十年，是为了每月的100块钱吗？"

杨善洲本来没有手机，骨折住院治疗期间，才买了一部，为的是每天在医院听到林场的消息。半年以后，杨善洲身体康复了，可以爬山了，但再也离不开拐杖了。

功夫不负有心人，如今林场面积已达7．2万亩，另外有800亩茶叶，300多亩果园，发展保护水源316处。大亮山林场的建设使周边80多个自然村受益，除解决了当地人畜饮水、烧柴、割草等问题，粮食亩产由原来的100公斤提高到250公斤，还解决了3个村交通运输问题，1个村的生产生活用电问题。林场附近一些濒临灭绝的动植物得到保护，山石裸露的现象基本消失了。

"我真正退休就是我死的那天"

谈及家庭，杨善洲始终满怀歉意："我愧对我的妻子和女儿啊！过去长期在区、县、地工作，没有顾得上家里，没有尽到做丈夫和父亲的责任，欠下了永远还不清的债。"

在杨善洲担任施甸县委书记、保山地委书记期间，全家除大女儿外，都符合进城的条件。当组织部门将他家"农转非"的报告打上去时，他都坚决要求撤销报告。

现在，他妻子和大女儿在家务农，二女儿在县城当小学教师，小女儿杨惠琴是保山烟草公司的普通员工。他常对家人说："过日子，吃处有个'窝'，睡处有个'窝'就行了。我们应该知足了。"

有人为杨善洲算过一笔账：1亩地种200棵树，5万亩就是1000万棵，一棵树按最低价30元算，就是3亿元啊。对此，有的人还认为，这老家伙就是想退休以后捞一把，几万亩森林成材后，他一年可以分红几万元。

杨善洲说："在林场捞油水的机会还是有的，办林场这么多年，引进资金300多万元，按当时规定，引进资金可以提成5%~10%，能得30万，买幢房子不成问题。但我没有要。来造林是了却我的一桩心事，是我应尽的义务，我分文不取。我既不是林场场长，也不是支书，就是义务植树人。"

杨善洲近年来荣获"全国绿化十大标兵"、"全国老干部先进个人"、"云南省优秀共产党员"等多个荣誉称号。

2008年11月11日，在大亮山林场施甸办事处会议室里，杨善洲将辛苦二十年创办的大亮山林场的经营管理权，正式无偿移交给施甸县林业局，并拒绝了10万元奖金。他兑现了20年前的承诺。

谈及日后的打算，一向寡言少语的杨善洲动情地说："虽然林场已经移交给县里管理，但我还会常去看看，有生之年要继续为百姓服务。"

（新华网，2010年8月2日）

坚守信念绿染大亮山

——记保山市人大代表、原保山地委书记杨善洲（上）

程三娟

人们真正体会到杨善洲造林之举的功德无量是在这场百年一遇的旱灾中。

2010年春天，已持续半年的干旱让云南很多地方群众的饮水变得异常困

难，施甸县大亮山附近群众家里的水管却依然有清甜的泉水流出，他们的水源地正是大亮山林场。近些年，随着大亮山植被状况明显改善，山林的水源涵养功效得以很好发挥，附近村委会架起水管，将泉水从林场引到村里，通到各家各户，村民再也不用为吃水犯愁。受旷日持久的干旱影响，水管里的流水较之以往细小了很多，但足以让附近的村民心满意足，也让他们对杨善洲的功劳更加念念不忘："多亏了老书记啊，要不是他，不知道现在会是什么样子。"

1988年3月，61岁的杨善洲从保山地委书记的岗位上退休，婉拒了时任省委书记普朝柱劝其搬至昆明安度晚年的邀请，执意选择回到家乡施甸县种树。20多年过去了，曾经山秃水枯的大亮山完全变了模样：森林郁郁葱葱，溪流四季不断；林下山珍遍地，枝头莺鸣燕歌……

一位地委书记，为何退休后选择到异常艰苦的地方去种树？植树造林20余年，他都遇到了哪些困难和挑战？究竟是什么力量支撑着他让夕阳人生散发出炫目的光彩?

"给乡亲的承诺总得兑现"

"担任地委领导期间,有乡亲不止一次找上门,让我为家乡办点事情。我是保山地区的书记,哪能光想着自己的家乡,但毕竟心里过意不去呀,是家乡养育了我。于是我就向他们承诺,等退休后,一定帮家乡办点实事。"关于种树,年逾八旬的杨善洲这样解释。

为了实现"帮家乡办点实事"的承诺,杨善洲把目光锁定在施甸县城东南44公里处的大亮山。杨善洲的家乡就在大亮山脚下的姚关镇陡坡村,儿时,母亲常带他到山上挖野菜、草药等到集市上卖。原来这里林木参天,当年大炼钢铁时大量砍伐树木,后来当地贫困农民又大规模毁林开荒,原本翠绿的大亮山变得山秃水枯,生态遭到严重破坏,周边十几个村寨陷入了"一人种一亩,三亩吃不饱"的困难境地。"再这么下去,子孙后代的日子可怎么过?"杨善洲忧心忡忡。

退休前,杨善洲到大亮山实地考察,家乡的人听说他要回来种树就劝他:"你到别处去种吧,这地方连野樱桃树和杞木树都不长。"然而,他还是来了,他以普通大山之子的身份带着一颗赤子之心回来了。退休当天,杨善洲背起铺盖,赶到了离大亮山最近的黄泥沟。翌日,大亮山国社联营林场正式挂牌成立,那天,他们人挑马驮把粮食、行李搬到离公路14公里远的打水杆坪子,临时搭建了一个简易棚安营扎寨。深夜,狂风四起,棚子被掀翻,倾盆大雨又不期而至,几个人只好钻到马鞍下,躲过一个风雨交加的夜晚。就这样,杨善洲带着县里抽调的几个同志开始了艰苦创业。

很多年之后,人们都还记得杨善洲初上大亮山时的情景。那时他住在用树杈搭起的窝棚里,脚上穿着草鞋,俨然是一个放牧的老人。后来,得益于省里的资金支持,林场终于盖了一排简易的油毛毡房,杨善洲和工人们在里面一住就是近10年。10年后,当他们用砖瓦平房取代油毛毡房时,破败不堪的油毛毡房已被四周的绿荫所掩盖。1999年11月,手提砍刀给树修枝时,杨善洲不幸踩着青苔滑倒,左腿粉碎性骨折,但半年后他又执意爬上了大亮山。从此,他再也离不开拐杖了。

2009年4月，杨善洲把自己用20年时间辛苦创办的大亮山林场的经营管理权，正式无偿移交给施甸县林业局。有人算过一笔账：大亮山林场共占地7.2万亩，其中5.8万亩华山松中有3万亩已郁闭成林，按1亩地种200棵树，一棵树按最低价30元计算，大亮山林场的活立木蓄积量价值已经超过3亿元。

这就是一位老地委书记帮家乡办的实事。

"没钱买苗木，只好去街上捡果核"

在杨善洲最早种树的山坡上，我们看到了一些造型优美的大树，很像巨型盆景。"盆景要是能长这么大就好了。"我和当地宣传部的同志开玩笑说。"算你说对了，这些树还真是盆景移栽过来的。"他们应道。啊？我惊讶地张大了嘴巴。

要把大亮山变成林海，需要大量的树苗，可没有资金去哪弄树苗呢？杨善洲可谓绞尽了脑汁。很长一段时间里，他每天和林工们带上工具，到处寻找树苗。树苗太缺了，以至于他不得不把平时种下的几十盆盆景也全部移种到大亮山上。这些原来摆放在家里的雪松、白梅、银杏，从此在山上尽情地汲取雨露和养分，自由自在地生长，如今这些庭院花木都已经成为挺拔的大树，成为装点大亮山的一抹别致的色彩。

最让人震撼的还不是这些巨型盆景，而是20年前杨善洲从街上捡回来的果核，如今已经成长为一大片繁茂的树林。

"当时没钱买苗木，怎么办呢，只好去街上捡果核。"拄着拐杖站在大亮山上最初种树的地方，杨善洲指着一大片林子说。在资金极其短缺的创业之初，捡果核育苗栽种成为杨善洲破解苗木困局的主要途径。每次回到城里，他就到马路上捡别人随意扔掉的果核，然后放到家里用麻袋装好，积少成多后便用马驮到山上。

原地委书记到大街上捡别人扔掉的果核，这在当时成为轰动保山地区的新闻。可是杨善洲不在乎，林场资金紧，省一个是一个。"可你是地委书记啊，在大街上捡别人吃剩的果核，大家会怎么想？"有人开导他。"那是他们的事，不花钱就能弄到种子，我觉得没有什么不好。"他说。

一次在街上捡果核时，杨善洲不小心撞到了一个小伙子的自行车上，小伙子大发雷霆，冲着老人破口大骂。旁边有人赶紧过来把小伙子拉到一边，告诉他那位老人就是原来的地委书记。小伙子顿时傻了，他怎么都不会想到这个毫不起眼的在他看来甚至有些卑微的老人会当过那么大的官。杨善洲却丝毫不理会旁边发生的一切，依然低着头自顾自地捡他的果核。每年的端阳花市是保山的传统节日，也是果核最多的季节。每每这个时候，杨善洲就会发动全场林工，一起到街上去捡果核。如今一个个小小的果核，都已在岁月轮回中演变成为一棵棵枝繁叶茂的果树。

"正是因为有老书记带着干，我们才能在那么艰苦的环境中一步步挺了过来。"林场的工人说。

20多年前，初上大亮山的杨善洲头发只是灰黑，如今却已满头飘雪……

"党员的身份永不退休"

大亮山林场带给当地群众的好处随着时间推移逐渐显现和显著起来。

创办林场之初，省林业厅、财政厅给大亮山场拨付了100多万元，对杨善洲造林之举给予支持。当时，需要用钱的地方实在太多，慎重考虑后，杨善洲用这笔钱在大亮山修了一条18公里的林区公路，架起了5公里长的高压线，盖了一排简易的油毛毡房，并挤出7万元为附近的四平寨通了电。通路、通电为植树造林奠定了基础，也大大推动了当地群众发展生产、改善生活。

大亮山林场最显著的社会效益表现在有效解决了当地群众的人畜饮水难题。场长董继军告诉我们："林场现在承担着3个乡镇11个村委会70个村民小组2.5万人的饮水供给任务和两个糖厂的蔗区灌溉任务。"

我们来到了距离大亮山林场20多公里的陡坡村大柳水自然村，杨善洲就出生在这里。"新中国成立前，因为饮水太困难，这里的村民婚丧嫁娶，用水都要纳入人情簿子。"老书记说。可是，走家串户后，我实在难以相信这个地方曾经饮水困难到那种程度，我们看到的情况是，各家各户都通了自来水管，拧开开关就有清泉汩汩流出。

大亮山林场采取的是"国社合作"营运模式，即由村社集体为单位出林地，由国家进行植树造林，产生的经济利润按一定比例双方分成。"这些年，大亮山林场都只是进行抚育型间伐，带给当地老百姓的经济效益不是很明显。2006年到2008年，林场共支付给村集体4万多元的分红。"董继军说。2006年，林场建起了一所木材加工厂，加工抚育间伐的林材。到2008年3年间，林场共支付给当地村民间伐林木、加工林材的劳务费超过了36万元。

不久前，施甸县政府用大亮山林场做抵押，贷款1.7亿元用于基础设施建设，其中1亿元已经支付到位。

发端于大亮山林场的植树造林热情还波及到了更广的范围："这些年，感觉整个施甸县的植树造林热情都在上涨。"穿行在林海中，县委宣传部的同志感慨地说。我们从林业部门了解到这样一组数据：1988年施甸县的森林覆盖率为17.1%，2009年提高到了44.8%。

在担任大亮山林场义务承包人的20年间，杨善洲接受的唯一报酬是：每月70元的伙食补助，1996年，随着物价上涨，林场将补助标准提高到了100元。2009年底，保山市委、市政府为杨善洲颁发特别贡献奖，并给予一次性奖励20万元。今年5月，杨善洲将其中的10万元捐给了保山一中，6万元捐给了林场和附近的村子搞建设。

"我只是在尽一名党员的职责，只要活着，我就有义务和责任帮群众办实事。"杨善洲说，"实在干不动了，只好把林场交还给国家，但这不是说我就退休了，有我力所能及的事，我还是要接着帮老百姓办，共产党员的身份永不退休"。

（原载《云南日报》2010年8月31日）

穷尽一生书写为民情
——记保山市人大代表、原保山地委书记杨善洲（下）

程三娟

采访期间，记者听说了一件事：杨善洲自1950年把妻子迎娶进门以后，一心扑在工作上的他就再也没有时间去过妻子家。上世纪70年代末的一天，他的岳母到姚关去赶街，看到一辆汽车从街上过时听人提到了女婿的名字，老人想上去和久未见面的女婿打个招呼，可一晃车子就直奔乡下去了。直到临终前，老人都没再见过自己的女婿杨善洲……

到底是怎样一个人会"无情"和忘我到这种地步？从1955年任施甸区区委书记到1988年从保山地委书记岗位上退休，30多年的时间，他都在忙些什么？

与杨善洲谋面是在他的家中。老人穿着一件灰色的旧卡基布中山装，坐在一张枣红色的老式木沙发上。那一刻，让人感觉像是穿越时空，回到那久远的年代……

"每次下乡，他都把锄头带在身边"

1965年的一天，一个头戴竹叶帽、脚穿草鞋的中年人出现在施甸县某人民公社，打听公社领导在哪里。接待的同志一看来了个老农，而领导正准备接待县委书记，就随口打发说领导不在。来人一听没作声，转身就去村子里面转悠了。过了约定好的时间，公社领导仍然没见到县委书记，仔细一打听才知道是接待员把县委书记当成老农给打发走了。这位县委书记就是杨善洲。

做过9年石匠、工农干部出身的杨善洲，当了保山地委书记，依然保持着淳朴的农民本色。他脸色黝黑，双手老茧，和农民一起锄田、栽秧，走家串户体察农民的困苦，给受冤屈的人主持公道，自掏腰包给困难户力所能及的帮助，下乡不给农民添负担，从来都自掏饭钱……

"每次下乡，他都把锄头带在身边。"给杨善洲担任秘书11年，祝正光印象最深的就是杨善洲时常和农民群众一起下地干活。"那时他有一半的时间都在基层，每天天不亮，我们就出了地委大门，天黑之后才回来。地委开会都在晚上。"祝正光说，"书记一直认为，与农民群众一起劳动是了解基层、了解农民疾苦很重要的方式，和农民在一起了解到的情况最真实。"

1980年10月，时任中共中央总书记的胡耀邦同志到保山考察。总书记提前抵达，地委的同志迅速到板桥公社去通知地委书记杨善洲，到了公社才发现，他正在田里头和农民一起插秧，裤腿挽到了膝盖上，猫着腰只顾忙碌，听到工作人员的喊声，他才回过神来，赶紧拔腿往回跑。"杨书记是换了衣服才去见胡耀邦总书记的，可他和农民一起插秧的事还是传到了总书记的耳朵里。总书记感叹说像杨善洲这么朴实的地委书记还真不多见。"祝正光说。

在杨善洲眼中，人民的事马虎不得。1988年，当时驻板桥汉庄的地委工作组接到板桥镇宗家山村杨春兰老人的申诉。老人去卖猪，半路上被人截住，一口咬定是老人偷了他的猪，并扯着老人来到了地委工作组要求主持公道。工作组负责处理此事的人轻信了对方的话，责令杨春兰立即将猪送还给对方，并罚款80元。老人含冤叫屈告到了工作组。杨善洲得知此事后，马上责成工作组与地委信访办公室的干部进行调查核实，并要求将处理结果报告他本人。经过认真核查，事情很快真相大白，原来杨春兰所卖的猪是别人偷了转卖给他的，他自己毫不知情。"我们处理的任何小事都可能是关乎群众切身利益的大事，不管什么时候，都不能马虎行事，不能伤了群众的心。"

事后，工作组专门派人当面向杨春兰道歉，并赔还所收的罚款。

"老书记12岁失去父亲，陪着母亲艰难度日，从小就深深地体味到身为一个农民的诸多难处。因此他处处从农民的角度去理解农民，从农民的角度去思考怎样'为民'，并从农民的角度去思考怎样'为官'，这使他与父老乡亲始终保持着一种水乳交融的紧密联系。"在杨善洲身边工作过8年的保山日报记者苏加祥这样解读这位"农民式"的地委书记。

"别人不理解我，你还不理解我？我真的没钱"

我们来到了施甸县大柳水自然村杨善洲的老家。这是一个普通的农家小院，较之于周围的院落，没有什么特别之处。我们最先看到的是他的老伴。在丈夫为了事业和理想顾不了家60多年的岁月里，这位叫张玉珍的老人默默地担起了家庭的全部责任。

杨老家现已是四世同堂，他的大女儿、孙子、重孙和老伴一起生活。2008年，孙子攒够钱新建盖了房子，一家人的日子过得平凡而融洽。但是，在杨善洲常年顾不得回家的岁月里，这家人曾经历了常人难以想象的艰辛。

1975年夏天，家里的房子因年久失修，每逢下雨便到处漏雨，全家老小实在无法在屋里居住。张玉珍没办法，专程跑去找杨善洲，叫他无论如何想办法拿点钱给家里修房子。杨善洲听了，久久无语，掏出身上仅有的30元钱交给妻子说："你先拿这30元钱回去，买几个瓦盆接一下漏雨，暂时艰苦一下。"张玉珍接过30元钱，含着泪水回到了老家……她告诉孩子们：你们的父亲确实没办法，他很穷，我们以后再也不能去给他添麻烦了，家里的日子我们先凑合着过吧。

1995年，杨善洲已经退休并回到大亮山种树。出于杨善洲进城给林场办事住宿方便的考虑，全家想方设法借了5万多元钱在施甸县城的附近买了一块地，勉强盖起了一间房子。房子是盖起来了，但这5万元的债怎么还？张玉珍专门找到杨善洲：能不能凑点钱还还账？杨善洲东拼西凑拿出了9600元，"你一辈子就攒了这么点钱？"老伴问。杨善洲摆了摆手："别人不理解我，你还不理解我？我真的没钱！"看着老伴无奈的神色，张玉珍只好又一次含着泪水回到老家，把刚刚盖起还没来得及住的房子卖了。

杨善洲的大女儿杨会菊向我们讲述了另一件更让人心酸的事。她3岁那年，一天深夜忽然高烧昏迷，奶奶和妈妈急得顶着暴雨爬山路连夜赶往施甸县城。山路崎岖不平，路过一个山崖的时候，奶奶因走路慌乱而失脚，身子往山崖下倾倒，母亲急忙伸手去拉奶奶，不料由于失去重心，3人一起掉下了山崖，挂在了一蓬枯藤上……回忆起昔日的艰难，年近花甲的杨会菊含着泪水，轻轻地抚摸着母亲的手说："父亲不容易，我妈更不容易啊！"

杨善洲的小女儿杨会芹回忆说："我8岁时，第一次见到了父亲。当时因为奶奶病重，父亲赶回家来送药。母亲对我说，这是你爸爸，赶快叫啊，我却害怕地躲开了。"

杨善洲退休后，组织上安排他到昆明安度晚年，一家人欣喜万分，以为终于可以与在外忙了几十年的父亲共享天伦之乐了，不曾料想，他却一头扎进了家乡的荒山……

"不行！我没这个权力"

一个老地委书记的妻子和家人怎么会在农村？从大柳水村出来后，这个疑问一直在我心头萦绕。

"是老书记自己不让办'农转非'。"熟悉情况的人解释。1964年，杨善洲担任施甸县委书记时，组织上提出把他爱人转为城镇户口，他谢绝了；1978年，上级组织部门有个通知，地、师级干部，家在农村的妻子、母亲、不满16岁的子女可以转为城市户口。当时，杨善洲家除大女儿外，都符合进城的条件。当组织部门将他家"农转非农业人口"的报告打上去时，他坚决要求撤销报告。他说："身为领导干部，我应该带个好头。我相信我们的农村能建设好，我们全家都乐意和8亿农民同甘共苦建设家乡。"

自己常年不在家，政策允许范围内的照顾也不给家人享受，杨善洲做过的类似事情数不胜数。

1982年盛夏的一天，保山地区中专生招考张榜处，有个18岁的姑娘眼睛睁得大大的在榜上寻找了无数遍，还是没有看到自己的名字。杨善洲过来拍拍自己小女儿杨会芹的肩头说："别难过，明年再考。""爸爸，要是明年还考不上你能给我安排个工作吗？"女儿可怜巴巴地问。杨善洲紧锁眉头，

严肃地看着女儿："不行！我没这个权力。"

1986年，姚关乡的一位副乡长在杨善洲家看到老书记的老伴和女儿们正在吃包谷饭，得知老书记家里的粮食不够吃只好用包谷掺在饭里时，这位副乡长流泪了，当即让乡民政给老书记家里拉去了两袋救济粮。杨善洲知道后，批评了他："好多人家连包谷饭都吃不上呢，接济要接济比我们更困难的家庭。"他叫家里人将送来的粮食退了回去。这一类的故事至今仍在当地群众中广为流传。

隆阳区芒宽乡现在是保山市有名的小粒咖啡之乡，全乡的咖啡连片种植面积超过万亩。可在30年前，这里的咖啡树只是零零星星。咖啡种植产业的长足发展是在杨善洲走进芒宽田间地头，鼓励群众大力发展咖啡种植之后发生的。1980年10月，杨善洲到了潞江坝的芒宽公社。他听说新光大队有位叫朱自祥的社员，种植咖啡成了出名的冒尖户，曾因种咖啡挨过批斗，便想让朱自祥带头发展咖啡种植。杨善洲踏进朱自祥的家园，摸着咖啡树说："过去，我也没顶住'左'的妖风……我看这咖啡树是摇钱树。"

朱自祥一颗悬着的心落了地。杨善洲又说："你家6口人，光是咖啡这一项收入就是人均300多元，再加上其他经济收入，已提前达到了小康水平啦！好啊，你这个典型应该快快推广。"就在那一年，全国咖啡生产会议现场会在芒宽新光大队召开。从此，咖啡种植在芒宽得以迅速发展。

"不管什么时候，都不能脱离群众，都不能损害人民的利益，要多为老百姓办实事。"这位84岁的老党员说。

（原载《云南日报》2010年9月1日）

从土改小组长起步，30余年间一步步走上更加重要的领导岗位，担任地委领导的时间超过20年，他却始终认为，共产党人不是要做官，而是要为人民谋福祉——

杨善洲的为官之道

程三娟　贾云巍　蔡侯友

这是我们在杨善洲卧室里看到的遗物：两大捆工作笔记和学习体会记录本，一箱破烂不堪的鞋子，一堆存放在床底的劳动工具，一大箱放在墙边用纸张一一包裹起来的各种矿石。

这是杨善洲临终前的遗愿：请求各级政府尽快完成大亮山林场区域的林改工作，及时把国家给农户的公益林补助款兑现给农户。

这是我们在他1975年1月的日记中读到的心声：共产党人不是要做官，而是要革命，要到生产一线去带头学，带头干，这是无声的革命，有效的指挥。

从土改小组长起步，30余年间一步步走上更加重要的领导岗位，担任地委领导的时间超过20年，杨善洲却始终认为：共产党人不是要做官，而是要为人民谋福祉。

他是这么想的，也是这么做的，一做就是60年。

当官不摆谱

走出家乡多年担任保山最大的"官"后，他依然是群众心中那个朴实的农村娃。

"我第一次见到杨善洲时只有10多岁。那天，我正和村里人从姚关赶街回来，走到里老得坟时，一位中年人从后面急匆匆地赶超过来，走过我们几步时，和我们同行的一位老倌冲着中年人喊了一声'马桩'，中年人应声转过身来，和大伙寒暄几句后又匆匆地向前赶路。之后我才知道他就是地委书记杨善洲，是保山最大的官，那天正赶路回家看生病的母亲。当时没看清楚他的样子，只觉和普通人没两样。"

2010年11月12日，在施甸县姚关镇陡坡村委会大柳水自然村杨善洲的老家，陡坡村委会主任杨在枝向我们娓娓讲述了他记忆中的杨善洲。

杨在枝第二次见到杨善洲是在大亮山上。那是春天里的一个下午，他正背着柴火顺着羊肠小道下山，迎面忽然来了一支马队。待马队渐渐走近，他注意到骡马身上驮着行李和各种生活物资。就在他愣神的工夫，其中一位赶马人和他搭话了："小伙子，从哪里背柴回来？""箐头。"他答。搭话的赶马人穿着深蓝色的旧中山装，戴着竹叶帽，脚上穿着黄胶鞋，走在马队中第二个位置，年纪明显地长过其他人。联想到之前地委书记杨善洲退休后要上大亮山种树的传言，他断定，和自己搭话的人就是杨善洲。

杨在枝第三次见到杨善洲是在2005年。当时，陡坡村羊火塘村民小组正铺设管道从大亮山引水进村，施工过程中却遭到摆田村的反对阻挠，理由是羊火塘的引水工程会影响到他们水管的出水量，双方为此争执不下。作为羊火塘村民小组的小组长，杨在枝找到老书记杨善洲来平息事端。在他反映情况后的第三天，杨善洲亲自到大亮山实地查看，认为羊火塘取水点距离摆田村取水点有两公里，不会影响到摆田村取水，并主动找到摆田村做思想工作，事端很快得以平息。

杨善洲的小名叫"马桩"，走出家乡多年担任保山最大的官后，他依然是群众心中那个朴实的农村娃。看到群众挖地，他就举起锄头跟他们干一会儿；看到群众在插秧，他就卷起袖子、挽起裤腿和他们栽几行；看到石匠在做工，他也就拿起錾子、铁锤敲打起来……

施甸建县之初，民间运输大量靠骡子和马车。一天午饭后，施甸街赵家门前有位赶马车的师傅想钉马掌，却无人相助，难以操作。正当他发愁时，有人从旁边的杨家村进街小道走出，于是赶紧上去求助。来人二话不说走到马前，伸手端起马脚，摆出前弓箭步的架势，以膝盖作支撑。钉完马掌后，帮忙的人站起身来拍拍裤子上的土就离开了。帮忙的人前脚刚走，就有过路人凑到赶马车的师傅跟前搭话："你可知道帮你钉掌的人是哪个？""不知道。""县委书记杨善洲。"赶马车的人愣了片刻感慨地说："一点官架子没有，是个好官。"

职权不滥用

滥用职权对党在群众心目中的形象伤害最大，最容易伤到老百姓的心。共产党人什么困难也不怕，就怕脱离群众、失掉民心。

1987年7、8月的一天，杨善洲从地委出发去腾冲调研林业、茶业发展情况。当他们乘坐的老三菱吉普车开始爬高黎贡山时，他忽然示意司机停车，让随行的地委农村工作部科长杨习超下去问问路边的老农去哪里。杨习超这才注意到路边站着一位满头大汗、疲惫不堪的老农，脚下还放着一袋粮食，赶紧跳下车走到老农跟前打探究竟。老农说他刚从潞江坝买粮食回来，要到腾冲上营乡，可累得实在走不动了，问能不能捎他一段路。杨善洲赶紧让杨习超帮老乡把粮食搬上来，将他送到了上营乡。

杨善洲经常会让人搭乘他的顺风车，唯独自己的亲人例外。在他看来，让亲人搭自己的车是"滥用职权"，而滥用职权对党在群众心目中的形象伤害最大，最容易伤到老百姓的心，所以即便是顺风车也不让亲人搭乘。"共产党人什么困难也不怕，就怕脱离群众、失掉民心。"杨善洲在工作体会中这样写道。

1981年初秋的一天，一位转业干部打听到地委书记杨善洲到了板桥公社，便紧追上来，让他帮自己想想办法，分配在城区工作。听完转业干部的话，杨善洲惊讶地说："你怎么首先想到的不是工作，而是个人的利益？这是党组织集体研究决定的，你应该去报到，以后有什么困难再研究。"从公社返回地委的路上，杨善洲对秘书说："地委是党的机关，要告诉机关所有的干部，不能为那些只图个人利益的人开方便之门。"

杨善洲不但为自己筑起一道牢固的堤坝，而且还勇于堵塞社会上的洞穴。一次，他听到有人反映：地区某个单位的领导干部利用职权把在锅炉厂当工人的儿子调到自己所在的机关去了。杨善洲当即找到这位干部去做工作："你是共产党员，又是老干部，怎么能这样做呢？我们要给人民群众树立一个什么样的榜样……"语重心长地促膝谈心后，这位干部羞愧地说："我一定把儿子退回原单位去！"这位青工回到厂里后，工作和学习都进步很大。后来，杨善洲在一次干部大会上表扬了这位干部："我们党的干部犯了错误，要知错就改，就像这位老干部接受批评、改正错误一样，这是值得我们学习的。"

杨善洲一生为人正直、为官清廉，对拉关系、走后门等社会现象嗤之以鼻。在他退休后不久，有人想试试这位老书记是不是传说中那么"硬气"，就跟他开玩笑说："老书记，你现在还可以发挥余热，还有很多关系户，请你帮我拉拉关系，调到保山去，到哪个部门任个一把手什么的。"杨善洲瞅了他一眼，说："像你这种'三偏干部'啊，上边不要。"大家听了很纳闷："什么叫'三偏干部'啊？"老书记慢条斯理地解释："'三偏干部'有三个特点：一是岁数偏大、二是知识偏低、三是工资偏低。"大家听了哈哈大笑。本来想逗逗老书记的"三偏干部"红了脸，再不敢说话了。

民情不忘怀

担任保山地委书记期间，杨善洲跑遍了全市的山山水水、乡镇村落，百姓疾苦、民生冷暖他都看在眼里，记在心上。

施甸县酒房乡大山村龙潭寨的6口小水窖依然完好地保存着。

1986年，杨善洲考察大亮山时注意到附近的大山村、里嘎村一带村民饮水非常困难，就和当地村干部同吃同住同劳动，发动人民群众挖沟、修渠引水，缓解了里嘎村人民的人畜饮水问题。大山村一带却因为树木大面积被砍伐，森林覆盖面减少导致山光水枯，无法修渠引水。村民没有水喝，杨善洲老书记看在眼里，急在心上，几次调研后，建议修建小水窖来解决村民的饮水问题，并请了巧家县的师傅来帮助建设。工程1986年动工兴建，1987年建成小水窖6个，每个装水80立方米，共计480立方米，初步解决了龙潭寨的饮水问题。大亮山植被恢复后，龙潭寨架设了自来水管，将山泉从大亮山引回家中，小水窖已经派不上用场，村民却依然完好地保存着，因为，这是杨善洲留给他们的纪念。

"我们党的根本宗旨是全心全意为人民服务，彻底地为人民利益工作，每一个党员干部，不论在哪里工作，也不论时间多长，都要有一种为人民谋利益的明确目标。这是每一个共产党员应有的觉悟，也是我们党和其他党不同的根本标志。"在1983年2月28日的地委三级干部会议上，杨善洲这样说。担任保山地委书记期间，杨善洲跑遍了全市的山山水水、乡镇村落，百姓疾苦、民生冷暖他都看在眼里，牵挂在心里。"越穷、越困难的地方，越容易见到他。"人们说。

1985年，保山地委建盖办公大楼，看着第一层已经建起，想着不久就能搬进新大楼办公，大家都很高兴。这时，昌宁县金华乡发生水灾，杨善洲带着人立即赶赴灾区，看到老百姓受灾情况特别严重，他非常难过。回到保山后，他指示办公大楼在建项目马上停工，把资金拿来救灾。当时，许多人都想不通，认为可以从其他地方调动资金，没有必要把正在建设的办公大楼停工。有一位领导在他面前表达了这样的想法，他激动地说："如果眼看着人民群众在受苦，我们却安逸地坐在大楼里悠闲地办公，你不觉得有愧吗？"

杨善洲的心总是和农民生活紧密地联系在一起。

"老书记还和我们一起制作过'小麦包衣种'呢！"施甸的乡亲告诉我们。1964年秋季，姚关公社遭受水灾，时值稻谷成熟时期，尚未收割的稻谷几乎全被洪水冲走。看着一年的收成打了"水漂"，很多群众哭了："今年收成不好，明年要饿肚子了。"杨善洲到现场认真查看受灾情况后，提出"大春损失小春补"，号召干部群众开展生产自救。为提高小麦的发芽率，他组织农业组把收集来的牲畜粪便、灶灰、粪水与小麦种搅拌到一起，带头用手揉，为小麦种"穿衣"，两只手都搓得黑乎乎的。小麦包衣种播撒到田里后，长势整齐并具有一定的抗病性，当年姚关公社的小麦亩产达到了300斤。

退休不卸责

杨善洲退休后，当地老百姓遇到难解决的事，还是会经常找他。在他们看来，找到了杨善洲，就找到了说理的地方。

杨慧菊很少看到父亲流泪，除了奶奶过世，她印象中父亲还流过一次泪。那是2007年的除夕夜，在陡坡村老家，一家人都忙着准备年夜饭，坐在堂屋椅子上的杨善洲忽然默默地淌起了眼泪。不经意间看到父亲流泪，大女儿杨慧菊赶忙凑上前去问父亲是不是胸口不舒服。不久前，杨善洲在家不小心摔裂了两根胸骨，尚在康复期间。杨善洲轻轻摇了摇头："这大过年的，那老两口也没人照顾。你准备点好吃的，我们明天给他们送过去。"

大约是2005年冬天，两位和杨善洲年纪相仿的老人到大亮山林场找活干。60多岁的人还来找活干，杨善洲感到很奇怪，就仔细询问老人家里的情况。得知两位老人家住林场附近的李畈山村民小组，因为子女不孝生活无着后，杨善洲一边想办法做他们子女的工作，一边开始接济两位老人的生活。大年初一一大早，杨善洲就让三女婿开车陪自己去看望两位老人，直到下午才返回。

因为从不把自己当"官"看，在位时，杨善洲从不认为自己有特权；因为从不把自己当"官"看，退休后，杨善洲从不认为自己可以享清福。从在党旗下庄严宣誓的那一刻起，他就树立了远大的理想和坚定的信念，他就选择了"只要生命不结束，服务人民不停止"的奉献人生。

翻看杨善洲的笔记本时，一张夹在其中的小纸片引起了我们的注意。小纸片抬头处写着"北关办事处的群众找我反映情况"，上面详细记录了反映情况的具体内容，并注明了自己的态度：我认为不正确对待会闹出乱子来的。最后的时间落款为"2003年1月7号"。杨善洲退休后，保山的老百姓遇到难解决的事，还是会经常找他。在他们看来，找到了杨善洲，就找到了说理的地方。

2007年，保山市一位市民段某被人无故将一只眼睛打瞎，受害人多方求助，却迟迟得不到合理的救助赔偿。受害人最终找到了杨善洲。"把人眼睛打瞎了还能不管？"气愤不已的杨善洲开始出面主持公道正义，帮受害人讨回了7万元的医药费和伤害赔偿。杨善洲过世后，段某在他的灵堂整整守候了一夜。

没有人知道，60年的为人民服务生涯中，杨善洲帮助过多少普通的老百姓。我们只是听医护人员说，在他生病住院期间，总有老百姓大老远从家里赶来，只为了问候一声，看他一眼；我们只是听当地百姓说，在他去世的那天，人们的哭声撼动了保山城。

（原载《云南日报》2010年12月8日）

长年累月奔走在农业生产一线，带头学技术推广科学种田，治理水患增强农业抗灾能力，多种经营全面发展农业生产——

杨善洲的农业情结

程三娟　贾云巍　蔡侯友

在1987年11月保山地委的一份汇报材料中，我们看到这样一组数据：1986年，保山地区社会总产值11.96亿元，比1978年5.39亿元增1.2倍；全区国民生产总值6.62亿元，比1978年3.3亿元增1倍；其中农业净产值4.69亿元，占国民生产总值70.8%，比1978年的2.46亿元增90%。

杨善洲长年累月奔走在农业生产第一线，带头学技术推广科学种田，治理水患增强农业抗灾能力，多种经营全面发展农业生产，和保山干部群众一道书写了"滇西粮仓"的一个个奇迹。

冬日的保山，田野里依然是一番忙碌的景象。刚刚播种下小春作物的条田梯地在阳光下隐隐泛出的绿色，顺着车窗在我们眼前缓缓流动。

保山有"滇西粮仓"的美誉，保山人说，这个美誉的得来与"粮食书记"杨善洲有很大的关系。1978年至1981年，保山的水稻单产一直排名全省第一，并引起了农业部的重视，1980年的全国农业现场会也因此选在保山召开。那时，正值杨善洲担任保山地委书记。

发展粮食生产

"我们是党的干部，如果老百姓饿肚子，我们就失职了。"

2010年11月11日中午，我们来到了施甸县姚关镇一户叫"山邑人家"的农家乐吃午饭。农家乐的屋前是一大片已经枯萎凋零的荷花塘。"老书记曾用荷塘里的淤泥来为农田增肥。"施甸县委的同志说。

杨善洲在施甸担任县委书记期间，为了改良土壤提高土地肥力，以当时的姚关区姚关公社为试点，用荷塘淤泥来改善耕地土质。姚关公社当时有耕地1514亩，人均0.88亩，土地非常贫瘠，一半是"风吹遍地跑，下雨顺水漂"的香面土，一半是"晴天一把刀，下雨一包糟"的白胶泥。冬季，杨善洲组织群众把姚关荷花塘、山邑海子一部分水抽干，用潭中的淤泥晒干、打碎以后挑到地里去，把"老墙土，沟渠、河里的淤泥"收集起来挑到地里增加肥力。"全社750亩耕地先后改良过两次，共计挑土40万担，平均每亩530担，给原来贫瘠的土地铺上了2至3寸厚的一层肥土，把原来的香面土、白胶泥变成了疏松肥沃的黑油沙土，姚关公社玉米的亩产一下子提高到419斤。"时任姚关区区长的董福寿回忆。

1962年12月1日，国务院批准设立施甸县，杨善洲担任首任县委书记。当时正值困难时期，如何解决人民群众的吃饭问题成为以杨善洲为班长的县委考虑的头等大事。改良土壤提高肥力，推广良种，推行良法，坡改梯等都成为县委带领群众不断提高粮食产量的有效手段。担任地委主要领导20年间，杨善洲对保山的粮食生产依然特别重视，他多次在干部会上讲："我们是党的干部，如果老百姓饿肚子，我们就失职了。"

保山农田水利设施薄弱，河道弯曲，泥沙沉积，历史上水患严重。杨善洲号召全地区大兴水利建设，通过改直河道和建设水库等办法治理水患，增强农业抗灾能力。1972年，他带领群众克服山势险峻、缺少机械、缺乏资金的困难，建成了龙陵腊勐的小浪坝水库、施甸酒房367隧洞、腾冲江南大队15公里大沟、昌宁珠山45处塘坝等一大批水利设施；1976年，他带领技术员到施甸大河、保山河图大河、大沙河等地现场测量、规划，制定将5个县坝区的所有大河改直、扩宽的具体方案；1978年至1980年，相继建成北庙、大沙河、三块石、响水凹水库、鱼洞水库等数十个大中型水库。如今保山市的水库大都是杨善洲在任时建成的。

1978年，保山地区的粮食产量创造了历史新高，以后每年以11%~13.2%的速度增长。1981年，全区粮食产量达到64250万公斤，水稻单产连年在全省排名第一，保山从此获得了"滇西粮仓"的美誉。

1980年10月，时任中共中央总书记的胡耀邦考察保山时，乘车到了板桥公社，当得知板桥公社的水稻亩产最高到850公斤，个别田块甚至达到900公斤时，高兴地说："这产量很不错，在全国已领先了。"一个月后，胡耀邦在各省、区、市思想政治工作座谈会上说："云南保山县有一个板桥公社，粮食单产高，1700斤，确实是个好公社。"1985年2月，胡耀邦又一次到保山考察，一下飞机立即询问板桥的发展状况，当得知板桥的国民生产总值达到250万元时，高兴地说："250万元可以嘛，我很满意。"

带头科学种田

各级领导干部学习掌握科学技术知识的有效方法之一是亲自种试验田，变成内行，指挥生产就有谱气了。

上世纪70年代末的一天，时任保山地委书记的杨善洲到龙陵县平达乡河尾村去考察农业生产情况，看到有个年轻人栽秧很不规范，就走上前去说："要吃饭就要好好栽。"忽然冒出个头戴竹叶帽、脚穿草鞋的陌生人指责自己，小伙子很不高兴："你会栽你来栽嘛！"杨善洲二话不说挽起裤脚跳到田里，一会工夫就插出长长一溜秧来，看得小伙子叹服不已。

"凡是农田建设上得快的单位，都有一条重要经验，就是领导上前线，亲自带着干，这是无声的命令，有效的指挥。"杨善洲在工作体会中写到。从1962年担任施甸县委书记开始，杨善洲就一直把抓粮食生产放在突出位置，并按照"实验—示范—推广"的思路，带头蹲点耕种试验田，很多粮食新品种都是通过他和其他领导干部的实验田进入了农民群众的视野，渐渐为群众所接受。

在施甸，我们听说了一则"老农讨跌跤谷种"的笑话。杨善洲担任县委书记期间，从省农科院引进了稻麦杂交（糯谷）在罗街的试验田上办起了样板。试验成功后，组织县委的干部将刚收获的稻谷发到各区大队，让群众品尝，宣传推广这种高产的杂交稻谷种植技术。当时，农民群众还不知道杂交稻是什么，听说新品种稻谷产量高，就有老农跑到县委想要一点谷种试种。到县委后，却一时记不起品种是什么，就跟县委的干部说："把你们那些'跌跤'（杂交）的谷种给点。"

在保山地委工作期间，杨善洲坚持"三个三结合"长期办粮食丰产样板，即："试验、示范、推广相结合，点、片、面相结合，领导、技术、群众相结合。""试验、示范、推广相结合"是指改良品种，培育优质品种，建立示范区；"点、片、面相结合"是指将试验成功的示范样板点的良种、良法向全区推广，又把推广情况反馈到示范点进一步改进；"领导、技术、群众相结合"是指各级领导干部蹲点种试验田，由技术干部当参谋建立示范样板，带动和帮助群众落实丰产技术措施。

当时，杨善洲在保山县板桥公社、施甸县保场公社都有0.5亩的个人样板田，施甸的里山头、姚关都有包谷样板地。在保场公社的样板田上，他采用"三岔九垄"式插秧，亩产量提高三四百斤，现在当地群众还采用"三岔九垄"式插秧。他的车上经常放着锄头，下乡见到不规范的栽插现象，就要亲自下田、下地去手把手地示范。他实施了坡地改梯田、改条田的改造，还种了茶叶、包谷等实验田，被群众称为"粮书记"。

"那时我在板桥当技术员，老书记每次到外地看到良种都要带回来搞试验，并时常利用周末、节假日到板桥样板点查看、询问，并和技术员一起栽插。"保山市农科所高级农艺师毕景亮回忆，"有几次他大年三十晚上到板桥看望技术员，对大家说：'你们很辛苦，但做的是一件非常了不起的事。你们的工作干好了，老百姓的吃饭问题解决了，保山的大事就解决了一半啦！'"1978年京国92杂交水稻试验成功，杨善洲马上组织5县区的领导和群众到板桥参观学习。京国92在全区顺利推广，保山坝、施甸坝的水稻单产历史性地跨越了千斤大关，农科技术员都由衷赞叹："老书记真是咱们保山粮食生产的总农艺师！"

开展多种经营

全区绝大部分面积、耕地、人口在山区，发展农业生产决不能孤立地抓粮食，要充分发挥山区优势，大力开展多种经营。

施甸县有两个林场，其中善洲林场已为众人所熟知，另外一个国营摩苍寺林场知道的人并不多。事实上，摩苍寺林场也是杨善洲一手创建的。

施甸县林业局退休干部范宽回忆，施甸原本没有国营林场，1963年，时任县委书记的杨善洲到省里争取，并做工作让周围村民让出土地，足足凑够了5000亩，才有了现在的国营摩苍寺林场和林管区。后来，林区面积进一步发展扩大，到1967年，摩苍寺林场累计营造华山松6100亩，建苹果园1个，面积8亩。直到今天，这个林场依然在荫护着施甸人。

"若要山区富，多种茶和树"。是杨善洲经常挂在嘴边的一句话。保山93%的国土面积是山区，71%的耕地为山区耕地，66%的农业人口为山区人口，搞好山区工作对全区发展举足轻重。在杨善洲担任地委书记期间，为解决山区农民的脱贫致富问题，保山地委每年都要召开专题会议研究如何总结经验，充分发挥山区优势，大力发展多种经营，加速发展商品经济。根据保山的实际确立了使山区富裕起来的3条经验：一要多种茶，二要多栽树，三要多养畜。按照这样的思路，保山山区农民把造林、护林、伐木三者安排有序，把造薪材林与经济林结合起来，把办林场和养牛、养猪、养蜂、养鱼、种菜，林粮间作，发展果园结合起来，走出一条长期发展的路子。

"要使农民富裕起来，基本的物质条件是粮多、钱多。发展农业生产决不能孤立地抓粮食，要多种经营全面发展。我们不仅要研究如何提高劳动生产率，而且要研究如何提高土地生产率，研究在一定的自然条件下，生产什么东西价值最高，对社会最有利，就应该集中生产什么东西，这就叫'地尽其利'……"1980年2月召开的地区表彰先进大会上，杨善洲这样说。时隔30年后，我们还能从这段讲话中感受到杨善洲和地委班子带领群众因地制宜发展生产的火热情怀。

车子行驶至大官市隧道时，司机师傅兴奋地指着前面告诉我们：老书记当年的林果试验田就建在这个地方。担任保山地委副书记期间，杨善洲组织科技人员在保山县大官市公社建立林果试验示范点，引进新疆泡核桃搞样板，并很快在全地区推广，当时群众有"卖大骡子也要种新疆核桃"的说法。

（原载《云南日报》2010年12月10日）

他善于向书本学习，更善于向实践学习；他在理论联系实际中提高，在批评和自我批评中进步——

杨善洲的工作作风

程三娟　贾云巍　蔡侯友

一个只上过几年私塾的小石匠，是怎么走上地委书记岗位的？和他一起工作的同事、老部下给出的答案不尽相同，但杨善洲勤奋学习求进步、深入实际察实情、勇于改错有担当的工作作风得到了大家的一致称道。

作为一名共产党员，杨善洲不但善于向书本学习，更善于向实践学习；他在理论联系实际中提高，在批评和自我批评中进步，从一名小石匠成长为地委书记。

勤奋学习求进步

"父亲是个很爱学习的人，他有读报听广播的习惯，每晚中央电视台的新闻联播更是雷打不动的必看节目。"杨善洲的三女儿杨惠琴说。

尽管已经知道杨善洲是个爱学习的人，可看到他留下的两大捆工作笔记和学习日记，满满一柜子文稿和大量学习用书、材料的那一刻，我们还是大为惊讶。之前，我们根本没有想到，一个农民式的地委书记会是如此热爱学习的人，更没想到他是真正"活到老学到老"。

学习笔记从上世纪50年代末持续到他辞世前，我们翻到的最远的文字记录写于1958年9月，是杨善洲在四川省委工农干部学校学习时的作业，最近的学习笔记写于几个月前，内容是"中共中央发布廉洁从政八条禁令"。在最新的一本笔记中，我们还看到了"党的十七大报告精神"、"我国应对国际金融危机一周年的五个启示"等内容，并用红笔勾画出了其中的重点词。旧的笔记本因年代久远已经泛黄，新的笔记本上墨迹似乎还未干透。

勤奋学习贯穿了杨善洲的一生。读私塾期间，因为学习认真成绩好，老师有事就由他代教；学习石活手艺时，他是当地有名的石匠二师傅；参加土改工作队期间，他用心吃透了全部的土改政策，工作出色并很快当上了乡区领导；在施甸担任县委书记期间，他通过学习实践摸索，创造了简易的"三脚架、描直线"测水平方法，解决了无测量仪器的难题，有力推动了全县坡改梯工作；担任保山地委书记期间，为了促进山区林业和茶业发展，他经常和技术员在一起，学习科学技术；上大亮山种树后，他每次下山，都会习惯性地走进县委办公楼，翻看近日的报纸杂志……

善洲林场的场部生长着一棵硕大的白玉兰树，林场原副场长自学洪告诉我们，这株白玉兰是建场之初老书记栽种的，在大亮山种树的日子里，老书记经常会抽空坐在这棵玉兰树下读书看报。他最难忘的记忆，是在明媚的春日里，白色的玉兰花将整棵树装扮得异常美丽，身着蓝色中山装、脚蹬黄胶鞋、袖口挽得老高的杨善洲静静地坐在树下看报，夕阳的余晖透过丛林，给满树的白色花瓣和树下的老人涂上了一层金色的光晕。每每回想这个场景，将这美丽的画面尽收眼底的自学洪心里就会涌起一种难言的感动。

在杨善洲家里，我们看到了一张杨善洲躺在病床上看报的照片。他的三女婿杨江勇告诉我们，这是今年9月初父亲生病住院期间拍摄的。当时，病痛的折磨正在加剧，父亲却依然坚持每天看报。"他很喜欢看新闻和历史，尤其喜欢看与毛主席、周恩来有关的故事，我就经常买给他看。"杨江勇说。

杨善洲善于向报纸、书本学习，更善于向实践学习。

"一次我们到宾川县去开会，刚报到完杨书记就拉着我往当地的果园跑，'这里的水果种植搞得很好，我们去看看'。到了果园里，他就像小孩子进了游乐园，兴奋得不得了，拉着技术员问这问那，后来我们还真从宾川取了真经回来。我们这里有种梨，能长到小西瓜那么大，很好吃，我们叫它大拽梨，这个大拽梨就是当年杨书记从宾川嫁接过来的。"曾在杨善洲身边担任过11年秘书的祝正光说。

杨善洲不但自己善于学习，也要求全区的党员干部和身边的人注重学习提高。

1971年7月，保山地委决定调胡应舒到地委工作时，杨善洲勉励他说："你到这里是来学习的，是来工作的，是来为大家服务的。"这句话胡应舒一直牢牢记在心里，落实到了行动上。近40年后，胡应舒这样评价杨善洲："他一生都在勤奋学习，一生都在勤奋工作，一生都在为人民服务。"

深入实际解难题

杨善洲不但做到了"身"入实际，更做到了"心"入实际。

"杨书记在我家楼上住了八九年，但我很少看到他在家。"在保山老地委大院和杨善洲做了很长时间上下楼邻居的退休老干部张玉龙说，"有时候很晚他会到我家来，问有没有冷饭，有没有咸菜吃。"

杨善洲到底在忙些什么？我们在杨善洲的房间里找到了答案：一箱已经磨损得很破烂的鞋子，一箱各种各样的矿石。鞋子是长年累月走村入寨中磨烂的，矿石是在跋山涉水中捡回来的。"书记之所以爱走路，是因为通过走路可以更细致地掌握保山资源分布情况。"张玉龙说。

深入农村，了解农民的生产生活是杨善洲一贯的工作作风。1982年，全地区的土地承包工作完成以后，为了掌握第一手资料，有一天，杨善洲来到施甸县了解情况。到了保场公社后，他对驾驶员赵从德说："小赵，我要到处看一看，你等着我，如果到天黑不见我回来，你自己去找吃住。"说完下了车，取出车后厢的大竹叶帽扣在头上，向地委在保场的样板田走去。赵从德守着车等到天黑，还是不见老书记的身影，于是驾车到了施甸县城，在县城招待所住了一夜。第二天他又开着车回到保场。眼看太阳偏西，又是一整天过去，还是不见老书记，他有些急了，亲自找到保场样板田，在那里遇到了一个老汉："大爹，你见着一个戴大竹叶帽，穿黄胶鞋的人吗？""哦，是不是姚关口音的那个老倌儿？""是，你见他去了哪里？""和我说了一些话，卷了支草烟就走了，我约他到家里吃饭，他说要去老麦的东山。"

又把书记跟丢了！赵从德赶紧到县委会说明情况，县委会赶紧联系老麦公社，对方说是有个戴竹叶帽的老倌来过这里，喝了杯水就走了。直到第二天中午，木老元公社给县委会打来电话，说地委书记在他们那里。木老元是历史上施甸最贫困的民族山区，交通不便，距离县城20余公里，从保场到老麦，又走到木老元，杨善洲究竟走了多少户人家、几个大队，行走了多少里崎岖山路，只有他自己知道。

20多年后，年过五旬的赵从德讲起当时的情形，依然感慨不已："在木老元的石门坎见着老书记时，他的黄胶鞋早已成了泥巴鞋，一脸的笑意，我却忍不住哭了。"

杨善洲不但做到了"身"入实际，更做到了"心"入实际。

上世纪80年代初的一天中午，杨善洲走出地委机关大院，上街去转悠，打算买点糖果带给母亲。称好糖果后，商店营业员却不给包装纸，杨善洲伸手取下遮阳帽，让营业员把糖果倒进了帽子里。返回机关后，他通知办公室立即召集各处局委办领导到地委会议室开会。与会人员到齐后，杨善洲让"先吃糖后开会"。当大家沉浸在吃糖的轻松活跃的气氛中时，杨善洲开始讲话了："大伙知道你们吃的糖是怎么带回来的吗？是装在帽子里带回来的，原因是商店不提供包装纸。我认为这不是个小问题，现在我们的商业、饮食、服务等第三产业正在蓬勃发展，在这些细节问题上不注意，会给人民群众造成很大的不便。为人民服务不是空喊口号，而要实实在在，落在具体问题上，为群众办实事。"

"杨书记经常会发现一些我们发现不了的问题，不但因为他走遍了保山的山山水水，更因为他有一颗贴近群众的心。"杨善洲昔日的老部下说。

1983年，杨善洲到龙陵县调研，听身边工作人员说位于高寒山区的龙新乡菜子地村委会生产生活情况极为艰苦，便和工作人员一起去菜子地考察了解情况。走进异常破烂简陋的诊所时，他一边向卫生员了解情况，一边仔细观察诊所的设备条件。当目光落到卫生员在锅里煮着的针管时，杨善洲怔住了：锅里的针管已经破裂，因为买不起新的，卫生员只好用火麻绳捆起来继续使用。医疗条件差到这种地步，深深刺痛了杨善洲的心。他立即赶往县城嘱咐县长："这样的问题一定要重点帮助解决，群众的医疗条件差到这种地步，我们有责任啊。"

因为深入实际，杨善洲还发现了很多德才兼备、工作务实的优秀干部。当年，在杨善洲下乡时发现并提拔使用的干部中，黄炳生担任地委书记时只有41岁，段兴祥担任县委书记时只有30岁，杨文虎担任公社党委书记时只有19岁。"他下乡只有秘书、驾驶员陪同，也不提前通知当地干部，常常是他已经到田地上查看过了，深入群众中访问过了，才到县里、区里。所以，人民群众对哪个干部满意不满意他一清二楚。" 杨善洲昔日的老部下杨习超说。

勇于改错有担当

也正是因为善于发现自己工作中的不足，善于开展批评和自我批评，并在改进中不断提高，杨善洲才更受到了大家的敬重。

杨善洲并非完人。在一片赞扬和叹服声中，也有人传出不同的声音，认为他在推行家庭联产承包责任制的问题上没有及时跟上形势的变化。

上世纪70年代末80年代初，家庭联产承包责任制刚刚在云岭大地推行。当时，杨善洲思想上有顾虑，工作上没完全放开手脚。对此，他一直耿耿于怀。1981年1月17日，他在全区公社党委书记会上说，"在贯彻党中央的方针政策过程中，我们经历了一个从不觉悟、不理解到有所觉悟有所理解的逐步认识过程。我们一旦认识到党中央方针政策的正确，就要结合自己的实际情况坚决贯彻执行。"杨善洲是这样说的，也是这样做的，在他的带领下，家庭联产承包责任制迅速在全区推开。但是，对于自己因认识不到位所导致的工作没有及时到位的失误，杨善洲始终不能原谅自己。

在杨善洲的文稿中，我们发现了一份写于1985年9月12日的对照检查，其中就深刻反省了这个问题。对照检查写道：我随着家庭承包制的实行给农村带来可喜的变化而逐步认识到自己在思想上和行动上的错误。突出的是：把在农村推行生产责任制当作是解决群众温饱问题的权宜之计，认为：在山区困难的社队应该包产到户，相对好一点的高产坝区，不能包产到户。所以就制定了一些框框。尤其错误的是，讲过一些违背群众意愿的话。另一个原因是：我长期形成了一个固定的模式，集体所有，共同劳动，统一分配，才算公有制；担心包产到户以后，农田水利建设，几十年搞起来的公共积累会受到损失，"四属"、"五保户"的困难不好解决，怕把承包到户变成分田单干，会偏离社会主义农业集体化的方向。由于有这些错误认识，在推行家庭承包制的过程中，曾经批评过一些积极主张推行家庭承包制的同志。事实证明，这些同志的意见是正确的，我对他们的批评是错误的。虽然我在干部会议上，在一些群众会上作过公开的检讨，承认错误，承担责任，但错过了时机，全区实行家庭承包制比先进地区慢了一两年，影响了农村经济的全面发展……

一个出身贫苦农家的苦孩子，在新中国成立后从一个"押山"的佃户变为有土地的农民，并走出大山，投入到轰轰烈烈的中国特色社会主义的伟大事业中。30年后的今天，我们依然可以感同身受得到那场具有划时代意义的变革最初带给他的阵痛和担忧。当实践证明，这场变革更有利于中国特色社会主义事业发展时，杨善洲意识到是自己的思想认识出了问题，并主动承认错误，承担责任，转而大力支持农村联产承包责任制的推行。

在1985年的一次培训区、乡干部的讲话中，杨善洲指出：生产责任到户后，干部队伍不仅要思想上责任到户，指导思想和工作作风也要有一个大的转变，要深入到户，联系帮助一些重点户，推广先进的科学技术，通过一批重点户去影响带动广大群众发展生产。

"共产党之所以先进，共产党员之所以优秀，不是因为他从不犯错误，而是犯错之后能及时改正，深化提高认识，取得新的更大的进步。"杨善洲昔日部下、曾任保山市委常委、市委宣传部部长的退休干部傅宗明说，"也正是因为善于发现自己工作中的不足，善于开展批评和自我批评，并在改进中不断提高，老书记才更受到了大家的敬重。"

事实上，早在解放初的土改中，杨善洲就因为将一户上中农错划成了地主而在群众大会上作过公开检查。当时他想不通，认为自己刚入党，公开检查会影响共产党在人民群众心目中的形象，事情的结果完全出乎他的意料：老百姓称赞说共产党犯了错敢检讨，敢于承担责任。在2005年3月5日的革命传统教育发言稿中，杨善洲仍然提到了半个世纪前这次公开检讨："后来群众反映好，说共产党与国民党有根本区别，干部错了敢公开检讨，挽回了党在群众中的影响，这个检讨是值得的。"

（原载《云南日报》2010年12月9日）

他把大家看得比小家更重要，把草帽看得比乌纱更珍贵，把奉献看得比索取更快乐，燃烧一生温暖了这片为之不懈奋斗的土地——

杨善洲的人格魅力

程三娟 蔡侯友 高丽明 贾云巍

深入采访杨善洲事迹期间，我们总在不停地思考：为什么他生病住院期间，很多素不相识的普通百姓前去探望；为什么他去世落葬时，上万干部群众为他洒泪送行；为什么他魂归青山后，人们依然对他念念不忘……

纵观杨善洲的一生，他始终坚信大家比小家更重要，草帽比乌纱更珍贵，奉献比索取更快乐，这是杨善洲对公生明、廉生威的生动诠释，也是杨善洲人格魅力的形象彰显。

在他心中，大家比小家更重要

正是基于这样的认知和人生价值判断，他用一生镕铸出一种让人们敬重的无私品格，成就了豁达而"无我"的博大人生。

杨善洲昔日身边的工作人员段兴华讲述了这样一件事：1982年六七月间，他陪杨善洲到当时的保山县瓦马彝族白族乡去调研。这是保山县最为偏远的乡镇，因为道路交通条件差，他们坐车走了6个小时才到瓦马乡。在瓦马小学，杨善洲关切地问起老师们的待遇情况，得知学校校长杨盈昌1961年响应党的号召离开县城来到了不通公路不通电的瓦马小学、至今已在这里工作超过20年时，杨善洲感慨地说，这样的老师真不简单。得知杨盈昌的妻子和两个孩子都还在农村，家里生活很困难时，杨善洲沉默了，神情变得凝重。回去后，他迅速把了解到的情况反映到地委。一段时间后，杨盈昌等一批教师听到了他们的家属可以办理农转非的喜讯。

"老书记一直很关心教育发展。"段兴华说。为杨盈昌等老师的家属办理农转非之后不久，在次年年初召开的地委三级干部会议上，杨善洲指出，"要抓好农村普及小学教育工作，针对当前农村的情况办教育。除了办全日制小学外，还要大办早晚班、扫盲班、夜校，有计划地改进教学内容……"

在农转非被誉为"鲤鱼跳龙门"的年代，杨善洲基于发展教育事业的大局考虑，促成了保山地委关于教师家属农转非相关政策的出台，解决了杨盈昌等一批骨干教师的家庭困难。而在自己家人的农转非问题上，杨善洲始终不让办理，理由是：大家都去吃商品粮了，谁来种粮食？

2010年11月底，当我们找到年逾七旬的杨盈昌时，他的儿女都已经在城里工作，老两口正在昌宁县城享受着舒适安逸的晚年生活，而杨善洲的老伴却依然还是大山深处清贫度日的普通农民。直到今天，杨盈昌老人都不知道他的家人当初之所以能够农转非，是由杨善洲一手促成，更不知道杨善洲始终都没有为自己家人办理农转非。

乡亲们说，杨善洲忙活了一辈子，从不想着为自己捞好处，而是把全部的心思扑在为人民服务上。

上世纪60年代初期，老家来人向时任施甸县委书记的杨善洲反映：因为吃不饱肚子，大家约着到湾甸坝的亲戚家去借粮，但粮食在运回途中被某民兵队长以"倒卖黑市粮"为由全部没收。杨善洲闻讯连夜赶了60多公里山路回老家，安慰乡亲们不要着急，事情一定会得到妥善解决，并将家里所剩不多的粮食全部拿给了乡亲们。一位老农流着泪说："善洲啊，你把粮食都给了我们，家里老老小小可怎么过？"他说："家里没有，我去借。"

杨善洲很爽快地把自家的口粮拿给了乡亲，却不允许家人吃救济粮。

1986年，保山地委下派到施甸姚关乡任副乡长的一个年轻人了解到杨善洲在老家的老母亲已经80多岁、全家8口人只有两个劳动力、家里生活实在困难的情况，便跟民政部门商量，买了两百斤粮食送去接济。杨善洲知道后，狠狠地批评了那个下派干部，并叫家里将粮食送回去，说目前山区还普遍困难，接济要接济比我们更困难的家庭。

"我出来工作，就是抱着对共产党的感激之情出来的，共产党的远大目标就是要使我们的整个民族都要富裕起来。国家发给我工资，我怎么能够只想到我的一家人呢？"事后有人问起时，杨善洲这样解释。

杨善洲的人生坐标从来是以党和人民的需要为基点，他从来都认为大家比小家更重要。正是基于这样的认知和人生价值判断，他用一生镕铸出一种让人们敬重的无私品格，成就了豁达而"无我"的博大人生。

在他心中，草帽比乌纱更珍贵

就是靠着这种骨子里和农民的亲近感，他将朴实和崇高完美地统一在一起，塑造了难能可贵的"草帽"书记形象，赢得了人民群众发自内心的敬重。

1994年9月一个雨天的下午，施甸县万兴乡林业检查站。伴随着一阵"嘟嘟嘟"的声音，一辆手扶拖拉机停在了检查站门口。工作人员李军见状

打开了大门，看到拖拉机上下来一个老人，右手拎着一顶湿漉漉的竹叶帽，左手拎着一个山里人常用的白布口袋，头戴蓝色粗呢帽，身穿洗得泛白的蓝色中山装，脚上穿着粘满泥巴的黄胶鞋。"哎，老倌，有什么事？"李军问道。"我种的苹果和梨，给你们尝尝！"老人一脸笑容，把布口袋递给他。这时，拖拉机驾驶员过来说："这是老地委书记杨善洲。"李军愣住了。他正惴惴不安时，老人说话了："你是新来的吧，不怕不怕，叫老倌还亲热呢。"老人开始四处打量检查站的工作环境，看到站里没有茶叶，他说："下次给你们送点茶叶来。"后来，老人果然让驾驶员送来了2袋1斤装的茶叶。

这是施甸县林业局副局长李军对杨善洲最初的记忆。多年以后，想起老书记冒着雨、坐着拖拉机颠簸了20多公里山路给他们送来自己亲手种的水果，他的齿间总有一种酸酸甜甜的滋味，心头仍然被暖暖的感动萦绕。"再难碰到像老书记这么朴实的人了。"李军说。

杨善洲就是这么朴实。他始终认为乌纱和光环都是过眼云烟，始终认为自己是劳动人民群众中的一员；头戴乌纱30多年，他最珍视的还是头上的那顶竹叶帽，还是和人民群众之间水乳交融的情感联系。"像你这样朴实的地委书记不多了。"1980年10月，时任中共中央总书记胡耀邦到保山考察工作得知杨善洲亲自做示范抓农业生产后，这样亲切地说道。

杨善洲就是这么朴实。他从不讳言自己来自农村、当过石匠，甚至很得意自己掌握了这样一门手艺。有一年雨季回到老家，他看到雨水淋湿了他的石匠工具，就郑重其事地对老伴说：你要好好收起我的这些石匠工具！等以后我不当官儿了，回来还要靠它吃饭！担任保山地委书记期间，他有一次从保山到施甸，途经县城北侧三岔河时，看到石工正在支砌桥墩，工地叮叮当当一片打石声，便停下脚步走向打石处。看到有个年轻人，技术不熟，便指点说："钻子要捏紧，下锤使点劲。"突然冒出个师傅来，年轻人有点不服气了："你来打给我瞧瞧！"杨善洲卷起袖子，笑笑说："我来试一试。"他左手捏钻，右手拿锤，打起石头，火星四溅，一会便打完了一个石面，年青人虽不言语却露出佩服的神色。很快，地委书记三岔河闸桥当"石匠"的故事便在当地流传开来。

杨善洲就是这么朴实。上大亮山种树后，出于方便他进城办事住宿的考虑，施甸县在老马水库边批给他一块地皮，供他建盖住房。他亲自动手好不容易盖起了一幢二层小楼后，考虑到林场职工到县城办事不方便，职工子女读书没住房的问题，杨善洲自己没住，而是把住房改作林场的招待所，只要是林场的职工进城办事，提前说一声，就留好钥匙，随时进去住宿。林场职工提出支付住宿费、水电费，被老书记拒绝了："大家跟着我上山，工作辛苦，工资又不高，不能增加林场和职工的负担。" "我和子女在老书记的房子里住了3年，杨应仙家也住了3年，老书记却没有住过一天，也没要过我们半分钱的房租费。" 林场技术员段青说。

一个农民出身的地委书记，将朴实和崇高完美地统一在一起，塑造出了难能可贵的"草帽"书记形象，赢得了百姓发自内心的敬重。乡亲们用民谣表达了对这位朴实的"大官"的喜爱：家乡有个小石匠，做官做到师首长，不改腔，不改装，和爹耕地，和娘插秧，一身泥，一身汗，首长不像，像什么？跟我们老百姓一样！

在他心中，奉献比索取更快乐

乡亲们说，老书记的人生字典里没有"贪"字。是啊，一个一心只想着老百姓、一生都把奉献视为最大快乐的人怎么可能会有贪念呢？

杨善洲走了，他有没有留下些值钱东西？怀着这样的好奇，我们走访了林场职工。他们说，老书记留下一张自制的单人床、一张自制的办公桌、两个小凳、一个火盆、一把被火烟熏得黑黢黢的烧水茶壶、一个同样被熏得黑黢黢的中药罐子、一顶竹叶帽、一领蓑衣、一盏马灯、一把小铁锤、一把砍刀、一双破旧的解放鞋、一大堆还没有用完的药瓶……"都说叫花子搬家还有三担，老书记连一担也没有！" 林场职工含泪说。

家里会不会有呢？我们走进了老书记在地委的宿舍。我们根本不相信这是一位老地委书记的房间：单薄的硬板床，简陋的衣柜里挂着几件年代不详的旧衣服，装满文件材料的书柜，一张旧办公桌，两捆工作笔记和学习体会记录本，一箱破烂不堪的鞋子，一堆放在床底的劳动工具，一大箱放墙边用纸张一一包裹起来的各种矿石。我们拿出一块拆开包装纸想看个究竟，矿石的刺鼻气味瞬间弥漫了整个屋子。

"我这人没有发财的命，也不想发财，只想实实在在做点事！"杨善洲常说。

植树造林20多年间，杨善洲一共从省里争取到900万元资金，但他一分钱奖励都没要。"提了奖金，林子就造不起了呀！再说这是公家的钱，我咋好意思提？"他说。

奔波在争取造林资金的路上，杨善洲总想着怎么省钱。2008年，有一天他忽然"失踪"了，手机怎么也打不通，家人提心吊胆找了一天，第二天一早接到了他打来的电话，说自己坐夜班卧铺车到省城昆明，正在去省林业厅的路上；2009年，他决定再次上省城争取造林资金，三女婿不放心要求一起去。"你去开销太大，增加负担，我自己去就行了。""你再这样，我们就不让你去了。"三女婿急了。杨善洲这才勉强同意他跟着，却坚持路上的费用自理。

2009年底，鉴于老书记为保山经济社会发展作出的突出贡献，市委、市政府为其颁发特别贡献奖并给予一次性奖励20万元。当家人把办好的存折交到他手上时，他开心得合不拢嘴，捧着存折看了又看，说自己从没有拿过这么多钱，还兴致勃勃地和家人商量这笔钱该怎么用，可商量来商量去，最终还是决定把钱用在最需要的地方。就这样，除了留下4万元给让自己愧疚一生的老伴，他把10万元捐给了保山一中用于资助贫困生，6万元捐给林场修缮哨所和昌宁县湾甸乡修建温泉浴池。

刚参加土改工作队时，杨善洲只领正式工作队员一半的工资，大家叫他"半个土改队员"。他笑着说："跟着共产党干，工资发不发都一样。"

在地委工作20年，杨善洲长年深入基层，却从未报销过下乡补贴。原保山市总工会主席徐德武在杨善洲身边工作了两年半，坚持给他办理下乡补贴，并开了存折攒起来。1978年杨善洲在大官市林果基地听说当地群众搞林业经济多种经营想养蜜蜂，但是没钱买蜂箱、蜂种时，就问起了徐德武攒的出差费，一问原来已经有400多元了，高兴地说："这下解决大问题了，你把钱全部给他们，用来买板子打蜂箱，让群众把蜜蜂养起来。"

退休后上大亮山种树，杨善洲经常为林场垫支，却从不主动报账，财务人员找他报账，他说不怕，场里没有钱，先挂着。

他过世后，各地干部群众纷纷前往吊唁，并备好礼金想向这位一心为民的好干部表达一份心意，却看到了概不接礼的公告。他生前留下遗愿，要求丧事简办，不接礼，不酬客，悄悄地来，悄悄地走。

杨善洲不是不需要钱。1980年，老家的房子年久失修，每逢下雨便到处漏雨，妻子捎信让他拿点钱修房子，他勉强凑了600元钱，告诉妻子钱不够就买几个盆盆罐罐接一下漏雨；1988年，为了办事方便，杨善洲在施甸县城盖了一幢房子，却因无力归还欠债又卖了出去；因为没钱支付140平方米的厅级干部福利房所需的8万元房款，他一直和三女儿一家住在上世纪90年代初建的老地委宿舍房里。

乡亲们说，老书记一生都在想着为老百姓做好事，他的人生字典里没有"贪"字。是啊，一个一心只想着老百姓、一生都把奉献视为最大快乐的人怎么可能会有贪念呢！

（原载《云南日报》2010年12月15日）

徐永清，男，汉族，祖籍山东潍坊，1962年5月出生于安徽合肥，1979年9月入伍，1984年7月入党，1984年8月参战，现任成都军区昆明总医院骨科主任，全军骨科中心主任，主任医师，专业技术4级，文职3级，医学博士，博士生导师，博士后联系导师。

徐永清入伍31年，5次荣立三等功，获得国家和军队科技进步奖29项，发表学术论文200余篇，主编和参编医学专著16部，荣获全国第四届"中国医师奖"，享受国务院政府特殊津贴、军队优秀专业技术人才岗位津贴，被总政列为军队高层次科技创新人才工程的学科拔尖人才培养对象，先后被军区表彰为首批卫生杰出人才、医德医风先进个人，被军区联勤部评为"学习成才标兵"、"优秀基层主官"，被中国经济报刊协会、中华工商时报社、影响力人物杂志社授予"中华之魂十大卓越人物"。担任中华医学会显微外科分会副主任委员、中华医学会手外科学会常委、全军显微外科学会副主任委员、全军肢体伤残委员会副主任委员、成都军区骨科专业委员会主任委员、云南省医学会常务理事、骨科主任委员。从事手外科、骨科专业近30年来，徐永清同志团结带领科室医务人员扎根云南边疆，牢固树立以人为本理念，坚持以高尚的医德、高超的医术、饱满的热情服务部队官兵和少数民族群众，被誉为"全心全意服务边疆军民的大爱名医"。

爱在彩云之南

——记成都军区昆明总医院骨科主任徐永清

赵丕聪　李　梅　于鸿涛

3月4日上午，成都军区昆明总医院骨科中心病房门口出现感人一幕：云南省文山州壮族姑娘陆明媛将"医术精湛、医德高尚"锦旗送到这里。她眼含热泪说："是骨科主任徐永清保住了我被两家医院判定要失去的左腿，我和全家将永远记住徐主任的大恩大德。"

这是徐永清满腔热忱服务边疆军民的一个缩影。徐永清这些年带领全科人员立足本职岗位模范践行科学发展观，救治骨病伤患者近30000名，被军内外患者亲切地誉为"全心全意服务边疆军民的大爱名医"。近日，全军深入学习实践科学发展观活动领导小组，要求突出宣传徐永清立足本职模范践行科学发展观的先进事迹。

查找为兵服务"短板"

徐永清口袋里常常揣着一个记满部队患者名字、病情、联系电话的记录本，他说："有了它，就可以缩短抢救战士生命的距离。"在徐永清看来，把医疗服务窗口延伸到离保护生命最近的地方，官兵的生命健康才能得到有效保障。在他倡议下，骨科带头查找为兵服务的短板，推出部队医疗信息联系制度、部队伤病员回访及伤病情收集归档制度、挂钩帮带部队医疗技术制度、部队伤病员享受最佳服务制度等。

说起徐永清及时抢救患者生命的事，"中国武警十大忠诚卫士"、四川省武警总队副参谋长刘景波有着切身体会。

那年8月，刘景波带队搜捕毒贩时，身受重伤，生命垂危。

徐永清带领科室专家、医护人员像指挥打仗一样，立即对其实施清创骨折复位、肩外展架固定术，并要求全科人员对其进行最精心的护理。由于医治及时，呵护精细，不仅挽救了刘景波的生命，还避免了后遗症。徐永清对士兵患者也倾注深情。一年四季从早到晚，不管有多忙，只要官兵找他看病、咨询，他都一视同仁，热情对待。

边防战士小高至今记得，徐永清为挽救他的生命付出了莫大代价和艰辛。两年前的一天下午，小高在施工时不小心触到高压电线，转送到昆明总医院骨科抢救时已处于昏迷状态，情况万分危急。当时，有两种抢救方案摆在徐永清面前：一是马上截肢，代价不大风险小，但小高将留下残疾；二是保肢救治，但风险大代价高，搞不好会有损徐永清和骨科的声誉。有人建议采用第一种方案，徐永清不同意："战士的利益大于天。我们不能为了个人声誉，不顾战士后半生的幸福。要保肢救治，这个风险我来担！"经过6次复杂手术，花费10多万元，历时5个多月，小高康复出院。这种只要官兵病情需要就不惜一切代价救治的做法，在成都军区昆明总医院骨科已形成制度。仅去年以来，这个科补贴基层边防官兵身上的医药费就达2000余万元。在这个科为兵服务登记本上有这样一组数据：该科这些年共补贴军队伤病员医疗费用8000多万元，巡诊治病1300多人(次)，有130多名部队骨伤患者痊愈重返训练场，有36名重症官兵获得第二次生命。

"培养官兵身边的医疗专家"

徐永清常说："军队医院服务的重点，永远是保障战斗力！"他带头树牢"平时保健康，战时保打赢"理念，紧盯世界军事医学前沿，着眼实战和临床需要，带领科室医护人员上高原、走边防，潜心探索研究踝关节、膝关节战创伤防治等难题，使四肢血管战创伤显微外科技术、异物损伤周围神经并存留体内诊治等25项科研项目取得重大突破。他带领科室将国内外一些先进的断指再植技术加以消化、吸收，不断创新，取得"掌短肌皮瓣移植修复拇指指腹缺损"、"游离皮瓣移植及足趾移植再造断指再植"等5项新技术成果，使近几年该科断指再植手术成功率达98%以上。

针对部队训练中腰腿痛病增多的现象，2007年2月，徐永清带领科室医生专程到驻滇某高炮旅调研，编写出《军事训练伤防治指南》一书，为基层部队防治训练伤、保障战斗力提供及时有效的帮助。他提出为边防部队培养一批"兵专家"、"兵医生",从根本上解决其缺医少药状况。在徐永清帮带下,一大批边防部队进修医生迅速成长,成为官兵身边的医疗专家。

"真情倾注村村寨寨"

凡是被徐永清看过病的少数民族群众都有一个感觉,就是他"真情倾注村村寨寨,对患者始终抱有浓浓的关爱"。

对边远山区的贫困患者,徐永清想方设法替他们节省开支,有时还主动替他们贴上医药费。徐永清要求科室医生每次手术之前一定要制定最合理的手术方案,让病人尽量少花钱,少受折腾。

家住云南曲靖山村的农妇朱云芬说起徐永清帮助她住院治病的事,总是忍不住热泪盈眶。

去年8月朱云芬上山打柴受伤,住进总医院骨科,由于家里穷,不到一个月连基本的生活费都没有了,急得掉泪。徐永清知道后上病房安慰她,还掏钱给她买了鸡蛋、挂面、火腿等,并减免部分医疗费用,确保朱云芬治愈出院。朱永芬感激地说:"徐主任比我亲人还亲。"

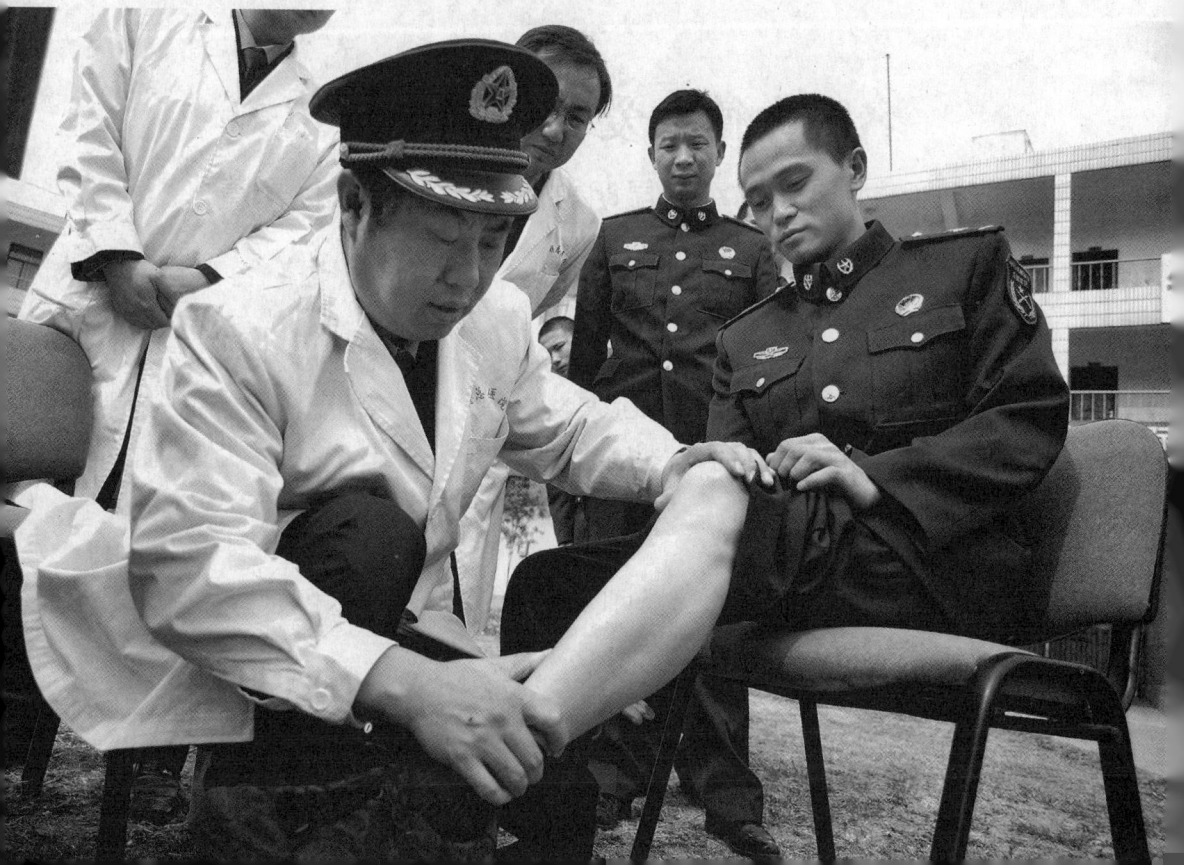

针对南疆少数民族群众缺医少药的状况，徐永清提出建立一套定期到边疆义务巡诊制度，为特困少数民族群众实行免费医疗，仅此一项骨科每年就要补贴医药费10多万元。在医院党委大力支持下，徐永清带领骨科医护人员与一些州、市、县医院结成帮扶对子，努力帮助地方培养优秀医疗骨干。从边远地区前来跟随徐永清学习进修的基层医务工作者，每年少则50多名，多则上百名，而今他们大多数人已成为州、市、县医院技术骨干。

徐永清因热忱服务边疆军民享誉大西南。他有29项成果获得国家和军队科技进步奖，4项新业务填补国内空白；徐永清荣获全国"中国医师奖"，被总政列为军队高层次科技创新人才工程的学科拔尖人才培养对象，5次荣立三等功。

（原载《光明日报》2010年3月30日）

名医大德大爱　造福千里边关

——记成都军区昆明总医院骨科主任徐永清

刘道国　于鸿涛　李　梅

徐永清是成都军区昆明总医院骨科主任、全军骨科中心主任，先后有29项成果获得国家和军队科技进步成果奖，4项新业务填补了国内空白，在骨科界可谓赫赫有名。他的口袋里常常揣着一个记满患者名字、病情、联系电话的记录本。别人不解：你一个大名医，都是病人找你，你记病人的名字干啥。

徐永清说："有了它，我就可以缩短抢救病人生命的距离。"

一句话尽显名医大德。

不但要看病，还要找病人

驻云南边防某部战士小王病了，辗转几天才到昆明总医院看病。此事让徐永清大吃一惊，如果病情紧急，当时又没有及时正确的早期处理，后果不堪设想。

追问下去，部队领导道出难处：部队卫生员技术不过硬，想找名师指点有效处置又不知找谁。

通过进一步了解，徐永清发现像小王这样的情况并非个例。因点多线长，边防官兵"小病拖成大病，轻伤拖成重伤"，"看病难、就医难，看名医更难"的现象不同程度存在。

此事深深刺痛了徐永清的心。在提高为部队服务质量的座谈会上，他道出了自己的想法：只有把医疗服务窗口延伸到离保护生命最近的地方，官兵的生命健康才能得到有效保障。

在他的倡议下，骨科带头推出了部队医疗信息联系、部队伤病员回访及伤病情收集归档、挂钩帮带部队医疗技术、部队伤病员享受最佳服务等制度。徐永清既是制度的倡导者，更是模范的执行者。

驻滇某高炮团战士小周，有一天突然觉得手腕很疼，不仅无法训练，晚上还疼得睡不着觉。他跑了几家知名大医院，都查不出病因，非常着急。

徐永清通过部队医疗信息联系制度了解到这一情况后，立即主动向患者提出诊治要求。经过检查，徐永清明确诊断：引起手疼的原因是手舟骨陈旧性骨折导致畸形、骨不连，受伤时小周没留意，所以伤势已拖了一年半左右，增加了手术难度，必须马上送到医院进行复位、植骨手术治疗。在徐永清的精心诊治下，经过4个月住院治疗，小周终于康复出院，重返训练场。

徐永清常说，边防部队官兵长年累月驻守在条件艰苦、气候恶劣的边关，他们来治病，我们更应该多给一些关爱。这些年来，随着职务的升迁、学术地位的提高，徐永清越来越忙。但不管有多忙，只要官兵有需要，他都从不推诿。每天，找他看病、咨询、做手术的官兵络绎不绝，无论是将军还是士兵，徐永清都一视同仁。

驻滇某部的陈宽谈起徐永清，感慨地说："我们既敬重徐医生的精湛医技，更折服于他的高尚医德。"

不但要救命，还要考虑病人的幸福

两年前的一天下午，边防战士小高随部队外出执行施工任务时，不小心触碰到高压电线，强大的电流瞬间将他击倒在地，造成严重伤害。由于就地治疗条件有限，当部队官兵将小高转送到昆明总医院骨科抢救时，小高已处于昏迷状态，情况万分危急。

当时有两种抢救方案摆在徐永清面前，一是马上截肢，代价不大风险小，既可以方便治疗，又能减少自己承担的医疗风险，但小高将永远成为残疾人；二是坚持保肢救治，小高的腿有可能保住，但风险大代价高，如出现严重感染，导致并发症，后果难以预料。

有人认为第二方风险太大，搞不好会有损徐永清和骨科的声誉，建议采用第一种方案。徐永清坚决不同意："战士的利益大于天，年纪轻轻就失去了腿，将给他一生造成痛苦，我们不能为了个人声誉，而不顾战士后半生的幸福。采用第二方案救治，这个风险我来担。"

静静的无影灯下，徐永清与骨科几位专家同台实施手术，清创、植皮、移植皮瓣……经过5个多小时的紧张急救，徐永清和他的同事不仅把小高从死亡线上拉了回来，而且保住了小高的腿。目睹此情此景，护送小高来院救治的部队领导和战友掉下了热泪。

不但为军服务，还要为民服务

"边疆地区医疗技术条件较差，少数民族群众就医看病较难。我们一定要刻苦钻研，勇攀医学高峰，争取用一流的医疗技术服务边疆群众。"这是徐永清常说的话，也是他常做的事。

一天深夜，一群人推着一个受伤的女孩冲进昆明总医院骨科医生办公室，焦急地对值班医生说："医生，快看看她的手，还能不能保住？"

这位被推进骨科治疗室的女孩叫王小玲，年仅15岁，来自云南楚雄彝族自治州禄丰县一个小山村。放学回家时，小玲突遇车祸，右手被车外墙壁挤压成毁损伤。跑了几家大医院，都说这孩子的手保不住了，必须截肢。小玲的父母抱着最后一线希望，带着孩子连夜赶到昆明总医院求医。

当时，值班医生发现小女孩的手损伤严重，能否保肢，一时拿不定主意。正犹豫不决时，闻讯赶来的徐永清仔细查看伤情后，肯定地说：可以保肢。随后，他连夜为女孩做手术。当他拖着疲倦的身体走下手术台时，天色已亮。

一个月治疗后，小玲的右手恢复了基本功能，保肢的"奢望"成为现实。

彩云之南，关于徐永清的神奇医术在各族人民中传颂。他为边远地区少数民族培养的后起之秀，又在更多地造福边疆各族人民。

（原载《中国青年报》2010年4月3日）

大爱撒边关

——成都军区昆明总医院骨科主任徐永清服务边疆军民纪事

刘道国 于 李 杨 彪

3月下旬，记者在成都军区昆明总医院附属骨科医院为兵服务记录本上看到这样一组数据：近年来，该科共补贴军队伤病员医疗费2000多万元，巡诊治病1000余人次，在总医院骨科主任徐永清和医护人员的精心治疗下，先后有1300余名部队患者康复重返训练场，36名重症官兵获得新生。透过这组数字，可以再现徐永清坚持以人为本、全心全意服务边疆军民的感人事迹。

"医疗无小事，事事关人命，维护官兵生命健康是我们应尽的责任。"

去年11月，云南省军区通信营战士苏凌，训练中不慎导致骨折，住进该院骨科病房，一心想让徐永清主刀做手术。得知消息后，徐永清专门来到小苏的病房，承诺第二天就给他做手术。

手术很成功，小苏很感动。每天查房时，徐永清都要关切地询问小苏术后康复情况。有人不解地问："徐主任，您是知名专家，何必为一个兵劳神费力？"徐永清严肃地说："医疗无小事，事事关人命，维护官兵生命健康是我们应尽的责任。一个边防战士千里迢迢来住院很不容易，我们不能凉了他的心。"

徐永清对部队重症患者高度负责，对一般病情也不马虎。在他看来，边防官兵长年累月在艰苦环境中默默奉献，应该多给他们一些关爱和温暖。这些年来，徐永清看门诊、做手术、搞科研、带研究生、抓科室建设、参加学术活动……一年到头没多少休息时间，每天找他看病的官兵络绎不绝。但不管多忙，只要官兵来求医，他从不推诿。近年来，徐永清先后主刀为100多名战士做过手术。

"只要能挽救战士的生命，花再大的代价也值！"

医疗行业是一个高风险行业，医生注定要与风险同行。

两年前的一天下午，随部队外出施工不慎被高压电流击倒的驻滇某边

防部队战士小高，脖子和右小腿大面积皮肤坏死、胫骨裸露，导致严重骨髓炎，伤口部位不断流脓血。如果立即截肢，代价和风险都很小，但这样一来小高将永远成为残疾人；如保肢救治，小高的腿有可能保住，但也容易出现严重感染导致并发症，风险太大。

"这个风险我来担！我们不能只想着个人声誉而不顾战士后半生的幸福。"徐永清坚持进行保肢救治。清创、植皮、移植皮瓣……经过5个多小时的紧张抢救，他凭着精湛的医术，终于保住了小高的右小腿。护送小高来院救治的部队领导和战友，感动得热泪盈眶。

为挽救患者生命，徐永清敢担风险，不惜代价。去年9月，驻滇某部战士李泽因车祸导致身上多处骨折，生命垂危。被送到昆明总医院骨科后，副主任汤逊当即带领值班医生会诊，精心研究救治方案。从伤情程度看，把战士从"死神"手中抢救回来并恢复健康，不仅需要较长周期，牵扯科室医护人员大量精力，还要补贴一大笔医疗费。徐永清鼓励汤逊说："你就放心地治疗，只要能挽救战士的生命，花再大的代价也值！"经过逾百天不懈努力，小李从入院到出院，医院累计补贴医药费达13万余元。

"健康连着战斗力，战斗力的指向，就是我们服务的方向。"

一次，徐永清带领医疗服务队赴云南边防部队巡诊时，得知团卫生队医生短缺、设备陈旧落后，战士平时训练受了伤、生了病，还要跑到驻地医院或内地部队医院治疗，十分不便。

"健康连着战斗力，战斗力的指向，就是我们服务的方向。"徐永清大胆提出：医院与医疗力量相对薄弱的边防部队卫生队实施结对帮带，着眼长远为边防部队培养一批"兵专家"、"兵医生"，从根本上解决他们缺医少药的状况。

2007年初，驻滇某装甲旅卫生队医生游永刚被部队选送到该科进修。徐永清常鼓励他大胆做手术，术前帮助制定方案，术中在一旁当助手，术后指导总结临床经验，还指导他把临床病例素材修改整理成文，在《中华创伤骨科杂志》上发表。为了让小游开阔眼界，徐永清经常带他参加国内外高层次学术会议，使他在断指再植、皮瓣等方面的技术水平有了很大提高，回部队后成为卫生队有名的骨科专家。

近年来，徐永清带领科室帮助边防部队培养医疗卫生人才30余名，赠送医疗设备仪器20余台（套）；编写的《军事训练伤防治指南》，使不少患有腰腿痛病的官兵得到治疗，重新活跃在训练场；探索的炸伤、撞击伤、冲击伤、电离辐射伤、生物武器伤等战创伤救治方法，为服务部队战斗力提供了有力保障。

（原载《解放军报》2010年3月28日）

把保护官兵生命的重担扛在肩头，把呵护官兵身体健康的责任举过头顶，成都军区昆明总医院骨科主任徐永清模范践行科学发展观——

情注千里边陲　爱洒雪山哨卡

刘道国　于鸿涛　李　梅　朱　磊

在成都军区昆明总医院附属骨科医院为兵服务登记本上，我们看到这样一组数据：近年来，该科共补贴军队伤病员医疗费用8000多万元，巡诊治病1300多人(次)，在他们精心治疗、细心呵护下，先后有130多名部队骨伤患者痊愈后重返训练场，有36名重症官兵获得了第二次生命……

这些数字真实记录了"全心全意服务边疆军民的大爱名医"徐永清，满腔热忱"服务千里边防，服务基层官兵、服务部队战斗力"的动人事迹。

昆明总医院院长赵升阳、政委史云政说，徐永清时时刻刻心系边关、事事处处情注官兵、踏踏实实服务患者，为医院广大医护人员进一步树牢为兵服务理念、立足本职岗位深入学习实践科学发展观做出了表率、树立了标杆，是全院官兵学习的榜样。

消除患者病痛是医生的天职

把保护官兵生命的重担扛在肩头，把呵护官兵身体健康的责任举过头顶。

徐永清的口袋里常常揣着一个记满患者名字、病情、联系电话的记录本。他说："有了它，我就可以缩短抢救战士生命的时间。"了解他的医生说，徐主任的这个本子，就像一个终端，连接起了保护官兵身体健康的绿色通道。

一次，驻云南边防某部一名战士小王辗转几天才到达昆明总医院看病。通过了解，徐永清发现像小王这样的情况并非个例，因点多线长鞭长莫及，边防官兵"小病拖成大病，轻伤拖成重伤"，"看病难、就医难，看名医更难"的现象不同程度存在。

此事深深刺痛了徐永清的心，他道出了自己的想法：医疗无小事，事事关人命，维护官兵生命健康是我们医生的天职。只有把医疗服务窗口延伸到离保护生命最近的地方，官兵的生命健康才能得到有效保障！

在他的倡议下，骨科带头查找为兵服务的短板，推出了部队医疗信息联系制度、部队伤病员回访及伤病情收集归档制度、挂钩帮带部队医疗技术制度、部队伤病员享受最佳服务制度等举措。

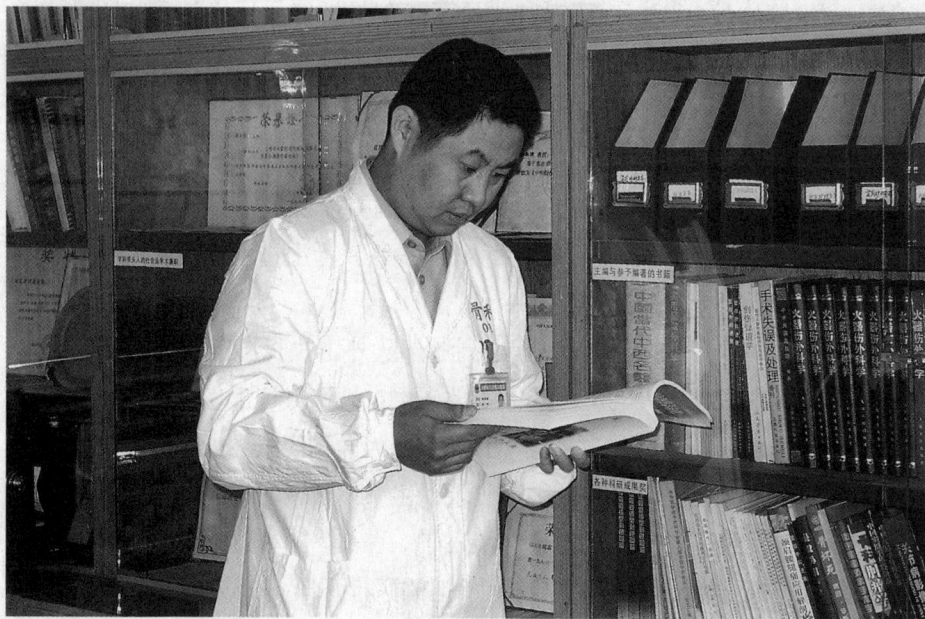

驻滇某高炮团战士小周，有天突然觉得手腕很疼，不仅无法训练，晚上还会疼得睡不着。为了查明原因，他的家人带着小周跑了几家知名大医院，都查不出病因，非常着急。徐永清通过部队医疗信息联系制度了解到这一情况后，立即主动向患者提出诊治要求。经过检查，徐永清明确诊断：引起手疼的原因是手舟骨陈旧性骨折导致畸形、骨不连，受伤时小周没留意，所以伤势已拖了一年半左右，增加了手术难度，必须马上送到医院进行复位、植骨手术治疗。在徐永清的精心诊治下，经过4个月住院治疗，小周终于康复出院，重返训练场。

说起徐永清及时抢救自己生命的事，"中国武警十大忠诚卫士"、四川省武警总队副参谋长刘景波有着切身的体会。

2004年8月，时任云南省临沧县武警支队长的刘景波，带队搜捕毒贩时，突遭凶残的毒贩袭击，身受重伤，生命垂危。

当武警部队官兵花了4个小时将刘景波抬出热带雨林，经临沧县医院紧急抢救后用专机转到昆明总医院骨科时，徐永清早已开通了"绿色通道"，经检查确定伤情为右侧肱骨开放性粉碎性骨折。徐永清带领科室专家、医护人员，像指挥打仗一样，立即对其实施了清创骨折复位、肩外展架固定术，并要求全科人员对其进行最精心的护理。由于医治及时，呵护精细，不仅挽救了刘景波的生命，还避免了后遗症。3个月后，英雄康复出院。

徐永清常说，患者的信任，就是对医生最好的褒奖。骨科每个医护人员都记得徐永清的一个口头嘱咐，只要官兵的病情需要我，你们就必须要让我知道。据统计，近年来，徐永清先后为100多名战士上过手术台。

救助官兵的生命永远高于一切

两年前的一天下午，边防战士小高随部队外出执行施工任务时，不小心触碰到了高压电线，强大的电流瞬间将他击倒在地造成严重伤害。徐永清第一时间作出伤情判断：重创使患者脖子和右小腿大面积皮肤坏死、胫骨裸露、严重骨髓炎、伤口部位不断流脓血……出现了生命体征极度不稳的危急状态。

当时有两种抢救方案摆在徐永清面前，一是马上截肢，代价不大风险小，既可以方便治疗，又能减少自己承担的医疗风险，但战士将永远成为残疾；二是坚持保肢救治，战士的腿有可能保住，但风险大代价高，如出现严重感染，导致并发症，后果难以预料。徐永清说："战士的利益大于天，年纪轻轻就失去了腿，将给他一生造成痛苦，我们不能为了个人声誉，而不顾战士后半生的幸福，采用第二方案救治，这个风险我来担！"

经过五个多小时的紧张手术急救，徐永清和他的同事们，不仅用小小的手术刀把小高从死亡线上拉了回来，而且保住了小高的腿。

痊愈出院那天，小高迈着坚实的步伐，一把抱住徐永清说："徐主任，你的高尚行为，不仅救了我的命，而且洗涤了我的心，我一定要用你给我的这条腿，走好今后人生每一步。"

去年9月，驻滇某部战士李泽请假外出办事时突遇车祸，导致右胫腓骨开放性骨折、毁损严重，整条右腿血肉模糊，伤情严重。紧急送至昆明总医院骨科后，副主任汤逊当即带领值班医生全面检查，研究救治方案。

从李泽伤情的严重程度来看，要保住战士的生命，不仅要牵扯科室医护人员的精力，而且科室还将为其补贴很大一笔医疗费用。徐永清知道后，鼓励汤逊说：老汤，你放心治，拯救官兵的生命永远高于一切，只要能挽救这位战士的生命，花再大的代价，科里也支持！

历时106天的艰苦努力、消耗医疗费用高达13万余元，李泽终于康复出院。现在谈起此事，徐永清说："花13万元，换来一个战士的第二次生命，值！"

这种只要官兵病情需要，就不惜一切代价救治的做法，在骨科已形成制度。仅去年来，骨科补贴基层边防官兵身上的医药费就达2000余万元。

军队医院要为保障战斗力服务

2008年5月，奉命赴黎巴嫩执行维和任务的中国工兵营战士小王在施工中，造成左手食、中指不完全断离伤，虽然当时的医疗条件十分简陋，但参与维和医疗保障的昆明总医院骨科医生沙勇，却利用科室创新的皮瓣移植术，为小王实施手术治疗获得成功，较好地保住了其手指的基本功能。

当维和官员伸出大拇指连声称赞沙医生了不起时，沙勇谦虚地说："我做得还不好，我们骨科每个人都能做这种手术，徐永清主任更是战伤救治的专家。"

徐永清常说："我们军队医院服务的重点永远是保障战斗力！作为一名

军队医务工作者，眼光应该始终盯住官兵需求和未来战场需要去增强实力、锤炼硬功。"

断指再植是部队日常训练和未来战场上，用得着、离不开的一项救治技术，不仅要坚持，还应该大力发展。

为此，他不仅自己坚持钻研断指再植技术，还要求科里医生人人都要掌握。几年来，他带领科室将国内外一些先进的断指再植技术加以消化、吸收，不断创新，取得了"掌短肌皮瓣移植修复拇指指腹缺损"、"游离皮瓣移植及足趾移植再造断指再植"等5项新技术成果，使近几年该科断植再植手术成功率达98%以上。

他带头树牢"平时保健康，战时保打赢"理念，近年来，在搞好日常医疗保障的同时，他紧盯世界军事医学前沿，着眼实战和临床需要，带领科室医护人员跑基层、上高原、走边防，潜心探索研究踝关节、膝关节战创伤防治等难题，使四肢血管战创伤显微外科技术、异物损伤周围神经并存留体内诊治等25项科研项目取得重大突破。

边防官兵的需求，就是部队医生的追求。针对部队训练中腰腿痛病增多的现象，2007年2月，徐永清带领科室医生专程到驻滇某高炮旅调研，深入调查研究，加班加点编写了《军事训练伤防治指南》一书，为基层部队防治训练伤、保障战斗力提供了及时有效的帮助。

云南边陲，山高林密，驻地分散，条件艰苦，加之大部分基层部队卫生队设备有限、人才紧缺，没有发挥出应有的功能，导致部队自身卫勤保障能力较弱。

徐永清在深入部队送医送健康时发现这一现状后，寝食难安。他认为，派出医疗队给官兵们看病、现场手术只能解决官兵的一时之需，必须拿出帮助部队提高自身卫勤保障能力的有效对策。为此，他提出：让医院与医疗力量薄弱的边防部队卫生队实施结对帮带，着眼长远为边防部队培养一批"兵专家"、"兵医生"，从根本上解决缺医少药的状况。

按照签订的帮扶协议，徐永清每年定期带领专家和技术骨干到医疗力量薄弱的边防部队卫生队结对帮带，在人力和技术上给予支持，形成了"小病在营区就诊、大病送骨科医治"的医疗服务新格局……

在徐永清的帮带指导下，一大批边防部队进修医生迅速成长起来，成为官兵身边的医疗专家。据统计，近年徐永清带领科室专家，先后帮助边防部队培养医疗卫生人才30余名，赠送医疗设备仪器20余台(套)，使一些边防部队的自身医疗保障能力有了明显增强。

（原载《法制日报》2010年4月4日）

热血播洒边关情

——成都军区昆明总医院骨科主任徐永清模范践行科学发展观纪实

刘道国　于鸿涛　李　梅

在成都军区昆明总医院附属骨科医院为兵服务登记本上，我们看到这样一组数据：近年来，该科共补贴军队伤病员医疗费用8000多万元，巡诊治病1300多人（次），先后有130多名部队骨伤患者痊愈后重返训练场，有36名重症官兵获得了第二次生命……

数字是枯燥的，但却真实记录了医学博士、博士生导师徐永清，这位大医满腔热忱"服务千里边防，服务基层官兵、服务部队战斗力"的动人足迹。

昆明总医院院长赵升阳、政委史云政这样评价：徐永清时时刻刻心系边关、事事处处情注官兵、踏踏实实服务患者的动人事迹，为医院广大医护人员进一步树牢为兵服务理念、立足本职岗位深入学习实践科学发展观做出了表率、树立了标杆，是全院官兵学习的榜样。

官兵的生命健康永远高于一切

边防战士小高到现在也没有忘记，徐永清带领骨科全体医护人员挽救他生命的事儿。

两年前的一天下午，小高随部队外出执行施工任务时，不小心触碰到了高压电线，强大的电流瞬间将他击倒在地造成严重伤害。当部队官兵将小高转送到昆明总医院骨科抢救时，小高已处于昏迷状态。

静静的无影灯下，一场抢救生命的战斗即刻打响！徐永清与骨科几位专家同台实施手术，清创、植皮、移植皮瓣……经过五个多小时的紧张手术急救，徐永清和他的同事们，不仅用小小的手术刀把小高从死亡线上拉了回来，而且保住了小高的腿。目睹此情此景，护送小高来院救治的部队领导和战友，感激万分地掉下了热泪。

小高是幸运的，但幸运的何止小高。为保住战士幸福，徐永清不怕冒风险；为抢救官兵生命，徐永清更是不怕花代价。

去年9月，驻滇某部战士李泽请假外出办事时突遇车祸，导致右胫腓骨

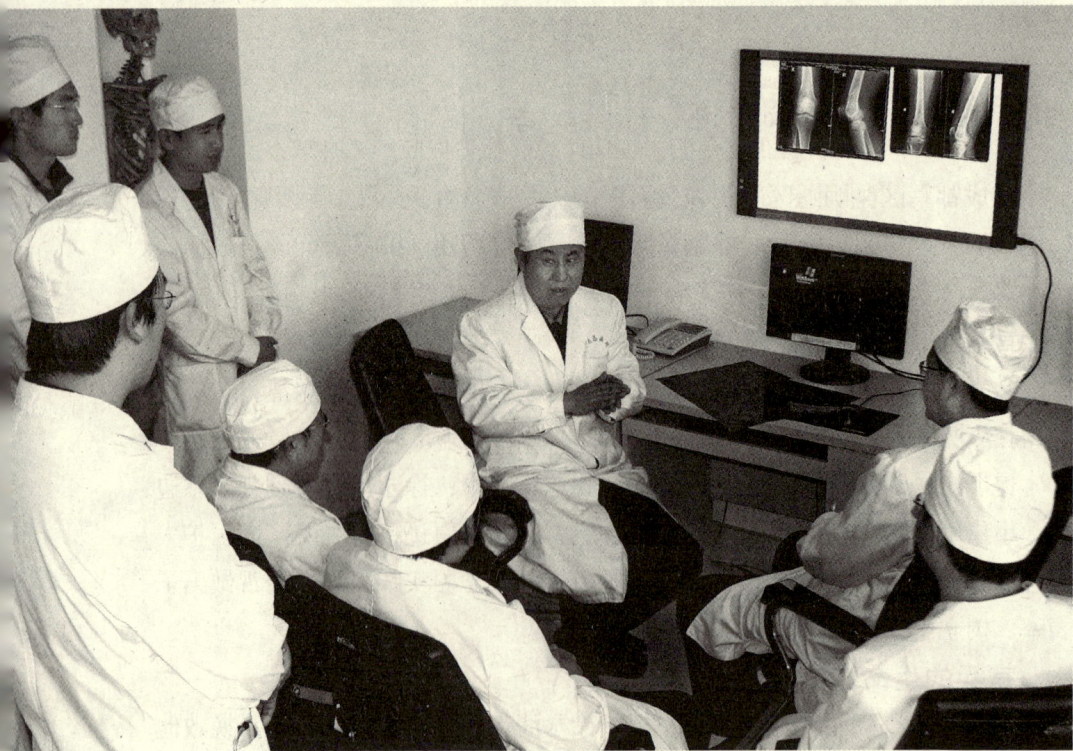

开放性骨折、毁损严重，整条右腿血肉模糊，伤情严重。紧急送至昆明总医院骨科后，副主任汤逊当即带领值班医生全面检查，研究救治方案。

从李泽的伤情严重程度来看，要保住战士的生命，不仅要牵扯科室医护人员的精力，而且科室还将为其补贴很大一笔医疗费用。徐永清知道后，鼓励汤逊说：老汤，你放心治，拯救官兵的生命永远高于一切，只要能挽救这位战士的生命，花再大的代价，科里也支持！

历时106天的艰苦努力、消耗医疗费用高达13万余元，李泽终于康复出院。徐永清说："花13万元，换来一个战士的第二次生命，值！"

用一流的医疗技术服务边疆群众

采访中，一个又一个徐永清把一流技术奉献给边疆，把满腔热情抛洒给群众的故事，不停地传到记者耳中。

一天深夜，一群人推着一个受伤的女孩，疾步冲进昆明总医院骨科医生办公室，焦急地对值班医生说："医生，快看看她的手，还能不能保住？"

这位被推进骨科治疗室的女孩名叫王小玲，年仅15岁，上学回家时突遇车祸。

值班医生一看，发现小女孩的手损伤严重，能否保肢，一时拿不定主意。正犹豫不决时，闻讯赶来的徐永清仔细查看伤情后，肯定地说：可以保肢。

徐永清采用胸脐皮瓣包绕患手残端的方法，连夜仔细修复女孩受伤的右手。当徐永清拖着疲倦的身体走下手术台时，天色已亮。

手术很成功。一个月治疗后，小玲的右手恢复了基本功能，保肢的"奢望"成为现实。"边疆地区医疗技术条件较差，少数民族群众就医看病较难。我们一定要刻苦钻研，勇攀医学高峰，争取用一流的医疗技术服务边疆群众。"徐永清说。像王小玲这样，经徐永清用一流的技术成功抢救的骨伤急重症患者，何止一个两个。

昆明钢铁公司76岁的退休职工周老，是一名曾参加过抗美援朝的老兵。在抗美援朝战争中，他的手腕受伤，多年来环小指一直麻木僵硬，没有知觉，无法活动，在三家医院先后做了三次手术均没有改善，他的家人带着周老慕名找到了徐永清。徐永清却决定走最难、但对病人最负责的路：进行尺神经探察，查找病根。

最终，经过在显微镜下的严密观察和探查，徐永清发现患者手腕部位长有神经瘤，这就是导致周老环小指麻木僵硬的根源，一个小手术就可以解除他的病痛。困扰自己多年的病因终于确诊，周老非常高兴。次日，徐永清亲自为他作了神经移植术，周老康复出院。

提及此事，徐永清说："如果因为诊断失误让患者白白挨一刀，我会觉得很愧疚的。能不动大手术的尽量不要动，让患者少受点折腾，这是我们医生应该随时牢记的。"

用高尚的医德播洒人间大爱

家住云南曲靖一小山村的普通农妇朱云芬，到现在说起徐永清帮助她住院治病的事，还是忍不住泪涌眼眶。

去年8月，朱云芬腿部受伤，住进了总医院骨科，由于家里很穷，在骨科住了不到一个月时间，就连基本的生活费都没有了，急得直掉泪。徐永清知道后，经常上病房安慰她，自己掏钱给她买了鸡蛋、挂面、火腿等食品送到病房，并减免了部分医疗费用，确保朱云芬治愈出院。

让科室同事特别敬佩的是，尽管现在已是"大名鼎鼎"的骨科专家，但徐永清仍然亲自为病人换药。

针对南疆少数民族地区经济条件较差，群众缺医少药的状况，他提出建立一套定期到边疆义务巡诊制度，为特困少数民族群众实行免费医疗制度。

徐永清常说："治病重要，治心更重要。"

家住云南寻甸的回族小伙马佑成，体内莫名其妙反复"长"出钢针，被疼痛折磨得丧失了劳动能力，靠三个姐姐帮他一家打理农田。为给他取针，原本就贫困的家庭债台高筑。

住进骨科后，马佑成的特殊病情和家庭情况引起了徐永清的高度关注。他不仅亲自给马佑成取针，还把他安排到了最好的病房，免除了医疗费用，每天再忙都要和他谈谈心，聊聊家常，引导他如何正确对待家庭，正确对待人生。两个星期后，马佑成康复出院，精神状态焕然一新。临走时，他不好意思的拉着徐永清的手说："徐医生，你对我们病人那样好，我不想再骗你，那针是我自己扎进去的，向你保证，今后再也不干那事了。"是徐永清的深沉大爱，温暖了马佑成冷漠孤独的心灵。

由于害怕医生不尽心，有些病人手术前给徐永清送红包。他就让护士长保管好，等手术结束后再退还给病人，或者替病人交到收费处当住院费。他的办公室就像科室的"导医台"，不管什么样的病人找到他，他都热情相待，"来者不拒"，耐心问诊，用服务的实际行动树立一个人民军医的良好形象。

（原载《科技日报》2010年3月28日）

26年来，他始终牢记全心全意为人民服务的根本宗旨，立足本职岗位，始终坚持以高尚的医德、高超的医术、饱满的热情服务部队官兵和各族干部群众。最近，他被评为全军学习实践科学发展观先进典型，他就是成都军区昆明总医院骨科主任徐永清——

胸怀大爱　追求卓越

刘　熙

3月4日上午，成都军区昆明总医院骨科中心病房门口出现感人一幕：来自砚山县的壮族姑娘陆明媛，一边将"医术精湛、医德高尚"的大红锦旗捧送到医护人员手中，一边抓住骨科主任徐永清的手，眼含热泪地说："是你精湛的技术，无微不至的关怀，保住了我这条被两家医院判定要失去的左腿，我和我们全家将永远记住你的大恩大德！"这是徐永清满腔热忱服务边疆军民的一个缩影。

徐永清，成都军区昆明总医院骨科主任、全军骨科中心主任、医学博士、博士研究生导师。从事骨科专业26年来，他始终牢记全心全意为人民服务的根本宗旨，立足本职岗位，忠实践行科学发展观，始终坚持以高尚的医德，高超的医术，饱满的热情服务部队官兵和各族干部群众，先后使近3万名骨病伤患者获得第二次生命，被军内外群众亲切地誉为"全心全意服务边疆军民的大爱名医"。今年年初，经中央军委和中国人民解放军总政治部批准，徐永清被确定为全军11个学习实践科学发展观先进典型之一，并且是唯一的个人典型。

医术精湛　勇于攻坚克难

徐永清常说，从事医学科研如逆水行舟，不进则退，如果只满足于会看病、会手术，永远只能是个"开刀匠"。他紧盯军事医学发展前沿搞科研，勇于超越自我，勤于攻关克难，先后有29项成果获得国家和军队科技进步奖，4项新业务填补了国内空白，主编和参编专著16部，在国内外发表论文200余篇，担任10多个全国、全军和军区的学术职务。享受国务院政府特殊津贴、军队优秀专业技术人才岗位津贴，荣获全国"中国医师奖"，被中国人民解放军总政治部列为军队高层次科技创新人才工程的学科拔尖人才培养对象，被评为"中华之魂十大卓越人物"、成都军区首批"杰出人才"，5次荣立三等功。

中国工程院院士钟世镇这样评价徐永清："别人是名师出高徒，我是高徒出名师。"徐永清几乎把所有时间和精力都投入到有效履行使命中，倾注到挚爱的医学事业上。在战创伤骨科，尤其是显微外科，他广泛涉猎吸收国内外先进医术，结合临床大力开展新业务新技术，创造性地开展了掌短肌皮瓣移植修复拇指腹缺损、游离皮瓣移植修复四肢创面及足趾移植再造手指等30余项新业务新技术，其中，《逆行血供的胸脐皮瓣修复小腿创面及其解剖学研究》获国家科技进步二等奖。

为攻克断指再植难关，他一次又一次地尝试，在显微镜下通宵达旦地拼命工作；为使静脉淤血的离断再植能够成活，他亲自坐在患者的床边挤压按摩，有时甚至因疲劳过度累倒。他为拇指再造制作的第一趾璞标本，赢得国内著名手外科专家赞叹；结合临床对肌腱愈合课题进行了深入研究，提出氦氖激光治疗促进肌腱愈合治疗方案；针对拇指再造供区的血管进行解剖学研究，提出在伸肌扩张部位寻找第一跖背动脉的方法，既节约了手术时间，又大大提高了手术成功率。他拓展解剖学研究和临床应用的空间，使皮瓣手术更加简单化；利用记忆合金发明设计的四角、三角融合器和舟骨骨折的骑缝钉治疗腕关节塌陷、舟骨骨折等疾患取得了满意疗效，该项目的研究目前在国内处于领先水平。

近年来，他主刀断指再植、各类皮瓣等手术3000多例，治愈率达98%以上。多次创造了肢趾搬家变拇指、串联移位再植等奇迹，其中，"对火器作周围神经采用自体神经移植及神经束膜切开减压术"获国家发明专利。

徐永清认为，一个人的力量有限，只有把医务人员都培养成名医名刀，才能更好地担当为军地群众服务的重任。他不搞技术垄断，主动全面传授他的强项技术。为让年轻医生少走弯路，他把多年刻苦钻研的"独创绝活"——皮瓣移植新技术，面对面、手把手地教给他们，使这项技术成为科室新的特色优势。

一次，值班医生碰到1例大腿严重创伤合并股动脉破裂的休克患者，手术难度较大。在办公室加班的徐永清立刻赶到，亲自探查吻合了股动脉和股静脉，并用一个大的顺行股前皮神经营养血管瓣覆盖了血管外创面。这一举措看似简单，却需要深厚的临床功底、较强的修复意识与最新皮神经皮瓣理念的结合。在手术过程中，徐永清一边手术，一边给年轻医生示范血管吻合的方法、窍门及创面覆盖的技术，让年轻医生受益匪浅。他坚持"不怕别人超过自己"的人才培养理念，引导科室医生选准自己的主攻方向，练就自己的绝活，叫响自己的名号。去年，他所在的科室荣获"云南省创新团队"。

医德高尚　笃守职业操守

徐永清认为，一个医疗工作者，要按照科学发展观的要求认真履行好救死扶伤的神圣职责，就必须要带头牢固树立以人为本理念，时时刻刻胸装大爱、视患者为亲人。基于这样的认识，多年来，他始终坚守"医生治病救人是天职"的执著信念和职业操守，先后多次谢绝军地名院高薪聘请，无怨无悔扎根云南边疆，全心全意为边疆军民服务。他救过战斗英雄徐良、"武警十大忠诚卫士"刘景波，地方群众更是数不胜数。

在昆明总医院骨科为兵服务登记本上，记者看到这样一组数据：近年来，该科共补贴军队伤病员医疗费用8000多万元，巡诊治病1300多人（次）；在他们精心治疗、细心护理下，先后有130多名部队骨伤患者痊愈后重返训练场，有36名重症官兵获得了第二次生命……

数字是枯燥的，但却全景式地真实记录了徐永清满腔热忱服务千里边防、服务基层官兵、服务部队战斗力的动人足迹。

针对云南边防部队长期驻守在地理偏僻、气候恶劣、条件艰苦地区的实际，近年来，他与科室人员一起先后30余次深入边防部队驻地、基层连队巡诊治病，行程达20多万公里，共为1000余名干部战士消除病魔，被亲切地誉为"边防卫士的健康保护神"。去年11月，某边防部队通信营战士苏凌不慎舟骨骨折，住进昆明总医院骨科，听说徐永清大名，便很想让徐永清给他主刀手术治伤。徐永清知道后，虽然当时有很多手术在排队等他操刀，但他还是毫不犹豫地答应了这名战士的请求，第二天就给他做了骨栓固定术。事后有人不理解，一个普通战士的小手术，让一般医生上就行了，为啥你还要亲自动手？徐永清说，患者无大小，一个边防战士千里来求医，如果我们连他提出的一个小小愿望都不能满足，就是治好他的病，也会凉了这位战士的心。

凡是到昆明总医院骨科看过病的各族干部群众都有一个很深的感受：徐永清对每一名患者都怀着深深的情意，浓浓的关爱。

11岁的瑶族女孩张二诺，臀部长了一个篮球大的包块，而且发生溃烂，臭味难闻，无法行走。由于手术风险太大，几家大医院均不敢接收治疗。当地医院领导慕名陪着张二诺从西双版纳来到昆明总医院找徐永清求医。开始，有人担心病情太重，万一治不好，会坏了骨科的声誉。徐永清说，维护声誉的事小，治病救人的事大，只要有一丝希望，就要想办法治好患者的病，这个风险我来担。收下张二诺后，徐永清亲自制定手术方案，指导主管医生成功摘除了二诺臀部上3公斤多的纤维瘤，还减免了这个来自边疆贫困家庭不幸女孩的1万余元医疗费用。

徐永清救死扶伤、爱民如亲人的感人故事不胜枚举，他对待病人就像亲人一样，给将军做手术和给战士做手术一样，给穷人和富人看病一样，尽量让病人少花钱、少受痛苦，一切为患者利益着想。

　　长期以来，为了保护少数民族群众身体健康，他还和科室人员跑遍红土高原的山山水水，先后行程50多万公里，为少数民族群众巡诊就医上万人次。针对南疆少数民族地区经济条件较差，群众缺医少药的状况，他提出建立一套定期到边疆义务巡诊制度，为特困少数民族群众实行免费医疗制度，仅此一项骨科每年就要补贴医药费10多万元。为帮带扶持发展南疆民族医疗事业，徐永清牵头与一些州、市、县医院结成帮扶对子，定期招收地方医院的医护人员来院进修，定期派出带领专家轮流进驻地方医院帮助培养人才和进行科技支持。近年来，徐永清带领科室帮助地方医院培养各类医疗卫生人才1000余名，赠送医疗设备20余台（套），为改善边疆少数民族地区医疗条件、增进民族团结、促进社会和谐稳定作出了较大贡献。

（原载《云南日报》2010年3月31日）

杨竹芳，女，汉族，1966年9月出生，云南省昆明市人，1988年7月参加工作，1998年7月加入中国共产党，一级检察官，现任昆明市西山区检察院副检察长。

杨竹芳从事侦查监督工作21年来，先后办理审查逮捕案件1800余件，均做到了无错案发生、无超时限办案、无违法违纪行为、无群众举报投诉，用高度负责的精神和严谨的工作作风诠释了一名优秀检察官对公平正义的执著追求。她多次被评为"先进工作者"、"优秀公务员"、"巾帼建功标兵"，获得"全国维护妇女儿童权益贡献奖"等。2009年12月，中共云南省委授予其"优秀共产党员"荣誉称号，最高人民检察院授予其"全国模范检察官"荣誉称号，全国妇联授予其"全国三八红旗手"荣誉称号。

铁肩担道义 柔肠爱人民

——记云南女检察官杨竹芳

李 倩 吉哲鹏

一位平凡的女检察官，在21年的职业生涯中，克己奉公、兢兢业业，承办审查批捕案件1800多件，没有一件超时限，没有一件错案，没有一件违法违纪案，也没有被举报或投诉。

她把检察事业视为自己毕生的追求，把法律公正和人民利益至上视为自己神圣的使命；面对家中接二连三的意外，她坚强地熬过难关，倾力顾全"大家"，尽情温暖小家；她不顾个人得失，用母性的关怀熨平失足少年的受伤心灵，用真情关爱着周围的人们……

这位被称为"杨检"、"杨大姐"、"检察官妈妈"的人，就是云南省昆明市西山区检察院侦查监督科副科长杨竹芳。

杨竹芳眼中的大案与小案

杨竹芳的相貌不像人们想象中的检察官那般威严：个子不高，红扑扑的宽脸，短发微卷，说不到三句话就要笑。她的言谈让人感到蕴含的凌厉，却不咄咄逼人。穿上检察官制服，杨竹芳总是神采奕奕。

谈到这些年所办的案子，杨竹芳总强调："工作中没有小案子，凡事关人民群众利益的案件，凡剥夺他人自由与生命的案件都是大案子。"

近年来借安排工作之名骗人钱财的案件屡屡发生。犯罪嫌疑人朱某在2006年以找工作之名诈骗了赵英（化名）数万元现金，但由于案发后未妥善保存证据，公安机关无法立案。

为了维护受害人的合法权益，杨竹芳和公安干警连夜赶到近700公里外的香格里拉县寻找汇款凭证。

"从非常绝望到问题解决，我都不敢相信自己的眼睛。我去感谢杨检，可她说这是我们的职责，法律不会冤枉一个好人，也绝不放纵任何一个罪犯！"赵英说。对于严重伤害公民权益和社会稳定的案件，杨竹芳无一例外地显现出铁骨本色。1999年1月至2002年7月间，犯罪嫌疑人孔某某、曾某某纠集了20多人组成犯罪集团，私藏枪支、管制刀具，在昆明市四区范围内杀人、抢劫、绑架、敲诈勒索、聚众斗殴。

在公安机关将这个犯罪团伙摧毁后，案件的13册卷宗转到杨竹芳手上。案情复杂、人员众多，当晚，杨竹芳办公室的灯光亮了一宿。

提讯，是一场与犯罪嫌疑人斗智斗勇的较量。面对老练、狡猾的主犯，杨竹芳沉稳冷静，步步为营，终于让事实水落石出。

事后，一名被害人激动地对杨竹芳说："谢谢检察官！从你们身上，我看到了党和国家依法治国的决心！"

杨竹芳心里总是绷着一根弦：批准逮捕或不予批准逮捕，关系到法律的尊严和个人的命运，这个权力太大，大得让她不敢有丝毫的懈怠。

办公桌上的卷宗堆得比她还高半个头。杨竹芳说，每册卷宗都是一份尊严、一份人心。一想到错捕、漏捕都会影响一个人的前途命运，损害法律的尊严和社会稳定，心里的责任感就不由得人喊累了。

"不管多晚，杨大姐都会接我们的电话，研讨案情从来没有不耐烦。"西山区公安分局禁毒大队一中队队长马俊对此深有感触。

和她朝夕共处的侦查监督科科长王霞说，正是这份认真、执著，成就了杨竹芳始终不渝追求维护公平正义的精神品格。

杨竹芳心中的大家与小家

2004年昆明市行政区划调整后，西山区检察院的案件数急剧增加。最多那年，每名检察官人均年办案数达到190件，而杨竹芳则达到了248件。

西山区检察院检察长景迎宾说，这等于杨竹芳平均1．2个工作日就要办结1件案子。难能可贵的是，她办理的1800余件批捕案件，保持了"四个无"的记录——无错案、无超时限案、无违法违纪案、无被举报或投诉。

谈到家庭，杨竹芳沉着的眼神顿时柔光四溢。她承认，繁忙的工作会冲淡家庭生活。很多时候，她不得不舍弃一些为人女、为人妻、为人母应该享有的家庭乐趣，放弃一些应该承担的家庭责任。

2008年4月，杨竹芳家中突遭大变。丈夫段建民不幸摔断了四根肋骨，随后又遭遇车祸，两脚骨折，全身多处受伤。

当医生给丈夫下达病危通知书时，杨竹芳号啕大哭。她想起昆明最冷的一个春节，她接手了一起案情复杂、涉案犯罪嫌疑人达16个的色情抢劫杀人案，大年初三在看守所连续提讯了10多个小时，而丈夫和儿子在家里把饭菜热了几遍，亮着一盏明灯等她到深夜……

丈夫度过了危险期，可医生说，完全恢复需要3年至5年。刚开始，丈夫生活不能自理，杨竹芳每天6点起床，照顾丈夫大小便、洗漱，做好中午饭放在微波炉里，又赶到单位，晚上回来再帮丈夫烫脚、按摩，直到他双脚能落地。

每次看到丈夫腿上密密麻麻的疤痕，杨竹芳的神态就会变得凝重。"只有等我爸腿完全好了，妈妈才会安心。"儿子心疼地看着她说。

人到中年就不由自主地胖了起来。系上围裙，挽起袖子，杨竹芳娴熟地切着苤蓝丝，"平日里我们最大的快乐就是一起吃我做的饭菜。但小家要是和大家有冲突了，这顿饭还是往后推一推吧。"她说。

杨竹芳拥有的大爱与小爱

2004年，西山区检察院与云南大学法学院创建了"未成年人犯罪问题法律诊所"，在司法实践中探索对未成年人"捕、诉、防"一体化的工作模式，杨竹芳凭借多年积累的经验成为"诊所"里的"老中医"。常与其合作的云南大学法学院讲师管士寒说，杨竹芳真诚朴实，对教育和挽救失足青少年不遗余力，她用博大无私的母爱彰显司法人文关怀。

2004年，一名17岁在校学生徐某用极其残忍的手段杀死自己的亲生母亲和外婆，并陈尸家中一个月。徐某受到了法律制裁，但他的残酷和冷漠引发了杨竹芳的深思。了解到他爱看书写作，5年来，杨竹芳多次把《今日说法》《感悟》等书籍带给他，并请来"法律诊所"的教师帮他做心理矫治。当杨竹芳想尽办法为他找到日思夜想的父亲时，徐某心中的坚冰终于融化。他怀着感激给杨竹芳写了一封信："感谢检察官妈妈，我一定痛改前非，重新做人，以后出去把自己的微薄力量奉献给社会。"

杨竹芳欣慰地说："我要的不是感谢，只要他们重新做人！刑法的目的不仅是惩罚，更重要的是教育。实行挽救教育能使他们出狱后成为对社会有用的人。"

熟悉她的人都说，她的品行就像"竹芳"一样竹香芬芳，清雅幽远。与其共事多年的西山区检察院副检察长谭虹说，大爱无疆，她把朴素的个人同情心和伟大的母性情怀，放大到对未成年人以及社会大众的宽容与善待。

尊老爱幼、宽厚礼让的美德也在杨竹芳的身上体现得淋漓尽致。妹妹杨瑞娟说，姐姐出差时看到什么好吃、好用的，都会给她和婆婆各买一份，姐姐尽心照顾年迈多病、腿脚不便的婆婆直到去世。

她唯独忽略了自己。2003年的一天，她办完案子返回单位时发生车祸，经诊断为脑震荡、全身软组织挫伤。因为想着没有办结的案子，住院才3天，她就悄悄出了院，头疼的毛病由此落下。每当头疼得受不了时她就吃去痛片缓解一下。大家都劝她去医院好好检查一下，她嘴上答应却一直没去，因为她总在忙工作。

儿子有时也会抱怨她对犯罪未成年人比对他还好。杨竹芳笑了："他哪里知道，正是对儿子无限的疼爱才让我有了挽救一个又一个失足未成年人的动力。"

有一次，街边修理拐杖的师傅认出了她，坚持要免费修理她丈夫的拐杖。这件小事常常拨弄着她的心弦，她说："只要我们心中有百姓，百姓心中就会有我们。"

（新华网，2009年11月3日）

铁肩柔肠为人民（上）

——昆明市西山区检察院检察官杨竹芳的故事

任维东

她是一个普通的基层女检察官。

她的睿智让狡猾的罪犯不得不认罪伏法。

她的温情感化了残忍杀人的少年犯，被称作"检察官妈妈"。

她有着不平凡的骄人业绩：21年来，办理了1800多件案件，全部都是"铁案"，一直保持"四无"记录，即无错案、无超时限案、无违法违纪案、无被举报或投诉案。

"没有小案子，凡事关人民群众利益的案件，凡剥夺他人自由与生命的案件，每一桩、每一件都是大案子。"

21年过去了，杨竹芳至今还清楚地记得当年她承办的第一个案件的情景。那时年轻的她，刚从云南省政法专科学校毕业参加工作不久，有一个怀疑用安眠药麻醉抢劫的案件交到了她手上。就在她准备办理批捕手续时，老科长王嘉喜提醒她一定要慎重。因为此案缺乏一个重要物证——就是那个被怀疑用来投放安眠药的水杯一直没有找到。倘若一签字同意逮捕，这个人的一生就完了，如果错了，那就要影响法律的尊严和检察院的形象。这一席话，让她牢记至今。

2007年，杨竹芳受理了一起故意杀人案，此案系犯罪嫌疑人周某某主动投案自首，一切犯罪事实看上去都是那么清楚。她在审阅这起杀人案的卷宗时发现，周某声称自己杀了丈夫，并陈尸床上，但是大滩的血迹在院子里，床上仅有很少的痕迹，这表明犯罪的第一现场应该在院子里。难道是一个一米五几的瘦小女人将一个一米八几的大块头男人从院里打死后搬到床上？凭多年的办案经验，她敏锐地意识到，此案很可能另有隐情！

经过对现场的认真勘查、仔细分析，重新提审嫌疑人，终于真相大白。原来是其儿子对父亲长期虐待母亲的行为怀恨在心，一怒之下，用木棒打死了父亲。母亲周某疼儿心切，便"自首"顶罪。杨竹芳以她特有的细心和较真，避免了一起母顶子罪的错案发生。

多次到各有关部门连续上访未果的赵某，2009年抱着仅存的一丝希望来到西山区检察院，杨竹芳与同事热情接待了他。赵某称犯罪嫌疑人朱某在2006年期间以找工作为名，诈骗他多笔现金，事后不仅未帮其找工作、不退还钱财，还多次发短信相威胁，侦查机关以证据不足为由不予立案，赵某从2007年至2009年间，多次到有关部门上访但问题始终没有解决。

在仔细了解案情后，杨竹芳认为朱某有重大犯罪嫌疑，应当立案侦查，随后依程序向侦查机关发出了立案通知书，要求立案侦查。在审查逮捕时，又发现侦查机关提交的证据中缺失了几项重要证据，达不到批准逮捕的条件。在时间紧、任务重、压力大的情况下，经请示院领导同意，杨竹芳和同事与侦查机关干警一起连夜赶赴云南香格里拉县补充证据。经多方走访调查和多次与受害人联系，在当地相关部门积极协助下，查找到了赵某的辞职报告、汇款凭证等重要证据，从而确认赵某在案发期间托朋友找工作、辞职、汇钱等一系列行为属实，进一步形成了朱某实施诈骗的证据锁链，随即依法作出了批准逮捕朱某的决定。

"'批准逮捕'或'不批准逮捕',简简单单几个字使我手中掌握了生杀大权,这个权力太大,大得让我不敢懈怠。"

如何做到不冤枉一个好人,也不放纵任何一个罪犯?杨竹芳认识到,必须不断地学习,不断提高业务水平。在西山区院现有的84名干警中,杨竹芳是最早的法律专科毕业生,办案经验也不少。可是随着形势的发展,新知识、新问题越来越多,倍感压力的她利用业余时间参加了中央党校的学习,以优异的成绩取得法律专业本科学历。同时,她十分注意及时学习新颁布的司法解释、刑法修正案等,用理论指导实践。

特别是她一直坚持每办完一个案件就对这个案子做笔记,总结案子的特点,从实践中汲取经验教训,逐步成长为熟悉法律、精通业务、善于办理疑难复杂案件的侦监能手,被同事们戏称为办理疑难案件的"老中医"。

2009年1月7日,犯罪嫌疑人丁某某受人之托,从宁夏带麻黄碱5070克到昆明,准备交给一个从缅甸到昆明接货的女人。两人在联络接头时被缉毒民警抓获,并从丁某某的住处搜缴到麻黄碱。鉴定结论是:毒品疑似物为麻黄碱。公安机关以犯罪嫌疑人丁某某涉嫌运输毒品罪提请检方批准逮捕。

根据警方提交的案卷材料,此案人证物证确凿,定性批捕似乎理所当然,但进一步审查后,杨竹芳经过综合分析全案证据和相关法律规定,得出的审查结论是:犯罪嫌疑人的行为不符合运输毒品罪的犯罪构成要件,也不符合走私制毒物品罪、非法买卖制毒物品罪的特征,只能认定为一个单纯的运输制毒物品的行为,应属于法无明文规定不为罪的情况,不能批准逮捕。当警方办案人员不理解时,杨竹芳与办案的侦查人员进行释法析理,说服了承办此案的公安干警。

"批准逮捕是最严厉的强制措施,错捕或批捕质量不高,都将侵犯公民的权益,损害法律的尊严,必须严格把关,决不能在我们侦查监督环节发生错案、冤案。"

她是这样讲的也是这样做的。凡是她办理的案件,都要亲自审阅案卷,亲自审核证据,亲自到看守所提讯,不放过一个疑点,不留半点瑕疵。凡遇重大案件都要亲临现场指导侦查取证。做到了既用证据锁定犯罪,把案件办成"铁案",又做到了用证据纠正错案,维护社会公平正义。

"在百姓心里,我们就是他们的守护神,面对他们的重托,我们怎么能胆怯,怎么能退缩?"

有一次,年幼的儿子问杨竹芳办案为什么胆子那么大?她摸着孩子的头讲了这样一个故事:曾有三个年逾花甲的老人来区检察院申诉、指明要杨竹芳接待,一见面,他们就说:"我们就是冲你来的。你会为我们老百姓讲话、为我们办事,我们相信你!"那一刻,杨竹芳一股暖流涌上心头,也真切地感受到了人民群众对检察官的期待有多么大!

2005年8月14日,犯罪嫌疑人、一印刷包装厂的老板季某对上门送月饼的女孩侯某实施暴力,企图强奸,因侯某挣脱跑到阳台呼救未能得逞。由于侦查机关未提取到关键物证,犯罪嫌疑人被刑事拘留后,对被指控涉嫌强奸犯罪的事实矢口否认。

杨竹芳和侦查人员对其讯问时,季某指着杨竹芳恶言威胁:"我在社会上是很有势力的,如果你整不下我来,老子一出去就要你的命!"其家属也四处活动,对杨竹芳软硬兼施,威逼利诱。面对犯罪分子及其家属的嚣张气焰,杨竹芳毫无畏惧,下决心要把案子办成铁案。

为准确把握案件的主要证据,她全面研究案卷材料,对每一份书证、物证,每一句证人证言和犯罪嫌疑人供述都认真进行深入细致的分析鉴别。在全面准确地掌握案件情况后,及时建议侦查机关对犯罪嫌疑人的房间重新进行了搜查,终于在其大衣柜里找到了受害人被撕烂的内衣内裤。

当宣布逮捕决定时,季某对公安干警说:"没想到这个女检察官胆子这么大!我服了,请你们代我向她道歉。"

西山区检察院的一位同事讲述了杨竹芳经办的一件利用普洱茶非法集资的诈骗案。犯罪嫌疑人卢某、陈某某、雷某某等人成立上乐茶叶公司后,通过媒体大肆进行虚假宣传,骗取不明真相的群众到公司签订合同收藏普洱茶。上乐公司从成立至案发时,共签订普洱茶收藏、销售合同共计624份,金额共计1100余万元,有216名受害群众报案,涉案金额602.6519万元。

此案受害者众多,其中大部分都是老年人,大家不约而同地来到西山区人民检察院控告上乐公司，请求检察机关监督公安机关立案，抓捕犯罪嫌疑人为其挽回损失。杨竹芳面对着受害人那一道道期盼和焦虑的目光，一声声要求检察机关追究犯罪嫌疑人法律责任的请求，深感自己责任重大，在收集受害群众所反应的情况后，迅速向公安机关发出了《要求说明不立案理由通知书》。

她一边切实地履行着检察机关的法律监督神圣职责，一边耐心安抚先后前来控告的上百名受害群众。在公安机关立案后，杨竹芳提前介入了这个案件，在公安机关的侦查取证过程中，她运用自己专业的法律知识，积极引导公安机关侦查取证，并认真学习了财务知识，为案件的侦查和证据材料收集做准备。在审查案卷材料时，通过多份书证、物证及对犯罪嫌疑人供述的审查，杨竹芳将该案定性为集资诈骗。受害群众在得知犯罪嫌疑人被逮捕后，给检察院送来了一面锦旗。

（原载《光明日报》2009年11月4日）

铁肩柔肠为人民（下）

——昆明市西山区检察院检察官杨竹芳的故事

任维东

用爱心彰显司法的人文关怀

昆明市西山区人民检察院有一块"未成年人犯罪问题法律诊所"的牌子，还有一块"全国青少年维权岗"的牌子。这是西山区人民检察院针对未成年人的身心特点，探索建立办理未成年人犯罪案件、维护未成年犯罪嫌疑人合法权益的专门机构。

作为审查批捕阶段专门办理未成年人案件的负责人，杨竹芳每次办理这类案件时，都要深入调查犯罪嫌疑人的社会背景和人生轨迹，审慎运用法规政策，最大限度地教育和挽救失足青少年，以母亲般的温情去教育、感化、矫正他们迷失的心灵，用爱心彰显司法的人文关怀。

犯罪嫌疑人戴某某、韩某系西山区某重点中学的学生。2009年8月18日，两人临时决定对路人实行抢劫，后在逃跑时被抓获。承办人将案件情况向杨竹芳进行了汇报。通过审查，杨竹芳发现，两人虽涉嫌严重刑事犯罪，但是主观恶性较小、有较大偶然性，在抢劫时未使用严重危害被害人身心健康和对生命有威胁的方法和工具抢劫被害人，并且两人是在校的初二、初三学生，刚年满15岁。

对该案审查完毕，杨竹芳决定提请集体讨论。她提出，出于对未成年人犯罪应尽量挽救的原则，建议对他们不予逮捕。经过集体研究后，检察院对这两名犯罪嫌疑人作出了不逮捕的决定。两名犯罪嫌疑人表示在将来的生活、学习中将更加珍惜重新走入学校的机会，以此来感谢杨检察官的一片苦心。

视法律公正和人民利益至上为自己的神圣使命

不论是在西山区、昆明市还是云南省检查系统，杨竹芳都是出了名的办案能手。她说："把检察事业视为自己毕生的追求，视法律公正和人民利益

至上为自己的神圣使命，这是我对自己从事职业的诠释。"

21年来，她习惯了不分昼夜、不分节假日加班；习惯了在深夜赶赴犯罪现场；习惯了主动担负起办理重大、疑难案件的担子。最多的那一年，西山区检察院人均办案数为190件，而杨竹芳竟然达到了248件，这相当于除去节假日，她每天就要办结一件审查批捕案件。

从2004年9月1日起，昆明市实行新的行政区划调整，西山区检察院受理案件数急剧增加，而杨竹芳总是工作在办案第一线，是全科办案数量最多的人。每年介入公安机关引导侦查取证，研究重大、疑难案件的时间平均在150个小时左右，2007年达180多个小时。

同事们还记得，2003年，杨竹芳幸运地闯过一道生死关口。那是5月21日晚上十点半左右，杨竹芳赶赴赵家堆派出所，提前介入一起故意伤害案件，引导侦查取证，直到次日凌晨6时许工作才基本结束。在驾车返回途中，一辆司机酒后驾驶的大货车逆行向她驾驶的微型警车撞过来，车子被撞得面目全非，杨竹芳被卡在驾驶室内无法出来。

被营救人员救出后，医生要求杨竹芳住院治疗。躺在病床上的她，一想到手中就快要到期的案件和科内同志们紧张、忙碌的样子，就再也熬不住了，自己悄悄办理了出院手续，忍着不时袭来的头疼和浑身不适，返回办公室，坚持办结了手上的三个案子。从这次车祸起，她就落下了偏头疼的后遗症，每逢天阴下雨，头部就会剧烈疼痛，实在忍受不住时，就吃几粒止痛药止痛。

平凡的杨竹芳

2008年5月8日，段建民惊喜地收到了杨竹芳送给他的47岁生日礼物——一枚白金戒指。

让段建民不能忘记的是：2008年4月5日，他在自己家门口不慎摔倒，肋骨断了4根。紧接着，5月30日晚上，才出院没几天，又在下班回家的路上遭遇车祸，多处受伤，双腿粉碎性骨折，被医院两天内下了两次病危通知。

突如其来的连续打击，几乎击倒了杨竹芳。为了不影响工作，她就晚上在医院守护丈夫，白天托家人照顾，自己坚持照常上班。丈夫出院后在家休养，生活不能自理，需要帮助翻身、洗脸、做饭，她就每天6点起床，服侍丈夫大小便、洗漱，用全力将丈夫从床上抱到轮椅上，再从轮椅上抱到客厅的大沙发上，打开电视，倒好开水，做好早饭，中午再赶回家中，为丈夫处理大小便、做饭。有时回不了家，丈夫就只有靠放在沙发上的一点饼干和茶水充饥。奔忙了一天的她，每天晚上回到家里，不管多苦，多累，都坚持为丈夫按摩伤腿，帮助康复。

这期间，由于段建民伤重恢复缓慢，情绪十分悲观，脾气火暴，时常将火气发到了她身上，她咬着牙默默地承受了，还不断鼓励丈夫要坚强面对不幸。慢慢地，在她的精心照料下，丈夫的伤势和心情也逐渐好转。为了不让杨竹芳挂念、耽误工作，段建民在妻子上班时，就尽量少喝或不喝水、少吃饭，以减少大小便。

作为一名第一线的女检察官，杨竹芳不得不舍弃一些为人女、为人妻、为人母应有的家庭乐趣和责任，但是百姓的关爱和支持又给了她强大的动力。一次，杨竹芳带着丈夫的拐杖去修理，修理师傅一看，马上把手中的活放下，将拐杖仔细修理好了，坚决不收一分钱，对她说："我在电视上看见你了，你很辛苦，帮了很多人，这次就算是我帮你一个小忙吧。"

面对繁重工作，没有被压垮；面对接二连三生活困难，没有倒下；面对一系列荣誉，也没有丧失自我；她仍然是那个平凡的杨竹芳，仍然在那个平凡而又神圣的工作岗位上默默忙碌着，续写光辉无悔的人生。

（原载《光明日报》2009年11月5日）

执著的追求　无悔的人生

——记昆明市西山区检察院检察官杨竹芳

许跃芝

杨竹芳个头不高，43岁的她，圆圆的脸上总挂着和善的微笑……

认识杨竹芳的人说，她是一个平凡、朴实的人。

这位被称为"杨大姐"、"检察官妈妈"的人，就是云南省昆明市西山区检察院侦查监督科副科长杨竹芳。在21年的职业生涯中，杨竹芳创造出一连串不平凡的业绩：办案1804件，曾创下248件379人的单年办案纪录，最多的一年，平均每个工作日就办结一个案件。更可贵的是杨竹芳同时又创下了"四无"案件纪录：无错案、无超时限案、无违法违纪案、无被举报或投诉案。

（一）

杨竹芳心里总是绷着一根弦：批准逮捕或不予批准逮捕，关系到法律的尊严和个人的命运，检察官的责任重大。

杨竹芳经常说，检察官要对案卷里的每一页负责，因为一个疏忽就可能铸成错误；每个字签下去，都会影响一个人的一生。所以她要求侦监干警承办的每件案件都要办成铁案。

2006年6月，犯罪嫌疑人刘某私自开厂，招募40余名工人进行服装加工。2007年10月10日凌晨，刘某在尚未支付工人工资及多位供货商货款总计15万余元的情况下逃匿。公安机关以非法经营罪提请西山区人民检察院批捕刘某。

案件涉及非法经营罪的定性问题。非法经营罪要求非法经营的行为侵犯国家特许专营的行业及特许专营专卖的产品，扰乱市场秩序情节严重。犯罪嫌疑人对自己无照经营制衣厂，因资不抵债发不出工资而逃跑的事实供认不讳，但其扰乱市场秩序非法经营获利的情况，没有得到财务账目及证人证言等证据的证实。杨竹芳认真翻阅案卷，对刘某的每一笔债务往来及制衣厂的财务资料按照时间点、债务人、加工产品分门别类进行了整理和审查。最终认定，刘某不构成非法经营罪，同时对刘某作出了不予批捕的决定，避免了一起错捕案件的发生。

（二）

杨竹芳常说："未成年人是祖国的花朵，是每个家庭的希望，挽救一个失足少年就是挽救一个家庭，社会就多一份和谐。"对待失足少年，杨竹芳的内心总是充满爱，她常面带笑容地帮教犯过错误的未成年人，给他们说法律、讲社会、谈人生。

今年8月18日，在昆明市西山区某重点中学念初中三年级的学生小戴和小韩，准备坐出租车回家，可两人身上的钱不够了，两人竟然决定抢点钱再打车。此时正当路人赵某从两人身边走过，小戴和小韩便从后面追上赵某，对赵某搜身并拳打脚踢，两人逃跑时被赶来的警察抓获。

案件报给杨竹芳后，她发现，两人虽涉嫌的是严重的刑事犯罪，但是主观恶性较小、有较大的偶然性，并且两人是在校的初中学生刚满15岁。出于对未成年人成长的关注，她和同事利用休息时间对两人所在的学校和居住的社区进行走访，得知两人在校期间表现良好，没有任何违法违纪行为，老师及同学对他们的评价也很好。杨竹芳建议对两人不予逮捕。

17岁的大学生姜某因为家庭贫困，协助他人偷了一辆电动单车被警方抓获。

杨竹芳了解到，姜某入学交纳的6000元学费是家人东拼西凑来的。此前，他没有任何不良记录。杨竹芳考虑到这些情况，决定对他采取取保候审，并协调学校让该学生回校继续就读。

杨竹芳告诉记者，这么多年过去了，我除了自己的儿子之外，又多了许多儿女，他们都亲切地叫我"检察官妈妈"，我喜欢这个称谓，它让我感到自己有无尽的真情，无穷的力量！

（三）

杨竹芳获得过许多荣誉：

2006年全国维护妇女儿童权益协调会授予她"全国维护妇女儿童权益贡

献奖"称号；2008年10月被最高人民检察院表彰为"立检为公、执法为民"的杰出典范；2009年5月她被授予"昆明市五一劳动奖章"；2009年10月被云南省检察院记了一等功。然而，最让杨竹芳感到温馨的荣誉，是2009年她们家被昆明市妇联评为"五好文明家庭"。

2008年4月5日，杨竹芳的丈夫段建民摔断了4根肋骨。没想到刚刚痊愈，又在下班的路上遇到了车祸，多处受伤，两腿粉碎性骨折。段建民出院后在家休养，生活不能自理。杨竹芳每天6点起床，照顾丈夫，每天上班前，杨竹芳总是很细心地打开电视，倒好开水，做好早点，中午再赶回家中，为丈夫做午饭。晚上不管多苦、多累，她都坚持着为丈夫按摩伤腿。

即便这样辛苦，杨竹芳也只是在丈夫手术的那天请了半天的假。她实在放不下手里的案子，"如果我请假了，那么应该我负责的案子就要分配给科里其他的同事做，这给本就超负荷工作的同事又加大了工作量，我怎么忍心？"

21年来，杨竹芳早已习惯了不分昼夜，不分节假日的加班；习惯了在深夜赶赴现场一线，介入公安机关引导侦查取证；习惯了主动担起办理重大、疑难案件的担子。

"没有小案子，凡事关人民群众利益的案件，凡剥夺他人自由与生命的案件，每一桩、每一件都是大案子。"这是杨竹芳常挂在嘴边的一句话，也是她从事侦监工作21年始终坚持的执法理念。

这就是杨竹芳，一个用平凡、朴素、真实来书写无悔人生的人民检察官。

（原载《经济日报》2009年11月4日）

严谨勤勉办铁案

——记西山区人民检察院检察官杨竹芳（上）

谢 炜 季 征

昆明市西山区马街中段，有栋不太显眼的7层老楼，它就是西山区人民检察院的办公地点。

杨竹芳的办公室就在这栋老楼里。20多年来，几乎每个周末，她都会在办公室加班。窗外，是人潮如织的马街大集，是老百姓悠然自得的生活；办公桌上，案情卷宗堆积如山，那是杨竹芳自己的世界，她知道，这是一种守护。

43岁的杨竹芳是西山区检察院侦查监督科副科长，一位从事了21年刑事案件批捕工作的女检察官。就是这样一个普通人，却创造了很"牛"的纪录——承办的1800多件案子中，没有一件错案、没有一件超时限、没有一件违法违纪、没有一次被举报。

2008年10月，最高人民检察院表彰她为"立检为公、执法为民"的杰出典范，号召全国侦监干警向杨竹芳学习；2009年5月，她被授予"昆明市'五一'劳动奖章"；10月，又被云南省人民检察院记"一等功"。

第一次办案就差点出错

初识杨竹芳，是在云南省人民检察院举行的先进事迹报告会上。坐在报告席上的她朴实无华：个子不高，短发齐耳，不施粉黛，紧张时会下意识地咬嘴唇。

她身材有些胖，穿着一件蓝色长袖衬衣，胸口别着国徽。

杨竹芳语速很快，对经手的每桩案件如数家珍。而她最常提起的，不是那1800多件"铁案"，而是一件差点出错的案子。

1988年7月底，杨竹芳从政法学校分配到西山区检察院后，第一次参与办案。

"这是一起'麻抢',犯罪嫌疑人姓刘,有被害人证言,药店也证明,确实把安眠药卖给了刘某。"作为院里恢复重建后的第一个大学生,杨竹芳并没有把这个"小案子"当回事。看了卷宗后,她觉得完全可以批捕。当她把意见报告给科长时,这个不苟言笑的老头沉默了一会,将卷宗递回来,让她"再看看",并提醒说:"犯罪嫌疑人说安眠药是放在杯子里的,而被害人和证人都没有提到那个杯子,证据之间没有形成链条。"

最终,刘某被释放了。签字时,老科长对杨竹芳说:"你在外面没什么,人家在里面一天就像几年。对我们只是一个小案子,但对他和他的家庭,就是天大的事情。"

从那以后,每接到一个案子,老科长的这句话都会在杨竹芳耳边响起。"关系群众利益的案子,没有小案子,每一件都是大案子。"如今,这已成为杨竹芳的办案信条。

一件蹊跷的杀人案

杨竹芳办案的功夫,在云南省检察系统是出了名的。用西山区检察院检察长景迎宾的话说,"别人看不出问题的案件,经过杨竹芳来审查,基本上都能找出问题,并且提出解决的办法。"

2007年9月的一个晚上,杨竹芳正在办公室里审核一起故意杀人案——中年妇女周汉雨投案自首,称自己杀了丈夫,陈尸床上。

厚达上百页的卷宗里,有现场照片和凶器照片,周汉雨的笔录对杀夫情节供认不讳。翻看的过程中,多年办案经验告诉杨竹芳,这个案件有些蹊跷。

"照片显示,床上仅有很少血迹,而门框、墙上却有大量喷溅型血迹,说明第一现场不在床上。"杨竹芳盯着勘验照片,提出了几个疑点:"一个一米五几的瘦小女人,怎么能将一个身高近一米八的男人打死后移到床上?如果凶器是一支铁棍,周汉雨即使举起来,最多只能打到丈夫肩膀,为何伤口集中在头顶?"

夜越深,人的思维反而越清晰,越兴奋。合上卷宗,杨竹芳确信自己的判断——案子必定另有隐情。

连夜找来同事分析、重新提审，抓住疑点穷追不舍……第三天，犯罪嫌疑人儿子张某的心理防线终于被攻破。原来，张某对父亲长期虐待母亲的行为非常愤恨，这一天又看到母亲遭到殴打，怒不可遏，操起铁棍向父亲头上挥去。母亲疼儿心切，一心想揽下所有罪责。

真相大白，犯罪嫌疑人也从一个变成了两个：儿子被以故意杀人罪起诉，母亲也因包庇罪受到惩处。

"同为母亲，我能够体会这名妇女长期饱受家庭暴力的痛苦和极力保护自己儿子的良苦用心。但是，感情用事不能成为践踏法律的借口，法律的公正不容任何形式的亵渎。"回忆起这个案子，杨竹芳的语气依然带着淡淡的忧伤。但她感到欣慰的是，在自己手上，避免了这起错案的发生。

"5公斤，为何不批捕"

"批准逮捕"，或者"不予批准逮捕"，这是杨竹芳常写的几个字，但每次下笔，她总是如履薄冰。"这简简单单几个字，使我手中掌握了一个人的命运甚至生死，让我不敢懈怠。"杨竹芳说。

2009年1月7日，一个叫丁学桂的男人，受别人之托从宁夏带5070克麻黄碱到昆明，要交给一个从缅甸到昆明接货的女人。两人在联络接头时，被缉毒民警抓获。公安机关以丁学桂涉嫌运输毒品罪提请批准逮捕。

案卷材料交到杨竹芳手上。人证物证确凿，定性批捕似乎理所当然。但经过仔细分析后，杨竹芳却认为，这个案子不能批捕。

杨竹芳综合分析全案证据和相关法律规定，提出的审查结论是：麻黄碱是制毒原物，涉及麻黄碱的罪名只有刑法第350条规定的"走私制毒物品罪、非法买卖制毒物品罪"；犯罪嫌疑人的行为不符合涉嫌运输毒品罪的犯罪构成要件，也不符合走私制毒物品罪、非法买卖制毒物品罪的特征，只能认定为一个单纯的运输制毒物品的行为，依法不予批准逮捕。

承办这起案件的民警李建国，简直被这个结果"气蒙了"。接到检察院"不予批捕"的批复后，他抓起卷宗，骑上自行车，不到十分钟就冲到了杨竹芳面前，劈头盖脸地责问："5公斤啊，这么恶劣的案件都不批捕，真不知道你们在干什么！"

杨竹芳耐心地从犯罪构成要件、逮捕的证据条件等方面，面对面与李建国进行探讨，释法析理，详细阐述不批捕的理由，终于使倔强的李建国服了气。

这个案件让杨竹芳有了更加切身的感悟：批捕是最严厉的强制措施，错捕或是批捕质量不高，不仅会影响到检察院的声誉，更影响着国家法律尊严。

对自己"超时限"的人

检察机关承办批捕的时限是7天，期限紧、工作量大，上班那点时间远远不够。承办案件不能超时限，杨竹芳只能对自己"超时限"。

2004年，昆明市区划调整后，西山区检察院的办案数量一下上升了40%，人均办案数量在全省基层检察院排名第一，而杨竹芳又是院里办案最多的检察官。最忙的时候，她一年就办了248件案子，相当每3天就要办结2件审查批捕案件。为了不超时限，杨竹芳经常加班加点地工作。

西山区检察院的保安员李学庚，总是看到4楼杨竹芳那间办公室的灯光，一直亮到深夜。时间长了，老李干脆晚上值班时先睡到半夜，估摸杨竹芳走了再去把办公楼的大门锁好。

"批捕工作是'考'人的，考人的责任心，考人的业务娴熟程度。"景迎宾检察长说，审查批捕工作是一项"技术活"，案件涉及的知识面广，必须不断"充电"，不断提高自己。

杨竹芳就是一个善于积累的人，她喜欢看书，办公室的书柜里有各种法律读本、政策法规资料，也有很多经济、文学、教育类的书籍。

很多人都诧异于杨竹芳超强的记忆力，可坐在她对面的同事王志琴知道，这"过目不忘"的本领是如何练成的。王志琴说，杨竹芳相当用心，她有11本笔记本，随时都把自己的办案感悟记上一笔。有一天，她俩一起上街，杨竹芳忽然指着路边一辆车说，老王师，知不知道这个车牌号？这辆车是当时那个诈骗案里的赃物。

"这个案子是3年前我们俩一起办的，她还记得车牌号，我却根本没什

么印象了。"王志琴说。（文中涉案人员均为化名）

（原载《云南日报》2009年10月30日）

真爱感化迷路人

——记西山区人民检察院检察官杨竹芳（中）

季 征 谢 炜

"妈妈，这是我在劳动时特意留下的几颗好看的红豆，送给你。"从少年犯手中接过带着花纹的红豆，西山区人民检察院检察官杨竹芳心里升起阵阵暖意，自己的帮教让失足少年拥有了感恩之心。

走近这位语言铿锵，即使说到灾难、不幸也似乎不动声色的女检察官，感受最深的是她在办理未成年人犯罪案件中对失足少年透出的母爱。

"爱的付出才能得到真心的回报。"这是杨竹芳时常挂在嘴边的话。

"她把大爱给了失足少年"

一曲《月光下的凤尾竹》婉转悠扬地传遍西山区看守所，高墙之内严肃而又紧张的氛围内，钟梁手中的葫芦丝诉说着对家的思念。

"犯罪嫌疑人在看守所内可以吹葫芦丝，至今他还是个特例。"看守所的王警官仍记得当时的情形，年仅15岁的钟梁因受色情网站的影响，将继母10岁的女儿骗到私人旅社中强奸并残忍地杀害。"刚进来的时候，他认为自己只是犯了一个错误，老嚷着以后不敢了，要回家，我们都怕他出事，就加强了看管。"

得知钟梁的情绪波动后，从侦查机关立案开始就提前介入的杨竹芳急忙

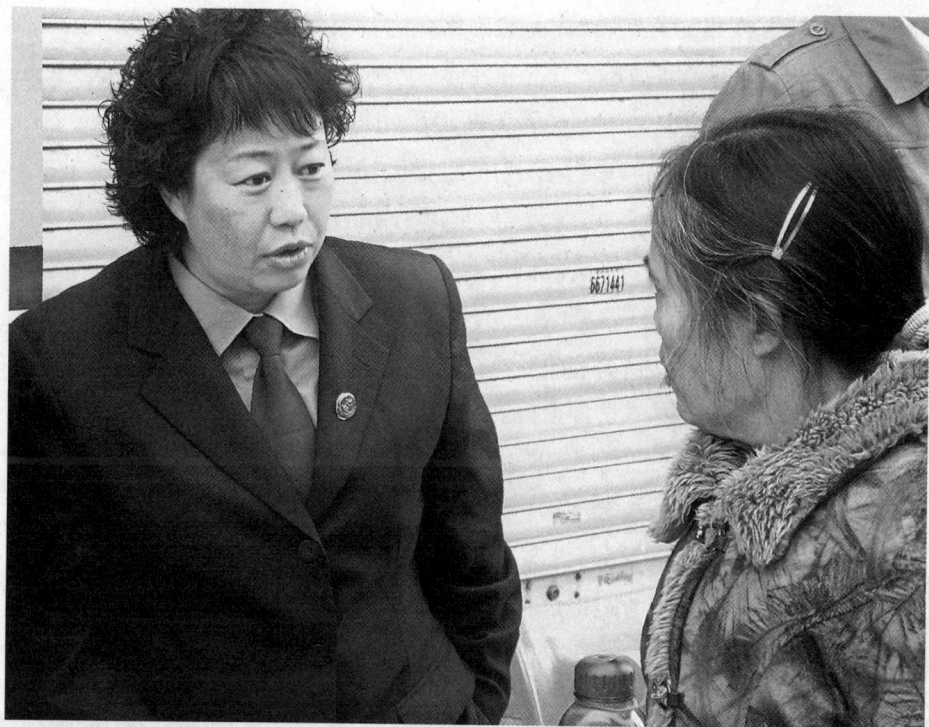

找到看守所的领导，"15岁正是成长的关键阶段，在关押的时候，能不能让他远离那些重刑犯，以免受到影响。我还带来了孩子心爱的葫芦丝，让他每天练习一下。"

"安排时间吹葫芦丝可能有点特殊化吧。"所长说出自己的担忧。

杨竹芳一听就急了，"他既是犯罪嫌疑人，也是一个孩子，他要走的路还很长！"随后，她多次来到看守所协商。在她的"软磨硬泡"下，所长终于松了口，每天劳动后给钟梁3个小时的时间练习葫芦丝。

"看到葫芦丝，我哭了。"钟梁说，"当她鼓励我练好葫芦丝，以后出去办个人独奏音乐会时，我觉得将来还充满希望。"

每次在讯问后与杨竹芳一起谈起理想，这个15岁的少年脸上就多了几许自信的阳光。一次劳动时，他偷偷地往口袋里塞红豆，当看守所民警发现后并询问豆子的用途时，"我想将这些美丽的豆子送给最关心我的杨检察官。"一句发自内心的回答，让民警破例允许钟梁保留下了这些"礼物"。

"许多人因为犯罪得不到家庭的原谅，是她把母亲的大爱给了那些失足少年。"在同事们的记忆中，杨竹芳在经手的每个未成年犯罪案件中总是时刻关注着犯罪嫌疑人的心理变化，为他们提供法律允许范围内的帮助。

同事张继昆说："探视、送去生活学习用品，对一些罪行较轻的未成年人，她多次去学校做工作保留他们学籍，杨检正是用自己力所能及的方式，去感化那些迷失的心灵。"

"她从不放弃和抛弃他们"

"妈妈，我在这里一切都很好，我将认真改造，希望将来出来还能得到大家的接纳。"一封来自高墙内的信让杨竹芳的思绪回到了2004年。

那年，17岁的徐真残忍地杀害了母亲和外婆，陈尸家中，与亲人尸体相伴1个月。"面对这样一起恶性案件，我的内心也很矛盾，想到案件情况就心寒，总是在说服自己干脆把证据审查清楚，予以批捕就行了。但母亲的天性，又让自己选择了挽救，去纠正他扭曲的心灵。"

一上来就吃了闭门羹。初次的询问，徐真的冷漠和无所谓，让杨竹芳和同事感到震惊，时间在他的沉默中逝去。如何才能打开这个孩子的心扉，杨竹芳一遍遍梳理着案情。"对了，他是因为母亲撕毁自己写的小说才杀害亲人的，也许应从文学和写作方面尝试与他沟通。"再次见到徐真时，杨竹芳放下手中的卷宗，聊家常似地说，"现在这里没有犯罪嫌疑人和检察官，你把我当作普通的老师，可以告诉我你喜欢什么类型的文学作品？""……我更喜欢散文和诗歌。"长时间犹豫后，徐真的回答打破了僵局。

找到突破口后，杨竹芳和同事就更有干劲了，她们一次次将《今日说法》、《感悟》、《未成年人保护法》等书籍送进看守所，从报章上把描写人性善良的美文裁剪下来送给徐真，希望他从中了解到人世间的真善美。"努力没有白费、交流取得了效果，犯罪嫌疑人的敌意在慢慢减轻，他有一次还申请打电话给杨检，希望杨检去看看他。"面对变化，同事们都感到欣慰。"虽然他期盼和我交流，但他依旧缺乏对社会感恩的心，挽救徐真的路可能还长着呢。"但是，与徐真接触最多的杨竹芳却给同事们当头泼了一盆冷水。

4年来，杨竹芳多次来到徐真服刑的监狱去看望他，为他带去喜爱的书籍。但4年的时间里，无论杨竹芳怎么努力，徐真却很少在她面前流露自己的内心感受。

"谢谢这两个字好像已经在他的词汇中消失了。"面对同事的询问，杨竹芳的回答带着忧虑。

今年1月，当杨竹芳费尽周折让徐真的父亲与自己共同去监狱探望时，徐真压抑的感情如山洪暴发般倾泻出来。"除了家人，没有别人会这样关心我，谢谢你，检察官妈妈，我以后出去一定把自己微薄的力量奉献给社会。"听到已经21岁的徐真这番肺腑之言后，杨竹芳放下了4年多来一直悬着的心，"孩子终于有了感情，知道了回报社会。"

如今的杨竹芳更忙了，她与云南大学法学院"青少年法律诊所"的教师们一起把自己办理案件中的未成年人列为帮教对象，从家庭背景到成长之路，从案件背景到犯罪心理，为青少年犯罪教育提供真实的第一手资料。

有人曾劝过杨竹芳，"杨检，你每个月都有那么多的案件要去审查，何苦把自己弄得那么累？""在我眼中，他们都是我的儿女，孩子犯了罪，作为母亲不能遗弃他们，也希望他们得到整个社会的共同关心。"杨竹芳的回答充满真情和母爱。

"她挽救了一个家庭"

10月24日，刚考上技校的戴杰在父母陪同下走进了西山区检察院，对检察官们给予帮助表示感谢。一见到杨竹芳，戴杰的母亲失声痛哭并激动地连声说道，"杨检，你是我们的恩人啊，你挽救了孩子，也挽救了整个家庭。"

今年8月，15岁的戴杰和同学韩卫到KTV唱歌后，发现没钱坐车回家，便临时起意对路人实施抢劫。在发现路人身上没钱后，两人对其进行殴打后逃跑，后被公安机关抓获。在对案件的审查中，当杨竹芳了解到两名犯罪嫌疑人分别上初二、初三时，沉重的心情和对孩子将来的担忧瞬间涌上心头。

"小何，周末打扰你了，希望你能和我一起去了解一下两名犯罪嫌疑人的家庭。"拿起电话，杨竹芳叫上了同事何敬彬，走访了戴杰和韩卫的学校和家庭，掌握了两人在校期间没有任何违法违纪行为、家庭和睦的情况。

"孩子是母亲身上的肉，我急得嘴上起满了泡，眼睛也哭红了，人又见不到，只能干着急，我和他父亲天天因为对孩子的教育出现问题而互相指责。"戴杰的母亲回忆起那些备受煎熬的日日夜夜，眼里的流水再次涌了出来，"正当我们一筹莫展的时候，是杨检到家里来了解戴杰的平时表现，让我们看到一丝希望。"

"批捕还是不予批捕，我们的一次决定，将影响戴杰和韩卫今后的人生轨迹。"杨竹芳在集体讨论该案中的一句话，引起了大家的关注。经过集体讨论，大家决定出于对未成年人犯罪应尽量挽救的原则，对两名犯罪嫌疑人不予批捕。

当杨竹芳把这一消息告诉戴杰的父母时，戴杰的母亲感动地说，"检察官原来是一个陌生的概念，但在这次打交道中我了解到你们也有为人父、为人母的情结，就觉得倍加亲切。"

多年来，杨竹芳不知道处理过多少这样的案子，谈到印象最深刻的一次是在处理大学生姜凯盗窃电动单车案件中，她通过走访决定让姜凯取保候审并多次找到其所在的学校做工作，让他继续完成学业。"孩子来到我的办公室，一句话也没说，对我深深地鞠了一躬，这包含着他的千言万语啊。"

"他今年也毕业了，不知道找工作顺利吗？希望能与他一起聊聊工作与生活，让他彻底放下过去的包袱，堂堂正正做人。"杨竹芳道出了自己的期盼。（文中涉案人员均为化名）

（原载《云南日报》2009年10月31日）

铁骨柔情终不悔

——记西山区人民检察院检察官杨竹芳（下）

谢 炜 季 征

1983年，杨竹芳在昆明第19中学读高三，那年全国"严打"，公判大会在学校操场举行。"我有个同学的爸爸当时是检察官，看到他站在主席台上，感觉他就是正义的化身，让我肃然起敬。"

一年后，杨竹芳如愿考上了云南政法专科学校，毕业后成为了一名女检察官。

21年来，杨竹芳在普通的岗位上兢兢业业、恪尽职守。面对犯罪嫌疑人的威胁，她铁骨铮铮；面对自己所爱的人，她柔情似水。她用无悔的青春，履行了自己当初的誓言——"当一个合格的检察官！"

面对威胁毫不畏缩

"我在社会上是很有地位的，如果你整不下我来，老子一出去就要你的命。"2005年，一个涉嫌强奸女工的印刷厂老板指着杨竹芳的鼻子叫嚣。

"我记得你鼻子下的这颗痣，我也记得你儿子的样子，你就住在这个院子里，小心点。"2000年，一个抢劫出租车的犯罪嫌疑人在法庭上赤裸裸地威胁。

事后，有同事问她："你真的一点都不害怕？"杨竹芳淡淡一笑："我身后有法律，有老百姓，他们不敢。"

"只要我们心里装着老百姓，老百姓心中也会装着我们。"杨竹芳常这么说。长期盘踞在昆明宋旗营的"黑老大"蒋家田等15人被批捕后，许多长期受到这个黑恶团伙欺压的市民放着鞭炮给检察院送来锦旗。

一次，杨竹芳到单位附近的修鞋摊修鞋。鞋子修好后，师傅坚决不收一分钱。他说："我在电视里看见你了，你帮助了很多人，这就算我帮你一个小忙吧。"

不久前，3位年逾花甲的老人来到西山区检察院申诉，点名要见杨竹芳。一见面，老人们就说："我们就是冲着你来的，我们在电视里见过你，你会为我们老百姓讲话，为我们办事，我们相信你。"

这些小事，深深触动了杨竹芳。"在老百姓心里，我们就是他们的守护神，面对他们的重托，我怎么能畏缩，怎么能胆怯？！"

面对亲人柔情似水

其实，要说一点都不怕，那是假的。有两次，杨竹芳真的怕了。

杨竹芳的丈夫段建明，是徐霞客中心学校的老师。2008年4月5日，段老师在家门口被建筑垃圾绊倒，撞上花坛边沿，肋骨断了4根。出院没几天，又不幸遭遇车祸，严重失血，医院连下两次病危通知书……

西山区人民检察院公诉一科的张丽云记得，那天自己赶到医院时，看到杨竹芳蹲在手术室外，背靠在墙角，浑身上下筛糠似地发抖。医生拿来病危通知书找杨竹芳签字，整整两分钟，她手中的笔尖不停颤抖，始终落不下去，鼻涕眼泪都落在纸上。

丈夫住院的日子，杨竹芳正在提前介入一起案件，只在手术当天请了一天假。丈夫出院在家休养期间，她每天早上6时起床，为丈夫做好早饭和午饭，放在微波炉旁边。

"他的伤恢复得很慢，情绪也很低落，有时也会发火。那段时间我真是快崩溃了。"杨竹芳说。

如今，段建明已经可以下地了，但还得挂着拐杖，右腿上密密麻麻爬着蜈蚣一样的手术伤疤。每天晚上，不管多累，杨竹芳都坚持为丈夫按摩伤腿，扶他站着"练腿力"，"医生说，多站站有助于恢复。"

还有一次"闯鬼门关"的经历，也让她很后怕。2003年5月21日晚上，杨竹芳提前介入一起故意伤害案件。返回的路上，一个司机酒后驾驶大货车逆行向她开的警车撞过来，警车被撞得面目全非，经过40多分钟抢救，119才把她从变形的车里救出来。

"卡在驾驶室里的时候，我在想，万一我倒下，我的丈夫、儿子怎么办？"

因为脑震荡、全身软组织挫伤，杨竹芳被送进医院，可想到手头还有3件案子即将超时限，只住了3天，她就悄悄办理了出院手续。

最愧对的人是儿子

"妈妈在工作的时候面对多大的问题都能沉得住气，但在我的面前，有时却会表现出惊慌失措。"18岁的段垚鹏，在昆明电力学校读中专。

今年刚开学的时候，段垚鹏在学校里与同学打闹时不小心被一根细钢筋插进了小腿，为了不让妈妈担心，他悄悄去学校医务所简单包扎了一下。谁知道刚进家门，就露出了破绽。

"怎么走路一瘸一拐的？"得知儿子受了伤，杨竹芳跑过来，"你怎么这么不小心啊，医生有没有给你打破伤风针？不行！明天你放学后我还是再带你去医院看看。"看到儿子的伤口很深，杨竹芳急得都快哭了。

其实，获得了那么多荣誉之后，杨竹芳最心存愧疚的，就是自己的儿子。

杨竹芳工作太忙，经常加班，儿子从小就学会了独立生活。小学一年级时，儿子就学会了自己做饭、洗衣服。初中时，儿子在一所离家很远的重点中学读书，要转两次车才能到学校，一天来回要花近4个小时在路上，这也很大地影响了他的学习和身体。

"他常说，妈妈，你能不能给我转一个离家近的学校，让我多睡20分钟。我听了很难过，他每天6点就必须起床，在公交车上吃一点糕点，经常在车上睡过站。"

含着泪，杨竹芳把孩子从重点中学转到了一所离家近一点的普通学校。后来，段垚鹏没有考上重点高中，选择了读中专。这件事，让杨竹芳很长时间难以释怀，也开始反思自己的教育方法。

"长期和犯罪嫌疑人打交道、和公安机关打交道，养成了直来直去、不会拐弯抹角的强硬作风，总是用命令的口气训斥儿子。要求和期望太高，让孩子产生了逆反心理。"从此以后，杨竹芳试着用朋友的方式和孩子相处，给儿子买最喜欢的玩具枪，和他一起玩；儿子也慢慢愿意和她谈心了，谈生活、谈烦恼，甚至谈在学校里喜欢的女孩子。

坐下来的时候，有一只水杯，她总是不离手。这是只粉红色的水杯，上面有条卡通小狗，很可爱。"我儿子送给我的生日礼物。"那一刻，杨竹芳的眼神饱含温柔。

最温馨的感受在家中

在家中接受采访的那个下午，是难得的全家团聚的日子。段垚鹏在房间里玩网络游戏，杨竹芳给我们拿茶叶和糕点的时候，每次经过书房，总要看一眼儿子。

段建明坐在沙发上陪着我们聊天。"我们是1989年认识的，第一眼就看中了。"老段说，看上的就是杨竹芳的"朴实"。

他俩的性格恰好互补，杨竹芳有些急躁；段建明活泼开朗，做事慢悠悠的。

生活中，杨竹芳总是把检察官的一些职业习惯带回家。认真、严谨、踏实——这已是她的一种生活方式。

"有时吃过晚饭，我说不想动了，把碗留到明天洗吧。她说不行，今日事就得今日毕。""只要有时间，菜都是我来洗，他干的活我看不上，韭菜不能一大把地搓，要一片一片摘着洗。"夫妻俩相互数落着，却有一种别样的甜蜜。

"她太不容易了。上次我妈病危住院，大小便失禁，她为老人换洗衣裤，同病房的人都以为她们是母女、我是女婿。"说话时，老段一直抚摸着左手上的那枚铂金戒指，那是去年爱人送他的生日礼物。"老夫老妻的，还搞这些浪漫。"

他憨厚地笑着，看着妻子。

在他眼里，妻子身上没有那么多的荣誉光环，只是个普普通通的家庭主妇，一个对工作和家庭同样尽责的女人：她人到中年，身体透支厉害，病痛也越来越多。

段建明说，杨竹芳喜欢唱歌，用的是民族唱法，唱的却是很新的流行歌曲，她最喜欢的歌手有周杰伦、王力宏和周传雄。

在我们的要求下，杨竹芳唱起了周传雄的《花香》。

"记忆是阵阵花香，我们说好谁都不能忘，守着黑夜的阳光，难过却假装坚强，等待的日子里，你比我勇敢；你的温柔是阳光，把我的未来填满，风吹起花的香味就像你的爱……"

经历过那么多事情以后，杨竹芳已经把很多东西看得很淡，又把另一些东西看得很重。

"人的生命相当脆弱，健康平安地活着，和家人在一起做喜欢做的事，那就是最幸福的。"

（原载《云南日报》2009年11月1日）

铁飞燕，女，回族，1992年8月出生，云南省昭通市人，共青团员，2009年参加工作，云南省公路开发投资有限责任公司收费员，现在云南省广播电视大学脱产学习。

从昭通体育运动学校毕业后，铁飞燕成为云南省公路开发投资有限责任公司昭通管理段普洱渡收费站的一名普通收费员。2010年5月4日，随父亲一起到绵阳旅游时，18岁的她飞身跳河勇救4名落水工人，其见义勇为的先进事迹传遍了巴蜀大地和彩云之南。网友评价她是"最美的90后女孩"、"英雄，中国的骄傲"、"90后的楷模"，还赞扬她为"90后"树立了榜样，在她身上，让社会看到了"90后"的坚强和勇敢，也看到了善良与美好。铁飞燕先后获得"云南省优秀共青团员"、"昭通道德模范"荣誉称号。2011年1月，被新华社等中央主要媒体评为"中国网事·感动2010"年度网络人物。

铁飞燕：做个快乐而普通的人

张馨云　杨　雨

　　她，年轻活泼，爱说爱笑。当她救人的事迹被广为传颂时，她说，自己只是做了一点力所能及的事，不值得那么宣传。她不愿别人称她什么英雄，"我是一个平凡的女孩，只想做一个快乐的普通人。"

　　再访铁飞燕，透过她厚厚的日记本，看到一个90后女孩心灵的真、善、美。

　　"不知为什么，每次帮助了别人，我都觉得自己很快乐，比我拥有什么还要快乐。给予别人比自己拥有更快乐。"

　　侠肝义胆、充满爱心是许多人对铁飞燕的评价。

　　"听说铁飞燕在四川绵阳救人的事情后，我们一点都不觉得奇怪，这样做才是她的性格。读体中时，她就是一个爱帮助同学，爱打抱不平的人。"铁飞燕的初中班主任谢老师回忆，在学校，同宿舍的一个女生家境非常贫寒，尽管铁飞燕每月的生活费仅200元，只够填饱自己的肚子，但她依然时时约上这个女生一起去食堂打饭，哪怕自己省着吃，也不让同学饿着。

　　提起铁飞燕行侠仗义的事，她的同学兼好朋友陈吉梅笑着说，飞燕就是一个有血性的女孩。读体中时，一次放学后，铁飞燕在学校侧门外的马路边，看到几个外校的小混混正要抢一个小男生的自行车，她急中生智走上前去，拍拍那个被吓得不敢吱声的男孩："弟弟，你怎么还不回家？是不是有人欺负你，跟姐姐说，一定不饶他。"看着从体育中学走出来的铁飞燕，那帮小混混知道她平时都在习武练功，便灰溜溜地走了。

　　说到妹妹的慈悲心肠，姐姐铁青梅还略带生气地说，记得几年前的一个暑假，铁飞燕和三姐到车站接从昆明放假回家的自己。在车站遇到一个行乞者，铁飞燕毫不犹豫地掏出5元钱给了乞丐。两个姐姐提醒她，我们身上都没钱了，也还要吃饭，要留着点钱填肚子，铁飞燕没吭声。"谁知，转个身，她又将身上仅剩的1元钱给了另一个行乞者。"后来，三姐妹饿着肚子，提着行李步行回家时，已是子夜。为此，两个姐姐几天都不理铁飞燕。

当记者提起铁飞燕这些助人为乐、行侠仗义的事时，她想了想说："这一类的事情太多了，反正我认为，如果一个人对身边可怜的人没有同情心，也不能伸出援助之手，那么，这才是最大的悲哀。我们饿一顿怕什么，你看那些叫花子无家可归，才叫可怜呢。不帮他们，于心何忍？"

"今天看到一套特别漂亮的衣服，试了试穿在身上也非常好看，就是太贵了，我买不起这套衣服。不然，宝贝的奶粉钱就没有了。"

花季少女，谁不爱美。然而，月薪900元的铁飞燕不仅要赡养父母，还担负起本不属于这个年龄的重任——助养孩子。

"一个年仅18岁的姑娘，能有勇气承担起一份母亲的责任，在震撼之余，更多的是感动。"春城晚报的记者申时勋是最早参与四川绵阳媒体寻找救人英雄铁飞燕的记者。他说，在不断的追踪报道中，越是深入了解铁飞燕，越感到这个女孩不平凡的一面。最感动的是，她在16岁时捡到弃婴，全

然不顾各方的压力和自己微薄的收入，毅然承担起"妈妈"的责任。

提到抚养子建的事，铁飞燕的双眸噙满了泪水，她觉得自己对不起妈妈，也对不起"女儿"铁子建。

铁飞燕1992年出生在昭通市朝阳区青岗岭乡的一户穆斯林家庭。她说，妈妈把兄妹们一把尿一把屎的拉扯大已是非常不易。现在，自己上班又没法带子建，只好交给妈妈代为看管。给年近六旬的妈妈添了这么大的麻烦，飞燕感到深深的自责，但又不舍放弃。

不久前，村外的一户人家打算收养子建，知道消息的铁飞燕急忙奔回家，将子建的衣物、奶粉、尿不湿往行李箱里一塞，抱上孩子，跑到三姐家躲了起来。因工作的地方距离姐姐家还有150公里，她只有轮休时才能回来看孩子。飞燕的三姐说，"但她每天都打电话给我，问孩子的情况，还不断地叮嘱我，一定要带好子建，她长大后一定会报答我的。看着飞燕对子建的无限爱意，我觉得飞燕没有输给任何做母亲的人。"

最让飞燕母亲心疼的是，飞燕每月的工资除了买奶粉和尿不湿，就只剩下100元自己用。过去，她最爱上街为自己和父母添置衣物，现在，"一分钱都要掰成两半用咯！"

直到现在，仍不断有人劝铁飞燕，一个小姑娘家，养什么孩子，还是送到福利院去吧。每每听到这话，她都坚定地说，只要我有一碗饭，一定有半碗给子建。

几天外出巡回报告回来，子建一见到妈妈就跌跌撞撞地跑过来，将一粒又一粒带皮的瓜子往铁飞燕嘴里塞，看着妈妈忙不迭地嗑着瓜子，吐着皮，子建咯咯咯地笑出声来。这时的铁飞燕，正静静地享受着天伦之乐。

"今天一大早就去单位了，市长要来慰问，单位里的人为我的事忙得不可开交，我很过意不去。哎，做梦都没有想到自己会有今天，市长亲自慰问我。内心感到非常荣幸，同时也非常不解，自己那么平凡，为什么会有那么多人来关注。"

再次见到铁飞燕，这个被英雄光环包围着的小姑娘一点没变。下了病床的她又蹬上自己喜欢的高跟鞋，去逛街。在人群中发现记者，她热情地奔过来，"姐姐，我们又见面啦！"白里透红的脸蛋上绽放着甜美的笑容。

"飞燕，你现在成名人了，忙坏了吧？""哎哟！你别笑话我了，我那点事，哪用得着大家那么关注和追捧，不就是展示了下我的老本行——跳水、游泳吗？不值一提。倒是这几天到处去作报告，累人得很呦！"参加昭通市组织的铁飞燕先进事迹报告团，在全市11个县每天跑1个县进行巡回演讲的她，嗓子有些沙哑了。

铁飞燕在异乡救落水者的事件被媒体追踪报道后，在社会上引起了强烈反响。在铁飞燕的家里，记者看到团省委、昭通市政府及有关部门颁发给她的"云南省优秀共青团员""昭通市见义勇为先进个人""昭通市道德模范"及省公路开发投资有限责任公司授予铁飞燕的"见义勇为优秀员工"等荣誉。

面对社会的肯定和赞许，铁飞燕有着自己的烦恼。她说，"面对不断地夸赞，我感到压力重重，每天睡觉时都在问自己，我有大家所说的那样伟大吗？其实，帮助身边有困难的人，这就是我的本色。"铁飞燕说，她心目中的英雄是像雷锋、黄继光这样的人，而自己和这些英雄差距尚远。"我会努力，一如既往地做我自己。"

（原载《云南日报》2010年9月6日）

收费员铁飞燕：寻常女儿心，侠义救人情

方 民

铁飞燕印象

飞燕是一个长相秀美的农家女孩。身着云南省公路投资有限公司收费员制服的她，又添了几分英气，她坐在我们的对面，向我们娓娓道来她的故

事。身材并不高大，不过一米六不到，很难想象她是怎样去救起比她身高还高的男子，这个女孩为什么会有这样的勇气，这样的底气？这在我们面前是一个问号。

生于农家，普通平凡，小女孩却有男孩子个性

铁飞燕家在昭通市青岗里乡大营村。全家有一幢多年前盖起的旧砖楼。她在家中众多兄弟姐妹中排行靠后，从小被其父当男孩养。其父对众多子女一视同仁，要求严格，对飞燕也不例外。飞燕从小生性倔强，胆子大，其母不让她和其他子女去村中的一条名叫撒邑河的小河中游泳，她经常悄无声息去溜到河中，为此没少挨打。她生性喜欢游泳，在水中来个四五千米不在话下。

几年前的一天，其父的手表掉入数米深的水井中，13岁的小铁飞燕自告奋勇下去将表捞了上来，当时水很冷，很浑，井水本身约一米深，个头不高的她要捞起来也并不容易。飞燕小心翼翼地完成了这个任务。捞到手表后用手指细细抠住两边的缝隙，像青蛙一样地爬了上来。

小学毕业后就读于昭通市体育学校的她，学过柔道和游泳，并取得过良好的成绩。虽为女儿身，却有着坚强的性格，在学校里数年的强化训练，使她养成了男孩般的秉性。

富于同情心　乐于助人

据大营村小学副校长丁闯和她的曾经的班主任老师刘涛介绍，当时班级上有一个同学，将班上用班费办的图书角的书丢了，按规定，必须赔偿2元，这个同学很穷，很着急，并不富有的铁飞燕帮助同学赔了书费。又一次，飞燕和六姐铁庆梅一块儿从学校放假回家，从昭通城里到家还有约四公里路，从昭通体校和昆明市中医药中等专业学校回来的姐妹俩，身上仅有15元钱，如果用5元打车，10元还可以吃两份大碗米线，当时是深夜12点。当她们走到街道的拐角时，姐妹俩看到一个流浪汉，还有一点残疾，富于同情心的飞燕走过去把钱全给了他，姐妹俩走了几公里夜路，飞燕给六姐壮胆，走到三姐家才吃到热饭。

协调家事　帮助家人

铁飞燕兄弟姐妹渐渐长大，其中五人已成家，母亲多病，老父年迈。

飞燕和家人商量，让五个已出嫁或结婚的哥姐每人每月出200元负担家中费用，以维持家庭的正常开支。飞燕体校毕业后即考到云南省公路建设投资有限公司，成为一名收费员。休息时间常帮父母做家务，买菜做饭。由于她的协调、努力的安排，这个大家庭做到了和睦相处。

收养婴儿　付出爱心

去年大年初二，飞燕在山上的听到婴儿啼哭，心中不忍，拣回家中。父母以为买到年货，打开一看，是一个脐上带血的婴儿，家人不悦，飞燕说我不能看着她死去。全家动员，以老母亲为主，留下并抚养这个孩子，飞燕将她取名为铁子建，希望她健康成长。飞燕为她付出了母亲般的关怀。为此，她的个人问题非常受影响。飞燕并不担心，她相信会有一个能真正容得下她和这个养女的人出现，并坚称就是一个人也要把小子建带大。

微笑服务　坚持原则

2008年6月，铁飞燕考取公投公司收费员。水（富）麻（柳湾）高速收费站离自己的家大约有150公里。铁飞燕在公司的培养帮助下，迅速掌握了工作的方法。曾多次受到上级的表扬。对过往的车辆，她都是面带笑容，提供规范的收费服务。有一次，一个"有来头"的带有特殊标志的车辆远远驶来，并且不打算停车，小铁请同事双手托交计程卡给"某车男"，"某车男"很不耐烦地扔到车前，嘴里不干不净，扬场而去，半小时后，该男回到收费点，企图冲过去，飞燕小铁好言相劝，"某车男"称："在我的地盘上也要交费？"双方几乎要打起来，小铁坚持收费，"某车男"怒曰："你要咋个整？""交费呗。"小铁不卑不亢。某男无法，只能交费走人。这样的事每天都有可能发生。

情系母校　捐款捐物

飞燕家中不富，何来钱物捐赠？原来，公司领导知道她的义举后，公司和所在部门表彰她为"见义勇为优秀员工"奖给了她5000元，她将3000元给了大营镇小学，帮助30名品学兼优的孩子，同时还购买了1000元的一批体育用品，孩子们拍不及待地拿起就玩。她原来所在的班主任老师对她的举动感到自豪，同时也感到意外。"帮助孩子们，我有一种幸福感。"她说。

寻常女儿　侠肝义胆

以三年训练有素的游泳基础，曾拿过昭通地区少年游泳冠军名次的铁飞燕，自信能将他人救起，所以才有她毫不迟疑的救人行为。5月6日，在四川绵阳阿昌河，已经走过近百米大桥的铁飞燕，正准备与父亲离开，忽然听轰隆的巨响，听到有人喊救命，飞燕迅速到桥边一看，发现有5名正在脚手架上工作的民工随脚手架的倒塌落入水中，从桥面的河面约20多米高，飞燕原想直接跳下，但这样做并没有十分把握，看过地形，在最短的时间内，用一分多钟，飞燕跑回到桥的另一头，她一路飞奔，一边将小包交给父亲，一边把鞋子甩掉，天气不太好，身穿T恤，高跟鞋和七分裤的她，尽可能地快速奔跑，在桥的另一头，她抱住脚手架的铁杆，象消防员那样滑下，直达河堤，从河堤到河面有几米高，飞燕毫不迟疑地一个猛子扎了下去，四人已自救，一人已没入水中，飞燕潜入打捞，经过几次尝试，终于碰到衣角，飞燕将其推上竹板，应用她学过的急救知识，对落水者进行正面和侧面的人工

呼吸，口吐黄水后，伤者开始哼哼，120救援船随后到达，民工的性命保住了。飞燕救起落水者，赢得了最宝贵的几十秒钟。

上岸后，面对媒体的追问，飞燕觉得不好意思，觉行没什么，不想留下姓名。老父拗不过，只得说了女儿的名字。自己却因当时救人身体不适，至今仍在住院，救人为大，但飞燕也为此也付出巨大代价。

一个小心愿

铁飞燕很想在自己的故乡办一个幼儿园，她希望村子里的小朋友接受学前教育，像城里的孩子们一样。她说，这个想法在她心中已经很久了。我问她，你将怎样去实现呢？她笑而不答。相信她一定能够实现自己的愿望。

【记者手记】几天来的深入采访，给我最大的感受就是，80后、90后并非"垮掉的一代"，穷人的孩子早当家，每一个时期都有优秀的分子，铁飞燕就是这样的一个代表，她是一个普通女孩，关健时刻却有过人的能力和胆识，英雄的行为，这与家庭的教育，学校的培养，工作单位的关怀和教育分不开，同时，这也是她个性之使然，同情心，正义感是我们这个时代所需要的，应该提倡和发扬。昭通女孩铁飞燕无疑是值得骄傲的。

（云南网，2010年9月1日）

铁飞燕先进事迹激励无数90后
要追就追这样的星

申时勋

铁飞燕，这只"乌蒙飞燕"在飞入寻常百姓家的同时，留给这个时代和人们有意义的东西实在太多太多：新时期社会主义荣辱观的践行人，当下创先争优活动的活教材，当代幸福青年追求的大标杆，90后学习的好榜样……

8月底，记者跟随由省委宣传部组织的大型采访团，再次奔赴她的家乡、单位和学校，走访她的亲人、同事、领导、朋友和网友，一路艰辛劳累，却一路感动欣慰，经历或见证了一次次热泪盈眶和一次次心灵震撼……

时代呼唤英雄，时代造就楷模。在全面建设小康社会、开创中国特色社会主义事业新局面、实现中华民族伟大复兴的进程中，更需要在全社会树立和大力宣传英雄楷模，弘扬学习他们的崇高精神。

本报今日推出"云岭楷模"专栏，宣传在我省各行各业中涌现出来的先进典型，他们的事迹或许是夏日一缕凉爽的清风，或许是冬日里一轮暖暖的太阳，或许是沁人心脾的甘泉……

这些英雄人物和先进典型都是在各自平凡的岗位上做出了不平凡的业绩——对于工作，他们执著奉献；面对困难，他们坚韧不拔；对于社会，他们勇担责任。他们是群众的榜样、社会的楷模、时代的先锋。

英雄楷模的事迹必将催人奋进，他们的精神必将感召成千上万的云岭儿女以饱满的精神，投身到建设富裕民主文明开放和谐云南中。

救人壮举　感人至深

今年5月6日，四川绵阳南山大桥桥头，5名农民工突然跌入湍急的安昌河中，生命危在旦夕之际，正好路过此地的游客铁飞燕纵身跳河，潜水搜救，奋力救起一名落水工人，还对被救男子进行人工呼吸，待对方苏醒后却悄然离开现场。英雄救人壮举感动绵阳城百姓之余，一场探寻英雄足迹的活动随即展开。不可回避的是，本报曾在云南媒体中首家吹响找寻英雄的"号角"，最先找到并报道铁飞燕其人其事，引起了广泛而深远的社会关注。

从7月30日起，昭通组织了"90后好榜样"铁飞燕先进事迹报告团巡回演讲报告活动，每场报告会都是人满为患，听众深受感动、教育和激励，社会反响大，教育效果显著。

农家女孩　豪爽率真

铁飞燕救人，来源于家庭教育的熏陶和培养。铁飞燕的老家位于昭阳区青岗岭乡大营村12社，她在10个兄弟姐妹中排行第八，家庭贫困，家教仁和，家庭和睦。铁飞燕成了父亲眼中活泼开朗、豪爽率真的"假小子"，是从小就吃苦懂事、啥子事情都会做的"早当家孩子"，而她乐于助人、扶贫济困、独立好强、尊老爱幼的秉性和习惯也在父母的言传身教中牢固养成。其间，"赠人玫瑰，手留余香"一直是她父亲时常挂在嘴边的教女"名言"，也成了铁飞燕做人做事的一贯原则，一向是左邻右舍心中的"身边大好人"。在她平时就是乡亲们眼中的"身边大好人"的背景下，她后来的英勇救人、捐助母校、助养弃婴等感人行为也就是自然而然的事情了。

铁飞燕救人，与她所受的学校教育和鼓励分不开。上大营村小学时，班主任老师刘涛对经常帮助同学的铁飞燕频频竖起大拇指，时常在班上当面表扬鼓励她，"铁飞燕给我印象最深就是训练刻苦，成绩优秀，好打抱不平。"

……

先进事迹　鼓舞90后

记者看到，昭通市委宣传部搜集、打印的关于铁飞燕事迹的赞美性评论帖子多达8000多条，鼓舞了一个个90后。昭阳区二小语文老师陈敏说，她现在所教的6年级班上和亲戚朋友的不少90后孩子娇生惯养，自私任性，不懂感恩，讲吃穿乱花钱，沉迷上网和电玩，让人揪心不已，而铁飞燕给他们树立了榜样，需要全社会好好引导，让90后这一群体也像铁飞燕那样有爱心、闯劲足、敢担当、善思考、能做事。

"听了铁姐姐的报告，我非常感动，她和我们的年龄差不多，但她这个平凡的人却做出了不平凡的事，我一定会向她学习！"9月2日，彝良县一中高一206班学生朱明芳听完铁飞燕先进事迹报告会后激动地说。更让人欣喜的是，大量网友竞相发帖，表示要以她为榜样，学习她的精神和品质，"也像她那样为90后撑起一片天空"。

铁飞燕先进事迹报告团成员、10岁小女孩刘佳晨在巡回演讲中，以《要追就追这样的星》为题，诉说了她本人不再成为泡泡剧《流星花园》中男女主人公的追星族，要成为铁飞燕姐姐的忠实粉丝，像她那样能吃苦、爱学习、对人好。

（原载《春城晚报》2010年9月6日）

飞燕惊巴蜀　真爱暖云岭

徐　宁

穿一件时髦的小夹克，一条蓝黑色的牛仔裤，还未开口说话嘴角先露出盈盈笑意，话语爽朗充满热情，右边脸颊有一个深深的酒窝……面前的小姑娘只有19岁，怎么也不能让人将她与传说中那个英雄式人物联系起来——

她，就是那个飞身入水勇救落水民工不留名的"铁大侠"吗？

她，就是默默无闻抚养一个素不相识的小婴儿近两年的"好妈妈"吗？

她，就是将见义勇为所获得的奖励捐给贫苦学生的大姐姐吗？

舍身救人感动巴蜀大地彩云之南

2010年5月6日下午6点左右，四川绵阳，一对父女在斜阳的余晖中散步。突然，不远处传来呼救声"有人落水了，快救人啊！快救人啊！"只见原来架设在安昌河中维修大桥的支架已经倒塌了，散步的女孩伸头往桥下一看，5名在钢架上作业的工人全部落入水中。

没等父亲反应过来，散步的女孩已经把手袋一扔，紧跑几步拨开人群，冲到桥栏杆边，矫捷地顺着10米高的脚手架滑向河堤，一头扎进离河堤还有6米高的安昌河……

尽管女儿从小曾在昭通市体育中学练习过游泳，也曾经代表县里出赛，拿了很多的奖，然而大桥有十几米，离水面几乎有5层楼那么高，父亲倒吸一口凉气。

落水者中，有4人已经通过自救爬上了架在水里的钢架，但刚才还在扑腾的1个落水者已经毫无踪影了。

散步的女孩一次次浮出水面调整呼吸，又一次次潜入水中搜索。第三次潜入水中后，她终于抓到了落水者的衣服。她用一只胳膊勾住落水者的脑袋，使他仰面朝天，口鼻尽量露出水面。她奋力把落水者拖到钢架边。但是溺水者已经嘴唇发黑，两眼翻白，没有呼吸了。

女孩此时尽管已经筋疲力尽，但顾不得胃中浑水的翻滚引起的恶心，顾不得女儿家的羞涩，立即又为溺水者翻身控水，口对口人工呼吸。

不一会，那人吐出一口浑浊的污水，长出一口气，眼睛也翻动了一下——他缓过来了！

围观的人越来越多，人们不住地打听这位英雄女孩的名字，父亲一看如果再不说更走不了了，就告诉大家："她叫铁飞燕，我们是云南昭通人。"说罢，父女俩急急上了一辆出租车，消失在马路的尽头。

不到一天，她的事迹传遍了绵阳的大街小巷，瞬间感动了一座城。几天以后，媒体终于找到她，走近她。她给大家带来的，却是更多更多的感动……

助养弃婴不是母亲胜似母亲

2008年农历腊月二十一，铁飞燕早早到乡街子准备年货。走到一个岔路口，她突然听到婴儿的哭声，四下仔细一看，周围没人，只有在路边有一个纸箱，声音就是从那里发出来的。她大着胆子打开纸箱，是个刚出生不久，连脐带还没剪断的小婴儿。孩子只用一块单薄的布盖着，浑身沾满血迹，嘴唇已经冻得发紫，哭声也十分微弱了。

"是哪个父母这么狠心，把孩子丢在这里！"铁飞燕心疼极了，她忘记了要去买菜的事情，马上脱下自己的羽绒服，裹住箱子往家跑。只穿着单薄的衣服，铁飞燕一点也没觉得冷。

母亲一看飞燕捡回来一个小婴儿，马上反对，叫她送回去丢了。父亲铁银顺经常在外打工，眼界和思想比较开阔。他说："手不沾红红不染，既然捡回来了，就有一份责任了，如果丢了，出点什么事，我们于心不忍。"自此，这个婴儿就成了铁家的一员，一住就是2年，家里人还给她取了名字，叫铁子健。

子健还在吃奶的时候食量惊人，25块钱一包的奶粉，两天就能吃一包。飞燕收入也不高，每个月1000元左右的工资几乎全给她买吃买穿，直到子健会吃辅食以后，经济才宽松了些。

子健出牙的时候，特别容易生病，有一天，她又发烧了。铁飞燕背起她，跑了两三公里到乡里的医院，医生看病情严重不敢收。飞燕和母亲两人又马上借钱包了一辆面包车赶到昭通市第二人民医院。当子健输上液安静地躺下，飞燕才感觉脚上钻心疼痛，她发现自己大脚趾上鲜血和着黄泥凝在一起，一片指甲跑的时候不知道磕去哪里，居然不见了。

尽管铁家对小子健视若己出，但还是引来了风言风语。有人经常半开玩笑对飞燕说"这就是你捡来那个弃婴啊。"面对人们的流言蜚语，铁飞燕坦荡地回答："不许你们这么说她，孩子大了，她就是我家姑娘！"

铁飞燕家中共有11姊妹，家庭生活的艰辛使母亲常常抱怨生活繁重，抚

养子健不易。每到此时，飞燕就认为是家里人嫌弃子健了，忍不住和母亲吵架，甚至负气地背起子键离家出走到姐姐家住几天，等父母又把她和子健接回去。

每当一家人讲起飞燕和小子健之间的故事时，大家不由得笑她，而飞燕却流下了对母亲歉疚的、感谢的、对子健怜惜的、百感交集的眼泪。

可敬可爱的"傻劲儿"

救人"成名"后，飞燕和她的故事被越来越多的人所熟悉。但其中也有人以为，成了英雄后她可能得到了很多好处，甚至是一些"特权"，能办别人办不到的事情。可飞燕却在采访中，吐露了自己的烦恼。

2010年5月8日，承担南山大桥维修的施工方安全负责人把铁飞燕哄到单位，非要奖励给她2000元慰问金，推辞不过，飞燕就将500元用于帮助在外地打工的老乡处理意外事故，并将剩下的1500元捐给了家乡青岗岭中学。

铁飞燕回到昭通后，省公路开发投资有限责任公司昭通管理处党委授予铁飞燕"见义勇为先进个人"称号，并奖励奖金2000元。省公路开发投资公司党委也授予铁飞燕"见义勇为优秀员工"称号，奖励5000元。

铁飞燕又一次把7000元的奖金按照自己的方式进行了分配：父亲母亲各1000元，铁子健1000元，剩下的4000元全部捐给母校的贫困学生。

一次次把奖金捐赠出去，很多人都说飞燕"太傻"。有人告诉她："下次政府再给你奖励，你千万别捐了，子健这么小，用钱的地方多着呢。"但是飞燕是一个有志气的姑娘，她说："这些都不是我担心的问题，我相信我能通过我自己的劳动把子健带大。我目前最担心的就是子健的户口问题，自己不符合收养条件，只能算是助养。"

中国新一代幸福青年标杆

有人说，昭通这个地方，大山大水出英雄。在这个复杂而浮躁的社会，在这个较为封闭，经济落后的山村，保留了我们这个社会的真善美。铁飞燕故事很传奇，也很简单，甚至很"傻"，但是她深深地打动了人们，拨动了人们想保留那份正在悄然消失的善良与简单。

铁飞燕的事迹在网络上传开后，雪片一样的短信几乎把她的收件箱挤爆，很多人都想和她交个朋友。一名30岁左右的昆明男子甚至以为飞燕是一位带着小孩的单亲母亲，专程赶到飞燕家里，表示愿意照顾铁飞燕。得知实情后，他连称抱歉。他说真不知道飞燕还是个这么单纯可爱的小女孩，表示非常想认下飞燕这个妹妹。

曾在互联网上发布了题为《学生"走光"我哭了》的系列帖子的毛利辉一段话为铁飞燕作了最好的注脚，他说：铁飞燕以"善良、热情、勇敢、正义"的形象为90后正了名，树立了榜样，让社会对90后群体再次建立起了信心，飞燕用自己一点一滴的行动，践行了当代青年的核心价值体系，树立了中国新一代幸福青年标杆。

（原载《云南政协报》2010年9月6日）

　　梅阳林，男，汉族，1972年6月出生，云南省寻甸县人，1996年6月加入中国共产党，生前任寻甸县七星镇江格村党总支书记，2010年6月26日因公殉职。

　　从1995年开始，梅阳林历任七星镇江格村委会发达小村村长、江格村委会副主任（兼文书）、主任；江格村党支部副书记、江格村党总支书记；第六届、第七届乡、镇党代表，第八届至第十届乡人民代表、第一届镇人民代表。2005年7月被七星乡党委表彰为"优秀共产党员"；2007年10月至2009年12月，他参加"一村一名大学生"函授大专班的学习并取得大专文凭，成为一名名副其实的大学生"村官"；2008年7月被县委表彰为"优秀共产党员"；2009年被云南省农业普查工作领导小组表彰为"第二次全国农业普查先进个人"；2010年7月被镇党委、县委、市委、省委追授为"优秀共产党员"；2010年12月被中组部追授为"防汛防洪救灾优秀共产党员"。

为了群众的生命安全

——追记寻甸县江格村委会党总支书记梅阳林

徐向良

他，没上过战场立过战功，却被江格的群众称为"英雄"；

他，没做过惊天动地的大事，老百姓却为他竖起大拇指；

他，没讲过一句豪言壮语，可他许多平凡的话语却被人们深深牢记。

最近，在昆明市寻甸县到处都可以听到他的名字，他的事迹被广为传颂。他就是寻甸县江格村委会党总支书记——梅阳林。

2010年6月26日凌晨1时，梅阳林冒着大雨查看村里的坝塘，途中不幸被洪水冲走，用他年仅38岁的生命谱写了一曲新时代共产党员、基层普通村官的人生赞歌……

他走了，为了800多名群众的生命财产安全

"你放心，我会安排好的。"这是七星镇防汛办主任杨奎打电话给梅阳林，让他安排人去查看发达小村和大村的坝塘险情时，听到梅阳林最后的一句坚定回答。可谁也没有想到，这竟成了梅阳林最后的遗言。挂了电话，被大雨困在镇上的梅阳林没有丝毫犹豫，骑上摩托车冒着大雨就往村里赶。凌晨1时左右，当梅阳林来到离村委会不远处的磨郎冲小河的小桥上时，被漫过河堤的洪水连人带车冲进河中……

"他可以不走的。当时他在镇上，完全可以打个电话回村，叫村委会的其他干部去查看。"江格村党总支副书记蔡美花，一边说一边抹眼泪，"梅书记他是不放心啊，发达小村和发达大村的坝塘下面住着195户人家808名群众，如果坝塘决堤，后果不堪设想。即便平时下小雨，梅书记也要亲自到水库上去查看……"

他走了！为了800余名群众的生命财产安全，倒在了前往查看水库的路

上，倒在了离村委会不到500米、离家不到3公里的地方。

他走了！永远地离开了江格这片他热爱着的土地，离开了他生活和工作了38年的家乡，离开了他77岁的老母亲，离开了深爱着他的妻子和儿子。

让我们把时间回溯到2010年6月25日。那一天，七星镇召开建党节庆祝大会，参加完大会的梅阳林接着参加了下午举行的党员干部义务植树活动。植树活动结束已经快6点了。在镇上草草吃过饭，梅阳林就找到准备为村里修路的工程队，商谈砂石料等相关细节问题。晚上7时左右，天空下起了大雨，本想赶回家的梅阳林被大雨困在了镇上，雨越下越大，一直持续到深夜。

"梅书记，今天寻甸县遭遇暴雨袭击，降雨量很大。你安排人去查看一下发达小村和大村的水库，看看会不会出问题。"凌晨零点左右，因无法联系上江格村的防汛人员，镇防汛办主任杨奎打通了梅阳林的手机。"你放心，我会安排好的！"听到梅阳林肯定的答复，杨奎心里踏实多了。

是啊，梅阳林办事没有什么叫人不放心的。他办事雷厉风行，让江格村一天一个样；他对群众满腔热情，把党的温暖传递给无数困难群众；他用年仅38岁的生命，践行了"随时准备为党和人民牺牲一切"的庄严承诺。对这样的干部，还有什么不放心的呢？

他走了，留下的是一身正气

"作为一名共产党员、一位村干部，我不能只顾自己，我要带领江格的群众一起致富。"为了江格的群众，梅阳林放弃了一月能挣2000多元工资的工作，放弃了和朋友合伙做生意的念头……

担任村干部，家里的活计顾不上不说，每月只有三四百块钱的补贴。梅阳林的同学和朋友都劝他："别干了，出去外面打工怎么也比你这个村干部强十倍。"眼看着身边的同学、朋友外出打工、做生意都富裕起来了，梅阳林也曾经心动过。可一想到江格村的老百姓，他便打消了念头。领着每月400多块的工作补贴，梅阳林无怨无悔，在村委会一干就是10年。

10年来，他两袖清风，清贫如洗。发达小村18号，是梅阳林的家，房子是向二哥买的，欠下的1万元钱，至今没有还上。走进他的家，堂屋里最值钱的就是3年前买的一台电视机，加上3个烂沙发、1个破旧的矮柜、1张陈旧的茶几、1个坏了的挂钟，就是他的全部家当。

10年来，他没有带孩子出去旅游过一次。对于农村的孩子来说，能走出去看看外面的世界，是最幸福的事情了。对梅阳林的两个孩子来说，他们最大的心愿就是能像电视里的孩子那样，暑假里能和父母一起到外面去旅游。然而，因为家庭贫困，梅阳林一直没敢在孩子面前许下任何承诺。

10年来，他没有给妻子买过一件像样的礼物。妻子杨陆杏收到梅阳林最贵重的一件礼物，就是去年他出差时花了200元钱买回来的一条水晶项链。为了这条项链，梅阳林还被妻子责备了很长时间，说他乱花钱……

"他要是不当这个村干部，跟我出去打工，他家现在的情况根本不可能是这样。"梅阳林的同学胡云合说。

对年迈的母亲、操劳的妻子和年幼的两个儿子，梅阳林总是抽不出时间陪他们，对村里的事、群众的事，梅阳林却总是时间充裕，精力充沛。发达大村小坝塘进行扩容加固、江格到七星镇的道路硬化、改造江格至发达小村道路、利用江格的自然优势发展稻米和蔬菜产业、解决困扰牛栏江对岸的雨海村孩子上学难、群众办事难等问题，梅阳林都记得清清楚楚，直到他离开的那一刻……

他没有走，时刻都在群众身边

"他没有走！他就在我们身边。"蔡美花说，最近村委会事情特别多，每天晚上很晚才能回家，作为党总支书记的梅阳林不管多晚，都要把村委会这位唯一的女干部送回家。"每天到了我家路口，梅书记总要用摩托车灯照着我进了家他才走。现在，每天回家的时候我都会想到梅书记，我一直觉得他没有走。"

是啊，梅阳林没有走，在江格的每一个角落，群众都能感觉到他的存在——

出村的路开始修了，这是梅阳林跑来的项目。对于这条路，村民杨正坤深有体会：一下雨，就是三步一滑五步一陷，根本没法走。要拉点东西出村卖，遇到下雨天，六七公里路要走一两个小时。梅阳林深深知道，要致富先修路。路不好走，发展的步伐就快不起来。他上任之后的第一件事就是积极向县里争取修路项目。

江格村的产业开始发展了，这是梅阳林的功劳。由于土质不好，缺乏水源，交通不便，基础设施落后，江格的经济发展水平一直是七星镇的倒数第一。自从担任村干部以后，梅阳林就一直在研究产业发展的路子。在他的积极努力下，呈贡县、晋宁县的蔬菜老板来了，他们承包土地种植蔬菜，不光解决了一部分当地富余劳动力的就业，还带动了一批敢闯敢干的村民搞起了蔬菜种植。

"五保户"段发云住进新房了，这是梅阳林帮忙才盖起来的。段发云的房子因为地基下陷成了危房，梅阳林得知以后，多次向民政部门反映，争取到1万元资金，帮段发云建起了一间新房。"没有梅支书，我想都不敢想，像我这样无儿无女的人，还会住上新房子。感谢梅支书，感谢共产党。"段发云激动地说。

夏日的清风，悄悄地从江格吹过，仿佛在低声抽泣。牛栏江静静地流淌着，它仿佛听懂了群众的诉说，沉浸在悲痛之中。

他没有走，永远活在群众心中

在江格村，梅阳林是出了名的大好人。因为他正派公道，没有当村干部以前，村里有大事小事、矛盾纠纷，人们都会去找他主持公道。自从2000年当上村干部后，梅阳林就把为群众办好事、办实事作为了自己的目标。

"我只是一个小小的村干部，不能做什么惊天动地的大事，但我会尽力为群众多做些小事，多办点好事。只要能看到江格群众的生活能一天天好起来，我就满足了"。梅阳林是这么说也是这么做的。

特困户朱天友家有8口人：年迈的父母，已去世哥嫂留下的两个孩子，夫妻二人和自己的两个孩子。全家8张嘴吃饭，却只有两个劳动力。得知情况后，梅阳林三天两头到朱天友家，帮助他发展养殖种植业，有时还把自己仅有的几百元工作补贴借给朱天友购买农资。如今，朱天友家养猪养鸡，种优质水稻、早熟玉米，日子渐渐好起来了。

村民龚长友家盖房子，因为没有经验，不知道买什么水泥，去哪里买。

龚长友找到梅阳林，他二话没说，骑上摩托车，带着龚长友进了县城，帮忙谈好价钱，买了水泥还找车拉回了村里。说起梅阳林，不善言谈的龚长友不停地重复着这句话：梅书记真是大好人！

一天夜里，村民朱明芳的妻子生病被送往村卫生所，因为条件有限，药品贮备不全，缺乏所需的针水。情急之下的朱明芳找到梅阳林，梅阳林立即联系了镇卫生院，连夜赶到镇上买回了针水。"梅书记是个好干部啊，我们全家都感谢他。"朱明芳的眼里闪着泪花。

金杯银杯，不如老百姓的口碑。梅阳林用自己的实际行动，让江格的老百姓看到了什么是真正的共产党员；用自己的身体力行，践行了对党和人民的庄严承诺；他把所有的爱和为人民服务的热情，播洒到了江格村的每一个角落。

7月9日那一天，江格村农忙时节的田地里看不见一个劳作的身影。村民们纷纷赶到县城殡仪馆，只为送梅阳林最后一程……

（原载《党的生活》2010年第9期）

用生命点亮理想之路

——记优秀共产党员、寻甸县七星镇江格村党总支书记梅阳林

王雪飞　李竞立　顾　然　李瑞莹

柿花树水坝下，受暴雨威胁的江格村数百户村民的险情已经过去；牛栏江边，曾经汹涌咆哮的洪水已经退去。然而，人们不会忘记那个暴雨倾盆的夜晚，不会忘记那个为了保护群众生命财产安全而被无情山洪吞噬的年轻生命——梅阳林。

蜿蜒流淌的牛栏江边，梅阳林曾无数次往返的那条土路上，清晰地镌刻

着这位普通"村官"平凡而闪光的足迹。

6月26日凌晨—26日清晨：梅阳林的最后6小时

接到察看险情的电话后，他说："我会安排好的。"

2010年6月25日晚，寻甸回族彝族自治县七星镇遭遇特大暴雨袭击。县防汛办连连接到告急：牛栏江上游的凤龙湾水库上游降雨高达119毫米，造成水库超警戒水位0.79米。为保证水库安全，水库溢洪道开闸泄洪，每秒近400立方米的泄洪量，让位于下游的七星、河口等乡镇大量农田被淹，不少小水库小坝塘险情频发。

位于江格村上游的柿花树水坝还处在施工期，水坝安全状况如何？施工人员、机械，尤其是水坝下的十几户村民的安全状况如何？七星镇防汛办主任杨奎紧急通知江格村委会发达大村水库管理员到水库察看险情，由于手机信号不稳定，多次打电话未能接通。26日0时50分，杨奎电话通知江格村党总支书记梅阳林组织汛情调查。当天到镇上开会，因雨阻隔还停留在七星镇的梅阳林没有一句推诿，没找任何理由，只是简单回答道："我会安排好的。"

挂断电话后，梅阳林没有时间再安排村上的其他人员同去巡查，连雨衣都来不及穿，就独自一人骑上摩托冲入瓢泼大雨、沉沉夜幕，驰往10多公里外的水坝。这一去，他再也没有回来。

巡查汛情途中，从山上奔涌而下的洪水将梅阳林连人带车卷入了牛栏江中。26日清晨，村民们在江格村边的一个涵洞边发现了梅阳林的摩托。3天后，搜救小组在数十公里外的河口镇双龙村委会附近的牛栏江边找到了梅阳林的遗体。

"我会安排好的。"成了梅阳林留下的最后一句话。

从接到电话到发现他失踪，只是短短6个小时。

4月11日—6月26日：梅支书的77天

挑起村支书的担子时，他说："选举我当带头人，我就要为群众干点实实在在的事。"

今年村"两委"换届选举时，在村委会工作了15年的梅阳林被全票推选为村党总支书记。从4月11日正式上任到6月26日以身殉职，梅阳林履职刚刚77天。但就是在这短短77天内，每一天他都实实在在地完成着自己上任之初对村民们许下的郑重承诺。

江格是七星镇最为贫困的一个村委会，在这样的村当干部是件苦差事，但面对上级的信任、同事的鼓励和党员、群众的期望，毅然挑起了村支书担子的梅阳林说："选举我当带头人，我就要为群众干点实实在在的事。"

梅阳林熟悉江格村的情况，他深知"水"和"路"的不通不畅是阻碍江格发展的"挡路虎"。上任之初，他就开始对江格村的发展谋篇布局：要争取对发达大村的小坝塘进行扩容加固；要实现江格到镇上道路的硬化；要改造江格至发达小村的道路；

要利用江格的自然优势发展优质稻米和蔬菜种植；要彻底解决牛栏江对岸雨海村孩子上学难、群众办事难的问题，争取建设雨海桥……梅阳林一门心思要改变江格贫困落后的现状，他心里装着的事还有许多。

"江格，江格，有江还渴"。虽然牛栏江由南向北贯穿江格全境，但由于河床太低，抽水灌溉费用高，村里又没有水库和坝塘，江格村委会8个村小组中就有6个常年缺水。农忙时节缺水更为明显，村民们的生产用水要到四五公里外的牛栏江边拉运；用水紧张时，村民们的生活用水甚至得用马车到10公里外驮运，山路颠簸崎岖，艰辛异常。今年初，村里靠大家东拼西凑买来的抽水机的变压器丢失了，刚上任不久的梅阳林多方奔走，自己垫资买来一台旧变压器，解决了春耕缺水的燃眉之急。

光靠一台旧抽水机是无法让村民解决用水难问题的，梅阳林打定主意，要把发达大村小坝塘扩容加固。他天天骑着摩托车往返于镇里和村上，反映情况、打报告，要资金；做群众工作，说服他们主动让出需要占用的土地；今年4月，修水坝的资金终于批下来了。想到水坝修建好后，储水量将达到6000多立方米，可以解决发达小村75户326人的生产生活用水问题，梅阳林打心眼里高兴。

江格村只有一条通往村外的土路，到了雨季泥泞不堪。修路成了梅阳林的另一项重要任务。就在他出事前的头天晚上，梅阳林还在与道路施工方商谈道路开工的各项具体问题。

在梅阳林殉职前，发达大村小坝塘建设已接近尾声；在他离开的当天早上，由他一手操持的从江格村到七星镇长12公里、宽4.5米的水泥硬化道路开始动工建设。而为水坝和道路建设操碎了心的梅阳林，却再不能到水坝上看一看、到道路工地上走一走了。

1972年6月–2010年6月：生命定格38岁

10多年村干部干下来，他说："能为家乡的父老乡亲做点实事，心里比挣到很多钱还高兴。"

梅阳林1972年出生，1992年高中毕业后回村务农，1995年便当选为江格村委会发达小村村民小组长。从组长、村委会副主任兼文书、村委会主任到村党支部副书记，梅阳林一步一个脚印地在为村民服务的路上整整走了15年。

当选江格村党总支书记后，梅阳林的"工资"由每月450元增加到480元。为这点收入每天起早贪黑到底图什么？有时候和朋友聊天时，梅阳林也曾动摇过：不论是出去打工、还是在家经商种地，收入都比当村干部要高得多。一次，一个外出打工多年已经当上老板的同乡约他外出打工，并保证一年能挣四五万……面对种种选择，梅阳林最后还是毅然决定留在村里。梅阳林曾对妻子杨陆杏说："人一辈子活着不能只为了钱，虽然当个'村官'不能做出什么丰功伟绩，但能为家乡的父老乡亲做点实事，心里比挣到很多钱还高兴。"

"结婚十多年，他在家待的时间加起来也没有几年，因为每到农忙季节，也正是村组干部们最忙的时候，家里的事情他基本顾不上。"妻子杨陆杏说，"虽然辛苦，还要供两个娃娃上学，十多年了也没钱修一下旧房子，但他说村里群众的生活好了，我们的生活也一定会好起来的。"

十多年来，梅阳林做的是农村最基层的"村官"，也是最辛苦的"官"。村委会主任白志春说，凡是上级交办的工作，梅阳林从来没有拖过后腿，经常连夜加班，不吃不喝也要完成。梅阳林的摩托车记录了他的工作量，这辆摩托骑了4年至少跑了4万公里。

2003年，新型农村合作医疗在七星镇全面启动，工作刚开始时，由于对政策不了解，动员农户参加"新农合"是件最难做的工作。梅阳林硬是靠一双腿，一张嘴，一家一户耐心细致地做工作，经过努力，江格村委会在全镇率先完成了这项工作。时任七星镇卫生所所长的刘文宏说，2006年县里决定对新型农村合作医疗的优秀个人和集体给予表彰，优秀个人大家都推荐梅阳林。梅阳林却主动将荣誉让给了另一位同事，他说工作都是大家做的，我一个人获奖不合适。"由于那次让出县级授予的荣誉称号，导致后来梅阳林在考公务员时差了加分的条件而失去了转入公务员系列的机会。"刘文宏回忆起这件事来还为梅阳林感到惋惜。但梅阳林当时却说自己还年轻，还有机会。

38岁的梅阳林匆匆走了。江格村的村民们，用最朴实的言语和行动，表达着对梅阳林的赞誉、爱戴和信任。当梅阳林遗体找到的消息传来，上百位村民丢下农活自发赶去，都伸出肩膀要求把梅阳林的遗体送到县城。毛荒田村民金向文说："梅支书帮老百姓做了这么多事，我们要送他最后一程。"

38岁的梅阳林匆匆走了，带着他未竟的心愿、挚爱的事业。7月8日，中共昆明市委决定，追授梅阳林昆明市优秀共产党员称号。牛栏江边那条蜿蜒的山路上，梅阳林一串串坚实足迹，留下了他用生命写就的、一名共产党人的奉献与忠诚。

（原载《云南日报》2010年8月11日）

搜救队整整找了4天跑了百余公里

江边大树上　梅阳林走了

李　荣

他是寻甸回族彝族自治县七星镇最年轻的村支书，但却不是好丈夫，因为他把支撑全家的劳动担子都抛给了妻子；他也不是一个好父亲，儿子每周要走10多公里去上学，他从没送过一次……

昨日，这位因外出夜查汛情失踪多日的"非好丈夫"、"非好父亲"的遗体在离家百里之外的地方被找到，他就是七星镇江格村党总支书记梅阳林，带着他还没有为村里修好路的遗憾，他永远离开了我们……

惨景：百公里外梅阳林挂在树上

6月26日凌晨大雨瓢泼，梅阳林冒雨外出查看汛情。天亮了，梅阳林还未回家，电话也一直无法接通。7点左右，村民发现一辆摩托车翻倒在河里，而这辆摩托车的主人就是梅阳林。江格村村委会主任白志春迅速组织村民赶到现场，难道梅阳林被洪水冲走？随后，寻甸县迅速组织消防官兵和民兵积极地进行搜救。4天过去了，出动了数百人，搜救范围已经扩大到上百平方公里，终于有了消息。

"找到了！经过亲属辨认，确定是梅阳林书记。"前天晚上9点40分左右，搜救队在沾益和寻甸交接处的牛栏江边找到了梅阳林的遗体。白志春告诉记者，这里离江格100多公里，是下游村民上山找菌子，路过河边时发现的。

说起看到梅阳林时的情景，白志春眼中满含泪水："他被挂在树上，长裤被水冲走了，外衣套着头，太惨了……"

据了解，此次洪灾共造成寻甸县七星镇共3600亩水稻、3146亩烤烟、1560亩玉米、480亩蔬菜、110亩蚕桑受灾，17间房屋受到不同程度的损坏，全镇道路路基垮塌130米，排洪沟渠垮塌10米。

夙愿：最年轻村支书想给村里修路

得知找到梅阳林的遗体，记者马上赶往七星镇。10多公里的土路异常泥泞、浑浊的牛栏江滚滚而下，河边的庄稼露出了头。进入江格村委会，一眼就看到黑板上的"2010年6月份防洪值班表"，雨水将字迹冲淡了，可25日到27日后边"梅阳林"几个字还能看清。谁知就在值班的第一天，家人就和梅阳林失去了联系。

说起梅阳林，大家都会说到"急性子、友善、能干"这几个词。同事说，以前梅阳林是副支书，3月份被选为党总支书记后，每天都能看到他在村委会里忙来忙去。"工资没几个，他还把家里的活都抛开了，全心全意的投在工作上。"

"他的愿望没完成，就走了！"白志春和梅阳林是"发小"，一起上学一起共事，情如兄弟。"梅阳林一心就想把七星到江格的这条路修起来，这几年，他不断地往乡上跑，来回往城里跑。出事前几天，修路的事终于有了眉目，进入实质性的购置材料的阶段了，没想到……等路修起来，我要在新公路上给他洒上一杯酒！"白志春说。

抱怨：爸爸从没送过儿子上学

记者昨日下午去到梅阳林家，他的妻子杨六杏哭倒在床上，70多岁的老母亲几天水米未进，精神很差。两个儿子垒岚（15岁）和垒驰（10岁）还一直不相信爸爸已经永远离开了他们。

"每天睡觉前，我都好想听到爸爸的摩托声！"垒岚一直不相信爸爸已经不在了，他总觉得爸爸只是暂时离开了家。说起爸爸，他有些抱怨。垒岚在距离江格10多公里外的七星镇上初二，爸爸从没送过他，总是说："忙，儿子长大了，自己上学吧！"

"可是村里的事，他从来不耽搁。人家都说我有个当官的爸爸好，可他不要家，也不要儿子。"垒岚边抹眼泪，边啜泣。他好希望爸爸能送他一次。

垒岚最后一次见到爸爸是出事前几天。那天，爸爸还摸着他的头说："儿子，好好上学，将来有出息！"没想到周五回来，爸爸就不见了。之后几天，垒岚跟着村里的大人们沿江拼命寻找。梅阳林的同事说，找了两天都没找到，垒岚就一个人拿着锄头跑到找到他爸爸摩托车的河边，刨啊刨，一边大声哭喊着"爸爸，爸爸。"

"爸爸在你心中是什么？"记者问10岁的垒驰时，他含着泪水简单地说了一句话："爸爸是个英雄！"

（原载《春城日报》2010年7月1日）

有人说梅阳林"有点憨"，但所有人说他心中装的都是群众

他放弃了"先进个人"
"公务员"也失之交臂

汝海霞　常　乐

7月9日，寻甸县殡仪馆，梅阳林的追悼会，送别的队伍排出近2公里。

他生前任七星镇江格村党总支书记，上任仅3个月。6月26日凌晨在查看汛情的途中被山洪冲入牛栏江，不幸遇难。在追悼会上，他的职中同学除有5个因在外地出差，其余43个同学都到了现场，这个数字在以往的同学聚会上从不曾达到过。

同事惋惜——村委会"真难"，他正在打基础

江格村委会梅阳林的办公室，墙体已经开裂，裂缝在整堵墙上延伸，藤类植物从开裂的墙缝中钻出来，爬满半面墙，门上的气窗也摇摇欲坠。这就是梅阳林生前所在的地方。

蔡美花是江格村委会的副支书，对村委会的现状，她说的最重的是"困难"二字。9年前村委会修围墙时欠下1.95万元，至今都没还上。梅阳林当

选村支书后，曾经和蔡美花说，争取三年内把钱还上，"他让我料理'家务'，他去外面跑"，话没说完多久，梅阳林就遇难了。

江格村委会2009年人均纯收入1957元，是七星镇7个村委会中收入最低的。"他正在打着基础，如果他没出事，我相信他能带我们慢慢改变"，蔡美花说。

朋友信任——冲着梅阳林，贴钱也要修好水库

江格村8个村小组中有6个守着牛栏江，却没有水用。七星镇是烤烟大镇，江格村的收益却没有其他村委会好，"土质不好"，蔡美花说。烤烟育苗得用水，而水一直是江格村的"痛处"。梅阳林上任后的3个月，他天天骑摩托车往镇里跑，争取资金修水坝。

这次修建柿花树水坝，梅阳林跑了很多趟终于申请到资金。镇里选了3个工程队做3个水坝的工程，魏汝泉的工程队就是其中一家。"进村的路不好，成本太高。土太'泡'，如果修不好，又会被老百姓说"，魏汝泉说，梅阳林亲自和他谈修水坝的事，魏汝泉觉得就冲这份信任，即使贴钱也要把水坝修好。

从镇上进村委会的路也是一大"疾患"，阴雨天时，马车都出不去。烟叶如果不及时送到烟站，久了就会变质，村民就卖不上好价钱。梅阳林失踪前一天挖掘机已经进场准备修路了。次日，梅阳林出事了。

李兴映是江格村委会的烤烟科技员，今年他家的烤烟被淹了两亩。他种烤烟的水平在村里算不错的，每亩大概能卖到2000—2500元。村里种得好的烤烟，能达到中级3这个水平，而烤烟的品质分为40个等级。

李兴映的印象中，梅阳林生前一直鼓励村民大力种烤烟。今年4月25日开始栽烤烟，之后的灌溉全靠抽水设备，"抽水机光电费就花了1500块钱"，李兴映说，当时村委会没钱，梅阳林先垫上了。

路修好了，水坝修成了，才能多种烤烟，村民才能富起来。梅阳林正为之努力，刚刚开了一个好头，他却离开了。

苛刻自己——家有2万元欠款

发达小村18号，梅阳林的家。

以前的老房子垮得不能再住，这所房子是他的3个兄弟凑地给他盖的，为此梅阳林还欠着兄们1万元。家里最值钱的电器是一台29英寸的彩电。梅阳林没有留给这个家什么，他走了，家里还有2万元的欠款。

在职中同学胡云合看来，梅阳林曾有机会改变这个家贫穷的现状。他们职中毕业后，胡云合去昆明打工，目前在呈贡大学城做水电安装，每年能赚三四万。梅阳林的月收入480元，种烤烟、玉米收入1万元左右，两个孩子要上学，还要养活一大家人。胡云合每次回来都到梅阳林家鼓动他出外赚钱，说不动胡云合会和梅阳林急，但急也没用，梅阳林依然执著。"让大家过好一点，是他追求的目标吧，"胡云合说。

2006年，梅阳林因在县新型合作医疗工作中表现突出被授予"先进个人"，但他没要这个荣誉。2008年，他参加了乡镇公务员考试，进入面试后，因为没有加分而失去机会。"他只要有3分的市级或者县级加分就能考上，"和梅阳林一起参考的吴梅说，而在加分规则内，2006年的"先进个人"就能获5分加分。

说起梅阳林，梅春成这样评价"说得不好听点，这个人有点憨"，"自己出去找点事做，好好种烤烟比这都强"。说是这么说，梅春成也理解梅阳林，他是村小组组长，想一门心思为村民服务。

造福群众——做担保人帮贷结婚款

梅阳林为村民做过的事情，村民都记得，说起这些时，有老人掩面痛哭。

8月4日，从江格村委会往七星镇走时，遇到了从镇上买饲料回来的王云贵。马车上坐着他的妻子和一双儿女，儿子1岁，女儿1个月。他28岁才结婚，在村里属于绝对的大龄青年。这婚结得可不容易，因为家里穷，结婚用的6000元钱还是梅阳林作担保贷款来的。"梅支书说如果赔不起，他来赔"，王云贵说。结婚前王云贵不懂科学，种了烤烟，可收益很小，梅阳林为此提过意见。"当时心里不舒服，后来知道梅支书是为我好"。

田菊英71岁，是村里的困难户，女儿早已出嫁，家里只剩她一人。"没力气种烤烟了，今年就点了5斤苞谷"，平时没米了，梅阳林会把米送到老人家里，没钱时，梅阳林把钱送到老人手上。老人说起这些掩面痛哭。

朱天友有4个孩子，其中两个是他大哥的，哥嫂在15年前去世。朱天友的妻子没有户口，孩子也没户口，不能上学。朱天友自己办了几次户口都没办下来，梅阳林帮助他把户口问题解决了，孩子才入学。他家三代8口人，就靠他和妻子两人种地维持生活，梅阳林去年给了他们一家500元救助金。

70岁的赵政友身体不好，病了六七年，生病时常常是梅阳林骑摩托车送他去医院。

还有很多人，同样得到过梅阳林的帮助。这位在江格村工作10年的党员，上任仅3个月后就离开了他热爱的岗位，年仅37岁。很多村民不相信他已经走了，他们觉得梅阳林只是出去串门了，过两天还会回来的。

（原载《云南信息报》2010年8月9日）

　　龙进品，男，回族，1971年出生，云南省南涧县人，1993年参加工作，2000年7月加入中国共产党，现任大理州南涧彝族自治县人民法院公郎镇法庭庭长。

　　龙进品是目前我省在基层法庭工作时间最长的大学生。2003年他被任命为公郎法庭庭长。他年均审理民商事案件均在80件以上，凭着对法律工作的热爱和执著追求，凭着双脚走遍了辖区的3个乡、360个自然村，把社会的公平与正义传播到彝、回、白、苗14个民族、56093人中。他在每年的公务员考评中都获得"优秀"，先后获得"全省指导人民调解先进个人"、"优秀庭长"等荣誉，公郎法庭也连续6年被评为县"先进集体"。2009年9月，云南省大理州中级人民法院为龙进品记个人三等功，并向全州法院发出"向龙进品学习"的号召。2010年7月，云南省高级人民法院、省民族事务委员会表彰其为"十佳少数民族法官"。2011年1月，中共云南省委授予其"爱民为民模范法官"荣誉称号。

扎根基层守护一方平安

——记南涧县人民法院公郎人民法庭庭长龙进品

李 辉 杨政林

南涧县人民法院公郎人民法庭庭长、共产党员龙进品十七年如一日，多次放弃回县城工作的机会，扎根基层法庭，从一名书记员到助理审判员、审判员、庭长助理、法庭庭长，一步一个脚印不断奋进，以庭为家、心系群众，用汗水、忠诚和智慧捍卫了法律的尊严，守护着一方平安。

"法庭就是我的家"

龙进品是回族，家乡在南涧县公郎镇，他在家中排行老大，下有一弟两妹，由于家中贫寒，父母无力长期供四个子女读书，最终只选择供龙进品一人上学。直到现在，龙进品一直都觉得自己亏欠弟弟妹妹太多。

1989年，龙进品不负众望考取了西南民族学院法学专业，成为公郎镇第一个大学生。太多的感动与心酸深深烙在龙进品的心里，他暗下誓言，毕业后要回报家乡、服务乡亲。学成归来，他主动提出到南涧县基层法庭工作，南涧县人民法院同意了他的请求。

龙进品工作的公郎法庭是大理州最南边的一个法庭，法庭管辖着公郎镇、小湾东镇和碧溪乡。辖区常住人口5万余人，面积540多平方公里，涉及449个村民小组，360个自然村，居住着汉、彝、回、白、苗、布朗等14个民族，是一个典型的高寒民族贫困地区。龙进品到公郎法庭后，就以法庭为家，吃在法庭，住在法庭，连婚礼也是在法庭里举行的。

谈到婚礼，龙进品的妻子至今还记忆犹新。2001年1月2日，是龙进品结婚的大喜日子，凌晨1时，一位派出所工作人员突然赶到法庭，说有一位老汉在附近公路上被撞断了脚踝，肇事司机跑了，派出所其他人都下了乡，请求帮助。龙进品毫不犹豫赶往事故现场，只见一位老汉满身是血，倒在路边。龙进品等人借着手电筒的光，对现场进行初步勘测后，把昏迷中的老汉送往公郎镇卫生院，并一直守在医院里，直到受伤老汉的家属赶到医院，才安心离开。等他回到法庭"新房"时，已经是凌晨4时。

龙进品爱庭如家，爱岗敬业，在平凡的岗位上作出了不平凡的业绩。从1994年7月至今，公郎法庭共办结各类案件1617件，他个人办结1183件，占全庭结案数的73.16%。案件涉及婚姻、家庭、山林、土地、人身伤害、交通事故、乡邻关系、民间借贷等各种纠纷，案件调撤率达70%以上，所承办的案件做到了零投诉、零上访、零改判。

法庭前移方便群众

公郎法庭辖区大多是山高坡陡箐深的山村，交通极为不便。有的当事人为打官司要步行一整天才到得了法庭，有的当事人家庭困难，带着干粮来打官司。

为了方便群众，龙进品一年中有三分之一的时间都在走乡串寨、进村入户、深入施工工地，将法庭搬到当事人的家门口、工地上，上门服务。

2008年，在国家重点工程小湾电站修建过程中，施工单位和供货商之间的纠纷时有发生。一天，一位面带病容的四川妇女来到法庭立案，诉称自己是湖南某建筑工程公司的供货商，因对方拖欠自己11万多元的货款，如今自己生病急需的手术费没有着落。由于法庭没有配备车辆，在收集相关证据材料后，龙进品租了一辆面包车，驱车80余公里，又在泥泞的山路上徒步近2个多小时，来到建设工地进行巡回开庭。经过耐心细致的调解，施工单位当即表示服从法院调解，并分三次按时偿还了欠款。这个官司在施工队中反响很大，案件审理之后，许多类似的纠纷双方都自动达成了协议。

"老百姓可能会原谅你因为水平不高而办不好案子，但绝不会原谅你贪赃枉法而胡乱裁判。"龙进品这样说。

2005年初，重庆人李显孟只身来到公郎镇做饲料生意。为了打开销路，李显孟采取了赊账经营的方式。然而到了年底，一些买主迟迟不交货款。无奈之下，身为外乡人的李显孟忐忑不安地提了两条烟作为"见面礼"来到法庭。龙进品谢绝了他的"好意"，并诚恳地说："你放心，法庭认的是证据，不是生人熟面。"法庭立案后，龙进品带着书记员一户户上门做工作，其中不乏龙进品的亲戚朋友。看到龙进品全心全意去"帮衬"一个外乡人，许多人不理解，有人甚至投来怀疑的目光。面对压力，龙进品一边耐心细致地做当事人工作，一边严肃认真地告知法律后果。看到从不与人红脸的龙庭长动真格了，村民不好意思再拖赖。就这样，李显孟打赢了官司，收回了货款。原本打算回老家过年的李显孟立即决定把父母妻儿接到公郎"安营扎寨"。如今，李显孟的生意越做越大，饲料的销售额翻了几倍，他逢人就说："感谢龙庭长，如今我再也不怕赊货给别人了……"

调解优先化纠纷

在龙进品看来，办案不仅仅是依法裁判纠纷，更重要的是要多做当事人思想工作，让当事人双方服判息诉。他在处理民事纠纷案件中坚持做到"调解优先，案结事了"，多年来，他所承办的案件调解结案率均达80%以上。

2004年，在王某诉其父抚养纠纷一案中，原告王某是一名12岁的女孩，父母离婚后被判给父亲抚养。她认为父亲并没有尽到抚养的义务，于是把父亲告上了法庭。案件受理后，龙进品希望能够庭前调解，但并不顺利。于是龙进品和法庭干警一起，到王某家中及村邻那里了解情况，并找到当地村委

会工作人员配合，一起做王某父女俩的思想工作。他充分运用法律、道德、伦理、情感等多元疏导，给王某父女俩耐心讲解我国有关抚养、赡养等婚姻家庭方面的权利义务。最终王某父女俩冰释前嫌，王某的父亲表示要尽父亲的责任，抚养王某，供王某读书，王某也欣然接受了父亲。

在公郎镇经营手机配件生意的彝族群众高正喜，到现在还记得自己上法庭的经历。高氏家族的坟地与一个苗族兄弟的山林相接，苗族兄弟山林逐年扩大，侵占了高家的坟地。多次劝阻无效后，高正喜约了族内十几个弟兄把苗族兄弟打伤了。案子到了公郎法庭，龙进品接案后，先对苗族兄弟说："彝族兄弟祖坟就是万年桩，你咋就没想到？如果是你家祖坟被人侵占了，你会怎么办？"然后又跟高正喜说："不管怎样，你打人就是错了。男子汉大丈夫，知道错了就要改，有什么丢面子的？"几句话让双方握手言和，当庭调解并赔付了医药费。

"少数民族地区很多案子的背后，其实都是民族习惯和民俗差异产生摩擦。要解开这些疙瘩，还是要从少数民族的风俗习惯入手。"通过处理大量的案子，龙进品不断思索总结，找到了打开少数民族群众心结的钥匙。

"有话好好说，莫喔咧（好吗）？"成了后来龙进品做少数民族群众调解工作的惯用开场白。在彝族堂屋的火塘边，在白族整饬的院落里，人们常常可以看到龙进品谈笑中定纷止争的一幕。对此，南涧县法院院长姚卫平说："调解比之判决，更费心、更费时，没有一颗为人民服务的心，是做不好调解工作的。"每当案子尘埃落定的时候，龙进品总是由衷感到欣慰。他说："做力所能及的事，解决老百姓的切身利益问题，这是我们的责任。"

（原载《云南日报》2010年12月6日）

龙进品：17年来承办上千案件零改判

秦蒙琳　陈继文

"当你和群众成为知心朋友，受到群众的拥护，会给你带来无穷的力量，再大的困难也能克服，无论在什么艰苦的环境中，都会使你感到温暖和幸福。"这是挂在龙进品办公室墙上的一段"雷锋日记"字幅。

"乡土法官"巧断琐碎案

17年前，龙进品从西南民族大学法律系毕业，回到家乡南涧。这个南涧县第一个法律本科生成了基层法庭的一名工作人员。17年来，从书记员到助理审判员、审判员、庭长助理、庭长，龙进品用全部身心守护公平正义，成长为四里八乡群众交口称赞的"乡土法官"、"平民法官"。

龙进品所在的公郎法庭，是南涧彝族自治县法院唯一开展审理工作的基层法庭，难有惊天动地的大案要案，但邻里纠纷、家长里短的琐碎案件多而又多。

有一年，龙进品接了这样一个案子：两家人因为一棵核桃树遮阴被修剪打起了官司，并在赔偿数额的认定上起了分歧。龙进品耐心说

服双方，最终让双方互谅互让，调解成功。

在南涧县法院，龙进品是公认的调解高手，17年来他所承办的案件已逾千件，涉及婚姻家庭、山林、土地、人身损害、交通事故、乡邻关系、民间借贷等各种纠纷，调解撤诉率达70%以上，所承办的案件做到了零投诉、零上访、零改判。

17年来坚守"一人庭"

到公郎法庭工作17年来，龙进品爱庭如家，也以庭为家。新来的同志听不懂当地方言，无法做庭审笔录，他就先翻译一遍，再让他们记；下村办案，农户家里狗特别多，他总是走在前面给小同事撵狗；节假日，他总是让离家远的同志回家，他来值班；年轻的同志要考司法考试，他不管自己多忙，总是保证年轻人的复习时间，至今他们全部通过了司法资格考试。

同事换了一茬又一茬，龙进品却多年来一直坚持着"一人庭"的繁重工作。南涧县法院60%的干警都曾与他共事过。朋友中有的买了新房、有的买了新车、有的有了更好发展，可只有他10多年来一直居住在法庭提供的简陋小楼上，每天雷打不动地早上8点准时到办公室。

龙进品自2003年担任庭长以来，公郎法庭每年都被南涧县人民法院评为先进集体，龙进品本人也每年都被评为先进工作者。2008年7月，龙进品被省高级人民法院和省司法厅表彰为"全省指导人民调解工作先进个人"；被大理白族自治州中级人民法院授予"优秀庭长"荣誉称号；2009年8月又被大理州中院批准荣立个人三等功一次；2010年7月被省高院、省民委联合授予"云南少数民族优秀法官"……

面对接踵而至的20多项荣誉以及乡亲们信赖和期盼的目光，龙进品总是说："我希望平平静静地坚守下去。"

（原载《春城晚报》2010年12月6日）

南涧法院公郎法庭法官龙进品坚守山区法庭17年

"案子有输有赢　我力争感情上没输家"

周定兵

1989年，南涧县公郎镇的回族小伙子龙进品考入了西南民族学院，他是当时南涧县第一个学法律的本科生。开学时，父母亲戚放着鞭炮送他去上学，指望他走出乡村，在外头干出一番大事业。然而毕业后龙进品选择了回南涧，在县法院的马鹿田和公郎法庭一干就是17年，面对升迁，他说得最多的就是，"我还是适合这里。"

贫困山区一干17年

初见龙进品，印象最深的是他那副无框眼镜和黝黑的脸，有人形容他是有着农家子弟的朴实和法官的儒雅。龙进品现在担任南涧县人民公郎法庭的庭长，除了在马鹿田法庭干了一年，他毕业后的16年都在公郎法庭度过。

公郎法庭是大理州法院系统的"南大门"。辖公郎镇、小湾东镇及碧溪乡，辖区常住人口5万6千余人，面积540.44平方公里，有彝、回、白、苗、布朗等14个民族世居于此，是典型的山区多、民族多的高寒贫困地区。这十多个少数民族各有各的语言、各有各的脾气，平时赶个集、绊句嘴都像炸开了锅，更别说打官司对簿公堂了。

17年来，龙进品几乎走遍了法庭辖区所有的村寨。作为一名回族法官，他不能像其他人一样与当地群众搭伙吃饭，每次下乡前，他都要准备几天的干粮，饿了就啃块粑粑，渴了就喝山沟里的溪水；有的村子路途遥远，干粮不够时，他只能在老乡家的火塘边烤点洋芋充饥。

"彝得通"和"苗得通"

让输者明明白白，让胜者心胸开阔，是龙进品办案的最高追求。老百姓在龙进品这里打官司有输有赢，但感情上他力争没有输家。17年的办案生涯，龙进品个人承办案件上千件，接触了形形色色的当事人，案件也千差万别，龙进品没觉得当事人怨气越来越多，相反案子越办越多，朋友也越来越多。村民说，"龙庭长在我们这里是'彝得通'、'苗得通'"。

2009年，法庭受理了龙平村委会中山上组杨某诉二台坡村高家三兄弟一案。案情本身并不复杂，原告在他家茶地上边毁林开荒，高家的祖坟地就在附近，高家三兄弟认为杨某破坏了其祖坟地的风水，将杨某痛打一顿，杨某诉至法庭。

审理中龙进品了解到，中山上组村民全是苗族人，二台坡村民则是彝族人，两村部分村民素来不和，纠纷处理得不好，非但两家人的矛盾无法化解，搞不好可能引发两村人、两个民族间的冲突。龙进品仔细分析了案件的特殊性，找到了切入点，通过给杨某讲解法律规定，特别是让其意识到祖坟地在老百姓心目中就是"万年桩"，任何人都有祖坟，将心比心，促使其充分尊重对方的感情，最后终于同意将所开垦的面积退耕还林，高家三兄弟的心结也得以化解，爽快地进行了赔偿。

龙进品走进彝村侃彝语，踏入苗寨谝苗话，掌握了化解心结的灵丹妙药。都说少数民族的工作难做，但龙进品设身处地为各族群众着想，对待他们亲如一家，做到了情法兼顾、胜败皆服。

龙进品在公郎法庭工作的16年，所承办的案件已逾千件，案件涉及婚姻

家庭、山林、土地、人身损害、交通事故、相邻关系、民间借贷等等各种民商事纠纷，案件调撤率达70%以上，所承办的案件做到了零投诉、零上访、零发回重审。

"我还是适合在这里"

龙进品的妻子龙丽美也是回族，两人结婚10年，一家三口一直蜗居在不到20平米的法庭宿舍里，儿子的小床搭在狭窄的阳台上。今年7月法庭新址落成，法院宿舍条件稍有改善，龙进品一家住进了一个60平米左右的套房，但是一进家门，除了煮饭的电磁炉和一台旧电视机，没有其他电器。

在龙丽美眼里，龙进品几乎365天都在办公室待着。因休息时间法庭需人值班，但其他同事家都在县城或外地，每逢周末龙进品便主动承担起了值班的任务。龙丽美在公郎镇上开了家童装店，龙进品从没去店里搭过一把手，没帮忙进过一次货。龙进品说，"做法官应该慎独慎行。"龙丽美记忆中丈夫就和她去过两次下关，一次是婚前去买家具，一次是带儿子看病，龙丽美对此并不是没有想法，不过她一生气，龙进品就会满脸堆笑，她的气马上就消了。

17年来，龙进品有好几次离开法庭去县城法院机关工作的机会，也有同事朋友建议他，去了县城儿子能享受到更好的教育资源，但是龙进品经过考虑还是决定留了下来。南涧县法院新进的年轻干部都要到法庭工作，人员换了一拨又一拨，只有龙进品仍然在坚守。他说，"其实像我这样的人在我们这个山区很多，我觉得我还是适合这里。"

龙进品的坚守影响着来法庭锻炼的新人，书记员杨梅毕业于西南政法大学，去年2月考进法院后被分到公郎法庭，一开始杨梅觉得心里有些不平衡，自己名牌大学毕业，却天天要在山村度日，而且学的知识在现实中运用起来也有很大差异。但当她了解到龙进品的经历后，不平衡感少了，到了现在，杨梅觉得自己心态已经非常淡定，"如果有出去发展的机会更好，但是我在这里就会把事情做好。"

（原载《云南信息报》2010年12月6日）

刘永全，男，汉族，1969年10月出生，云南省陇川县人，1988年7月参加工作，1996年11月加入中国共产党，生前任德宏州陇川县章凤镇党委书记，2010年8月19日因公殉职。

　　1988年从德宏州师范学校毕业后，刘永全被分配到陇川县户撒乡中心小学任教；1993年调至陇川县教育局工作；2004年10月至2005年12月，任陇川县勐约乡副书记、乡长；2005年12月至2008年5月，任陇川县勐约乡党委书记；2008年5月起担任陇川县章凤镇党委书记。在22年的工作生涯里，刘永全曾多次受到州、县党委政府的表彰。2006年被陇川县委授予"云岭先锋"荣誉称号，被陇川县人民政府授予林业、民政工作"先进工作者"称号；2007年被陇川县委授予"优秀共产党员"荣誉称号；2007年被中共德宏州委州人民政府授予"年度蔗糖生产先进工作者"称号；2008年被中共德宏州委授予"实施云岭先锋优秀党务工作者"称号。

一个没有兑现的约定

——追记陇川县章凤镇党委书记刘永全

李绍明　曾　滨

2010年8月18日晚8时。

"镇长，明天我请你吃早点，吃了就去找李副县长汇报种晾晒烟的事。"刘永全在电话那头气喘吁吁。

"好的，书记。"赖正张回答，"你这几天身体太虚了，快下班回家吧，明早7点半在门口见。"

7个小时后，尖锐的电话铃声打破了章凤凌晨3时的宁静。

"赖镇长，快到县医院来，刘书记不行了。"电话中传出办公室同志慌乱的声音。

晴天霹雳！赖正张火速赶到医院，只见老搭档躺在病床上，所有的急救措施已经停下。

"刘书记，你不能走啊！天亮我们就去吃早点，就去汇报工作！"年轻的镇长看着老刘正在远去，悄无声息。

凌晨3时左右，往往是人们休息的时刻。

这一刻，广山寨支部书记王润海细心地吹干经费请示报告的墨迹。他还不知道，刘书记永远不能在这份报告上签字了。

"我们新城社区广山寨子的人饮水管急需修理，群众自筹资金不够。昨天下午，我抱着试试看的心理找到刘书记，请镇里支持5000元经费。他一口答应，还说5000元不够，要给我们1万元的水管更新费……"天亮后，王润海站在镇政府院内，拿着报告悲痛地说。

8月19日凌晨3时51分，德宏傣族景颇族自治州陇川县章凤镇党委书记、年仅41岁的刘永全同志，因工作劳累，体力透支，突发疾病，经抢救无效去世。

21日的追悼会，四五百平方米的场院挤满哀伤的人们，一些挤不进去的人只好站在大门口的公路上。"我们是勐约乡的村民，受村里群众委托赶来送刘书记。"勐约乡营盘村的董勒归哽咽着请别人让让道，让他到灵柩前。

露天的场院，69个花圈，分量沉甸甸的。

刘永全走得太突然。他留给百姓的，是一个个实实在在的约定，一个个不断兑现的承诺；而与弟弟相约周末回家看老人和孩子的约定，却永远无法兑现了。

刘永全从德宏师范学校毕业后，在阿昌族聚居的乡村小学任教，后来调陇川县教育局工作。因工作出色，他被选拔到较为偏远的勐约乡担任乡长、党委书记。应着那句老话，就是"去啃硬骨头。"

上世纪90年代，勐约乡依托龙江河谷热区资源，下大力气发展甘蔗产业。因为国际糖价波动剧烈，加上当地蔗糖企业管理不善，拖欠全乡农民蔗

款和运费达480多万元，蔗农手持白条过着艰难的日子。

群众发展产业的热情受到严重挫伤，全乡甘蔗种植面积由1.5万多亩缩减到不足1万亩，矛盾一下子尖锐起来。"不种甘蔗没出路，种甘蔗又越种越穷，真想带着全家人一起跳龙江。"蔗农何清良这样描述当年处境。

2004年10月，刘永全到任后的第一个赶集天。天不亮，他就听到乡政府大院人声鼎沸。他起来一看，满院子黑压压一大片，都是讨蔗款的群众，不禁大吃一惊。他听说过这是勐约乡四五年来赶集天的特殊现象，却没想到是这般"阵势"。原来有的群众听说来了一个新乡长，心中重新燃起希望，翻出四五年的白条，踏着晨曦赶来。

"请你们相信党委政府，我们会尽快解决好甘蔗白条问题。"刘永全对老百姓作出了他这辈子第一次沉甸甸的承诺。

新官理旧事，他决心解决好历史遗留问题，逆势重振全乡甘蔗产业，把甘蔗产业发展成为一个真正富民、强乡的支柱产业。一系列强有力的措施相继出台，所有问题迎刃而解。他甚至用自己的工资卡担保，向景罕信用社贷款20万元扶持群众发展甘蔗。全乡甘蔗生产迅速恢复。

"多亏了刘乡长！"勐约乡老农何清良哽咽着追思刘永全。

刘永全以雷厉风行的个性色彩，给勐约乡干部群众留下了深刻印象。他以雷厉风行的风格，接连破解了困扰全乡多年的电费难收、拉闸断电的"老大难"，有效地化解了民怨，理顺了电费收缴工作。

这样的形象同样留在章凤镇各族干部群众的心中。

刘永全于2008年调到县委、县政府驻地章凤镇任党委书记。当年，县纪委抽查机关上下班纪律情况，章凤镇位列全县倒数第一。刘永全建立完善了上下班签到、会议前后签到等制度。一年后，县纪委再次到章凤镇抽查上下班纪律情况，结果是全县正数第一。

"他和我在一起的时间，比和他老婆在一起的时间还多，他的工作时间都是'白+黑'、'5+2'。"赖镇长敬佩地说。

勐约乡现任党委书记、原乡长谭永辉告诉记者，他的老搭档干起工作不要命。

勐约是全县面积最大的山区乡镇之一，驱车到最远的村子需要三四个小时。刘永全经常是白天下村寨调研指导，晚上10时左右赶回乡里召集会议，研究解决问题。会议一开就到次日凌晨两三点。有时是夜里10时以后下村寨找人开会、解决难题。"因为农村群众收工、吃饭时间很晚，夜里11时左右才能开会。"乡干部解释道。

不论是勐约乡、还是章凤镇，认识刘永全的人不会忘记这样的形象：由于肾绞痛，他左手握拳，紧紧地杵着腰，右手则用力地挥舞着。就是这致命的肾病，把他的这一形象永远定格在龙江畔。

刘永全做群众工作"奇招"频出。

龙江水利枢纽工程涉及勐约乡过渡安置对象2个村委会6个村民小组、12个乡直机关、2个企业和街道居民，共360户2106人，须在43天内迁出。

动迁工作陷入胶着状态。关键时刻，刘永全决定从规模最大的岳岛村民小组突破。全村110多户景颇族群众需要外迁并分成两个寨子，抵触情绪很大。"做通大寨子的工作，其他寨子的工作就容易做了。"他告诉乡党委、政府一班人。

岳岛的突破口在哪里？"在党员干部身上！"

刘永全找到村委会副主任、党支部书记董勒用，说服他率先垂范。果然，搬迁工作收到了事半功倍的效果！

老街道将变成一个美丽的湖泊，下一步要发展旅游业，但群众不愿让出土地修建环湖公路。又是胶着！

"我和乡长去找突破口！"刘永全承诺。

他们找到了村里被尊为"寨头"的老人，拉家常，说发展，老人大为感动："我家被占土地最多，就从我家的开始动工吧，其他农户的工作我去做。"

从勐约到章凤，他领导、主导的所有拆迁、移民、安置工作，都按时按质按量完成，从未发生过意外。对此，勐约乡村民董勒丁的大白话给出了答案："刘书记敢说敢干，说话算数，我们喜欢他、相信他。"

"他熟悉群众，他热爱群众；他熟悉群众工作，他热爱群众工作。"

陇川县委书记杨世庄告诉记者，不管工作如何艰难，他从未听到刘永全叫过苦、埋怨过。"他只说一句话，'好的'。"

在班子成员看来，刘永全雷厉风行甚至脾气急躁，但批评了人都会主动解释、道歉，没有架子，让人心服；在群众心里，他是那么亲切和善，就像自家里孝顺的长子；在县委、县政府领导眼中，他就像一块石头，默默无语，但放在哪里都会弄出声响，放到哪里都让人感到踏实。

他走了，庄严的承诺大多变成了现实。

他承诺，你们搬出大山，党和政府会帮助你们发展生产，过上好日子。勐约栋村党支部书记普勒业深情地回答：2009年，我们村人均纯收入达到2850元，比搬迁出来前增加了3倍多！

他承诺，一定要发展好产业，推动经济社会发展。大山深处的勐约乡回答：2008年，刘书记调离时，全乡甘蔗种植面积超过2万亩，农村经济总收入从2004年的901.94万元增加到3006.06万元；农民人均收入从713元增加到1402元！章凤镇的回答更响亮：我们已经发展成为全县最大的晾晒烟种植乡镇，全州最大的甘蔗种植乡镇，农村经济总收入从2007年的1.08亿元增加到2009年的1.59亿元；农民人均纯收入从2124元增长到2821元。

他承诺，章凤镇安居房建设班子现场会临时改在老寨子彭文兰家门前召开，就是要让这样真正贫困的群众住上新房子。80多岁的彭文兰等困难群众在新房前哭成泪人："刘书记，你还没来得及到我家的新房子来坐坐啊！"

……

刘永全有一件贴身"宝贝"，那就是"困难群众记事本"。他无论到哪个村寨，都要询问困难户的情况并记在本子上，想办法逐一解决。

他走了，却还留下了一个没有兑现的约定——

他与在另一个乡任党委书记的弟弟约定，周末只要不加班就回家陪老人和孩子。事实是，妻子手术住院，他没能陪伴身边；从来没有带妻子和孩子外出旅游过……

黄昏，站在章凤镇的院子里，面对刘书记在离世前一天亲手修剪过的白蜡树，我们仿佛听到院子里萦绕着他常说的一句话："组织的任命在纸上，人民的任命在心中。如果不为群众办实事、动真情，即使组织任命了，群众也不买账。"

（原载《云南日报》2010年9月16日）

累倒在工作岗位上的党委书记

李海玲

视工作与事业如生命，却不顾自己刚做了肾结石手术的身体，"透支"着体力。8月19日凌晨3时51分，德宏州陇川县章凤镇党委书记刘永全因工作劳累，突发疾病，经抢救无效，累倒在工作岗位上，享年41岁。

回忆起刘书记去世前一天还在忙碌工作的情形，刘书记的工作"搭档"、章凤镇镇长赖正张几度哽咽："刘书记手术不久，没有很好的休息，当天，刘书记忙到晚上8点多。19日凌晨，我赶到医院时，刘书记却已经走了……"

当时，无论是县医院、章凤镇，以及刘永全家人和朋友，都清楚刘书记于5月中旬在芒市刚做过肾结石手术，术后回到镇上一直带病工作，那时已经常感到自己身体虚弱。

由于工作繁忙，刘永全觉得，这么多年，自己没有好好陪父母吃过几次饭；妻子手术住院，也没能陪伴；更没有陪妻子、儿子出门旅游过一次。他还给儿子承诺，明年放寒假领他到外面去旅游一次……

然而对待工作，行动总是多于语言，是刘书记的做事为人风格。平凡岗位做出不平凡业绩，刘永全用行动与生命诠释了新时期一名共产党员"个人形象一面旗、工作热情一团火、谋事布局一盘棋"的优秀品质。

（原载《云南信息报》2010年9月17日）

宋培芝，女，汉族，1954年10月出生，云南省普洱市人，1992年6月加入中国共产党，现任普洱市思茅区思茅镇平原村民委员会党总支书记兼村委会主任。

宋培芝1988年被选任思茅镇平原村妇女主任，1996～1999年任平原村党支部书记，在2000～2010年的村级换届选举中，她一连4届当选为平原村委会主任，且在2010年的换届选举中，同时担任党总支书记、村委会主任，两职一肩挑。自担任村干部以来，她工作认真、负责、到位，深得干部群众好评。一分耕耘，一分收获，多年来，她的努力和付出得到村民和各级领导的认可，对她的工作，各级党委、政府、各级妇联组织都给予肯定和认可，她先后被评为思茅地区"双学双比女能人"、"云南省三八红旗手"、思茅县"双学双比女能人"、思茅市"优秀党员"、"全国三八红旗手"、"全国双学双比女能手"、"双学双比女能人"、"优秀党员"、"先进个人"、"基层组织建设先进个人"、"全国优秀村官"、"先进人民代表"、"全国中小型企业优秀代表"、"云南省巾帼文明标兵"，并11次被思茅镇党委表彰奖励。

真情付出无悔人生

——记思茅区思茅镇平原村党支部书记宋培芝

李汉勇

9月15日上午，记者在思茅茶马古镇建设现场办公室再次见到了思茅镇平原村的党支部书记、村主任宋培芝。"茶马古镇建设是我们平原村目前的头等大事，每天都要过来处理一些事情。"宋培芝亲切而健谈。平原村委会的办公室离茶马古镇建设现场办公室还有一段路程，自从开建茶马古镇以来，她都是两头跑，上午在工地，下午在村委会。

"有工作人员反映工地立柱钢筋有问题，要去看看。"接到电话后，宋培芝便结束了采访，戴上安全帽朝工地走去。到了现场一量，有几根钢筋发生了位移。宋培芝立即给施工方负责人打电话，要求尽快解决。"这可是人住的房子，不能有半点质量问题。"宋培芝说，茶马古镇事关每位村民，是大多数村民安居和创业的基础，马虎不得，村民的事一定要做好。

这位年过半百的女村官，早年创业致富资产过千万，按照常人的想法，她早该享享福了，更何况还患病在身。然而在村官位子上，她连选连任，一干就是10多年。收入少，工作繁杂，但她却执著不悔："村民们信任我，选择了我，我就要为他们多做事。"

共同富裕的领路人

平原村是思茅区的一个城郊村，随着城市的扩容，平原村渐渐变成了城中村。从1992年开始，平原村的土地陆续被城市建设征用，7个村民小组，1489户3753人的村子，现在只剩下了112亩田地。"人往哪里去，村民怎么就业"成为平原村最为紧迫的问题。

在宋培芝的带领下，2000年以来，平原村立足于毗邻城区的区位优势，着力发展非农产业，安置了大批村民就业。现在，平原村已经有24个集体企业，拥有固定资产1.2亿元，涉及酒店、运输、商贸等产业，3281名失地农民基本得到安置。2009年，农民人均纯收入超过了5000元，其中农民从集体经济中获得收益部分占60%以上。

普洱市中心城区实施北部城区建设，平原村再次得到了难得的发展机遇。经过全体村民的表决，平原村决定抓住机遇，利用政府预留给村民的450亩土地，建设一个高水平的集居住、商贸、旅游、休闲为一体的平原新村，并把新村命名为"普洱茶马古镇"。2009年3月，茶马古镇正式开工建设。古色古香的茶楼、傣式风格的高星级酒店、大型超市为中心的商圈、可居可商的住宅楼……站在平原新村的沙盘前，宋培芝高兴地告诉记者："在古镇中有1710套住宅，住宅由村民全部按建设成本价认购，村里将分期投入8000多万元完善道路、绿化、河道美化等公共设施建设。这个茶马古镇，就是我们平原村失地村民自己打造的一份产业，古镇建好后，我们平原村将会脱胎换骨，不再是让人觉得嘈杂、混乱的城中村，而要变成普洱城市中的一

个商业中心、新型社区。"

村民的事一定要做好

茶马古镇计划总投资10亿元，这件难度很大的事，自然得由宋培芝来领头挑大梁。然而就在一年前，宋培芝刚刚被查出患乳腺癌并做了切除手术。刚开始建设时，思茅区领导语重心长地对宋培芝说："这是一项艰巨的任务，你要做好准备。"宋培芝说："为了解决村民失地后生活、就业的大问题，我愿意接受考验。"

报批各种建设手续、招商引资、听取村民对古镇建设的意见、督查工程质量……大病初愈的宋培芝更加忙碌了，甚至连定期到省城化疗的时间也一拖再拖。到今年8月底，茶马古镇的建设工程已完成三分之一，茶楼、商务中心、五星级酒店等商业配套项目的招商工作也在加紧进行。"我的梦想是让平原'城中村'成为经济繁荣、社会和谐的新农村、新型社区。"宋培芝说。令人高兴的是，这个梦想正在实现。

在宋培芝的家里，摆放着"全国三八红旗手"、"全国双学双比女能手"、"全国优秀村官"、"全国中小型企业优秀代表"、"云南省巾帼文明标兵"、"优秀党员"、"先进人民代表"等一本本获奖证书。宋培芝告诉记者："金奖银奖不如老百姓的夸奖，金杯银杯不如老百姓的口碑。乡亲们认可，我再多的付出都是值得的。我自己获得的一切，离不开平原村这片土地，更离不开朝夕相处的村民。"宋培芝说，"乡亲们选择了我，我活着一天就为乡亲们做一天的事。"

公正清白做村官

平原村村委会办公室楼下设置着一个村务公开栏，从村委会的办公经费、接待费到村"两委"班子人员的工资补贴，从集体企业的承包款到村民欠款额，从逢年过节的老年人慰问金到村委会购买水泥、沙石的开销，每一笔每一分都记得很清楚。宋培芝说："村务公开解决了村民的知情权，在重大事项中，平原村每个村民都能行使决策权、监督权，我们有一整套的民主管理制度保证村民的权利。"

茶马古镇从设想到开工建设，就经过了4道程序：两委班子成员考察——班子会议决定——在各村小组召开村民大会进行表决——向上级政府提交规划方案。而古镇建设，更是经过了村民3次表决。第一次表决是否同意开发古镇，第二次表决被征地村民的安置方案，第三次表决是否同意通过招商引资来进行古镇配套商业设施建设。

宋培芝说，以前，平原村存在着大事项个别人说了算、乱借公款、拖欠公款、承包人不交企业承包金等群众意见相当大的问题，通过完善民主管理制度，严格执行制度，使村民权利得到保证，使老百姓的利益受到保护。几年来，平原村没有发生到上级部门上访、告状的情况。

（原载《云南日报》2010年9月20日）

村支书宋培芝誓将"城中村"变新型社区

"自己富了，不能忘了集体"

黄兴鸿

一步一个脚印，艰辛创业，宋培芝家资产已过千万，按照常人的想法，她早该享享福了，更何况还患病在身呢！"乡亲们选择了我，我活着一天就为乡亲们做一天的事"这是宋培芝的解释，选择当一名村领导，拿着低薪，但她做的事一点也不少，在她看来，村民的事就是自己的事，每一件都要认真做好才行，现在，她最大的梦想就是将平原"城中村"打造成一个新型社区。

村民的事一定要做好

黑裤子、花衬衣，留着短发，宋培芝亲切而健谈。"茶马古镇是我们的重大项目，每天都要过来处理一些事情。"宋培芝告诉记者，平原村委会的办公室离茶马古镇建设现场办公室还有一段路程，自从开建茶马古镇以来，她都是两头跑，两地办公，一般上午在工地，下午在村委会。

"有工作人员反映工地立柱钢筋有问题，要去看看。"才和记者聊了几句，宋培芝接到汇报后，戴上安全帽，就朝工地走去。一量，有几根钢筋发生了位移。宋培芝立即给施工方负责人打电话，要求尽快解决。"这可是人住的房子，不能有半点质量问题。"宋培芝告诉记者，茶马古镇是全村的一件大事，村民的事一定要做好。

小小年纪自力更生

宋培芝现在是思茅区思茅镇平原村支书和主任，事实上，她在平原村已经当了10多年的村官了，许多人不理解，这样一个家产过千万的成功人士，为何不好好享受，却甘心拿低薪，每天辛苦做事？

宋培芝出生于1954年；4岁时，父亲病故；6岁时，4岁的妹妹夭折，母亲改嫁，随后她有了两个同母异父的弟弟。为了照看弟弟，她11岁才上小学，不过由于家庭困难，仅读了两年就辍学了。

不满14岁的宋培芝，随后到普文茶厂参加劳动，自己养活自己。20岁时，宋培芝从普文回到家乡平原村，参加了平原村的蔬菜队，随后，她和一名退伍军人成了家。当时两人没有新房，领导划了一块宅基地给他们，夫妻俩自己动手建盖了简易的油毛毡房。

自己致富到带领致富

1983年，改革开放之风吹到了平原村，宋培芝利用自家的一亩三分菜地，开始了人生真正意义上的规划。

"平原村是市政府所在地，随着人口增加，市场需要大量的新鲜蔬菜。"宋培芝借鉴外地的经验，在平原村建起了第一个塑料大棚，于是她家每月有了可观的三四百元收入。为解决肥料，宋培芝用积攒的钱建了养猪场，产业得到延伸，收入也增加了，成了有名的"万元户"。1988年，宋培芝一家圆了新房梦，建盖起了300多平方米的两层小洋楼。

1988年，宋培芝被选为平原村的妇女主任，成为全村妇女学习的榜样，也成了她们的贴心人。"自己富了，也不能忘了集体。"1990年，宋培芝主动向村里提出，将旅店每年的承包费提高至6万元。不仅如此，宋培芝还将自己学到的大棚蔬菜种植技术教给群众，带领乡亲们一起致富。"谁家有困难找上门，她从不推辞。"村民告诉记者。

自主创业身家过千万

1996年，宋培芝被思茅镇任命为平原村党支部书记。1997年至1999年期间，她支部书记和村主任两个职务一肩挑。2000年开始，村主任职务开始实行村民选举制，她高票当选。今年，她再次被村民们选为村支书和村主任。

1998年，当了一村的"头"，宋培芝把旅社的经营权交回村上另行发包。而那一年，她家遇到了新困难：老公下岗，孩子找不到工作。经过一家人商量决定，最后给儿子买了货车搞运输，女儿则开了一家冷饮店，自己和老公到倚象镇承包800亩荒山种茶，并建了茶厂。

这样，宋培芝自己在村里忙，让老公在茶场操持。几年努力，茶厂年收入上百万元，解决了自家的就业问题，还为148人提供了就业。2007年，宋培芝又投入120万元，建起了一个养猪场，让女儿和女婿经营管理。同时，把原来建在城里的一个茶叶精制厂搬迁到了山上，在原址上建起了一个酒店……到现在，宋培芝家的资产已经超过千万元。

梦想正逐渐变现实

2009年3月，平原村450亩预留用地规划为茶马古镇建设开发，该项目集商贸、休闲、娱乐、旅游、茶文化、居住为一体，建成后将成为该村集体经济新的重要来源，同时解决失地村民的就业，大幅提高村民经济收入，改善生活质量和水平。

据介绍，在茶马古镇项目启动前，宋培芝被查出患乳腺癌并做了切除手术。现在，宋培芝仍一心扑在建设茶马古镇上，甚至连定期到省城化疗的时间也一拖再拖。

"我的梦想是让平原'城中村'成为经济繁荣、社会和谐的新农村、新型社区。"宋培芝说，很高兴的是，这个梦想正在实现。

（原载《春城晚报》2010年9月19日）

李光全，男，汉族，1966年出生，云南省永胜县人，1986年参加工作，2003年7月加入中国共产党，现任永胜县大梨园电视转播台台长。

李光全是唯一见证了永胜县大梨园电视转播台开工建设和发展轨迹的老职工。自1987年永胜县大梨园电视转播台修建完成，李光全即作为该转播台的一员，栉风沐雨，风吹日晒，20多年如一日，坚守在他所钟爱的工作岗位上，用他的青春和汗水，抒写着别样的人生；用他的辛勤付出，换取千家万户的幸福；用他的寂寞和坚守，为永胜县的电视转播工作作出了积极的贡献。

为了广播电视进万家

——记永胜县大梨园电视转播台台长李光全

李秀春

今年5月，李光全骑着摩托车，身背场强测试仪奔波在永胜县三川、程海、羊坪等乡镇，对大梨园电视转播台发射的广播电视信号强度进行测试。当看到刚刚更换投入使用的新设备发射的信号都达到技术要求时，他的脸上露出了满意的笑容。

这一次，李光全一干又是半个多月。

24年来，从"送片员"到"值机员"，再到"台长"，李光全总是兢兢业业，对工作一丝不苟，甘做广播电视转播战线上默默无闻的"宣传员"。

绕地球3圈多的送片员

大梨园电视转播台建成投入使用的头10多年，没有通公路，也没有光纤传输，每天需要播出的自办电视节目内容，都得靠专人运送。李光全起初承担的角色，就是大梨园电视转播台的"送片员"兼"事务员"。

从大梨园电视转播台到县城有15公里的山路，来回一趟需要花5个多小时。遇到特殊情况，1天跑两趟是常有的事。每天，李光全一大早就要从转播台出发，到县广电局去取当天制作好的自办节目"片子"，并于当天下午7时30分以前送到转播台播出。李光全从县城返回转播台的时候，身上往往要背三四十公斤重的物品。最初的时候，他常常被压得喘不过气来，但久而久之，李光全练就了身背重负，在山路上还能健步如飞的好功夫。

有一次，李光全去取"片子"，一直到下午6时多才拿到，距离8时节目播出时间只剩下1小时50分钟。李光全二话没说，拿起"片子"就一溜烟地往转播台方向跑去。7时50分，李光全仅仅用了1小时40分钟就赶到了转播台。当他上气不接下气地把"片子"交给值机人员后，便双脚一软瘫在地上起不来了。

李光全在转播台到县城的山路上一走就是16年，他走过的山路加在一起，相当于沿赤道绕地球走了3圈多。

2900天零差错的值机员

2002年，县城到转播台修通了公路，同时铺设了光纤，结束了靠步行人工传送"片子"的历史，李光全也被调换工种成为一名"值机员"。

从到大梨园电视转播台的那一天起，李光全就对电学产生了浓厚的兴趣。每逢台里举办培训班，他都争着参加培训，认真学习广播电视转播发射知识。1997年，他还参加了云南省广播电视学校的函授学习，并经过3年努力取得了广播电视发射专业的毕业证书。大梨园电视转播台的发射铁塔高67米，是转播台设备维修的重点之一，每年都要维修1至2次。在维修时，同事们一般只敢上到60米高的平台处，而李光全总是毫不犹豫地包揽了最高、最难的发射天线的维修。

今年9月，经过李光全和同事们的努力，大梨园电视转播台圆满完成了累计总投入近300万元的中央、省农村广播电视无线覆盖工程，把使用了24年的电子管设备更换成全固态发射设备，进一步提高了广播发射覆盖范围和电视发射图像质量，同时增加了丽江人民广播的节目。目前，大梨园电视转播台发射的广播电视节目已增加到6个台。

李光全就是这样，刻苦钻研，熟练掌握转播发射、设备维修技术，确保了2900多天广播电视转播实现零差错。

24载爱台如家的宣传员

到今年，李光全在大梨园电视转播台已工作了24年，其中光临时工就干了整整10年。2004年，他被提拔为台长，从此担负起只有他和另外一位同事两个人组成的转播台的"当家人"。

说到他这个台长，没有任何行政级别，更不用说享受什么额外的待遇。但在李光全看来，当台长是组织赋予他的一种责任。

其实，从"送片员"到"值机员"再到"台长"，李光全24个春秋如一日，爱台如家，默默履行着广播电视"宣传员"的神圣职责。

"50.5元"，这是李光全在转播台当临时工领到的工资，这个数字在当时不到正式职工工资的三分之一。当时很多亲戚朋友都劝他不要干了，回家随便干点什么都比这个强。李光全却笑笑说："我热爱这个工作，已经离不开这个事业了。"

李光全家住永北镇凤鸣居委会燕子岩村，距离转播台约8公里的山路。24年间，李光全总是把转播台当成自己的家，每半个月左右才回家与妻儿老小团聚一次。如今，他的儿女已经双双完成学业分别在县城和昆明打工。说到这里，李光全眼含泪珠，感觉愧对妻儿。

那么多年了，李光全也曾多次想过跟领导要求调到城里。但想想又有谁能来接替他的工作呢！想到这些，他又把调动工作的事深深地埋在自己的心底，始终没有跟领导提过一次要求。2007年，李光全的女儿到县城上高中，父亲背着他找到广电局的领导，要求把儿子李光全调到城里照顾孙女。李光全知道情况以后，埋怨父亲不该去找领导说调动的事。他说："把我调走了，谁来接替我。这个工作虽然很艰苦，但总得有人来干。我是党和组织培养起来的一名共产党员，应该坚守在最艰苦的岗位上。"

（原载《云南日报》2010年9月27日）

"铁脚杆"李光全

"跑片"24年　能绕地球3圈半

王　法

44岁的李光全在丽江市永胜县有个外号——"铁脚杆"，因为他在永胜县大梨园电视转播台工作的24年间，为了让全县人民能够按时收看到电视节目，每天风里来雨里去，"跑片"来回奔波在转播台和县城间的13公里山路上。粗粗一算，24年他跑过的距离几乎等于沿赤道绕地球3周半。

关键词：24年
每天来回20多公里山路

"大梨园电视转播台交通不便，山高坡陡，人迹罕至，工作和生活条件异常艰苦。全年里，夏秋之际电闪雷鸣，阴雨绵绵，泥烂路滑。在这样的工作环境中，李光全却一干就是整整24年。"永胜县广电局副局长刘绍全介绍。

1986年，永胜县大梨园电视转播台正式开工建设，当时，李光全正好初中毕业赋闲在家，他便成了转播台的临时工。

虽然只是个临时工，李光全并没有就此低看自己的职责。每天，他大清早就从电视转播台下山，步行13公里的山路到达县城，先办好全台人员一天的伙食，然后"跑片"——到局里拿自办节目的磁带，赶回电视转播台。因为自办节目在晚上8点钟播出，所以李光全必须在晚上7点30之前赶到，回去时，他要背一篮近40公斤的物品，沿着崎岖的山路返回。有时，遇上自办节目制作完成晚点，李光全在回赶的路上顾不上喝一口水，歇一下脚，全力保证节目的正常播出。

关键词：孤独
十多天见不着一个人

"在电视转播台，从每年的5月下旬开始，到10月上旬的雷雨季节里，每年基本上都有雷击事件发生。这段时期，雷电有时落在67米高的铁塔上，铁塔发出炫目的白光，并伴随着'铮、铮'的声响，有时，雷电落在周围的电路上，整个屋子火花四溅令人不寒而栗。"

平时的设备检修也充满了危险，隐形的杀手——高频辐射，它对人体的负面作用是巨大的，它在无声无息中侵害着人的身心健康。

如果说恶劣的自然条件还可以克服的话，那么，孤独和寂寞却是另一种考验。因为电视转播台特殊的地理位置，平时很少有人到这里来，在此上班的人员又少，李光全独身一人在电视转播台值班的时候较多。有时整整十多天没有一个人来，不能讲上一句话。

但是，所有困难都没有吓倒李光全，他克服了自然环境造成的诸多不便和一切艰难险阻，以坚韧不拔的意志，置个人安危于不顾，顽强地挺了过来，在艰苦而又危险的工作岗位上出色地完成了各项工作任务。

关键词："家"

将荒凉转播台变成大田园

在日常检修机器设备的工作过程中，李光全经常和同事们一起动手，相互交流，取长补短，有时，遇到线路和材料等方面的问题，他凭着几十年的工作经验，能如数家珍般道出它们的来龙去脉，被同事们戏称为电视转播台的"活字典"。电视转播台发射铁塔维护是设备维修的重要内容之一，每年都要维护1至2次，铁塔总高67米，维修时同事们一般只敢上到67米平台处，而李光全总是毫无怨言地包揽了最高、最难的发射天线部分的维护。

位于高山之巅的电视转播台，植被较少，李光全组织同事打塘栽树，抽水浇灌树苗。在后期的管护中，李光全每天都要巡山护林，赶牛赶马，修建篱笆，如今，在他的精心管护下，大梨园电视转播台的山坡上已经长满了郁郁葱葱的树木，院内更是果树成荫，各种蔬菜长得十分喜人。

24年里，他不知经受了多少次风雨雷电的威胁和考验，用青春和热血铸就广播电视事业，带给人们欢声笑语和丰富多彩的精神食粮。

（原载《春城晚报》2010年9月28日）

　　肖国昆，男，汉族，1972年8月出生于昆明钢铁厂，1991年参加工作，1999年7月加入中国共产党，现任武钢集团昆钢股份有限公司炼钢厂作业长助理，高级技师。

　　参加工作以来，肖国昆刻苦钻研冶炼操作技术，自觉在提高专业素养上下工夫，掌握了一套科学、低耗的炼钢操作技术，并在降本增效、提高产品质量、延长设备寿命等多方面发挥作用，为企业降低生产成本、提高经济效益作出了重大贡献，先后荣获"钢城十先锋"、"昆明市特等劳动模范"、"全国青年岗位能手"、"全国冶金行业岗位能手"、"全国技术能手"、"全国劳动模范"、"全国五一劳动奖章"、"全国职工职业道德十佳标兵"、云南省第二届"兴滇人才奖"等荣誉。

炼钢工人肖国昆及其五顶"桂冠"

陈昌云

7月1日上午，中共云南省委在昆明举行庆祝建党89周年暨全省深入开展创先争优活动座谈会，来自昆钢炼钢厂的年轻共产党员肖国昆健步走上主席台，向在座的省委领导及来自全省各条战线的党员干部畅谈了自己如何从一名普通的技校学生成长为一名先进分子的经历。

肖国昆走上这个光荣的讲台经历了一个从初出茅庐的技校生到高技能技术工人的过程。

1991年，肖国昆从昆钢技校毕业分配到了新建的第3炼钢厂工作。

当他得知炉长在整个炼钢工艺中具有十分重要的作用后，肖国昆开始有意识地给自己加担子，逼迫自己在炼钢技术上有个飞跃。经过4年的刻苦钻研，肖国昆的炉前冶炼分析能力、冶炼过程的控制能力以及整体冶炼的操作水平都得到快速提高，1994年，22岁的肖国昆走上了炉长的岗位，在此一干就是16年。

当上了炉长，肖国昆又暗暗给自己定下了当优秀炉长的目标。优秀炉长需要在冶炼理论和操作技能方面有不凡的表现。肖国昆自己到书店买来大量的冶炼技术方面的书籍研究，并运用到实际操作中，经过反复学习与实践，肖国昆熟练地掌握了一套科学、低耗的炼钢操作技术。1997年，他作为炉长代表被选派参加"攀钢杯"全国冶金系统青工技术竞赛，取得了实作考核第1名的成绩，被团中央、劳动人事部、冶金部共同授予"全国青年岗位能手"称号。

2005年，肖国昆被评为全国劳动模范。

肖国昆用自己的技术为企业发展作贡献。"2001年炉龄指标首次突破万炉大关，两年后的2003年达到了14216炉，低温快铸实现了低耗高效。"2004

年6月，他在全国钢铁行业"昆钢杯"职工技能大赛上，再次代表昆钢参加炼钢转炉炉长岗位的技能大赛，与来自宝钢、武钢、首钢、鞍钢、攀钢、马钢的同行佼佼者同台竞技，最终以实作考核第一、综合考核第一的成绩，获得"全国技术能手第一名。"

2009年11月17日，肖国昆作为唯一的工人，与另外9位杰出人士一道，获得了第二届云南省"兴滇人才奖"。

如今的肖国昆，拥有了"全国劳动模范""全国五一劳动奖章"、"省政府特殊津贴"、"国务院特殊津贴专家"、"兴滇人才奖"等5顶桂冠，这在云南省一线生产职工中，迄今为止，肖国昆是唯一的。

（原载《工人日报》2010年7月14日）

"我想当一个好炉长"

——记全国劳模肖国昆

吴清泉

"炉长是什么？"

"就是要负责炼好一炉钢。"

"你管着几个炉子？"

"一个炉长就管一个炉子。"

"你从学校毕业以后想做什么？"

"我想当一个好炉长。"

听上去，肖国昆的理想并不大。

1991年，肖国昆从昆钢技校炼钢班毕业。站在昆钢炼钢厂的炼炉前，那通红的颜色，幻化成一种魔幻的色彩，瞬间点燃了肖国昆心中的那团火。因为这个不大的理想，一个不到20岁的青年，竟然沉静下来。几乎是每一天，肖国昆都坚持观察温度高达1700摄氏度的炉水，记下其中最细微的任何一点变化，设定其中的数值，比较、计算……关于开炉的一切，已经积蓄成他心中的洪流，只等喷发的那一刻。

1994年，22岁的肖国昆当上了炉长。从此，青春搭着梦想的快车一路疾驰。在他手下，原料、铁水、废钢，吹炼过程的枪位控制、温度控制、每一炉钢的火焰收缩情况，加入渣料的最佳时点，每一炉钢的终点控制及脱氧合金化时点……以理想垫底，肖国昆温热的手心中渐渐练出了一套炼钢绝活。

从2002年车间实行炉长考评以来，肖国昆的各项指标综合排名都居前3名，其中11次名列第一，各项技能判断合格率为96.44%，高于车间平均水平近10个百分点。

低碳低硅镀锌彩涂用钢，对终点碳及有害元素的控制是目前所产钢种中要求最高的，在昆钢以经验炼钢为主的情况下，炉长的手艺决定了能否产出

这种产品。肖国昆以精湛的操作技术，顺利炼出了昆钢第一炉完全达到工艺标准的低碳低硅钢。

冶炼中、高碳优质钢并保证终点碳及磷含量符合要求，这个LD转炉操作中的难点也没有难倒肖国昆，圆满完成了冶炼昆钢第一炉中、高碳优质钢的任务。

1997年，肖国昆作为昆钢选出的炉长代表参加了"攀钢杯"全国冶金系统青工技术竞赛。说起这场比赛，10多年后的现在，肖国昆仍然记得每一个细节。

攀钢炼钢的铁水和转炉与昆钢有着极大的差别，在昆钢50吨转炉上已掌握得非常熟练的各种操作技巧和操作规程，在攀钢的120吨转炉上很难派上用场。

当时，不少外省去参赛的选手都是大学生，而肖国昆只是技校毕业生。但肖国昆相信自己，他说，"我有当炉长的天分。""在我之前操作的几位炉长出现了粘氧枪的情况，这可是炼炉的大忌。我走进赛场时，5位考官对我说，你一定要好好操作，如果再粘的话，这个炉子就不能吹氧了。"肖国昆目光炯炯地盯住炉口，从火焰的颜色、软硬程度到明亮程度，准确判断，果断指挥，按竞赛规则要求，炼出了两炉终点控制、成分、温度、冶炼时间全部达标的合格钢，取得了实作考核第一的好成绩，并被团中央、劳动人事部、冶金部共同授予"全国青年岗位能手"称号。他的考分是93分，在他之后没有上80分的。他用肉眼看后报出的碳的数据、炉水的温度值，与实测数据完全一样！

如果作废一炉钢，损失就是10多万元。而炉长肖国昆10多年里冶炼的33600多炉钢没有出过一炉化学废品，没有出过一次漏炉，他因此先后荣获20次质量控制金牌。

炉龄一直是困扰冶炼行业的一个难题，1996年，在肖国昆的建议下，厂里引入了"低温快铸"、"溅渣护炉"等新技术。加上他的个人技术，炉龄从过去的四五百炉，提高到了14166炉。他还建议为转炉安装了合金料槽旋转开关，实现了合金的精准添加。

记者注意到肖国昆的手上有一道一寸多长的伤疤。"这不算什么，前几天在车间里摔的，上了个夹板，缝了5针。"他憨实地笑着说。

是的，这不算什么。曾经有一次，氧枪掉到炉子里，处理不好会引起爆炸。当时情况非常危急，小组的几个人都吓住了。肖国昆想都没有想，一口气冲上了7楼的控制台，关掉了开关。还有一次，铸机的链条掉到渣锅里，肖国昆一下跳进齐腰深的渣锅里，热气把他蒸得眼睛都睁不开，他硬是咬着牙把链条拿了出来。1993年，他为了到铸机上去拴链条，被钢包车夹住了左脚，跟骨、踝关节骨折。

"你做这些，家人支持吗？""当然支持，我父亲也是省级劳模，2005年我被评为全国劳模时，他老人家特别高兴。"

其实，事后肖国昆也挺害怕。但"这是做一个炉长的本分。"而就是这种本分，使肖国昆有了一大票"粉丝"。肖国昆所在的班组，2001年至2003年创造效益约978.56万元，在10年的开炉生涯中，小组中未发生一起轻伤以上的人身伤害事故，为安全生产作出了贡献，被评为昆钢"特级班组"，还荣获过全国"职业道德百佳班组"荣誉称号。

昆钢的不少小年轻都来找他，想当他的徒弟。现在昆钢三炼钢厂的12名炉长中，有4名是肖国昆的徒弟，还有3名正在传授学习中。

"你的技术这么好，有没有其他企业出高薪来挖你？""有是有，不过我肯定不会去，人还是要懂得感恩。"

"你有没有想过要把自己的经验写成书？""说实话，让我说、让我教都可以，我就是笔头不行，写不了。"

"那你现在的理想是什么？""我就想把自己的经验多多地传给别人，昆钢的草铺项目马上要动工，很需要人才，希望多带出几个炉长。"

肖国昆的理想就是这样实在、这样充满分量。

（原载《云南日报》2010年10月8日）

王元富，男，1965年出生，云南省江川县人，1986年8月参加工作，2007年5月加入中国共产党，现任玉溪市国税局信息中心主任。

王元富以务实创新的思维倡导和组织开发的软件创下了多个全省第一："银税一体化管理软件"，成为全省第一个多元化申报软件；"政务信息采编系统"，成为全省国税系统第一个政务信息工作平台；"阳光税务调查软件"，成为全省第一个税收管理员平台；2004年玉溪成为我省第一个自行上线中国税收征管信息管理系统（CTIAS）的州市……在工作中，他培养了一批懂业务的技术人员，为玉溪市国税局信息化建设奠定了良好的人才储备和技术基础。从1996年起，他连续3年在公务员年度考核中被考核为"优秀"，1998年被评为玉溪国税系统"先进工作者"，1999年被评为云南省国税系统"优秀税务工作者"，2000年被评为玉溪市国税局"先进工作者"，2001年被玉溪国税给予年度工作嘉奖，2002年荣获玉溪国税CTAIS应用特等奖，2003、2004年被考核为玉溪国税系统"优秀公务员"，2004年被推荐参加第六届全国"人民满意的公务员"评比，受到了国家税务总局的通报表彰，2005年获得云南省推广运用综合征管软件特别贡献奖，2009年被人力资源和社会保障部、国家税务总局授予"全国税务系统先进工作者"荣誉称号。

挑起技术开发的大梁

——记玉溪市国税局信息中心主任王元富

蒋贵友

在玉溪市国家税务局信息中心，一个税务干部指着一个正在忙碌的人对记者说："他就是 才40多岁两鬓就白了。"王元富听到有人议论他，笑着说："没办法，我中电脑病毒了。"一句话引得大家轰然大笑。

潜心研究破壁垒

出于对计算机的钟爱和自信，王元富曾用轻松的口吻说："几乎所有的工作需求，都可以通过计算机技术轻松解决。"在他刚到税务局时，看到很多人在税务大厅里排队交税，就暗下决心：一定要开发一套软件，让人们足不出户就把税交了。带着这个心愿，他的税务应用软件开发的突破之旅，也由此启程。

王元富1986年毕业于云南大学数学系，分配到玉溪财校任教，1995年调入当时的玉溪地区国家税务局，成为9县区国税系统唯一的计算机专业技术员。2001年玉溪地改市后，他被任命为市局信息中心主任。在信息化起步的年代，王元富很快就挑起了技术开发的大梁。玉溪国税局的信息化时代由此开启大幕。1998年，江川国税局成为全省首家实行"银税一体化"的试验单位。项目主持人王元富经过日夜奋战，成功地开发出了"银税一体化"软件。软件投入运行后，企业缴税就不用到税务大厅了，由银行代收。缴税人只要在家里上网点击鼠标，就可完成缴税任务。

"这是一个划时代的进步。以前，缴税都是付现金，手工开具票证，很原始。玉溪市有中小企业5万户，大家都挤在税务大厅里，嘈杂不堪，就像一个集市。有时一天才能缴完一次税。"玉溪市国家税务局总会计师魏立红说："银税一体化软件投入使用后，税务大厅一下就安静下来，整个缴税局面随之改变了。"

开发软件惠大众

软件开发是一个孤独而寂寞的过程，其间的滋味，只有当事人知道。"没办法，工作要紧呀。"说到曾经的甘苦，王元富笑着说。

1996年底，经省局批准，通海县国税局使用了"云南省税收征管软件"，这是云南国税系统第一个由州市技术人员独立完成的省局征管软件上点任务，其中的压力和艰辛可想而知。10年后的今天，王元富依然记得任务完成的当夜，新年的钟声敲响之时，听着万家团聚喜迎新年的鞭炮声，万般滋味涌上心头。他既为自己攻坚克难获得成功而庆幸，同时，也为远离妻子和刚出生3个月的儿子而倍感孤独和歉疚。

艰辛和孤独并没有阻挡住王元富前进的脚步，成功的喜悦更激起了他在科技海洋里遨游的热情。在此后的10年间，他率领团队，打了一个又一个漂亮仗。

2004年，王元富通过修改原金税工程拨号接入设备RAS配置，创造性地

变通实现了增值税发票的异地"远程认证",极大地方便了企业。2005年,围绕推行"多元化申报"的目标,他与技术中心的同事一起完成了"储蓄批量扣税"申报方式软件的开发,大大简化了纳税人的缴税手续。2006年,他组织开发了基于工作流模式的政务管理系统。2007年,他借助省局推广使用的介质申报软件,完成了"网上数据传输平台"的开发并投入使用,实现了纳税人足不出户就可一次性完成缴税事宜。同年,他还承担并完成了省局流转税处交办的"账表票比对"系统的开发任务,大大提高了税收管理员的工作效率。

梅花香自苦寒来。多年来,由王元富倡导、开发的软件创下了全省多个第一:"银税一体化管理软件",是全省第一个多元化税务申报软件;"政务信息采编系统",是全省国税系统第一个政务信息工作平台……2009年,王元富被国家税务总局、人力资源和社会保障部评为全国税务系统先进工作者。2003年,玉溪市国税局被评为全国税务系统信息化建设先进单位。

科技强税乐终生

荣誉并没有阻止王元富研发的脚步。他是技术团队的主心骨,每一项技术开发都亲力亲为,科技强税,已成了其事业的全部。他比以往更忙了,头发也过早地染上了霜色。

"经济社会发展得太快了,要加倍努力才能跟上时代的步伐。今年的还没有做完,明年排队的项目已有5个。"他数着指头说:"现在的基层干部工作太辛苦,纳税人缴税还不够方便,用信息技术为他们解决一些实际问题,是我最大的心愿。"

王元富不仅肩负着技术开发的重任,还担负着培养科技人才的任务。在项目攻关的间隙,他总是抓住一切可能的机会,或组织集中培训,或下基层辅导,为基层培养了一批又一批系统维护员,确保了各项新技术在基层及时推广应用。

"你们看,这是一个系统内部的工作管理系统,这些数据都是在王主任的带领下做出来的,税局所有的技术交流、干部考勤,都可在此完成。"在信息中心,年轻的技术员张志荣打开电脑,点着屏幕上的信息栏说:"遇到问题，王主任总是把自己关在办公室里，苦寻答案。一有结果，就及时告诉大家。我经常被他的敬业精神所感动。在他的带领下，从市里到县里，技术人员之间形成了一种团结上进、交流协作、互敬互爱的良好风气。"

（原载《云南日报》2010年10月15日）

王元富：他开发的软件价值不止千万

李继升

"如果开发的软件都按金钱计算的话，他的价值又何止千万？"他曾经的同事张权文这样告诉记者。

当同事口中的"身价何止千万"的王元富出现在记者面前时，有些出乎我们意料：身材普通，头发花白，话语刻板。而就是这个王元富，玉溪市国税局科技干部，一个用智慧推动着全省乃至全国科技强税进程的先行者。多年来，他以务实创新的思维倡导、开发的软件创下了多个全省第一——"银税一体化管理软件"，成为全省第一个多元化申报软件；"政务信息采编系统"，成为全省国税系统第一个政务信息工作平台……

年纪不大满头花白

看到王元富，令人印象最为深刻的是，他年纪不大，却已经满头花白。

熟悉电脑工作的人都知道，软件开发是一个孤独而寂寞的过程。当年，经省局批准，通海县国税局使用了"云南省税收征管软件"，王元富接受任务并开始在通海县组织实施网络安装调试工作。这是我省国税系统第一个由州市技术人员独立完成的省局征管软件上点任务，其中的紧张艰辛可想而知。

那是一个难忘的日子，任务完成了，新年的钟声敲响了，但为了监测征管软件的运行情况，他不能回家，一个人站在招待室的走廊上，听着万家团聚喜迎新年的鞭炮声，更加思念咫尺天涯的妻子和刚出生3个月的儿子，兴奋之余，倍感孤独。

他让电脑走下"神坛"

1986年大学毕业后，王元富分配到玉溪市财校任教。此时，计算机在人们心目中还显得十分神秘，而王元富已经看到了未来信息时代的脚步。

1990年调入统计部门后，王元富开始小试牛刀，他开发的几套软件被评为部级和地市级的科技成果，1995年，王元富调到玉溪市国税局，对于时年30岁的王元富，他找到了自己人生最重要的舞台，大展拳脚了。

"王元富最大的贡献之一就是让大家对电脑不再害怕。"玉溪国税局相关领导说。王元富来到玉溪国税时，单位上的电脑，被神秘兮兮地放在带有空调的"微机室"里。当时很多人对电脑的认识少之又少，更不用说软件开发了，谁动一下生怕就给弄坏了。

王元富的到来彻底改变了这一现状，被供起来的电脑摘下了神秘的面纱，王元富向众多疑惑的眼睛拍着胸脯保证，"没事，电脑用坏了我负责。"就是这样，计算机在玉溪国税系统开始普及。

从最基本的打字开始，王元富发挥了他当教师的经验，从计算机的基本应用到软件开发，以当时的会计统计科为开端，开始对全局的的干部职工进行培训和普及工作，亲自编教材，手把手教，一堂又一堂课开讲，计算机作为一种工具开始被应用，而不再是一种"摆设"。

通过数年的努力，玉溪市国税局建立起了完善的税务信息网络，开发出了各种方便于纳税人的软件，这让玉溪市税务局在信息化建设中站在了全国同行的前列。这其中，王元富功不可没，"以商业价值来算的话，仅开发的软件如卖版权都不止千万。"玉溪国税局一位干部感叹地说。

面对荣誉淡然处之

2003年，玉溪市国税被评为全国税务系统信息化建设先进单位，2009年，王元富被国家税务总局、人力资源和社会保障部评为全国税务系统先进工作者，面对荣誉，王元富十分淡然。

此后，每次评各种奖项，他都坚决地要把这些荣誉让给其他同志。他认为自己只是做了分内之事，而得到的荣誉则太多了，功劳是大家的。

面对采访，他常挂在嘴边的一句话是，"荣誉的多少对我来说并不太重要，重要的是现在的基层干部工作太辛苦，纳税人缴税还不方便，信息技术能够为他们解决一些实际问题，这才是我最大的快慰。"

（原载《春城晚报》2010年10月15日）

彭永新，男，阿昌族，云南省陇川县人，1995年7月加入中国共产党，1997年参加工作，现任海关总署缉私局瑞丽缉毒犬基地教研室主任。

彭永新是当地阿昌族中考入重点大学的第一人。参加工作后，他在提高缉毒犬、搜爆犬的规范性、搜毒自主性理论和中国海关首批复合型缉毒犬培训理论方面作出了突出贡献，为年轻训导员树立了良好榜样。1999年8月以来，他携犬共查获37起毒品案件，缴获毒品217117.5克。2005年5月，中央电视台12频道《社会与法》栏目以《毒品终结者》为题报道了他的事迹。2003年被总署缉私局授予二等功1次；2004年被授予"全国海关缉毒犬查缉毒品专项行动优秀缉毒犬训导员"，在公安部与中央电视台组织的全国首次"我最喜爱的十大人民警察"评选活动中获得提名奖，是全国海关系统中唯一一名获此殊荣的缉私警察；2005年被昆明海关评为不畏牺牲、勇于奉献，在打私禁毒工作中屡建功勋的"青年学习成才标兵"，被共青团省委、云南省青年联合会授予"云南省青年五四奖章"；2006年荣获第五届"中国优秀青年卫士"称号；2007年被海关总署缉私局授予三等功1次。

名扬警界的"养犬人"

——记海关总署缉私局瑞丽缉毒犬基地教研室主任彭永新

李绍明

缉毒民警举起警示牌，一辆轿车缓缓停靠在路边。车上有一男一女两名驾乘人员，看上去没有任何异样。民警检查了人员和物品，没发现什么。但缉毒犬Brian不依不饶，对着车后的行李箱又哼又挠。经过反复查找，箱里还是几样女人的衣物、日用品等。

彭永新没有放弃，他信任自己的警犬。最后，他发现行李箱里的手机充电器有嫌疑，拆开一看：2克海洛因！在场民警向Brian和它的教官投来钦佩的目光。

同年另一天，昆明海关获得确切情报，有携带毒品嫌疑的大卡车出现。两辆大卡车，满载货物，车身结构复杂，毒品藏在哪辆车上？藏在哪个位置？彭永新和Brian出现了。Brian在5分钟内选定了一辆车，并不停抓挠储气罐和传动轴，情绪兴奋。干警进行搜查，94000克毒品被查获。

其间，Brian还协助民警破了两起人体藏毒案。

屡建奇功的青年警官

彭永新是海关总署缉私局瑞丽缉毒犬基地教研室主任，一名缉毒犬训导员，自称"养犬人"。他不是一名专职缉毒警察，但1999年8月份以来，从微小的2克到9万多克，从钢铁密封罐到人体，他携犬共查获37起毒品案件，缴获毒品217117.5克，与他的缉毒犬Brian屡立奇功，名扬警界。他还在进行大量训练实验的基础上，创造了一套有中国海关特色的训练理论，以提高缉毒犬的规范性和搜毒自主性为目标，在训练时间段和训练质量的综合控制、评价上具有较强的可操作性。该理论受到了海关总署缉私局的高度重视，并以此为蓝本组织编写了全国海关缉毒犬统一培训教材。

一名来自阿昌族的大学生，从满怀激情到"沦为""养狗人"，他一度想辞职走人；从"讨厌养狗"到"热爱养狗"、与狗联手屡建奇功，为全国海关缉毒犬训练教材创造鲜活样本，再到发出"我再也割舍不掉自己的养狗事业了"的感慨，彭永新经过了怎样的跌宕人生？

曾经纠结的训导教员

出生于陇川县的彭永新，1997年毕业于云南农业大学畜牧兽医系，毕业后考入海关总署瑞丽缉毒犬基地。来到基地，他每天带犬奔跑、打扫犬舍、喂犬，汗流浃背，工作重复枯燥，很多时候伤痕累累。他的左手背上有一块伤痕，"我们训导员的手都是狗啃剩的。"彭永新开玩笑说。

体力上的筋疲力尽，他忍住了；可是面对亲戚朋友的不理解，却让他备受煎熬。亲友知道他在海关工作，都热情祝贺，再一听他在缉毒犬基地工作，便脱口而出："原来是养狗的。"这让他心里颇不是滋味。更憋屈的是，他用3个月时间训导的第一条犬，取名"飞鹰"，希望一展鹰击长空的志向，不料却惨遭淘汰。当头一棒，他一度十分消沉，暗暗落泪，真想一走了之。所有这些，领导和同事都看在眼里。经过一次次谈心，一遍遍开导，使彭永新对海关缉毒犬事业有了新的认识。从此，他不再自称"养狗人"，而改称"养犬人"。称呼变了，心态变了，他的训练更刻苦了。

不断创新的培训专家

"犬听不懂人的语言，但听得懂人的声音高低。"彭永新说，犬可以从人的一举一动、声音高低来判断自己的行为正确与否。基于这一认识，他把从国外带回的新理念、新的训导方法与中国实际、海关工作实际结合起来，展开训导。经过不断创新，彭永新和他的战友培训出了国际领先、国内一流的首批复合型缉毒犬。目前这些复合型缉毒犬已在厦门、南宁、昆明等关区投入使用。他亲自培训的人员达100多人次，培训缉毒犬50多条。

现在，彭永新作为训练基地教研室主任，更多是主持培训工作。为香港培训的第7期教员即将到达瑞丽，大连、长春、昆明等关区的同行们也将来参加他主持的两个培训班。

"在某些特殊战线，一条警犬的工作量能抵7个人。"他坚信，加强警犬培训、增强警犬适应性、扩大警犬使用，是科技强警的重要组成部分。
"我将全身心投入养犬事业。"

今年5月，彭永新与他的防爆犬出现在世博会会场，在上海奔波了一个
月。他们参与上海两大机场、国际邮件交换中心、小型出入境船舶等大宗物
流场所的安保工作。"这次我们什么也没有查到，但能参加这样重要的活
动，我很自豪！"

（原载《云南日报》2010年10月22日）

上过央视的"养狗人"

李宣璇

曾经他是陇川县阿昌族中考入重点大学的第一人；曾经他因每天训练缉
毒犬，被亲友称为"养狗人"……自1999年至今，在海关总署缉私局瑞丽缉
毒犬基地工作的彭永新，带着缉毒犬先后破获19次重大贩毒案件，缴获毒品
192公斤。2004年，海关总署授予彭永新"全国海关缉毒犬查缉毒品专项行
动优秀缉毒犬训导员"，他所带缉毒犬"Brian"被授予"全国海关缉毒犬查
缉毒品专项行动一级功勋犬"。

彭永新是云南省陇川县人，是当地阿昌族中考入重点大学的第一人。
1997年大学毕业，他报考了海关总署瑞丽缉毒犬基地。来到瑞丽缉毒犬基地
后，他才知道要成为一名合格训导员并不是那么简单。除了每天艰苦训练
外，还要面对亲戚朋友对缉毒犬工作的歧视和误解。彭永新到瑞丽缉毒犬基
地工作后，亲友一听他要天天驯犬，便说他是"养狗人"，彭永新当时听了心
里很难受，但与缉毒犬呆在一起一段时间之后，他爱上了当个"养狗人"。

自1999年来，彭永新带着自己训练出来的缉毒犬19次破获重大贩毒案

件，缴获毒品192公斤.1999年8月23日，瑞丽海关根据情报，在龙陵县龙江乡一荆棘丛生的山坡上发现了毒品藏匿点，办案人员经过两个多小时的搜索，仍没全部找出毒贩藏匿的毒品，天色渐黑，如果找不到剩余毒品，到了夜晚很可能被转移。情况紧急，办案人员请求瑞丽缉毒犬基地派犬支援。当日18时，瑞丽缉毒犬基地驯犬员携带缉毒犬来到案件现场。

彭永新带着缉毒犬"萨克"搜查至半山腰时，"萨克"突然兴奋起来，接着到一个灌木丛及松叶覆盖的地方又抓又咬，基地其他协助人员见状，立即对该处进行检查，并在该地发现两个背包，经检验，背包内藏匿着冰毒。该案共查获毒品49220克，共计50万片。在2003年"1·28"案件查获过程中，彭永新带着缉毒犬到达查验现场后，也将毒贩藏匿在藤条中的7331克毒品海洛因全查获。

虽然毒贩藏毒的手法天天都在变，但是查缉经验丰富的彭永新和他的缉毒犬却让毒贩无处可藏。2005年5月份，中央电视台《社会与法》栏目用"毒品终结者"，对彭永新和他的搭档作了最好的诠释。

（原载《生活新报》2010年10月22日）

　　苏贵平，男，汉族，1964年8月出生，云南省永胜县人，1982年12月参加工作，2000年1月加入中国共产党，生前任迪庆藏族自治州森林防火指挥部办公室主任，2010年2月21日因公殉职。

　　苏贵平先后在迪庆林业局在营林科、木材检查站和森林防火办公室工作。在从事森林防火工作的22年里，由于工作成绩突出，先后多次被国家、省、州相关部门表彰。1996年、2008年年度考核被迪庆州林业局评为"优秀"，2000年被迪庆州林业局评为"林业先进工作者"，2001～2005年被云南省森林防火指挥部评为"先进个人"，2004年，国家林业局授予苏贵平同志连续从事森林防火工作20年"全国森林防火工作纪念奖章"，2009年被国家林业局、国家森林防火指挥部评为"2007～2009年度全国森林防火先进工作者"。2010年6月，国家林业局追授其"森林卫士"荣誉称号。2010年10月，中共云南省委追授其"优秀共产党员"荣誉称号。

用生命铸就绿色丰碑

——追记迪庆森林防火指挥部办公室主任苏贵平

李银发

6月，迪庆高原香格里拉处处鲜花盛开，竞相放绿的森林让高山峡谷宛若座座绿色丰碑。可迪庆藏族自治州森林防火指挥部办公室主任苏贵平再也看不到这美丽的景色。

在2010年旱魔肆虐的早春时节，在那森林防火最严峻的时刻，苏贵平倒在森林防火岗位上，用生命守护了香格里拉的鲜艳，守护了香格里拉的绿色林海。

迪庆，是全国10个藏族自治州之一，也是云南省唯一的藏族自治州，地处滇藏川3省区结合部，是世界上著名的"三江并流"世界自然遗产的腹心地带，全州平均海拔3380米，森林覆盖率73.9%，林木蓄积量达2.41亿立方米。特殊的自然地理环境和较小范围内的巨大高差使得境内具有显著的垂直气候和立体生态环境，成了滇西北生物多样性保护的核心区，是全球生物多样性最为富集的地区之一，是国家乃至国际上重要的生态安全屏障，但也是生态环境极为脆弱的地区之一，一旦遭到破坏，极难恢复。

执著 坚守

苏贵平1982年参加工作进入迪庆州林业局，1987年调入州森林防火指挥部办公室工作。22年来，他用行动印证着自己守护林海的誓言。

6月25日，我们再次来到苏贵平工作生活的地方采访。

翻开苏贵平的工作日记，扉页上醒目地记着这样一句话："眼前这绿色、这浩瀚的绿海，都是上天赐予我们人类的财富，我们护林人有责任保护好它。而森林火灾是森林最危险的敌人，也是林业最可怕的灾害……

作为森林防火工作者的苏贵平，深知自己肩上的重任。每年长达8个月之久的森林防火期，他都奋战在森林防火工作一线，度过240多个昼夜。

2009年秋季以来，迪庆州发生百年一遇的特大旱灾，森林防火任务空前繁重，苏贵平连续3个月坚守工作岗位，终因劳累过度，突发脑溢血，于2010年2月21日倒在工作岗位上，为迪庆森林防火献出了宝贵的生命。

迪庆州森林防火指挥部办公室森林防火值班日记上写着：2010年2月20日，星期六，晴，火险等级四级，带班领导苏贵平……

苏贵平牺牲后，国家林业局于今年5月追授他"森林卫士"荣誉称号，省林业厅下发文件号召全系统向他学习。

平凡奉献

苏贵平常说："3天不见森林脚就痒"。在22年的森林防火工作中，他先后在营林科、木材检查站和森林防火办公室工作，足迹踏遍迪庆的山山水水、村村寨寨，时时处处践行着一个森林卫士的职责。

在营林造林工作期间，苏贵平不耻下问，虚心向他人学习育种、营林造林知识，使自己尽快适应工作岗位需要，成为一个"多面手"，赢得了同事和林农的好评。

迪庆林科所副所长薛阳富说："你看，后山上当年和老苏一起种下的小松树已长成林了。"

在担任森林防火电影放映员、电台值机员期间，由于当时迪庆交通基础设施落后，许多地方不通公路，许多时候他通过人背马驮把森林防火知识和林业知识送到林区、送到偏远的山寨。为了更好地开展工作，他与当地藏族同事张青交成朋友，利用下乡、入村放映等时机，收集当地各民族爱林护林的谚语，做成简洁明了的幻灯片，向广大农牧民传播"爱林护林"的意识。

苏贵平进入指挥部办公室工作，5个工作人员中，就有藏、白、傈僳、汉4个民族。面对不同语种、不同习俗、不同文化层次的同事，他把指挥部办公室当作一个家庭，积极为大家分忧，为集体兴利。与他共事多年的指挥部办公室调度员杨国秀饱含泪水地说："苏主任他心细、有女人般的矜持，我们办公室事事都依赖他，诸如要更换办公室日常照明用的灯泡，他都亲自

操持……"

守护林海

苏贵平的家并不富裕，爱人张惠泪流满面地说："每年进入防火期，我们全家人都跟着防火，家里大小事只有我自己来做，就连孩子上学的事他也从来没有管过，他心里只有防火！防火！"20多年来他只有两次春节回去与家人团聚：一次是2005年，年迈的老母卧病在床；另一次是2008年岳父过世。但两次短暂的团聚只能以小时计算，之后他便匆匆赶回岗位。直到倒在工作岗位前的几分钟，他还多次打电话布置工作。

1999年香格里拉县森林火灾不断，防期内各类火灾达90余起。1月27日下午4时左右，香格里拉县小中甸镇团结村后山高山松林发生山火，为确保火场信息畅通，苏贵平随即与前指赶到火场，指挥架设电台，为指挥部及时调整作战方案，提供准确信息，确保了火场周围的6个村庄和原始林区安全。在短短1个月时间里，苏贵平又转战相继发生火灾的小中甸镇甲宗火场、虎跳峡镇桥头后山火场，成为及时扑灭每次森林火灾的幕后英雄。

本来就患有高血压病的苏贵平，本着对岗位极端负责的态度，对事业始终不懈追求。有一次，他因高血压病诱发痛风病，导致双腿浮肿，出行十分困难，同事看到后，出于关心让他请假休息，可他大大咧咧地告诉同事："等防期结束后再说。"但防期结束后，接踵而来的工作使他更难以抽身。为贯彻落实森林防火责任制"五条标准"要求，进一步充分发挥州森林防火指挥部各成员单位在森林防火工作中的作用，他主动联系成员单位及相关单位，东奔西跑，对照总结分析防期工作，收集整理下一个防期的各类《目标责任制》等相关材料，查缺补漏，苏贵平忙得不亦乐乎。

据不完全统计，苏贵平参加过全州大小百余场山林火灾的扑救战斗，足迹踏遍全州29个乡镇183个村委会。

由于工作成绩突出，他先后被国家、省、州评为全国森林防火先进工作者、林业先进工作者、优秀公务员，被国家林业局授予连续从事森林防火工作20年"全国森林防火工作纪念奖章"。

迪庆州林业局局长吴振武说，"苏贵平是一个平凡的干部，在平凡的岗位上做出了不平凡的事业。一个苏贵平走了，全州还有1000多苏贵平式的森林卫士，我们一定会把他未竟的事业做好，把他的精神传承下去。"

（原载《云南日报》2010年7月5日）

20余年仅回家过年两次

寸霏霏

2010年2月21日上午8时，一直坚守在抗旱防火一线的迪庆州森林防火指挥部办公室主任苏贵平突发脑溢血，永远离开了他所热爱的森林防火工作，年仅46岁。在苏贵平20余年的森林防火工作中，无论是值班带班、还是扑救火灾，抑或是防火宣传，他总是冲在第一线。

"浩瀚绿海是上天赐予的财富"

苏贵平于1964年8月15日出生，汉族，幼年随父母从丽江来到迪庆高原，1982年参加工作，进入迪庆州林业局。

"浩瀚的绿海、无边的森林，是上天赐予人类的财富，我们有责任保护好它，而森林火灾是森林最危险的敌人，也是林业最可怕的灾害，它会给森林带来毁灭性的后果……"这是苏贵平在工作日记中写的话。对于迪庆来说，森林防火是保护脆弱生态环境的重要一环，迪庆每年的森林防火期长达8个月。

在担任森林防火电影放映员、电台值机员期间，是苏贵平一生中下基层最多、最为艰苦的时期。由于当时迪庆交通基础设施落后，许多地方不通公路，很多时候他是通过人背马驮，把森林防火知识和林业知识送到林区和偏远的山寨。苏贵平为了更好地开展工作，还利用下乡、入村放映等时机，收集当地各民族爱林护林谚语，做成幻灯片，给广大农牧民传播"爱林护林"知识。

然而，因为忙于工作，20多年来，苏贵平只回家过过两次春节。而这两次回家过节，却都并不圆满，一次是2005年，年迈的老母卧病在床；而另一次则是2008年其岳父过世，两次短暂的团聚都只能以小时计算。

将办公室当作第二个家

患有高血压病的苏贵平，从来不曾因为身体原因而将工作放在第二位。有一次苏贵平因高血压诱发痛风，导致双腿浮肿，裤子和鞋都难以穿上，出行也十分困难，同事看到后，让他请假休息。可他却说："等防期结束后再说。"

2009年7月以来，旱魔一直在迪庆高原肆虐。从进入防火期的那一天起，苏贵平就时刻绷紧森林防火这根弦，特别是在他去世前的三个多星期，迪庆相继发生了多起森林火情，他拖着痛风的双腿，忍受着高血压的折磨，困了在办公室打个盹，饿了就请家人或同事送个饭，办公室成了他的第二个家。绷紧的弦因承受不了巨大的压力和高度的紧张，就这样断了……

据不完全统计，在20多年的森林防火工作中，苏贵平参加过全州大小百余场山林火灾的扑救，他的足迹踏遍全州29个乡镇183个村委会。

（原载《生活新报》2010年10月29日）

陶莎莎，女，汉族，1982年2月出生，北京市朝阳区人，1999年12月入伍，2002年6月加入中国共产党，现任红河边防支队金平边防大队勐桥边防派出所正连职干事。

自2008年12月调入勐桥边防派出所担任辖区桥头村警务区民警、桥头村委会党总支副书记以来，陶莎莎始终牢记并努力践行一名共产党员和一名人民警察的根本宗旨，始终坚持把人民群众的利益放在第一位，忠实履行一名基层女警的神圣职责，时刻把辖区群众的安危冷暖放在心上，坚持为人民群众办实事、做好事、解难事，任民警村官两年来帮助群众解决实际困难160余起，调处化解矛盾纠纷100余起，照顾孤寡老人3人，资助困难儿童6人，用爱心赢得了人民群众的拥戴，赢得了群众的赞誉和信任，成为辖区百姓的贴心人，先后被红河州委、州政府评为"优秀民警村官"、"百名优秀红河女性"，被云南省妇联、省公安边防总队评为"云南省巾帼建功标兵"，荣立个人三等功1次。2010年6月，红河州委政法委下发《关于开展向陶莎莎同志学习活动的通知》，号召全州政法系统广大党员干部向她学习。

80后的军中绿花

——记红河边防支队勐桥边防派出所女民警村官陶莎莎

自建丽

她，来自祖国首都，北京。

她，是80后，却没有80后人的娇气。

她，从十年前入伍到现在，共为群众解决实际困难67起，解决享受最低生活保障问题50人，资助困难儿童6人，照顾孤寡老人3人，为群众调解纠纷60余起，成功消除群体性事件隐患2起。

她，先后被红河州委州政府、州人事局、州妇联，省边防总队、省妇联等部门授予"优秀民警村官"、"百名优秀红河女性"、"巾帼建功标兵"等称号，并多次受到部队和地方党委政府的表彰。

她，将自己最美好的青春献给了我省的边防事业，为这片土地的稳定与发展，辛勤工作，默默奉献，同这里的苗、瑶、壮等少数民族同胞结下了深厚的军民鱼水情。

她，就是勐桥边防派出所成立以来，唯一的女民警——陶莎莎。

"兵味儿"十足的军妹妹

"小陶，你能干些什么呢？"2008年11月，陶莎莎初到勐桥边防派出所报到时，所长顾骞看着瘦弱娇小的她，质疑地问。

"我要当一名民警村官。"陶莎莎的回答铿锵有力，尽管那时的她已经知道，自己选择的是一份很苦，也会很累的工作。

而事实也证明当时她的回答不是一时兴起。陶莎莎走马上任桥头村委会党总支副书记后，常常是穿上胶鞋就出发，风风火火就开始干工作，她的工作态度和成绩让所里的男警官都不得不由衷敬佩。

还记得陶莎莎走马上任村官时，桥头村委会党总支书记朱自学带领她来到大滩村，告诉村民这是村里新来的女警村官。村里人当时就表现出了不屑的神情，议论纷纷——"男村官都管不了，女村官能行？""这是村里没人了，才找了个女的来当村官。"话语中带着嘲笑的意味，没有人把陶莎莎放在眼里。即使有些群众向陶莎莎反映了些困难，但都不抱什么希望，只是随口说说。可接下来不到一个月的时间里，莎莎却用实际行动让大家对她另眼相看。

针对她所管辖区街道外地经商多、安防工作要求高这一特点，陶莎莎组织派出所5名联防队员，每晚开展街道巡逻；开设法制宣传班，定期为群众进行法制宣传，形成了以派出所民警为主、联防队员和治安信息员为辅的治安信息网络。

针对所里近年来抓获的女性违法犯罪人员较多，对其搜查、审讯和看管工作开展难度较大的实际，陶莎莎组建了一支由她兼任队长、5名苗、瑶、傣、壮、哈尼族女青年组成的女子联防队。在她的带领和培训下，这5名女子联防队员充分发挥了法律知识宣传员、矛盾纠纷调解员、辖区治安保障员、户籍业务办理员、民族语言翻译员等多重角色，为派出所各项工作的顺利开展做出了积极贡献。

而她带领建立的治安信息网络，更是为遏止、破获辖区盗窃案件提供了有利的信息保障。仅今年以来，由治安信息网络提供查处的治安案件就有11起，抓获违法人员12人；破获刑事案件8起，抓获犯罪嫌疑人9人。

这时的陶莎莎已经赢得了一方百姓的爱戴。而她并不满足于此，一直以来，她都是冲在最前面的警官。

2009年3月12日，桥头街村民张国雄以妻子阮林云没有经济来源、没有为其生育儿子为由，要与妻子离婚。为此，阮林云情绪激动，拿出菜刀，欲与张国雄同归于尽。为了不让悲剧发生，陶莎莎立即赶到张国雄家中，冒着被误伤的危险将双方隔开。稳定情绪后，陶莎莎对夫妻俩耐心劝说，最终经过她的悉心开导，张国雄夫妻言归于好。而像这样的纠纷，经陶莎莎调解成功的就有96起。为了把每一起纠纷、矛盾调解好，陶莎莎不知穿坏了多少双胶鞋，双脚不知起了多少次血泡。一年下来，她为调解辖区群众的邻里矛盾纠纷，走遍了18个村民小组的家家户户。

"现在我们有事就找陶警官，她总是会想方设法帮我们"，"她的工作作风让我们很敬佩"，"我们都很信任她"，说起陶莎莎，村民们赞不绝口。

"情味儿"深深的女民警

"你妹妹的生活费还够吧？"

"大妈，家里的人都还好吧？"

"你家的困难我知道，我会尽量去想办法解决的，放心吧！"

10月25日，当记者随同陶莎莎来到自己管辖范围之一，远近闻名的贫困村大滩村时，她便开始对村民嘘寒问暖。

大滩村里76岁的罗阿匠是一名聋哑老人，走进她现在居住的宽敞明亮的瓦房里，只见电视机、电风扇、床、碗柜等一应俱全，见陶莎莎进来，老人朝她笑了笑。

　　"感谢陶警官，我们一辈子都不会忘记你的，如果没有您的帮助，我姑妈或许还住在几片石棉瓦围成的破屋子里呢？根本不可能在晚年住上这么好的房子。"罗阿匠的侄子罗永明用他那不怎么流利的普通话告诉记者，自从陶警官来到大滩村，在她的带领下，村里建起了卫生路、篮球场、会议室。"原来，没有文化活动室之前，我们吃完晚饭就是待在家里看电视、睡觉。现在，村民们只要一有时间就会到文化活动室开展各类文化活动。"

　　当然，村民们感激陶莎莎的不止于此，那条横跨在村口河上的大桥，也是陶莎莎的"功劳"。当地村民告诉记者，原来他们想要过河必须是淌着河水过去，"遇到下雨天河水较大的时候，还出现了洪水把人卷走的惨剧。"陶莎莎了解了情况后，积极与政府和当地企业昆钢协调，为村民们多方奔跑，筹措资金，终于与去年架起了这座"爱心桥"。现在，村民们再也不会因怎么过河而感到烦恼了。

　　写到这，不少人会觉得陶莎莎"人情味儿"十足，其实不然，为了边防事业，陶莎莎"极其狠心"，当兵10年，她将年迈的父母独自留在了北京，很少回家。"总队有许多英雄人物值得我学习，为村里人做点事情，村里人对我非常热情，这让我很感动，所以我决定留在了这里，好好地为当地群众做些力所能及的事情。"当同学和朋友都怕她吃苦，纷纷劝她调回北京时，她婉言拒绝。

　　给当地群众解决户口问题、资助困难儿童上学、照顾孤寡老人……虽然这些都是再平凡不过的小事，但是在陶莎莎眼里，这都是大事。因为陶莎莎深深知道，在少数民族地区，群众最需要的，就是能够帮助他们解决生活上的实际问题。

"人味儿"浓浓的女村官

　　"陶警官是个有爱心的人，村里修路、建桥、改造小学，她总是三百五百的捐。"桥头村委会党总支书记朱自学感慨地说。

　　虽然没有多少薪水，可对于村里的公益事业，陶莎莎总是慷慨解囊。

　　一次，陶莎莎带着一名战士在街上买床、被褥、窗帘等生活用品。卖货的大妈不解地问："派出所里不是有这些东西吗，你怎么还自己买呢？"还没等陶莎莎说话，旁边的小战士就开口说了："她是给困难群众买的。"这句话可不要紧，卖货的大妈愣了半天，上下打量了一番眼前的这位女警官，立即充满了敬意。"姑娘，现在像你这么热心的人可不多啊。"随即，卖货大妈要把商品打折卖给陶莎莎，陶莎莎婉言谢绝了。"大妈，您也不容易，这些东西都要有本钱的，还是按照您最初的价格给您吧。"付了钱，陶莎莎和小战士把货装上车走了，卖货的大妈站在那里，车走出老远还在朝车子摆着手。

不仅如此，面对家庭十分困难而面临辍学的孩子，她总是毫不吝啬的拿出钱来资助他们上学。

韦玉萍、韦玉美、罗秀兰是大滩村的孩子，由于家庭十分困难，考上了高中却无法继续读书。陶莎莎在走访中得知此情况后，自己出钱为三个孩子解决了生活费，随后又与当地企业协调，为三个孩子争取到了高中直到大学的学费。就这样，三个孩子顺利走进了高中学堂。

熟悉陶莎莎的人都知道，她每次走访，都会带着自己心爱的相机。这可不是用来给自己留下靓照的，她的相机别有用途。一年前的大滩村，有很多的草顶房，不但在雨季会漏雨，而且年久失修，还时刻有脱落的危险。细心的陶莎莎注意到了这些，悄悄地用相机将每家每户的草顶房都拍了下来，回到所里，把这些图片资料呈给相关部门，积极协调民政、扶贫等部门帮村里的群众解决草顶房的问题。现在再到大滩村，已经很少能找到草顶房了。

金杯银杯不如老百姓的口碑。陶莎莎所做的一切，深深地印刻在了群众的心里，大家也越来越喜爱这位年轻的女警村官。

"平常工作能看出来，关键时刻能站出来，危难之时能豁出来。"当记者问到战友眼中的陶莎莎，战友如是说。

而对于陶莎莎取得的无数个表彰及荣誉，熟悉她的人更是会说，"陶莎莎当之无愧。"

（云南网，2010年11月2日）

若陶警官要走　派个和她一样好的来

杨燕明

陶莎莎是红河州公安边防支队勐桥边防派出所一名普通的女民警，而在红河州金平县，陶莎莎在老百姓、边防官兵眼里却是美丽善良的化身。2008年7月，她从中国人民武装警察部队学院毕业后，受命到勐桥边防派出所工作，兼任桥头村委会党总支副书记。决定在大滩村建设"爱民固边"模范村时，陶莎莎主动请缨。这个来自北京的80后女孩，在平凡的岗位上，成了老百姓心里可以倚靠的一座山。

村民：她是百姓的贴心人

到达大滩村时，飘着细雨，满地泥泞。村子在河的对岸，一座石桥跨越河流，球场上，围着很多老少村民。一见陶莎莎，村民热情地和她打着招呼，大家称呼她陶警官、小陶。

韦凤珍和韦凤是堂姐妹，从小在大滩村长大。她们说，前些年勉强读完初中就外出打工了，在村子里很难呆下去。原来，河上没有桥，要出村，必须赤脚趟水过河，提起那种感觉都心慌。遇到雨季，河水有时深到成人的胸口，偶尔也有人被冲走。正因如此，出去的人，大都不想回村。而就在去年，听说村里来了位女民警，帮着村里搭桥、铺路、修了公厕，还在村口建起了文化活动室和篮球场。两个女孩回来了，在球场边开起了小卖铺。

对陶莎莎，两个女孩充满敬佩："陶干事还资助村里的学生上学，帮助村里的五保户。时不时地她就过来走访，看看大伙有什么困难。"村民纷纷表示："如果陶警官真的要走，就请政府再派一个和她一样好的人来帮助我们。"

每次走访，她都会带着相机和笔记本，把需要帮村民解决的问题拍下来。留意到草房房顶在雨季会漏雨，而且年久失修，随时有坍塌的危险，细心的她用相机将村里每家每户的草房都拍了下来，并把资料呈给相关部门。

10岁的小女孩罗小雨（化名），在勐桥乡中心校读三年级，因为父亲坐牢，母亲出走，8岁的弟弟和她就一直靠年迈的爷爷奶奶照顾。陶莎莎知道情况后，出钱资助小雨，让她又回到了教室。小女孩希望长大了做警察。除了小雨，陶莎莎还资助了韦玉美、韦玉萍、罗秀兰3名中学生。

同事：除了善良，她还很"倔"

说及80后，常常会和"浮躁、怕吃苦、难以融入团队、自尊心强"等联系起来，可在陶莎莎的身上，这些评价都不符。相反，和她共事或接触过的人，却读出了她的善良、坚毅、执著和不服输。今年3月，陶莎莎获评"百名优秀红河女性"，在颁奖晚会上，她带头将获得的600元奖金捐赠给了干旱灾区群众。

2009年2月中旬，蜂窝村的盘春明、盘春亮兄弟俩因土地纠纷几欲同室操戈，村委会干部多次调解都没能将矛盾化解。陶莎莎连续4次上门调解，终于使兄弟俩重归于好。像这样的纠纷，一年多的时间，陶莎莎调解了很多起。

陶莎莎是所里唯一的女警，做起女性犯罪的工作有些力不从心。于是，她向所里建议组建一支女子联防队，协助民警开展治安巡逻、询问翻译等工作。通过陶莎莎的多方奔走，协调经费，一支由5名苗、瑶、傣、壮、哈尼族女青年组成的女子联防队成功组建。5个女孩，最小的刚满20岁，她们眼里，陶莎莎更像个大姐姐，"平时我们都喊她陶姐，原以为她来自大城市，肯定很娇气。第一次我和她去大滩村走访，遇到河，她二话不说卷起裤脚就过去，让我很意外。"傣族女孩陆永翠说。

艾晟宇和陶莎莎认识多年了，既是同事也是朋友。"2008年刚开始建爱民固边模范村，是她自己要求调过来的，当时她的举动让领导都有些吃惊。……除了善良，她在工作上有一种毅力，很倔。"

陶莎莎：我想做点力所能及的事

在陶莎莎担任民警村官的一年多时间里，她没有做什么惊天动地的大事，只是为村民做了诸多力所能及的小事。就是这些小事，让人们信任她，记住了她，记住了这个北京来的女警官、女村官。

"为村里人做点事情，村里人对我非常热情，这让我很感动，也是这种感动，让我更想为他们做点事，好好地为当地群众做些力所能及的事情。"

谈及关于80后的话题，陶莎莎说，自己虽然来自北京，但从来没有不适应边疆的艰苦。当初，家人也很支持她到边疆来锻炼锻炼。一锻炼，就过了10年，从不会爬山到现在穿上胶鞋就能到处走，虽然有些艰苦，但是自己并不后悔。

（原载《生活新报》2010年11月2日）

张艺钟，男，汉族，1978年1月出生，云南省马龙县人，1996年12月入伍，1998年11月加入中国共产党，武警少校警衔，一等功臣，现任昆明市消防支队战训科长。

张艺钟入伍12年来，历任云南省公安消防总队昆明市支队特勤大队一中队排长、副中队长、中队长，特勤大队副大队长。先后参与处置火灾、化学危险品泄漏、建筑物倒塌、井下、山岳、水上救援等各类急难险重任务3600多次，抢救被困人员182人，荣立二等功1次、三等功4次。其事迹被中央电视台、云南电视台、昆明电视台等媒体广为报道，先后被评选为"中国骄傲"候选人、"昆明好人"候选人、"中国消防卫士"、"云岭十佳消防卫士"、云南省特勤岗位练兵"优秀指挥员"和云南省首届"百姓最喜爱的十大人民警察"。

领飞 "火凤凰"

——记昆明市公安消防支队特勤大队副大队长张艺钟

孙 伟

"火凤凰"，这个响亮的名字属于昆明市公安消防支队一支远近闻名的突击队。这支突击队多次参与火灾扑救，开展抢险救援，为群众排忧解难，深受市民称赞。这只"火凤凰"的领头人就是现任昆明市公安消防支队特勤大队副大队长张艺钟。

2001年7月，23岁的张艺钟从昆明消防指挥学校毕业，分配到昆明市公安消防支队特勤一中队任排长，从此与消防特勤结下了不解之缘。而他作为"火凤凰"突击队队长的几年来，更是既当指挥员又当战斗员，和战友一道战烈焰斗火魔，处置突发事件，经历了无数次惊心动魄的考验。

战烈焰斗火魔　彰显尖兵本色

2005年5月12日凌晨，安宁市草铺镇某化工厂储存110多吨泥磷的沉降罐严重泄漏并引发大火，随时都有可能发生爆炸，危及周边3个村庄1万多名群众的生命财产安全。张艺钟率领25名"火凤凰"突击队员火速增援。

"必须首先查明泄漏情况！"张艺钟不顾危险，背起空气呼吸器，冲进了火场。20分钟后，满头大汗的张艺钟钻出火场，向现场总指挥报告了火场内部的情况。指挥部迅速作出决定：增加冷却水枪数量，用泡沫枪堵截火势；围堰导流，引导泥磷向安全方向流淌。

第二天中午，火势不断增大。正在一线参与扑救的张艺钟突然听到罐体发出"嘭"的一声异响，不一会儿，异响再次传来，他立即警觉起来：罐体随时都有可能发生爆炸！为了能在未知的险情出现前及时通知一线人员，张艺钟解下背上的空气呼吸器，换上浸湿的口罩，把安全哨挂在脖子上，来回穿梭于4个水枪阵地，在浓烟中坚守一线20个小时，直到第二批人员赶来替换时，他才从火场撤出来。此时的他两眼被浓烟熏得血红，因吸入大量刺激性气体嗓音变得沙哑。

撤下来的张艺钟没有离开火场。他深知浓烟突然增大时火势会随之增大，睁大血红的双眼仔细观察火情。

突然，浓烟腾起，张艺钟扯下口罩大喊："危险，快撤！"扑救人员迅速撤离。刹那间，磷火增大，浓烟夹杂着大量的泥磷飞溅下来，刚才站人的地方变成一片火海。此后在每次火势增大"信号"出现前，张艺钟都及时通知参战人员撤离，同时指挥4支水枪掩护，保护扑救队员不受磷火的伤害。

这场历时4天3夜的特殊火灾最终被扑灭了。张艺钟在毒烟烈焰中奋战了67个小时，以高度的责任心和警惕性及时预见险情，果断指挥撤退，有效保障了灭火抢险人员的安全，圆满完成了上级交给的任务。

抢险救援　展现消防卫士风采

参与社会抢险救援是"火凤凰"突击队的另一项职责，作为突击队长，张艺钟总是身先士卒，用过硬的技术和过人的胆略完成一次又一次的抢险救援任务。

2005年8月11日，一名19岁的女孩子因失恋欲从四楼跳下轻生。接警后，张艺钟率领队员立即赶到现场，在劝说无效的情况下，张艺钟决定采取强制措施进行营救。他脑海中产生了一个大胆却又非常危险的营救方案，那就是从毗邻的五楼楼顶跳到女孩身边，将她强行救下。精心准备后，张艺钟冒着生命危险毅然从五楼飞身而下，没等女孩反应过来，他已成功将女孩抱住。顿时，现场围观的群众中响起热烈的掌声和欢呼声。

2007年9月26日，昆明市广福路槐槽河一自来水管道内5名施工人员被困。张艺钟率领19名"火凤凰"突击队员在严重缺氧的情况下，5次进入管道深处营救被困人员，最终以胜利而告终。这次抢险救援行动电视台进行了直播，牵动了千万人心，消防官兵舍生忘死的救援事迹则感动了春城。

2007年12月10日，一名3岁半的小男孩在玩耍中不慎坠入某工地一个直径20厘米、深23米的打桩井中。张艺钟奉命带领"火凤凰"突击队赶往现场营救。在了解现场情况后，张艺钟制定了两套方案：一是制作钩子利用绳索将小孩钩上来；二是采用挖掘机把管桩挖出来，可是要挖23米相当于8层楼的高度谈何容易，一旦发生管桩断裂，地下渗水必将导致井中的小孩死亡。究竟该如何成功将小孩救出？指挥员张艺钟沉着冷静，一次次调整救援钩的形状，经过反复试验，最终从直径20厘米，深23米的狭窄空间中将小孩安然无恙地营救出来。在5小时内从相当于8层楼高的管桩井中将小孩成功营救出来，这在全国类似的救援案例中堪称奇迹。一周后，受困小孩的家人来到特勤一中队，向消防官兵送来一面写着"特勤队全力救助，受困儿奇迹生还"的锦旗。

类似这样的重大抢险救援，张艺钟经历了无数次，战友们评价说，技术战术成功处置各类突发事件和抢险救援，体现出了他临危不惧、遇险不惊的智慧和胆识。

这些年来，张艺钟参与处置火灾、危险化学品泄露、建筑物倒塌等各类急难险重任务3600多次，抢救被困人员182人。先后荣立一等功1次、二等功1次、三等功4次，荣膺"中国骄傲"候选人、"中国消防卫士"和云南省首届"百姓最喜爱的十大人民警察"。虽然一次次与死神擦肩而过，一次次面

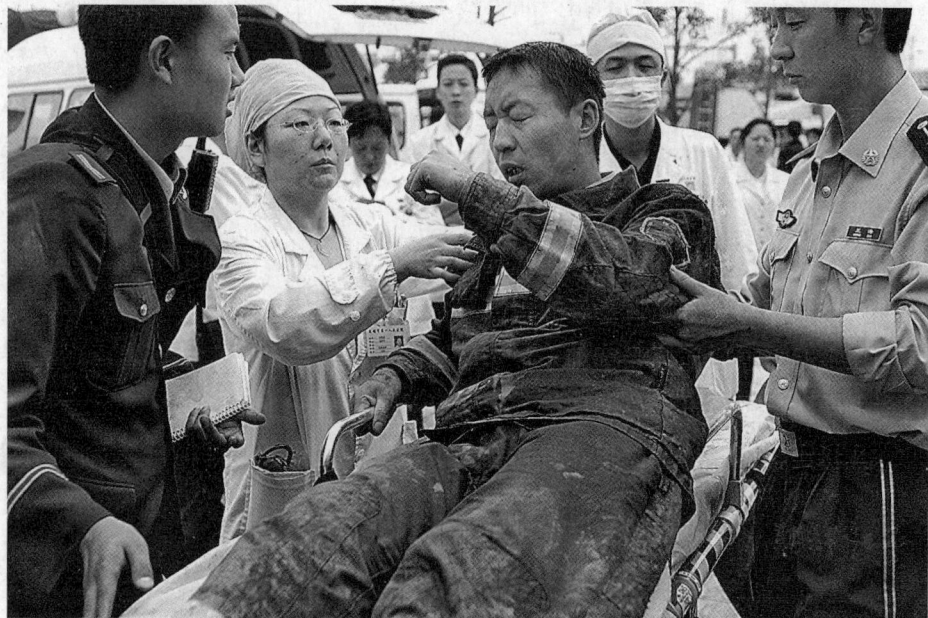

对复杂困难的现场情况，但张艺钟却从这些考验中练就出了非凡的胆识，总是信心百倍地迎接新的挑战，让"火凤凰"成为春城百姓安宁的"守护神"。

（原载《云南日报》2010年11月9日）

消防敢死队"刀尖"张艺钟真的了不起

有他，有他，危险救援都有他

张 扬

在昆明，有一支家喻户晓的消防敢死队——昆明市消防支队"火凤凰突击队"，而这支"敢死队"的"刀尖"就是队长张艺钟。

飞身一跳 他救下女孩

2005年8月11日，一个19岁的女孩失恋轻生，手里拿着一罐啤酒坐上了4楼顶。张艺钟带队到场，民警几次试图靠近女孩都没成功。3个小时，女孩情绪越来越激动，张艺钟也开始焦急起来。女孩喝了两罐啤酒，在楼顶蹲坐3个多小时，时值正午，天气炎热，女孩很容易意外坠楼。为了求死，女孩坚持不跳向救生气垫。

观察分析现场情况后，张艺钟脑海中闪现出一个大胆而又危险的营救方案：从毗邻的5楼楼顶跳到女孩身边，将她强行救下。张艺钟带上两名队员来到毗邻的5楼顶。一切准备就绪，张艺钟闭上眼睛，脑海中预演了整个救援过程。

张艺钟调整好呼吸，脑子里飞快计算了从起跳到抓住她的时间——"3秒，整个救援过程只能在3秒钟内完成。"

准备、起跳……张艺钟毅然从5楼顶飞身而下，就在女孩听见声响，转过头来发出惊叫的刹那，楼下围观的人群都屏住了呼吸……不等女孩反应过来，张艺钟已经将女孩抱住，抱下了楼顶。

泥磷大火　他离得最近

2005年5月12日凌晨，安宁草铺镇某化工厂磷酸车间沉降罐110多吨泥磷严重泄漏，仅隔6米的3个同容积沉降罐已经发烫，20米外的硫酸、磷酸生产车间随时可能爆炸，严重威胁3个村庄1万多人生命安全。

张艺钟带着他的25名火凤凰队员火速增援，为了查明泄漏情况，张艺钟背起空气呼吸器，冲进了火场。20分钟后，满头大汗的张艺钟走了磷酸车间时，向现场总指挥全面报告了火场内部情况。火场指挥部由此迅速决定：增加冷却水枪数量、用泡沫枪堵截火势、围堰导流引导泥磷向安全方向流淌。

"泄漏点的数量、大小不清楚，最终无法实施堵漏……"现场专家话音刚落，张艺钟立即消失在了火光里。13日下午1时20分，火势不断增大，"嘭"罐体发出异常响声，张艺钟立即警觉，第二声响动又起，罐体随时可能发生爆炸。为了能在险情出现前及时通知战友们，张艺钟解下背上的空气呼吸器，换上了浸湿的口罩，把安全哨挂在脖子上，来回穿梭于4个水枪阵地20个小时。

"危险！快撤！"张艺钟突然扯下口罩大喊。防化部队官兵立即下撤，突然磷火增大，浓烟夹杂着泥磷飞溅下来，刚才站人的地方一片火海。好险啊！此后每次火势增大前，张艺钟都在一旁及时指挥人员撤离。这场历时4天3夜的特大火灾，终于被扑灭，张艺钟在毒烟、烈焰中坚守了67个小时。他曾很平淡地告诉记者，能够及时预警，因为他离火点最近。

管道救援　他晕倒现场

2007年9月26日，昆明市广福路枧槽河，5名工人被困自来水管道。张艺钟率领"火凤凰突击队"紧急营救。他走过20米的泥水区，在距离入口100米时突然听到了微弱的呻吟声，在120米深的管道中段，张艺钟和队员找到了第一个被困工人。

这时候气体探测仪上显示，氧气浓度为18.5%，管道内氧气浓度明显不足，张艺钟和队员一前一后抱着被困工人，一点一点地往外挪。20分钟后，第一名工人被成功营救出来。第二次下井，25分钟后，第二、第三名被困工人陆续救出。救援已经进行了两个半小时，管道300米处还有第四、第五名工人昏迷在危险区。

可10分钟后，张艺钟却从对讲机里听到一阵慌乱的报告，3名队员晕倒在管道中！原来，体力最好的3名队员在营救第五个被困工人时，看工人气若游丝，一名队员摘下自己的呼吸面罩给工人吸气，自己因缺氧昏倒在管道内；另两名队员看战友晕倒，本能地将自己的面罩给了战友，3人却都倒下了。

接应的队员都想去救战友，张艺钟立即命令所有队员撤出，管道里只剩下张艺钟坐在泥水中，他用对讲机要求在地面开挖救援口。挖掘机很快就找到了埋在地下5米的自来水管道，救援口一打开，张艺钟一边安排人员将第四名抬出，一边再次组织队员去营救战友。

张艺钟刚出管道，又开始组织营救第五名被困工人和第三名队员。他第五次进入管道，周围的人强行把他拉了回来。瘫坐在泥堆里，张艺钟满脸泪水，当看到最后的队员被救出后，他终于昏倒在现场。

排除毒气　他灵机一动

2004年2月5日凌晨，安楚公路旁一加油站，一辆运输20吨二硫化碳的槽罐车泄漏，泄漏点突然升起6米高的火焰，大量有毒二硫化碳气体瞬间从泄漏口喷出，爆炸随时有可能发生。零时18分，张艺钟带领火凤凰突击队赶到。四周弥漫着有毒的二硫化碳气体，加油站内有大量的柴油和汽油，一个微小的火星，方圆一公里内所有建筑都将不存在，他们站在死亡线上。

张艺钟冷静侦察发现，泄漏口刚好处于车厢罐体交接处，泄漏口附近已经凝结了厚厚的冰，常规堵漏器材用不上。他灵机一动，让人找来旧衣服堵在泄漏口上，指挥队员用喷雾水喷洒，事故区域很快还堆起围堰，防止染毒液体扩散。旧衣服和水雾被冻在了泄漏口，20分钟后，泄漏量就明显减少，那天气温只有3摄氏度，穿着笨重防化服的张艺钟却全身被汗水湿透了。寒风中的9小时，爆炸危险被扫除一空。

（原载《春城晚报》2010年11月9日）

陈自华，男，拉祜族，1962年8月出生，云南省勐海县人，1986年7月参加工作，中共党员，现为勐海县打洛镇打洛村委会曼厂村民小组边境小学教师。

　　陈自华长期扎根边疆，以满腔的热情投身于民族教育事业，在工作中任劳任怨，废寝忘食，为勐海县勐板小学、边境小学的发展作出了重要贡献，赢得了边疆群众的好评和信任。在从教的20余年中，曾获各级表彰奖励20次，并于2009年被中华人民共和国教育部评为"全国优秀教师"，2010年荣获"全国教书育人楷模"提名奖。

爱洒边境的好园丁

——记荣获全国教书育人楷模提名奖教师陈自华

杨 春

在勐海县打洛镇与缅甸仅一河之隔的我国边境一侧，有一所播撒中缅胞波友谊、远近闻名的边境小学。在这所占地仅7亩、264名学生中就有外籍学生121名的特殊学校里，出现了一位我省今年唯一荣获"全国教书育人楷模"提名奖的优秀教师。他，就是出自拉祜族农家、今年48岁的共产党员陈自华。

"9月9日，胡锦涛总书记亲切接见我们时，对教师工作的高度评价和鼓励使我感到无比亲切、备受鼓舞。在过去24年的边疆从教生涯中，我收获了喜悦，收获了成功，收获了社会的肯定和尊重。今后我愿永远扎根边境小学，奉献毕生精力，做一个让人民满意的教师。"记者在打洛镇边境小学见到陈自华老师时他这样说。陈老师一脸刚毅的神情，透着和蔼微笑，瘦削的身材显得有些单薄，长期伏案备课和批改作业使他的背已有些驼，讲课时要戴着老花镜眼才能看清课本和教案。他朴实的话语中流露出边疆民族地区教师对党的教育事业的热爱。

师爱引我立志从师

"什么原因促使我选择了像蜡烛一样'燃烧自己、照亮别人'的教师职业？是一碗凝聚着浓浓师爱的大米使我立志成为一名人民教师的。"陈自华如是说。

出生于1962年的陈自华，家在勐海县最偏远、贫穷的勐宋乡大曼吕小田坝村，家中共有8个兄弟姐妹，全家人只有陈自华和八弟读过书。排行第七的他，自懂事时就开始跟随父母和兄弟姐妹一起干农活。那时，各种瓜菜和上一点大米煮在一起，就是一家人的饭食了，有时一天还只能吃一顿这样的饭。幼年的艰辛生活和繁重劳动，培养了他坚强的性格，也使他萌生了摆脱贫困的强烈欲望。

当时，陈自华的一些伙伴因为家境贫穷和学校缺少老师而纷纷辍学。自小爱学习、立志成为有用人才的陈自华坚持读到3年级时，家里实在无力支撑了，要他辍学回家务农。他的班主任———大曼吕小学教师李美珍得知自己深爱的学生将要辍学的情况后，用自己的微薄收入买了一些大米，每次去陈自华家时就带上一碗米，一边和他父母一起做饭，一边开导他父母："我今天送一碗米，只够你们吃一顿；明天再送一碗米，也只够你们吃一顿。可我也不可能天天送米来呀。你们要想今后不再过八九个人一顿才吃到一碗米的生活，现在就要咬牙让孩子读书。孩子有了知识才有致富的本领，今后才不会像现在这样天天苦做苦吃。"

陈自华至今还清楚地记得李老师反复对他说的话："你要成为一个改变贫困的人，就一定要好好读书。"李老师多次上家门苦口婆心地劝说，终于打动了陈自华的父母，使他们坚定了支持孩子继续上学的决心。李老师对学生无私的爱，深深地烙在了陈自华幼小的心里。他决心用刻苦学习的行动来回报老师对他的爱，并且立下了"今后当一名人民教师，让更多的人获得知识，改变家乡贫穷落后的面貌"的人生目标。就这样，在每天帮助父母干完繁重的农活后，陈自华借着火塘里微弱的火光，认真做作业、复习功课，小学毕业时以优秀的成绩考上初中，并如愿以偿地考上了师范学校。1986年，陈自华从西双版纳州民族师范学校普师班毕业，被分到打洛镇勐板小学任教。

让更多的孩子享受师爱

一心传递师爱的陈自华，以他出色的工作成绩获得了领导和群众的肯定。1989年，他走上教师岗位三年后，就被任命为勐板小学校长，1994年他调往打洛镇边境小学担任校长。他深感这是一副沉甸甸的担子，是一个要让更多的孩子能上学的使命。山区孩子一双双渴望知识的眼睛，让陈自华回想起童年上学的艰难和老师对他的无私帮助，他决心在校长这个岗位上把更多的孩子迎进学校。

才接手校长工作，陈自华就接到了上级部门下达的在勐板村委会哈尼族村寨下曼卖村建立分校点的任务。走进贫穷、偏远的下曼卖村，26名等待入学的孩子的眼睛，使他心潮难平、热血沸腾，他下定决心：不仅要建好下曼卖村分校，还要在勐板村委会的学校空白村都建起分校点，让所有孩子都能走进课堂。于是他发动群众一起砍杂草、挖地基，到很远的山上砍木料、竹子。两周后，教室盖起来了，竹课桌钉好了，从村民家讨要来的6块木板做成的黑板立起来了。站在教室外听着学生们朗朗的读书声，陈自华欣喜地笑了。也就在同年，陈自华把与他新婚不久的妻子王玉珍留在这个偏僻的山村里任教。

在上级部门和群众的大力支持下，勐板村委会的学校空白村建起分校点的奋斗目标得到了实现，更多的孩子走进了学校。

在贫困山区，家境困难、家长对教育认识不足是造成学生辍学的主要原因。陈自华24年的从教生涯中，为了让更多的孩子接受教育，家访占用了他绝大部分的课余休息时间和节假日。他向自己和其他教师提出要求："决不能因为我们工作做不到位，而造成学生辍学，要主动进村入户做工作。"他带领全校教师进村入户走访学生家庭。

"我们为什么贫穷，就是因为我们没文化、没知识。"陈自华总是用身边的例子，苦口婆心地劝说家长继续送孩子读书，请家长配合老师的教育，诚心诚意地听取家长的意见。陈自华和老师们艰苦细致的工作得到了家长的理解和支持，辍学率得到了控制，在他教的班里没有学生因贫辍学和因厌学辍学的。

淡泊名利献爱心

1994年，陈自华从勐板小学调到打洛镇创建边境小学并任校长。2003年，正是打洛镇边境小学的影响力不断扩大、办学条件和环境不断提升，各项工作蒸蒸日上的时候，陈自华主动要求从校长的位置上退下来当一名全职教师。陈自华说："随着年龄增大，我的身体和精力已不如从前，应该支持年轻人早挑重担、快成长，我做一名全职教师更能发挥自己的作用。"

作为边境小学的第一任校长的陈自华，学校的发展、校园里的一草一木都凝集着他的辛勤付出。陈自华到打洛镇边境小学上任时，学校只有几间土坯房。在缺少建校资金的情况下，为了尽快改变校园面貌，使师生有一个好的教学环境，他带领全校老师一次又一次地深入周边村寨进行宣传教育，记不清跑了多少路，开了多少次动员会，说了多少话，以执著的精神和细致的思想工作感动了群众，越来越多的各村村民加入到校园筹建工程中，有力的出力，有钱的出钱，有材料的出材料，在不到两个月的时间里帮边境小学建起了篮球场、厕所、围墙，种上了花草，使这所与缅甸仅一河之隔的边境小学提前投入了教学，在当年招收的100多名学生中，缅甸籍的学生达到了三分之一。

从领导管理岗位上退下来的陈自华并不清闲，他先后担任过语文、数学、思想品德、自然科学、体育等课程的教学任务。2004年，他又主动承担了全镇成绩排名倒数第二的二年级班的班主任。在他的努力下，这个班2008年小学毕业时跃升为全县成绩排名的正数第二名。

在2003年接任校长的玉应的说："六年来，老校长在工作中默默无闻地

支持我，从来没有摆过校长架子。"年轻教师沈宏睿说："多年来，老校长常常一人清理校园，铲除杂草，修剪花木，维修课桌椅，公用卫生间下水道堵塞时，他也不嫌脏不嫌臭去掏通。他更像爸爸一样照顾我、教育我。在他身上我学到了为人师表不仅仅是在课堂上的每一分钟，也是在生活中的每一分钟。"

师爱没有国界

"我能有今天，是因为有许多恩师把我当作自己的孩子加以爱抚。在我以他们为榜样进行实践的过程中，深深体会到爱是教育成功的基础，只有让学生感受到爱，才能取得教育教学的好成绩，我自始至终都把学生当作自己的孩子，不管学生是中国人还是缅甸人，师爱没有国界。"陈自华任教的边境小学，有近一半的学生是来自缅甸边境，学校教师的一举一动和学校的教育教学管理体现着社会主义新中国的教育形象，直接产生着国际影响。因此陈自华倡导以人为本的教学理念，身体力行坚持与来自境内外的学生建立平等、尊重、和谐、友爱的师生关系。

陈自华班上的缅甸籍傣族学生玉儿嫩说："在我心中，陈老师就像我的干爸爸一样。他教我们知识，教我们要帮家里做力所能及的事。我要好好学习，长大以后做一个有用的人来报答老师。"原来，去年玉儿嫩的奶奶不幸去世了，悲伤的孩子总是心神不宁，学习成绩越来越差，厌学情绪越来越重。玉儿嫩的这些变化瞒不过细心的陈自华。他买来玉儿嫩爱吃的食品，来到孩子家中，为孩子抹去伤心的泪水。在他的关心下，孩子打开了紧闭的心灵，向老师倾吐了心中的哀伤。陈老师鼓励她说："你要把学习搞得更好，才是对你奶奶真正的爱，你的奶奶也才走得放心。"为了帮玉儿嫩赶上落下的功课，不管多忙，陈自华每天都要抽出一个小时为玉儿嫩补课。深厚的师爱抚平了孩子受伤的心灵，使她打消了辍学的念头，开始努力学习，成绩一天天好起来。

今年读4年级的哈尼族学生阿伍几天未到校上课，同村的学生说，因为阿伍感冒发烧没钱打针吃药，只能在家躺着等自愈。下课后，陈自华立刻带上药品、骑上摩托赶往阿伍家。五六公里的山路极其难走，摩托车颠簸了1

个多小时后才到达阿伍家。推开简陋的木门，看到往日活泼好动的阿伍正有气无力地躺在床上，衣服脏了，指甲长了。陈自华心疼地给他喂药，帮他换洗衣物、修剪指甲，直到天黑才往家赶。自那以后，阿伍更加听老师的话，学习更加认真了。

站好讲台是真爱

在生活上关心爱护学生，是教师对学生的一种爱。但是，对学生的真爱是什么呢？陈老师用朴素的语言总结道："教师要站好讲台，不能愧对学生。要让学生做学习的主人，使学生得到成功的体验和喜悦。"地处少数民族聚居地的边境小学，学生几乎是傣族、哈尼族和布朗族等少数民族。刚入学时，各民族的学生说着不同的民族语言，玩着各自民族的传统游戏。面对由多民族学生组成的班集体，陈自华始终坚持探索民族教育教学艺术，力争取得良好的教育教学效果。

走进陈老师所教班级的教室，最显眼的就是他设计的园地———《我真棒呢！》。在这个园地里，每个学生的基本信息和一段时间的学习情况都做出显眼的标识，好人好事等插上了鲜艳的小红花。他用荣誉激励学生追求进步。

陈自华说："影响教学质量提升的最大屏障是语言障碍。"因此，他用民族语言来辅助讲课。在其他少数民族教师帮助下，他在课本上或教案中注满了傣语、哈尼语等语音。为了更好地与学生交流，他在课外向学生学民族语。通过开展"争当小翻译"活动，让懂汉语的学生为其他同学作翻译，开展结对帮扶，使各民族学生逐步学会使用汉语交流。

在教学中，陈自华善于用实物演示、自制教具、实践体验、动手操作等方式激活课堂。他鼓励学生把课内知识运用到认知生活中，把生活中的疑问带到课堂中来，使教育教学更加贴近学生的生活现实。

注重开展民族团结教育，是陈自华教学的一大特色。他经常以多种方式开展民风民俗教育活动。根据少数民族学生的特点，通过组织学生开展绘画、民间刺绣、表演生活小品、智力竞猜、学少数民族歌舞等活动，不仅增进了各族学生的相互了解和友谊，又促进了各族学生的全面发展。

陈自华把培养学生的集体观念和组织能力，作为班级生活的重点，他指导学生开展"安全问题"、"学习经验交流"、"作业评比"、"书画竞赛"等班会主题活动，采取了问答、辩论、话剧、小品等多种多样的形式，使学生在轻松、愉快的氛围中受到教育，增强班级凝聚力。他的班级在最近一个学期18周中，有12周连续获得卫生评比第一名。其中一名同学获得了云南省第二届"三生教育"书画作品活动三等奖。

无悔无私的师爱

在陈自华心中"爱的天秤"上，一头是放着他深爱的学生的砝码，一头是放着他深爱的妻子、儿子的砝码。陈自华也想让这"爱的天秤"能平衡，可是人民教师的崇高使命感和责任感使得他无法平衡这"爱的天秤"。每逢遇到学生有困难，陈自华都及时伸出关爱之手。他已记不清为学生买了多少次学习用品？为学生垫付了多少次医药费？多少次把学习差的学生请到家里补课？有多少学生在他的扶持下走出了大山？可是这位对学生慷慨付出了爱的老师，在面对自己的家人时心里却总是愧疚万分。

多年来，同样是山村小学、边境小学教师的妻子王玉珍，在担任着繁重教学任务的同时独自包揽了家务。对于自己的孩子的学习，他抽不出更多的时间来辅导，甚至孩子生病发高烧也没时间管。今年儿子中考成绩不是很理想，懂事的孩子对父母说："家里的经济条件不是很好，要出高价供我读书，你们太辛苦了。我还是去读职中、学一门技术吧。我会努力成为一个对社会有用的人，将来带着你们一起过上好日子。"孝顺儿子的话使陈自华夫妻俩流下了眼泪。

陈自华的妻子王玉珍老师对记者说："20多年来与陈自华的共同工作和生活，他教会了我要把学生当作自己的孩子，要用爱来感动孩子认真学习。我和孩子的付出，我不后悔，因为我也是一名教师。"

陈自华2001年9月荣获勐海县教育局"教学成绩显著"奖；2009年9月荣获教育部全国"优秀教师"称号，2010年荣获"全国教书育人楷模"提名奖。这一个个荣誉让陈自华获得了到条件更好的打洛镇中心小学工作的机会，但他婉言谢绝了。他说，"我离不开边境小学的学生。"在上北京接受表彰后，教育部领导特别组织常年工作在山区、边远地区的一线教师去参观上海世博会，这让平时很少出远门的陈自华有机会领略世界各地的风光和科技成果。可他却说："夜里我总是梦见我的学生，我想早点回学校。" 9月16日，陈自华参加完"全国教书育人楷模"表彰会返回学校，整个校园沸腾了。"老师回来了！""老师好！""祝老师教师节愉快！"山区纯朴的孩子们在陈自华的身边欢呼着，兴奋和喜悦充满了整个校园，很多学生留下了激动的眼泪。孩子们的亲切问候和一张张倾注浓厚师生情谊的自制贺卡，使这位24个春秋扎根边疆山区学校、爱洒学生心田、播种知识的老师，眼睛禁不住湿润了。

缘与爱，24个春秋，陈自华扎根边疆育桃李。缘与爱，陈自华将迈着坚实的步伐，永远在路上！

（云南网，2010年11月18日）

没校舍自己动手建盖　24年扎根边境教书育人

陈校长上课要用3种语言

戴振华

没有校舍，他就发动村民一起动手建盖；学生逃课，他就到村寨甚至田间地头将孩子追回教室；为上好课，有时一堂课他还得使用3种语言教学。

他，就是扎根边境24年孜孜不倦地教书育人，并获云南省唯一的"全国教书育人楷模"提名奖的勐海县打洛镇边境小学教师陈自华。

一碗米改变他的命运

16日，记者来到距离边境线几百米远的边境小学时，学生们正在简陋场地上做课间操，一名身材瘦高的男子不时走到学生中间纠正一些不正确的动

作。他就是陈自华。

"其实我也没有什么特别的，就是一个普通的老师。"不善言谈的陈自华有些拘谨。不过，他给记者讲述了一段令他终身难忘的往事。

陈自华1962年出生在勐海县当时最偏远、贫穷的勐宋乡大曼吕小田坝村，家中共有8个兄弟姐妹，他排行老七。12岁，才上了两年小学的陈自华面临着辍学的窘境。

李美珍老师发现陈自华已经几天没有到校上课，就到他家家访。第一次家访，李美珍老师无功而返。第二次家访时，李美珍老师给已经断粮、靠野菜充饥的陈自华家带去了一碗米，告诉他们一家"要想天天有米吃，就要读书"。

第二天，陈自华得以返校继续上学。从此，他的心目中竖起了一根标杆以后要做李老师这样的人。

发动村民自己盖校舍

1986年，从西双版纳傣族自治州民族师范学校普师班毕业后，陈自华被分到打洛镇的勐板小学任教。并于1989年，被任命为勐板小学校长。

刚走上校长岗位，陈自华就接到上级部门下达的在勐板村委会哈尼族村寨下曼卖村建立分校点的任务。没有经费，却难不倒自小在拉祜族山寨长大的陈自华。

他首先发动全村村民在杂草丛中砍出一块空地，又带着村民上山去砍木料和竹子，最终在村头杂草丛生的荒地上，盖起了一间30平方米的简陋教室。当年开学，这个校点就顺利地将下曼卖村的26名学童招收入校就读。

将逃课学生追回教室

在贫困山寨，学生辍学是每一位乡村教师必须面对的难题，陈自华也一样。

"每天都有逃学的学生，追到家中就要苦口婆心地劝说家长继续送孩子读书。"陈自华说，当时他最多的一天追回了5个学生，一天利用课余时间走村串户，甚至还要追到田间地头去把逃学的学生追回来。因为，他从很多因贫困面临辍学的孩子身上，看到了自己当年的影子。

边境小学学生成绩不错

采访中下课铃响起，就有学生来约陈老师去打乒乓球。球桌上，陈自华依然一丝不苟，看到有同学握拍的方式不对时，他都会一一纠正。

在教学上也是如此。由于有的班级由好几个民族的学生组成，语言交流上有些困难。在课堂上发现用普通话沟通有困难时，他就会用哈尼语和哈尼族学生交流，用傣语和傣族学生交流，通过3种语言的教学达到教学效果。

在今年的考试中，打洛边境小学的语文和数学两个科目的平均成绩，均获得了全县第一。陈自华也继去年他荣获"全国优秀教师"称号之后，再次得到了云南省唯一的"全国教书育人楷模"提名奖。

"育人，就是要用良好的师德去感染自己的学生，而不是说教。"总结自己扎根边境教书育人走过的行程，陈自华这样总结道。

（原载《春城晚报》2010年11月18日）

　　吕朝林，男，汉族，1944年7月出生，云南省通海县人，1994年1月参加工作，2002年12月加入中国共产党，生前任通海县四街镇大营村村民委员会委员、调解主任，2009年9月6日殉职。

　　1997年，时任大营村广播员的吕朝林当选村调解主任后，为了提高自身的业务素质和工作能力，时刻不忘学习，经常到司法所咨询、探讨法律法规和政策，找相关书籍充电。自1997年以来的12年间，吕朝林共调解各类民间纠纷367件，调解率达100%，调解成功356件，成功率达97%。吕朝林的威信在群众中越来越高，村民们送他外号"及时雨"。2009年，他被通海县政府评为"2009年度通海县见义勇为先进个人"，被云南省政府评为"2009年度见义勇为先进个人"；2010年5月，司法部追授其"模范人民调解员"的光荣称号。

一生辛劳为乡亲

——记通海县四街镇大营村调解主任吕朝林

蒋贵友

在冬日阳光的映射下，田畴上的蔬菜更加青翠欲滴。

"你看，当时他就是在这块地里浇水，听到喊声，放下活计就跑去了。"大营村党总支书记吕忠良指着吕朝林生前耕种的土地说，"看见这块地，就会不由自主地想到他，在我们的心中，他就像这块土地一样实在、厚重。"虽然吕朝林走了，可全村人都还在念着他的名字。

忠于职守洒鲜血

2009年9月6日晚8时，通海县四街镇大营村村民郑家满怀疑邻居郑开红在他的中药罐子里下毒，便上门寻衅。在甘文芝、谭秀清等村民的劝阻下，郑家满暂时离开了邻居家。劝架的人刚往回走时，郑家满提着斧子来了，二话不说，照着人就砍，随后又冲进郑开红老人家，对老人下了毒手。这时，有人给村里的治保主任许文春和调解主任吕朝林打了电话，并报了警。

吕朝林赶到现场，对挥着斧头、杀气腾腾的郑家满义正词严地说："你这样做是犯法的，还不赶紧放下斧子！"

"你竟敢来阻止我？"杀红了眼的郑家满一看还有敢挡道的人，恼羞成怒，把罪恶的斧头挥向了毫无防备的吕朝林。吕朝林倒在了血泊中，鲜血染红了他怀中的民情记事本。为了救吕朝林，随后赶来的许文春也被砍成重伤。

吕朝林被送往医院抢救，7日凌晨3时许，终因伤势过重，以身殉职。

"及时雨"润泽乡里

吕朝林是通海县四街镇大营村人，1944年7月出生，1997年，吕朝林当选村调解主任，2002年12月加入中国共产党。

当上调解主任的吕朝林为了提高自身的业务素质和工作能力，时刻不忘学习。他经常到司法所咨询、探讨法律法规和政策，找相关书籍充电。同时，为了更好地服务乡民，他随身带着个"小本本"，把每次调解的结果、联系人的电话都详细记在上面，他先后使用过4个"小本本"。

从1997年以来的12年间，吕朝林共调解各类民间纠纷367件，调解率达100%，调解成功356件，成功率达97%。吕朝林的威信，在群众中越来越高。村民们送他一个外号"及时雨"。

多年来，"有纠纷找吕主任"已成为大营村村民的习惯。有人问他"解决纠纷的秘诀"是什么，他给调解工作定了"四有"目标：事事有根据、桩桩有结果、条条有落实、件件有回音。

安于清贫保平安

"吕朝林每月的补助是60元左右，平时大多数时候，一家的生活还是靠家里的5亩田地"，村党总支书记吕忠良说，"他老伴身体不太好，儿子有精神分裂症，生活并不富裕。但这些都没有影响他的工作热情。一年365天，村委会大多数时候都是他在值班。他经常住在广播室里，一有新的文件或是到了节假日，他就在广播里宣讲相关的法律法规。"

虽然生活清贫，但热心肠的吕朝林除了担任调解主任以外，还身兼多职：四街镇大营小学法制辅导员。每季度，他都为大营小学的师生进行一次法制讲座，并积极协助学校整治校园周边环境，积极参加大营小学的捐资助学活动；针对农村赡养纠纷比较突出的情况，吕朝林担当起了监督人的角色，定期不定期地走访，督促当事人履行调解协议；他经常到辖区有刑释解教人员的社区和矫正对象的家中走访，全面了解他们的思想、生活和生产情况，并制定针对性较强的帮教和矫正方案，在他的努力下，不少人幡然醒悟，彻底改掉了恶习。

吕朝林被通海县政府评为"2009年度通海县见义勇为先进个人"，被省政府评为"2009年度见义勇为先进个人"。今年5月，司法部又追授他"模范人民调解员"光荣称号。

（原载《云南日报》2010年11月25日）

作为村调解主任，他为调解各家鸡毛蒜皮付出的不只是苦口婆心，还有生命

吕朝林：村民遇到麻烦最先想到他

李继升

日前在玉溪召开的见义勇为表彰大会上，通海县四街镇大营村的吕朝林与许文春共同被表彰为全市见义勇为先进集体。表彰的那一天，尚未复原的许文春还躺在病床上，思念着他的老搭档吕朝林。

吕朝林已经离开人世一年了。

他在大营村人心中的形象依然那么清晰——他是那个总揣着个小本记录各家鸡毛蒜皮的调解主任，更是村民口中的"及时雨"，村民们遇到麻烦最先想到的那个人，他为调解各家的矛盾，付出的不只是苦口婆心，还有生命……

生命中的最后一次调解

时间退回到2009年9月6日，刚忙了一天回家的吕朝林在自家田拦水浇菜，电话突然响了。"有人打架了，快来劝劝……"电话那端声音急促而迫切，作为村里的调解主任，他已经习惯了在这种时候"紧急灭火"。他提起锄头、铁瓢，穿着满是黄泥的拖鞋，急匆匆去了。这一去，他再也没有回来。

记者从通海警方与当地村民们口中得知，当时因村民郑家满与邻居郑开红发生冲突，去劝解的吕朝林赶到时，早已失去理智的郑家满用斧头将郑开红砍倒在地。很多村民被吓退，此时，明知道前面有危险，吕朝林还是径直走上去："你这样做是犯法的，还不赶紧放下凶器。"吕朝林边劝边俯下身去抢救郑开红，谁知杀红了眼的郑家满又将斧头挥向了吕朝林，还没等吕朝林反应过来，就倒在了血泊中……浑身是血的吕朝林在抢救过程中因伤势过重，永远地闭上了眼睛。前去救援的村治保主任许文春也被砍成重伤。

回想去年9月，记者赶到吕朝林家时，门前的花圈摆成了长龙，来家里

吊唁的人络绎不绝，他们大多是农民、学生，"为什么，这么好的一个人就去了？"大家不相信也不想承认，这个常常与大家谈心，亲切热情的汉子就这么走了……

在吕朝林简单的家里，记者看不到一件值钱的东西。虽然是调解主任，但每月只有60元左右的补助，平日一家生活靠的是家里的5亩田地。吕朝林的老伴师明焕身体不好，儿子精神也不太正常，得知父亲死亡的消息后，就在村子里到处乱跑，吕朝林的丧事只得交给了女儿女婿一手操办。这个贫穷的家庭失去了唯一的支柱。

村民口中的"及时雨"

"朝林最关心我了。前些年我儿子不是很听话，他还专门找我儿子，苦口婆心地规劝。真是一个老好人……"村里年迈的沈德永老人提起吕朝林就红了眼眶。"吕朝林最热心了，平时说说笑笑，也不会生气，有什么事请他帮忙，他从来没烦过！"村民师玉玲痛心地说。

在村里，吕朝林有个外号叫"及时雨"，哪里有矛盾，他总是撇开手上的事，十万火急地奔过去，从来不计较个人得失。

2007年11月20日下午，出门务农的吕朝林从胡某某、甘某某家门前经过，看到两人正在争吵，便停下脚步询问。原来胡、甘两家是邻居，甘家打算在房屋角修一条至胡家屋角的排水沟，胡家人不同意甘家的修沟方案，便起了争执。了解了情况，吕朝林放弃了到田间干活的打算，对两家人进行劝导及制止。从下午劝到黄昏，从法律讲到人情，从个人谈到邻里，苦口婆心、不厌其烦。功夫不负有心人，一下午的努力终于使双方达成口头协议，胡家协助甘家修好了排水沟，解决了排水问题。

随身小本记下各家鸡毛蒜皮

吕朝林生前常说，在农村，许多矛盾纠纷往往都是由一些鸡毛蒜皮的小事引起的，如果不及时调解就会酿成大纠纷，甚至不断激化。因此，老百姓的事没有小事，大家只是一时冲动，只要耐心地说通了、说开了，大家都是明事理的乡里乡亲。

多年来，"有纠纷找吕主任"已成为大营村村民的习惯，只要大营村发生纠纷，他总是第一个赶到现场，经常在谈笑间就将矛盾化解，深得全村广大干部群众的信任。

有人开玩笑地问他"你解决纠纷这么在行，是不是有什么秘诀？"他笑着说，人民调解工作一定要做到"四有"目标，就是调解事事有根据、桩桩有结果、条条有落实、件件有回音。

了解吕朝林的人都知道他身上有个小本本。吕朝林只有小学学历，为了做好这项工作，他买来小笔记本，每天都装在兜里，哪天解决了什么事，还有哪些事要解决、怎样解决等，都记在笔记本上，解决了才睡得着觉。

（原载《春城晚报》2010年11月23日）

徐成东，男，汉族，1973年8月出生，云南省曲靖市人，1991年参加工作，2000年加入中国共产党，现任云南驰宏锌锗股份有限公司曲靖分公司铅厂工序长。

因工作表现突出，徐成东先后获原会泽铅锌矿和驰宏锌锗公司"矿先进工作者"、"十大岗位能手"、"十优职工"、"优秀共产党员"等荣誉称号，2008年荣获云南省"劳动模范"荣誉称号和"五一劳动奖章"，2009年获云南省"十大杰出青年"提名奖；2010年获全国"劳动模范"。2007年徐成东带领的艾萨炉二班被全国有色工业协会评为全国有色行业"节能减排先进班组"。

走上国际讲台的中国工人

——记云南驰宏锌锗股份有限公司曲靖分公司铅厂工序长徐成东

晋立红　蔡荣均

2008年9月，在秘鲁举行的国际艾萨冶炼技术交流研讨会上，一名来自中国云南的一线工人站上国际讲台，与在场的各国专家交流世界第一座艾萨炉铅冶炼成功运行的技术与经验。听完他的报告，在场的外国专家由衷赞叹："太棒了，神奇的中国工人，好样的！"

这位"神奇"的中国工人名叫徐成东，是云南驰宏锌锗股份有限公司曲靖分公司铅厂一名普普通通的工序长。对于自己的"神奇"，他说："不管干什么，只要你有兴趣、有信心、有毅力，就没有做不成的事。"

2004年，云南驰宏公司引进世界上第一座铅艾萨炉，但试运行过程中接连出现了余热锅炉爆管、电收尘故障等设备问题及泡沫渣、粗铅直收率低、粗铅质量差、烟尘率高、作业率低、喷枪使用寿命短等一系列工艺问题。而且，很多问题外国专家也没有遇到过，更无从指导。"设备运行不正常，企业没有效益，企业等不了，我们更等不了。"徐成东在公司的支持下，和同事根据多年的操作经验和不断的摸索，结合实际提出自己的设想，向一个又一个技术难关发起挑战。

最初开炉的时候，曾经出现过熔池大部凝结的问题，处理不当的话不但会危及生产，甚至会导致整个项目夭折。徐成东经过细致的观察，认为是熔池传热效果差、渣型恶化引起的，他针对性地提出用铅精矿补充熔池内在高温下挥发的铅，上层烧熔、下层推进的方法。经过实践，在短短的两个小时内，整个熔池全部化开，取样表明渣含铅指标接近目标值，这个方案经数据总结后被列入了艾萨炉关键技术之一。

作为攻关试验的主力军，徐成东带领艾萨炉分厂二工序先后承担了"泡沫渣的研究和控制""提高连续熔炼作业率""提高粗铅质量"、"提高喷枪使用寿命"等重大攻关项目的岗位试验任务。经过大量艰辛的尝试和探索，制约铅艾萨炉生产的各项难题被一一攻破："作业率"从50%提高到了90%以上，最高达到100%；"烟尘率"大幅下降，达到了国际同行业先进水平；2007年1至5月，艾萨炉分厂二工序粗铅综合能耗比同时段分厂综合能耗低10.3公斤标煤/吨，比同行业水平低176.6公斤标煤/吨，节能效果显著，年综合能耗比同行业节约1400多万元。提起这一段经历，徐成东说："攻克艾萨炉铅冶炼技术，公司给了我很大的发挥空间，没有公司的支持和工友团队的配合，我一个人不可能做到。"

作为艾萨炉的一名"兵头将尾"，自担任工序长一职以来，徐成东就去读矿冶工程的函授，不断充实自己。在自身发展的同时，针对工序班组青年人多、学历高的特点，他确立了"学以致用、学用结合"的"学习型、知识型、奉献型"组织创建思路，把倡导职业文明、规范工作标准、为企业多作贡献作为工序目标，出色地完成了公司和分厂交给的任务。

近几年，徐成东带领的艾萨炉二工序涌现出了一批优秀的"岗位能手"、"团员先锋岗"、"青年安全生产示范岗"等先进个人和集体，他本人也荣获了云南省劳动模范、先进工作者、全国"五一"劳动奖章获得者等荣誉称号。谈起自己的艾萨炉冶炼技术团队，为人谦和的徐成东充满了激情："艾萨炉铅冶炼技术很有挑战性，但我喜欢这个工艺。我希望艾萨炉铅冶炼技术能在中国遍地开花！"

（原载《云南日报》2010年11月30日）

世界第一座艾萨炉铅冶炼成功运行的领跑者

——记云南驰宏锌锗股份有限公司曲靖铅厂熔炼车间艾萨炉二工序长徐成东

曾 苑

2008年9月，在秘鲁举行的国际艾萨冶炼技术交流研讨会上，一名来自云南驰宏锌锗股份有限公司的一线工人站上主席台，在身旁美丽动人的翻译小姐帮助下，滔滔不绝地将世界第一座艾萨炉铅冶炼成功运行的技术与经验与在场专家进行交流。

他就是徐成东，云南驰宏锌锗股份有限公司曲靖铅厂的一名普通工序长。2008年，他被评为云南省劳动模范、先进工作者，并获得全国"五一"劳动奖章。

"太棒了，神奇的中国工人！"是外国专家对他的称赞。"精明谦虚、扎实肯干。"是身边的人对他的评价。经过大量艰辛的尝试和探索，在一个又一个创造性方案的实施下，制约铅艾萨炉生产的各项难题被他一一解决。由他牵头的喷枪改进实验，每年为企业节省成本高达200余万元。他带领的班组，生产上节能效果更是显著，年综合能耗比同行业节约1400余万元。就是这样一个人，为世界上第一座铅艾萨炉的成功做出了实质贡献。

功臣中的佼佼者，他领跑世界上第一座铅艾萨炉的成功

文秀的外表是见到徐成东的第一印象，但一谈起艾萨炉，今年仅37岁的徐成东不仅口若悬河而且保有激情。"兢兢业业地干好本职工作，我希望艾萨炉铅冶炼在中国遍地开花。"徐成东说："在驰宏，各个岗位优秀的人很多，我觉得自己得到这些殊荣有些幸运。对于艾萨炉铅冶炼，公司的机制给我很大的发挥空间，我很有兴趣，不仅因为它很有挑战性更重要的是我喜欢这个工艺。"

云南驰宏公司的艾萨炉作为世界上第一座投入产业化运行并取得成功的铅冶炼艾萨炉，从引进之初的理论数字到而今较为成熟的熔炼工艺，艾萨炉的员工为之付出无数的辛劳，创造了多项世界有色金属铅冶炼的奇迹，为世界上第一座铅艾萨炉的成功做出了实质贡献。徐成东，就是这些功臣中的佼佼者！

"调入曲靖艾萨炉工作后，通过4次竞聘上岗严格考试我被任命为二工序工序长。班组成员中包括我在内，对艾萨炉基本上一无所知就一头扎进了生产现场，当时铅艾萨炉的生产并不顺利。试运行过程中接连出现了余热锅炉爆管、电收尘故障等设备问题及泡沫渣、粗铅直收率低、粗铅质量差、烟尘率高、作业率低、喷枪使用寿命短等一系列工艺问题。"徐成东说："因为是世界上第一座投入工业化应用的熔炼铅精矿的艾萨炉，生产实践中的很多问题外国专家也没有遇到过，更无从谈指导。生产试运行一时间陷入了困境。"

关于艾萨炉直接应用于铅精矿熔炼是否行得通的疑问，徐成东和他所带的班组也陷入了一时的茫然中。"用不用这个工艺已经到了一个非常重要的关口，外国人严谨的态度是值得我们学习的，但开不起来就没效益，我们等不了，企业更等不了。在调试中我们和外国专家也有些意见产生了分歧，一位外国专家还生我们的气，拿起凳子就砸，但我们结合实际，加上公司的重视，我们敢干。"徐成东说。

作为攻关试验的主力军，徐成东带领二工序先后承担了"泡沫渣的研究和控制"、"提高连续熔炼作业率"、"提高粗铅质量""提高喷枪使用寿命"等重大攻关项目的岗位试验任务。针对泡沫渣过多及喷溅过大，他及时总结数据，分析原因，通过一大本厚厚的数据和操作记录，他又提出了根据进料量配合风煤量进行工艺控制的方法，使得泡沫渣得到了有效控制。原来的粗铅浮渣厚达15-20cm，经过技术攻关和操作改进，浮渣厚度降到了1-2cm，极大地提高了铅产品的质量和产量，操作工的劳动强度和工作时间也大大减少。由徐成东牵头的喷枪改进实验，调整给风，给氧的平衡与稳定，使得原来不到1天的喷枪使用寿命逐步提高到2天以上，每年节省成本高达200余万元。同时据生产实际统计数据，2007年1—5月份，艾萨炉分厂二工序粗铅综合能耗比同时段分厂综合能耗低10.3kg标煤/t，比同行业水平低176.6kg标煤/t，节能效果非常显著，年综合能耗比同行业节约1400多万元。

"在节能减排上，余热回收，排放的二氧化硫回收率达到98%以上，艾萨炉的连续冶炼也使得能耗大大降低，更重要的是这是一份社会责任。"徐成东说。

谈话中，年轻的徐成东有着与他年龄极不相称的成熟与自信。也正是由此，在经过大量艰辛的尝试和探索下，徐成东带领的二工序和艾萨炉车间全体干部员工创新拼搏，在一个又一个创造性方案的实施下，制约铅艾萨炉生产的各项难题被一一解决。"作业率"从外国专家撤离时的50%提高到了90%以上，最高达到了100%，"烟尘率"大幅下降，达到了国际同行业先进水平。尤其是由他提出的用铅精矿补充熔池内在高温下挥发的铅，上层烧熔、逐步推进的方法被列入艾萨炉关键技术之一。针对这项技术，外国专家对徐成东跷起大拇指，称赞道："太棒了，神奇的中国工人！"

原来的澳大利亚外援专家，甚至以傲慢著称的德国人，都问他：徐，告

诉我你是怎么做到的？外方公司的专家和领导也向他发出邀请，请他出国工作。"我对驰宏有很深的感情，公司有好的机制，现在有好的团队，而且对个人而言也有很大的发展空间。"对于这个小插曲，徐成东笑着告诉记者。

一枝独秀不是春，他带领的班组取得了多项骄人成绩

作为艾萨炉的一名"兵头将尾"，徐成东在班组建设方面也很有一套，极富个人魅力。他带领的班组，无论是生产还是思想学习，都取得了多项骄人成绩。"对于班组建设，我认为自己凡事都该做在前面，班组成员个个都很自觉，大伙儿聚在一起谈论的都是艾萨炉，高涨的热情和对驰宏的感情是我们源源不断地动力。"徐成东说。

自担任工序长一职以来，徐成东去读矿冶工程的函授不断充实自己，在自身发展的同时也不忘对青年的培养和关心。针对工序青年人多、学历高的特点，他确立了"学以致用、学用结合"的"学习型、知识型、奉献型"组织创建思路，把倡导职业文明、规范工作标准、为企业多作贡献作为工序目标，出色地完成了公司和分厂交给的任务。

近几年，在"青工技能月"活动中，徐成东带领的艾萨炉二工序涌现出了一批优秀的"岗位能手"、"团员先锋岗"、"青年安全生产示范岗"等先进个人和集体，在创建"青年文明号"生产线、"青年安全生产示范岗"及"青年文明号"、"创新、创效、创优"等活动，有效地激发了青工们争当岗位能手的热情，为公司培养了大批现代企业复合型人才。

正是这样一名优秀青年员工，赢得了外国专家对中国工人的尊重和钦佩；也正是这样一个优秀青年人才，使得铅艾萨炉成为有色王国中最耀眼的新星。在生产企业当中，精明谦虚、扎实肯干这两个字眼代表着智慧、创新、汗水和辛劳，同样是这样的优秀品质使得艾萨炉有了今天的成就与辉煌。

这个时代需要这样的人，这样做事、这样影响带动身边人的人，徐成东就是时代呼唤和需要的人。

（云南网，2010年11月30日）

匡娥高，女，白族，1962年11月出生，云南省福贡县人，1981年参加工作，现为中国移动云南公司福贡分公司工程师。

作为中国移动云南公司怒江分公司唯一的一名从事基站建设和网络维护的女性，匡娥高在这个平凡的岗位上一干就是十几年，和她的同事们建设和维护着福贡县境内的48个基站，在沟壑万丈的碧落雪山和高黎贡山上，到处都留下了她和同事们的足迹。2004年她被中国移动云南公司怒江分公司授予"先进工作者"荣誉称号，2007年被选为中国移动云南公司"M之星"，2008年被中国移动云南公司怒江分公司授予"先进个人"荣誉称号，2010被中国移动云南公司怒江分公司授予"先进个人"荣誉称号、被中国移动云南公司授予"先进个人"荣誉称号、被怒江州人民政府表彰为"全州民族团结进步模范个人"、被福贡县人民政府表彰为"全县民族团结进步模范个人"，并于4月获得由云南省总工会颁发的"云南省五一劳动奖章"。

木棉花为什么这样红

——记云南省五一劳动奖章获得者、中国移动云南公司福贡分公司工程师匡娥高

王毅辉　曹玉昌　和晓刚

在神奇美丽的怒江大峡谷，有一位常年工作在大山深处的移动通信使者，她就是中国移动通信集团云南有限公司福贡分公司的基站建设与网络维护工程师匡娥高。

匡娥高作为怒江分公司唯一的一名从事基站建设和网络维护的女性，她一干就是十几年。别看她是一名柔弱女子，通过十几年的风霜雪雨、严寒酷暑的磨砺，成就了她雷厉风行的工作作风和生活中爽朗的个性。10多年来，匡娥高和她的同事们建设和维护着福贡县境内的48个基站，无论天气多么的恶劣，环境多么艰苦，条件多么简陋，路途多么艰险，她和她的同事们都无所畏惧，勇往直前。当来回于碧落雪山和高黎贡山之间时，他们滑溜索、过吊桥；当遇山体滑坡，泥石流挡住去路时，他们就冒着生命危险，沿着江边绕道而行；当进入车辆难行的乡村时，他们就徒步行走；当遇陡峭险峻的悬崖时，他们就往上攀爬。在沟壑万丈的碧落雪山和高黎贡山上，到处都留下了她和同事们的足迹。

回顾过去艰辛的工作经历，匡娥高说道："领导把我安排在基站建设与通信保障这个岗位上，就是在急、难、险的时候才需要我去工作的，我绝对不能失职。"

基站建设　勇挑重担

1999年8月，移动从电信中剥离出来时，福贡县仅有移动基站2个，一个在县城上帕镇，另一个在石月亮乡，员工4人，客户304户。福贡县辖上帕

镇、马吉乡、石月亮乡、鹿马登乡、架科底乡、子里甲乡和匹河怒族乡等1镇6乡，共57个村民委员会，628个自然村。也就是从1999年9月起，匡娥高就开始担负着福贡县境内移动基站的堪站选址、基站机房建设、网络维护等一系列工作。在移动分营初期至2007年底之前，县分公司人员很少，但基站建设的任务很重，网络运营维护的责任很大，匡娥高根本就没有什么空闲时间，有时遇上应急任务，一连几天不能休息也是常事。但在工作中，匡娥高不仅要担负繁重的任务，甚至还要冒生命危险……

福贡县现有的48个移动基站70%都建在半山腰上，建设这些基站交通十分不便，机房的施工材料、基站的设备运输，只能靠一条条狭窄而陡峭的山路用人背马驮的方式搬运。在匡娥高的心里，没有休息日的概念，她把基站建设、网络维护工作看得比自己的生命还重要。特别是基站站址的选择，是一项关系到全县网络的通话质量和工程投资效益的工作，匡娥高正是像对待自己的孩子一样来对待每一个基站站址的选定工作。常常是一个基站的勘察、施工、安装、调试及验收工作刚刚结束，又马不停蹄地转向下一个基站的建设。在福贡县，恶劣的地理条件和落后的交通状况决定了基站建设与维护工作的艰苦环境。有人戏言怒江是个"猴子见了都会淌眼泪的地方"，而匡娥高却在这样艰苦恶劣的环境下为基站建设奋斗了10余年。

2003年7月，鹿马登乡赤恒底村的基站开始建设。基站站点位于赤恒底村娃嘴组背面的山顶上，从娃嘴组吊桥至山顶的路程不足2.5公里，坡度达70度，空手徒步攀爬需1.5小时。由于基站建设所需的钢材、沙石、水都得靠人工搬运上去，工程难度较大，一些工程施工单位到现场勘查后望而却步，土建工程连换了3个施工单位，并在临走时，留下这样一句话"实在对不住，我们做不了"。无奈之下，匡娥高只好自己找当地村民，向他们说明建基站将为当地经济带来的好处，村民最终被她的真诚所感动，并自发组成20多人队伍，义务搬运建站所需的材料。

为了能在一天之内将基站建设的工程物料及通信设备搬至站点，匡娥高早上6点就从家中出发，来组织村民进行搬运，摇摆不定的吊桥和上山的毛毛小路，只可单人行走，要搬运机柜等大件物品，通行十分艰难，匡娥高就和村民们发扬愚公移山精神，将设备拆开分解，一件一件肩扛手抬，往站点一步一步挪，经过17小时人背手拉，至晚上23点才结束搬运工作，在17个小时的工作中，匡娥高仅仅只吃了一个生黄瓜。就在赤恒底村的基站建站期间，匡娥高先后爬山30余趟，仅一个月她就穿破6双胶鞋，最终将基站建成开通了，但她始终没有说过一个"苦"字。

2006年6月，在架科底乡里吾底村的基站建设中，由于当地的基本农田十分珍贵，农民朋友即不允许从田间架设传输杆路，也不允许在田间立杆建基站，认为会给耕牛耕地带来不便。为此，匡娥高先后找了附近3个村民小组协商未果，她最终将情况向架科底乡政府领导进行汇报，讲明了中国移动云南公司实施的"兴边富民移动通信工程"的意义在于推进农村信息化，帮助农民脱贫致富。在乡政府的大力支持和多次协调下，里吾底村的基站最终建在了村民委员会的屋顶上。

在艰险恶劣、荆棘密布的群山中，匡娥高和她的同事们，手持马刀、披荆斩棘，艰难前行；在渺无人烟的原始森林中，勘站选址，人背马驮、肩挑背扛，把一座座基站建在了崇山峻岭之间，她编织着福贡县境内横跨怒江峡谷，穿越高黎贡山与碧落雪山之间的信息"天路"，在怒江大峡谷的绝壁上镌刻下匡娥高一个女工程师的名字。

截至2009年底，福贡分公司已建成48个基站，福贡县境内100%的移动基站都洒下过匡娥高的汗水，留下了她的足迹，倾注着她的心血。匡娥高靠着勤奋自学，努力实践，成长为福贡分公司基站建设与网络维护的主力军。

网络维护 胸怀责任

随着客户对移动通信需求的增长、"兴边富民移动通信工程"的建设和"136农村移动信息富民工程"的推进，福贡分公司逐渐在各乡镇、人口密集地以及各村委会兴建了移动通信基站，网络规模不断扩大，48个基站星罗棋布于各民族山寨，覆盖了100%的山区行政村和97.5%的自然村。

基站开通以后，面临更严峻的形势就是受自然条件的影响而导致电力供应不能完全保障。一旦停电，繁重的基站建设任务和日常维护的双重重担就会同时压到匡娥高一个人的肩上。匡娥高所在的县分公司领导说，如果将她的表现总结成一句话，那就是："热爱工作，胸怀责任，忘我奉献。"作为一名工程师，她把干好工作、发展移动事业当作自己的事业，全身心地投入到工作之中。在基站建设与网络维护这个艰苦而又危险的岗位上，不管是白天黑夜，还是严寒酷暑，她都有令必出，有求必应，双休日加班，节假日加班，白天加班，夜晚加班，甚至通宵达旦地连续工作，她却丝毫没有牢骚和怨言。怒江州分公司领导为此感慨道："她勇于奉献的精神是常人难以想象的！"匡娥高经常是接到电话拔腿就走，每当有任务和困难时，她总是身先士卒，冲锋在前，哪里条件艰苦，哪里有故障，哪里就有她的身影。

2002年6月的一天，在距县城46公里的匹河乡基站，因卓旺河电站水沟塌方，造成电力中断，急需前往匹河乡使用油机发电。而福贡县城通往匹河乡的公路因泥石流多处大面积塌方，从福贡运送油机到匹河乡基站发电已经不可能了，当时家人和同事们都劝匡娥高不要去了，这样会有生命危险，匡娥高却对他们说："领导把我安排在基站建设与通信保障这个岗位上，就是

在急、难、险的时候才需要我去工作的，我绝对不能失职。"于是，她与州分公司网络部联系，请求从六库运送油机和油料到匹河乡基站，然后自己也毅然前往匹河乡。

当行至甲木秀知村时，泥石流挡住了去路，那场面令人不寒而栗，一块块拳头大小的石头不时地往下滚落，一堆堆泥浆不断地往下滑行，很多过往的行人都望而却步，纷纷原路返回，而匡娥高却处在极度的矛盾之中……回去吧？完不成应急通信保障任务；继续往前走吧？又有生命危险！经过片刻的斟酌后，她最终还是壮着胆子决定前行。在当地村民的帮助下，她艰难地越过了危险地段，徒步往前行走了约8公里到达梓楞河村；然而，挡在梓楞河村路面上的泥石流有2米多高，梓楞河村的泥石流地段比第一道的甲木秀知村要大得多，地势比第一道更险峻，泥石流将6米多宽、200多米长的路面堵住了，要想越过去，唯一的办法就是绕道顺怒江边而行，匡娥高慢慢地走向江边，揪着江边的杂草十分小心翼翼地一步一步地往前走，一方面要躲让公路上方的滚石，一方面要注意脚下踩到的泥沙是否坚实，有时往往顾此失彼，双脚一时踩空而深陷泥潭之中，当费力地拔出双脚时，鞋袜已掩埋在泥沙之中，只好赤着脚在泥石中行走。所幸的是有同路行人的帮助，他们有的在前边给她递木棍，有的在后面推她一把，帮助她安全地越过了危险地段。当闯关过了第二道泥石流梓楞河村地段后，她感到脚底一阵阵火辣地疼，这时她才意识到自己是赤着脚过来的，脚底板已被利石划破了，她顾不上疼痛，继续一路前行，大约行走了2公里后才搭上一辆农用手扶拖拉机赶往匹河乡基站，并在匹河乡基站住了两个晚上为基站发电。

2005年6月的一天，位于匹河乡瓦娃村委会的亚谷基站通信中断。当时，亚谷基站没有地面光缆传输，采用的是微波传输方式。由于风大雨大，将接收微波信号的天线抛物面吹歪了方向，接收不到对面基站（子里甲基站发送）信号，导致通信中断。当天上午10点左右，匡娥高和同事小夏一同前往亚谷基站排障。

从瓦娃村委会到亚谷基站，大约2公里的山路泥泞湿滑，陡峭且蜿蜒曲折。在师徒俩恢复通信后的返程途中，匡娥高脚下一滑，摔下山坡五六米远，身体倒挂头朝下，卡在了一棵大树枝上，自己无力爬下来，在同事小夏的帮助下，才将她从树上解救下来，惊魂未定的她，刚从树上下来时，吓得一时连话都不会说……

在网络维护战线上，匡娥高不断追求卓越，她凭着一份责任、一种勤勉、一份执著，为中国移动通信事业奉献着自己的青春和热血！她没有豪言壮语，没有丰功伟绩，有的只是在平凡之中折射出一种对工作的极端负责和对事业的无比热爱。匡娥高用自己无言的行动，为"正德厚生，臻于至善"的企业核心价值观作出了最准确、最具体、最生动、最完美的诠释。

由匡娥高所带领的维护团队，通信保障及时有效，得到了当地许多单位客户的充分肯定和高度赞扬。2008年12月，泽马河水电站为福贡分公司送来的一面锦旗写道："真诚为民，宗旨不移。"充分表达了对中国移动云南公司福贡分公司长期为客户真诚服务的谢意！

在人们向她表示敬意和谢意的时候，匡娥高总是说，这是我们移动人应该做的，在我们分公司还有许多和我一样从事这样服务的同事……

故障勘察　携夫带友

2005年9月的一个晚上，大约6点30分左右，匡娥高刚吃完晚饭，就接到州分公司网络部的电话通知，位于匹河乡知子罗村委会旁的知子罗基站和瓦娃村委会的亚谷基站通信中断。

匡娥高首先与匹河乡供电所取得联系，了解知子罗是否停电，当得知不是因停电而引起的通信中断后，按常理，当时天色已晚，她可以放到第二天再去解决。可作为一名网络维护者，她深知基站通信中断给客户造成的危害性，知子罗断站会影响到亚谷基站的（光缆传输信号来自知子罗基站）运行，一断就是两个站，这样会影响到两个行政村及过往客户的正常通信，即便当晚不能恢复基站运行，也要把基站通信中断的原因查清楚，以便第二天尽快地排除故障。

当天，由于同事小夏正好休假，匡娥高只好叫上丈夫光寿祥和他的朋友一道前往知子罗村基站进行勘察处理。经过初步的检查、分析和判断后，匡娥高将故障原因确定为光缆传输故障，因当时还没有光缆故障的测试分析仪器，只有人工顺杆路逐杆排查，她们不顾天黑，在手电筒的光照下一路摸索，沿杆路一段一段地查看光缆，最后发现了光缆的断点处是在月亮田村附近，原因是电力部门的施工队在架设高压线路时，操作不慎将传输光缆砸断，当天夜里，匡娥高就把断站原因、断缆地点向福贡分公司领导和怒江州分公司网络部及时作了汇报，回到家时已是凌晨3点多钟。第二天一大早，州分公司网络部就派专业技术人员直奔事故地点熔接光缆，回家后稍息片刻的她早已等候在故障地点附近，她带领工程技术人员直奔光缆断点处，在最短时间内恢复了基站通信。

应急供电　夜守荒山

2003年6月，福贡县电力部门对农村电网实施全面改造，很多基站需连续停电四至五天后才能恢复正常供电，受影响的基站需要油机发电机供电。当时离县城4公里远的上帕镇古泉村委会的教堂基站，其蓄电池放电时长为90分钟，停电后只能采用油机发电机为基站供电。因连续几天降雨，通往教堂基站的山体路面积水湿滑，维护车辆无法将油机及油料送至基站，下午5点多钟，匡娥高只好找几个村民将油机发电机搬运到基站，自己拎着两桶20升重的油桶在陡峭的山路上艰难地爬行，走走停停，停停走走，她的全部精力都集中在如何尽快恢复基站通信的问题上，完全没有注意到基站周围还有大片坟墓。待基站恢复通信后，已经深夜11点半了，请来的村民们都各自回了家，剩下匡娥高一个人孤零零地独自守在山顶的荒坡上，不知名的昆虫的鸣叫声混杂着从身边的丛林中传来，这时她内心才感到有些恐惧，她一边哭着一边给其爱人打电话，叫他来接她一程。匡娥高也乘着夜色一路摸黑跌跌撞撞往回赶，当她爱人在途中与她相遇时，她那恐惧的心灵才逐渐平静下来；夫妻俩走回到家时已是凌晨1点多钟，他们的裤腿和鞋袜全被泥浆浸透了。

基站扩容　忍受饥饿

由于匹河乡瓦娃村委会的亚谷基站的话务量不断增加，为满足村民们的通信需求，匡娥高决定对亚谷基站进行扩容改造。从亚谷简易吊桥至亚谷基站大约有5公里的山路，需走3小时才能抵达。2007年10月的一天，下午4点，匡娥高爬了3个多小时的山路，来到了亚谷基站的站址，由于体内能量消耗过大，致使她饥饿、困渴难忍，无法继续开展工作，只好进山寨"讨饭"充饥。匡娥高到了三四家村民家都没有剩饭，当最后进入一户农家时，正好有煮熟的玉米稀饭，她稀里哗啦地吃了两小碗便投入了扩容工作，她和同事小唐、小周一起工作了2个多小时才完成扩容任务，9点半从山顶的村庄摸着黑路下山，回到家已是次日凌晨2点多。然而，桥面宽不足1.5米的亚谷吊桥为简易模板吊桥，桥长200多米，每当大风吹来时，整个吊桥就会在怒江江面的上空剧烈摇摆，曾有村民过桥时被大风从吊桥上吹到了怒江之中，面对一次次危险的威胁，她已经习以为常了。

抗击雪灾　连续奋战

2008年1月24日，福贡县马吉、石月亮两个乡镇遭了严重的冰雪灾害，灾害造成马吉、石月亮两个乡的电力供电系统严重受损。25日16时，电力系统因高压输电线路受损而停电，在两个乡镇辖区内的15个移动通信基站同时停电。

然而，由于马吉乡辖区内汤姆地、布施底、木加甲等基站蓄电池的工作性能下降，后续放电时长大大缩短，断电5至7小时后将面临断站的危险，必须马上赶赴上述基站进行油机发电。因24日贡山县迪麻洛、野牛谷基站光缆中断，维护车辆和维护人员都已赶赴贡山抢修，仅有匡娥高和另一个同事留在福贡，匡娥高当即向县分公司领导汇报，由她带领维护人员前往马吉基站发电，在得到县分公司领导的同意后，匡娥高便准备好2台油机和4桶汽油搭车前往马吉乡，在马吉乡与同事周权、段燕锋、杨波一道连夜赶赴布施底基站进行抢修。到达布施底基站后天色渐渐地暗了下来，大雪一直在不停地在下，匡娥高和同事们立即展开了抢修工作，她一方面四处组织民工把油机和油料送到基站，一方面冒雪花踏着积雪摸黑爬到基站机房里布放电源线，提前做好发电前的各项准备工作。

大家在风雪中拼搏，双手都冻得失去了知觉，全身上下挂满了冰雪，但就在这样恶劣的气候条件下，没有一个人喊苦叫累，冷得实在坚持不住了，他们就搓搓手、跺跺脚驱寒……然而，第一台油机因被冻时间太长而不能正常发动，又调运第二台油机，终于在22点10分成功发动，基站得以恢复通信。就这样，伴着油机低沉的轰鸣声，她和她的同事在坚守中度过了一个不眠之夜，用自己的辛苦换来了人们风雪中的平安。

紧接着，她们又摸着下山赶往木加甲基站发电。由于抢修及时，凌晨5点30分，木加甲基站赶在蓄电池临近断电时给抢通了。天寒地冻，雪花和着风打在脸上，隐隐作痛。听到路边的行人手机响起时，忘了饥饿和寒冷的她脸上露出了久违的笑容。冬天的夜黑得非常早，当她带着大家从风雪中归来时，华灯早已升起。

第二天，位于高山深处的古当基站又中断站了，需要及时运送油料，然而到古当的乡村公路被积雪填埋，车辆无法到达，匡娥高想尽一切办法，组织路边村民把一桶桶汽油用人力背往古当基站，力争把基站退服的时长缩小到最低点。正是她和她的同事们坚持再坚持，为风雪肆虐中的贡山人民筑起了一座钢铁般的信息之桥。

木棉花开　红映峡谷

春天来临，在怒江大峡谷沿岸的两侧，我们时常会看到盛开的木棉花。据传说，西汉时南越王赵佗向汉帝进贡的"烽火树"，"高一丈二尺，一本三柯，至夜光景欲燃"，"烽火树"即"木棉树"。"烽火"它象征着中国古老的信息传递方式；木棉树春天则一树红艳，夏天则绿叶成荫，秋天则枝叶萧瑟，冬天则秃枝寒树，四季展现不同的风情……而木棉树奋发向上的精神及盛开时鲜艳似火的大红花，被人们誉之为英雄花。清代屈大均在《木棉花歌》中写道："十丈珊瑚是木棉，花开红比朝霞鲜"……"浓须大面好英雄，壮气高冠何落落"。

在怒江、在福贡、在相对高差3670米的高黎贡山和碧落雪山之间，由于基站建设与网络维护工作的特殊性，匡娥高很少有休息日，甚至连平时8小时以外的大部分时间也都被应急通信保障工作所占用，所以她很少有空去照顾家庭和亲人，有时还时常拖累自己的爱人。2003年7月，匡娥高年过花甲的母亲病魔缠身，需要到福贡住院治疗，但因忙于米俄洛基站的基础建设工作，一直抽不出时间去乡下接母亲，最终由爱人光寿祥将其母亲接到县医院治疗，在住院治疗期间她也无暇陪护母亲。2005年9月，匡娥高的三弟受伤在怒江州人民医院住院治疗2个多月，先后做了3次手术。在其弟住院的60多天中，匡娥高断断续续地5次前往医院看望弟弟，陪护时间不足30小时，住院期间的日常护理她也只能雇用医院的护工进行照料。这些事匡娥高都默默地埋藏在心底，从未向单位领导提出过补休一事，每一天都全身心地投入到她的工作之中。

匡娥高虽没有尽到妻子的义务，没有尽到母亲的责任，没有尽到女儿的孝顺，但她尽到了一名工程师对待工作的责任；在她身上既体现出了中国移动"正德厚生，臻于至善"的企业核心价值观，又体现了与时俱进的时代精神风貌；作为一名移动通信的工程师，匡娥高用她勤奋拼搏的实际行动为中国移动的通信事业作出了贡献，为中国移动云南公司的员工树立了榜样；作为一名全省县级分公司基站建设与网络维护者中唯一的一名女性，她为移动通信事业的建设和发展，燃烧着自己，照亮了事业，映红了峡谷，她就是这样一位辛勤耕耘在一线工作岗位上的奉献模范，她就像盛开在怒江大峡谷沿岸的木棉花，以奋发向上的精神和昂扬的工作激情在激励着每一位中国移动云南公司的员工，她是我们这个伟大的时代和怒江艰难困苦的工作环境造就的英雄，这也许就是木棉花为什么这样红的真实含义……

（云南网，2010年5月3日）

云南省五一劳动奖章获得者——匡娥高

一月走破六双鞋

陈　辉

怒江峡谷有一个人，不论夏季蚊虫叮咬，冬日里寒风凛冽，徒步行走数小时，胶鞋磨破一双又一双，一待就是10年。她就是云南省五一劳动奖章获得者匡娥高。

福贡县地处怒江中段，由于地理位置的原因，全县的基站建设和维护都是靠匡娥高他们小组完成。

6双穿破了的旧胶鞋，这是匡娥高在腊竹底基站建站一个月时间内的"成果"，由于每天都要翻越3000多米的高山，匡娥高不得不带一双鞋在身边。

2005年3月5日，福贡遭遇了一场百年不遇的大雪，一时间，县境内的通信、交通几乎全部瘫痪。为了第一时间恢复通信系统，除了对县境内的线路进行修复外，匡娥高和她的团队买了15个汽油桶拖到离县城近一公里远的油库抢购汽油，为通信过程中的动力供应提供了保障。随着通信网络规模的不断扩大，目前福贡县48个基站布于各民族山寨，就是在这样光鲜的"成绩"背后，匡娥高曾为了基站扩容的工作在山寨讨过饭。

那是2007年10月份，由于匹河乡瓦娃村委会亚谷基站的话务量不断增加，为了及时满足村里通信的需求，匡娥高一行人带着设备赶往了瓦娃山区，由于交通不便。在走完3个小时的山路后，饥饿、困渴已经让匡娥高没有半点力气再继续工作。无奈之下，她只好到最近的山寨"讨饭"充饥，由于匡娥高和同事在老乡家吃完东西后又工作了2多小时才完成了基站的扩容任务，回到家已是次日凌晨2点多了。

2003年7月，匡娥高年过花甲的母亲病重需要到福贡住院治疗，但因为忙于米俄洛基站的建设，她一直抽不出时间去乡下接母亲。在母亲住院期间，一直是匡娥高的丈夫陪着她的母亲，匡娥高自己却只能通过电话问候母亲。

现在，快到退休年龄的匡娥高每年依然要翻越高黎贡山数次，到自己的管辖区进行线路检修，也许她磨破的胶鞋数量还会增加，也许受工作影响她还会错过第一次当外婆的喜悦。但匡娥高却说，只要没退休，将一直坚守岗位。

（原载《生活新报》2010年12月15日）

张文勋，男，白族，1926年出生，云南省洱源县人，1953年参加工作，1958年加入中国共产党，历任云南大学人文学院中文系教授、西南边疆民族经济文化研究中心主任、文科学术委员会主任、学位委员会副主任、文学院荣誉教授，云南省文史馆名誉馆长，中国古代文学理论学会名誉会长，云南省诗词学会终身名誉会长。

张文勋数十年来治学严谨，勤于著述，成果丰硕，影响卓著，以深厚的传统文化修养传承弘扬中国传统文化，其学术思想泽被云大数代师生，研究领域涉及中国古代文学理论、中国古代美学、民族文化、滇文化、诗词鉴赏创作等多个方面。主要著作有《形象思维散论》、《中国古代文学理论论稿》、《刘勰的文学史观》、《诗词审美》、《儒道佛美学思想探索》、《华夏文化与审美意识》、《滇云诗词》、《〈文心雕龙〉探秘》、《〈文心雕龙〉研究史》、《〈文心雕龙〉简论》（合著）、《儒道佛美学思想源流》、《民族文化与文学》、《国学丛谭》等。2000年结集出版约270余万字的《张文勋文集》，代表了其最主要的学术成就。此外，还主编有《白族文学史》、《文化·历史·民俗》、《滇文化与民族审美》、《民族文化学论集》、《民族文化学》、《民族审美文化》等多部著作，创作有《凤樵诗词》及续集、《凤樵词赋钞》、《俪语文言》等多部古典诗文集。曾获全国教育系统"劳动模范"、"有突出贡献专业技术人才"等荣誉，享受政府特殊津贴。

沧海求珠五十载　博学笃志育桃李

——记云南大学教授张文勋

陈云芬

　　在张文勋的人生辞典里，为师、为学、为人高度和谐统一。做教师，他痴情于讲台，不负人民教师的光荣称号；搞研究，他博学而笃志，50余年磨砺终有大成；论为人，他淡泊名利，务实勤勉，深受学生尊敬和爱戴。

潜心治学　著作等身

　　数十年来在文艺美学领域的深耕细作，让84岁高龄的我国著名文艺家、美学家，云南大学中文系教授张文勋著作等身，誉满海内外。

　　"祖国的传统文化，从小就给我播下了爱的种子。"在云南大学从事教育及学术研究的50余年，张文勋潜心中国古代文艺美学、中国古代文学和民族文化研究并作出了重大贡献。迄今为止，张文勋共发表两百多篇学术论文和文学评论文章，出版了10多部有影响的学术专著及300多万字的《张文勋文集》。

　　在《中国古代文学理论论稿》《诗词审美》《儒道佛美学思想源流》等研究著作中，张文勋对中国古代文化与美学的关系，中国古代文艺美学的总体特征、内在结构及其生成发展演变的基本脉络，重要的命题、范畴及概念，古诗词鉴赏理论的概括等都提出了富有创见的观点，形成了具有鲜明个性的系统理论。学术界评价他的研究"标志着中国古典美学的总体特征走上了一个新的台阶。"他所著的《刘勰的文学史论》系统地梳理出刘勰独到的文学发展观，填补了国内外《文心雕龙》研究中的空白，影响深远。《〈文心雕龙〉研究史》以编年的方式考察和梳理《文心雕龙》的研究史，总结历代学者的研究成就和不足，具有相当高的学术价值。

张文勋是国内最早倡导进行民族审美文化研究的学者，他领衔编纂的《白族文学史》是中国最早出版的少数民族文学史著作之一，在体例和内容编排上成为少数民族文学史写作的典范，获得了1979年至1989年全国少数民族研究优秀著作奖。1989年，张文勋参与创建云南大学西南边疆少数民族经济文化研究中心并任主任，主持省级重点学科"民族文化学"的建设，先后主编《滇文化与民族审美》等多部在民族文化研究领域有分量、开风气的学术著作，为少数民族文化保护、研究和建设作出了突出贡献。

张文勋不仅是学者，而且也是一位杰出的旧体诗人。他的作品集《凤樵诗话》收录诗词作品500余首，"灵芬奇采，炳耀天南"是我国著名学者程千帆对其诗的评价。张文勋还主编了多辑《云南诗词》，为推动云南旧体诗词创作起到了积极的作用。

乐执教鞭　润物无声

1953年云大毕业后，张文勋留校任教，从此便与三尺讲坛结下了不解之缘。半个多世纪里，他以师者最为本真的境界，凭着一颗火热的赤子之心，诲人不倦，桃李满天下。

张文勋先后为本科生、研究生开设过中国古代文学理论、《文心雕龙》研究、中国古代文艺美学等十几门专业基础课和选修课。他治学严谨而又循循善诱，以自己富于趣味性、知识性、思想性为一体的教学方式吸引了一大批渴求知识的学子。他的弟子遍及海内，有的成为学术上成就斐然的学者，也有不少走上领导工作岗位，还有的成为了作家诗人。张文勋高兴地说："我的学生、那些青年人一个个都超过我，是我希望的。"

"薪火相传青胜蓝，丝绸本色赖春蚕。参天秀木成材路，沃土栽培雨露涵。"就在上个月，病中的张文勋写下这首七绝，表达他对几代学生的殷殷期望。

张文勋常说："当好先生要先当好学生。"作为全国的知名学者，凭既有学识带研究生已是游刃有余，但他仍精心准备每一门课乃至每一堂课，写下大量教案。同时继续精研学术，并将最新见解融入教学，让授课内容总是既深厚又新意迭出。

对于张文勋教学的严谨，他的学生、云南大学张国庆教授体会尤其深刻："打开作业一看，只见一页页布满了红色的点、线、圈、问号、叹号以及一段段或长或短的批语，批语有点有评有析有论"。"这让我领略到了老师严谨的学风和师风"。张国庆感慨地说。

张文勋特别注重为人师表。他说："老师的思想言行、品德作风，无时无刻不在影响着学生。"在教学生涯中，他力求做到认真、尽心、尽力、尽责，不但尽心培养自己的学生，而且竭力提携青年教师及慕名求教者。正是以这样的师德情操，张文勋坚守教学第一线，勤勤恳恳，为社会培养了一批又一批有用之才。今年7月30日，经济并不算宽裕的张文勋拿出自己获得的30万元"兴滇人才奖"设立了云南大学张文勋奖学金，用于激励青年学子勤奋笃学。

务实勤耕　海润后学

云南大学人文学院荣誉教授、中国《文心雕龙》学会副会长、云南诗词学会会长、中华诗词学会常务理事、中国作家协会会员、云南省文史研究馆馆员，《中国作家大辞典》以及美国《世界名人大辞典》、美国ABI传记协会《世界名人录》等数十种人物传记均收有张文勋的词条和传略……当荣誉接踵而来时，张文勋从容而平静。"做个平常人，过平常生活，保持

平常的心态。"正是这种"平常"，让张文勋数十年来能淡泊名利，潜心做事，进入了一种大写的人生境界。

"我没有什么轰动的业绩，也没有什么惊人的创举，只是认认真真备课、上课、辅导、改作业，余下的时间就是读书、做学问、写文章。我自觉教书是认真的，做学问是努力的，我所做的是一般教师都应该做的，而且是应该做到的，如此而已，岂有他哉！"寥寥数语，凸显出张文勋崇高的精神境界。

满头银发的张文勋慈祥平和，待人亲切。他无怨无悔，默默地努力去克服困难，执著坚守专业领域，一步一个脚印地去实现自己的人生价值。在张文勋80岁寿辰时，他的学生在祝寿词中说："您这种对学术的执著和勤奋实在令我们这些后学晚辈敬佩不已。您的一生可以说是历经各种磨难，但读书、教书、写书却须臾未能忘怀，您在一生的学术追求中所积累的经验是我们后学的宝贵财富。"

越是饱满的穗子，越向下低头。张文勋，不但为我国优秀传统文化增添了厚实的积累，也为年青一代的学人树立了榜样。

（原载《云南日报》2010年12月22日）

育人表率　治学楷模

敢　心

一个人一生可以做很多件事，但云南大学教授张文勋一辈子只做一件事，就是治学育人。50多年里，他坚守三尺讲台，育得桃李满天下；他稳坐学术研究冷板凳，成果丰硕，著作等身，享誉海内外。他是云岭高原育人的表率，治学的楷模。他用一生的光阴，在大学教师的岗位上书写了事业与人生的辉煌。

治学贵专注，成事贵执着。张文勋教授自走上讲台那一天起，就把治学育人作为自己的最大责任，心无旁骛，矢志不移。为了教好学生，他一生都在如饥似渴地学习；为了教好学生，博学有名的他在教学中一丝不苟，精心准备每一堂课，批改的作业本上布满红色的符号和批语。他淡泊名利，在学术研究的山峰上奋力攀登，为中国古代文艺美学、中国古代文学和民族文化研究作出了重大贡献。他既教书，又教做人，实现了为师、为学、为人的高度统一，生动地诠释了"人类灵魂工程师"这一称谓。

历史学家范文澜有言："板凳要坐十年冷，文章不写一句空。"做学问，干事业，就是要有甘于寂寞、不为名利所困的精神。没有"板凳要坐十年冷"的耐力和韧劲，不可能取得好的成绩；见异思迁、心浮气躁，是不可能有作为的。我们应当学习张文勋教授潜心治学育人的精神，在平凡的岗位上书写精彩，创造成功。

（原载《云南日报》2010年12月22日）

云大启动"张文勋奖学金"

姚 宇

今年84岁的张文勋是云南大学中文系教授、云南省文史馆名誉馆长、全国古代文艺理论研究会名誉会长、云南省诗词学会终身名誉会长。一辈子辛勤耕耘在学术界的张文勋，以他深厚的学术造诣、高尚的人格修养，得到了业内人士的敬仰。

1953年，张文勋毕业于云南大学中文系，1956年就读于北京大学中文系，后在云南大学执教近60年。凭借其对《文心雕龙》的研究在国内学术界崭露头角，并最终以其丰硕的"龙学"研究成果奠定了在"龙学"界的泰斗地位。而他的座右铭却是：做平常人，过平常的生活，保持平常的心态。

张文勋笔耕不辍，出版了《中国古代文学理论论稿》等10多部在国内外享有盛誉的学术著作，《张文勋文集》六卷本已于2000年出版。他的学术成果曾受到日本汉学家、港台书刊与国内报刊的高度评价。《中国作家大辞典》以及英国剑桥《世界名人辞典》、美国ＡＢＩ传记协会《世界名人录》等数十种人物传记均收有张文勋的词条。 1956年至1966年，张文勋以《文心雕龙》研究为轴心，对我国历代诗论、文论、画论和乐论等进行广泛的研究，深入发掘并阐释了我国古代文论和美学的理论内涵与价值。

张文勋在今年获得"兴滇人才奖"后，毫不犹豫地将30万元奖金捐赠给学校用于设置奖学金。他说："设立奖学金是自己长久的愿望，同时也希望云大学子能专心学术，勤学上进。"目前，云南省人民政府和云南大学提供配套资金70万元，共计100万元人民币，启动了"云南大学张文勋奖学金"。

（原载《生活新报》2010年12月22日）

图书在版编目（CIP）数据

云岭楷模风采录 / 中共云南省委宣传部编. —昆明：
云南人民出版社，2011.1
ISBN 978-7-222-07300-5

Ⅰ.①云… Ⅱ.①中… Ⅲ.①英雄模范事迹—云南省
—2009~2010 Ⅳ.①K820.874

中国版本图书馆CIP数据核字（2011）第 018374 号

责任编辑：王以富　高　照
版式设计：马　滨
封面设计：唐敬乾
责任印制：洪中丽

书名　云岭楷模风采录
作者　中共云南省委宣传部　编

出版　云南出版集团公司
　　　云南人民出版社
发行　云南人民出版社
社址　昆明市环城西路609号
邮编　650034
网址　www.ynpph.com.cn
E-mail rmszbs@public.km.yn.cn

开本　787×1092　1/16
印张　24.25
版次　2011年2月第1版第1次印刷
印刷　云南新华印刷二厂

书号　ISBN 978-7-222-07300-5
定价　46.00元